Nöllke – So managt die Natur

So managt die Natur

Matthias Nöllke

Haufe Mediengruppe
Freiburg · Berlin · München

Bibliografische Information der Deutschen Bibliothek
Die Deutsche Bibliothek verzeichnet diese Publikation in der Deutschen Nationalbibliografie; detaillierte bibliografische Daten sind im Internet über http://dnb.ddb.de abrufbar.

ISBN 3-448-05653-7 Bestell-Nr. 00105-0001

Postanschrift: Postfach, 82142 Planegg
Hausanschrift: Fraunhoferstraße 5, 82152 Planegg
Telefon 089/89517-0, Telefax 089/89517-250
Lektorat: Stephan Kilian

Umschlaggestaltung: Zero Werbeagentur GmbH, 80538 München
Satz: Werbeagentur S6 GmbH, 82166 Gräfelfing
Druck: Schätzl-Druck GmbH, 86609 Donauwörth

Zur Herstellung der Bücher wird nur alterungsbeständiges Papier verwendet.

Inhalt

Einleitung

Im Bereich der Technik kennen wir die Natur schon länger als Lehrmeisterin. Bionik heißt das Konzept, natürliche Lösungen auf technische Sachverhalte zu übertragen. Der Bionik verdanken wir eine Vielzahl von Erfindungen, vom Tarnanzug für Soldaten, dem Klettverschluss für Kinderschuhe bis zur selbstreinigenden Gebäudeoberfläche, die dem Prinzip von Blättern der Lotosblume nachempfunden wurde.

Doch die Natur hält nicht nur für die Produktentwicklung eine Vielzahl von Anregungen bereit. Auch für viele Aufgaben, die Führungskräfte zu erfüllen haben, hat sie zahlreiche unkonventionelle, vor allem aber wirksame Lösungen entwickelt. Ob es sich um Fragen der Organisation, der Personalführung, um Konfliktmanagement, Marketing, Kundenakquise, Changemanagement oder Krisen-PR handelt, in allen Bereichen können Führungskräfte von der Natur lernen. Immerhin gibt es kein von Menschen erfundenes System, das so erfolgreich und ökonomisch wirtschaftet wie die Natur. Der Kybernetiker Frederic Vester hat es einmal so ausgedrückt: Die Natur ist ein Erfolgsunternehmen, das in Millionen Jahren nicht Pleite gemacht hat.

Erfolgsunternehmen Natur

Vielleicht runzeln Sie die Stirn: Was hat die so komplexe, umfassende Natur überhaupt mit Unternehmen gemein? Ist es überhaupt sinnvoll, von einem erfolgreichen „Unternehmen" oder einem „Management" der Natur zu sprechen? Im wörtlichen Sinne natürlich nicht. Aber das ändert nichts daran, dass es in der Natur zahlreiche Lösungen gibt, die für das Management von menschlichen Organisationen und Unternehmen sehr hilfreich sind. Nur drei Beispiele:

- *Wettbewerb:* Auf keinem Markt herrschen so harte Bedingungen wie in der Natur. Es geht nicht nur um Fressen und Gefressen werden. Wettbewerb herrscht überall, um Futterplätze, Fortpflanzungspartner, Jagdreviere und Ruheräume. Und alle Mittel sind erlaubt.

- *Kundenansprache:* Der biologische Erfolg eines Organismus hängt in hohem Maße davon ab, ob sich ein gut ausgestatteter Fortpflanzungspartner für ihn entscheidet. Viele Tiere haben raffinierte Strategien entwickelt, diese attraktive Zielgruppe für sich zu gewinnen.

- *Ressourcenmanagement:* Niemand muss so ökonomisch denken und handeln wie Tiere und Pflanzen. Jede Jagd, jede Futtersuche, jeder Nestbau, jede Balz, jeder Erwerb zusätzlicher Fähigkeiten verbraucht Ressourcen und muss sich unter dem Strich „rechnen". Verschwendung endet in der Natur meist tödlich.

Wenn Sie sich anschauen, wie ausgeklügelt ein Termitenbau angelegt ist (s. S. 287), wie präzise koordiniert ein Heringsschwarm einem Raubfisch ausweicht (s. S. 296) oder wie effektiv ein Wolfsrudel eine Herde von Moschusochsen jagt (s. S. 268), dann ist es interessant zu untersuchen, wie das eigentlich funktioniert und welche „Managementleistung" dahinter steht. Nun haben Leitwölfe und „Termitenmanager" ihre Ausbildung nicht an der Harvard Business School oder am Management Zentrum in Sankt Gallen absolviert. Ihr Verhalten ist vielmehr das Ergebnis eines äußerst langen Adaptionsprozesses, der Evolution. Es ist biologisch bestimmt. In diesem Sinne ist es eben doch sinnvoll, vom „Management der Natur" und dem „Erfolgsunternehmen Natur" zu sprechen.

Das Prinzip der Bionik

Wir untersuchen in diesem Buch die verschiedenartigsten Verhaltensweisen und Strategien von biologischen Organismen und beschäftigen uns mit der Frage, inwieweit sie sich auf die Tätigkeit von Führungskräften übertragen lassen. Damit folgen wir dem Prinzip der Bionik, die fast ausschließlich eine Domäne von Technikern und Ingenieuren ist. Es geht darum, Anregungen aus der Natur aufzugreifen und in brauchbare Lösungen zu verwandeln, nicht darum, die Natur zu kopieren. In den Worten von Werner Nachtigall, einer Koryphäe auf diesem Gebiet in Deutschland, ist Bionik „Lernen von der Natur als Anregung für eigenständiges technologisches Gestalten".

Kurzum, es werden keine Komplettlösungen aus der Natur übernommen, sondern bestimmte Elemente, Merkmale, Prinzipien vom Menschen aufgegriffen und für die eigenen Zwecke nutzbar gemacht. Ähnlich möchten wir hier verfahren. Sie sollen nicht davon überzeugt werden, Ihre Abteilung in einen Schwarm Piranhas, ein Rudel wilder Wölfe oder eine Affenhorde zu verwandeln. Aber lernen können Sie gewiss von allen drei Tierarten, um – ganz im Sinne der Bionik – eigenständig daraus etwas zu gestalten.

Beispiele aus der Natur sind anschaulich

Es spricht noch ein weiteres Argument dafür, sich mit den Vorgängen in der Natur zu beschäftigen: Sie sind anschaulich und wirken daher oftmals überzeugender als theoretische Erörterungen. Wenn Sie Ihr Servicekonzept anhand des Balztanzes der Stichlinge erläutern (s. S. 200) oder bei der Besetzung einer Führungsposition auf das Beispiel des Leitwolfs (s. S. 96) eingehen, dann ist Ihnen zumindest die Aufmerksamkeit sicher. Ihre Gesprächspartner können sich dann viel eher etwas unter Ihren Ausführungen vorstellen – und sich das Wesentliche auch besser merken. Wie die „vier goldenen Serviceregeln" hießen, die Sie Ihren Mitarbeitern in einer Schulung erklärt haben, das werden sie vielleicht schon am nächsten Tag nicht mehr so genau wissen. Aber die vier Grundsätze, wie die Spinne ihre Fliegen fängt (s. S. 266), bleiben ganz gewiss hängen wie der Brummer im Netz.

Metaphern aus der Natur

Das führt uns zu einem sehr wichtigen Punkt, der häufig für Missverständnisse sorgt: Unsere Beispiele aus der Natur sind ausdrücklich Metaphern. Das heißt, sie sind eine Übertragung von einem Bereich in den anderen, sie sind nicht „wörtlich" zu verstehen, sondern gelten nur mit Einschränkungen. Vielleicht glauben Sie jetzt, das entwerte sie, aber das ist gerade nicht der Fall. Es gibt kaum etwas Nützlicheres als Metaphern. Sie verbinden Bereiche, die auf den ersten Blick nicht zusammengehören. Dadurch verhelfen sie uns zu einer neuen Sicht und sorgen dafür, dass wir alle möglichen Dinge begreifen können. Metaphern sind das Erfolgsgeheimnis des menschlichen Denkens. Ohne sie könnten wir uns keine Vorstellungen machen und wären geradezu hilflos. Was wir von der Welt wissen, das ist eine Ansammlung von Metaphern, übrigens auch und gerade in der exakten Naturwissenschaft. Wie sollten wir uns Atome vorstellen, wenn nicht über die Metapher der winzigkleinen Kügelchen, die einander umkreisen wie die Planeten unseres Sonnensystems?

Was heißt das jetzt genauer? Wir greifen verschiedene Beispiele aus der Natur auf und übertragen ihre Bedeutung in einen neuen Zusammenhang, häufig auch in mehrere neue Zusammenhänge. Das Balzverhalten des Pfaus (s. S. 186) bietet nicht nur Anregungen für das Eventmarketing, sondern auch für die Karriereplanung oder für die Auswahl hoch qualifizierter Mitarbeiter. Das bedeutet nicht, dass der Pfau ein Experte für Eventmarketing ist, sondern dass wir aus seinem Verhalten manches ableiten können, was uns bei diesem Thema weiterhilft. Ähnlich wie ein Haifisch auch nichts von Autos verstehen muss, um den Designern brauchbare Anregungen zu geben. Und so ist es auch hier. Die eigentliche Führungskompetenz besitzen Sie – und nicht der Leitwolf, die Elefantenkuh oder die dicke Termitenkönigin im Zentrum ihres Hügelnests.

Das Management von lebenden Systemen

Doch geht es zunächst einmal nicht um einzelne Tiere und ihr Verhalten, sondern darum, das Unternehmen, die Organisation oder die Abteilung, die Sie leiten, als lebendes System zu begreifen. Auch das ist, wie Sie vielleicht ahnen, eine Metapher, aber eine, die weit reichende Folgen hat. Denn traditionell werden Führungsaufgaben so beschrieben, als müssten Sie eine Maschine bedienen. Und Ihre Mitarbeiter erscheinen als Teile dieser Maschine. Diese mechanistische Auffassung wird zwar oftmals heftig kritisiert, doch scheint sie in vielen Publikationen über Führung und Management immer wieder durch. Ohne Zweifel ist sie die noch immer vorherrschende Betrachtungsweise, auch wenn es eine immer stärkere Tendenz gibt, sie durch eine eher „biologische" zu ersetzen, nach der die Organisation „lebt" und „atmet". Im ersten Kapitel erfahren Sie die näheren Hintergründe dieses Konzepts, das zu einem neuen, tieferen und lebensfreundlicheren Selbstverständnis von Führungskräften beitragen soll.

Im Übrigen kommen noch weitere Ansätze rund um das Thema Natur und Management zur Sprache, so etwa die Konzepte zur Schwarmintelligenz (S. 280) oder die Vorstellungen im Zusammenhang mit der Evolution (S. 57), die bereits verschiedentlich in der Managementliteratur aufgetaucht sind.

Um dieses Buch zu schreiben, habe ich zahlreiche Interviews und Hintergrundgespräche geführt; drei Experten sollen etwas ausführlicher zu Wort kommen: der Oxforder Zoologie-Professor Alexander Kacelnik, der eine Unternehmensberatung gegründet hat, der Verhaltensforscher Professor Irenäus Eibl-Eibesfeldt und Dr. Eric Bonabeau, der das Konzept der „Schwarmintelligenz" international bekannt gemacht hat. Darüber hinaus möchte ich mich bei drei weiteren Gesprächspartnern für ihre Anregungen bedanken: beim Primatologen Professor Frans de Waal von der Emory Universität, beim Managementberater Richard T. Pascale, über dessen Buch „Chaos ist die Regel“ ich eine Hörfunksendung gemacht habe, die eine Art von kritischem Kristallisationspunkt für dieses Buch bildete, und beim Physiker Marco Wehr, der am Beispiel des Pantoffeltierchens (s. S. 137) einige interessante Managementeinsichten erläuterte und mir damit den entscheidenden Anstoß für dieses Buch gegeben hat.

Wie Sie dieses Buch nutzen können

Dieses Buch ist so aufgebaut, dass Sie ganz nach Belieben kreuz und quer darin herum lesen können, Sie können vorne beginnen oder auch hinten oder sich von der Mitte in beide Richtungen vorarbeiten. Sie können sich einzelne Kapitel vornehmen oder überschlagen. Ebenso ist es möglich, dass Sie sich vom Stichwortverzeichnis leiten lassen und zu einem bestimmten Thema die betreffenden Abschnitte zusammenstellen. Letzteres bietet sich an, wenn Sie für einen Vortrag oder eine Präsentation ein treffendes Beispiel suchen. Doch unabhängig davon, wo Sie mit dem Lesen anfangen und wo Sie aufhören, wäre es schön, wenn Ihnen das Buch nicht nur viele Anregungen gibt, sondern Ihnen die Lektüre auch Vergnügen macht.

München im August 2004 Matthias Nöllke

Von Mäusen und Maschinen – die Logik lebender Systeme

Dieses erste Kapitel unterscheidet sich von den folgenden, denn es handelt sich um einen in sich geschlossenen Text. Wenn Sie damit also schon einmal angefangen haben, dann sollten Sie es auch bis zu Ende lesen. Anders bei den übrigen Kapiteln: Dort können Sie sich jeden Abschnitt einzeln vornehmen und zu jedem beliebigen anderen Abschnitt springen. Querverweise erleichtern Ihnen die Navigation. Doch in diesem Kapitel sollen Sie zunächst die Ideen kennen lernen, die dem Konzept der „Organisation als lebendem System" zugrunde liegen. Und die Konsequenzen, die sich daraus für Führungskräfte ergeben.

Können Sie ein Unternehmen wie eine Maschine steuern?

Üblicherweise betrachten wir Unternehmen als eine Art Maschine. Und Maschinen dienen einem klar definierbaren Zweck. Ebenso wie eine Kaffeemaschine dazu da ist, eine bestimmte Menge des koffeinhaltigen Heißgetränks zu produzieren, hat beispielsweise eine Möbelfirma den Daseinszweck, Möbel herzustellen und gewinnbringend zu verkaufen. Rein betriebswirtschaftlich gedacht, geht es letztlich immer darum, eine möglichst hohe Rendite zu erwirtschaften und das eingesetzte Kapital zu mehren. Maschinen, die das nicht leisten, gehören abgeschaltet.

In diesem Modell haben Führungskräfte die Aufgabe, die Unternehmensmaschine zu steuern. Dazu stehen ihnen verschiedene Stellhebel zu Verfügung. Wenn sie die richtig betätigen, kann das gewünschte Ergebnis nicht lange auf sich warten sich lassen. Wenn es dennoch ausbleibt, so liegt entweder ein Bedienungsfehler vor oder die Maschine ist defekt. In einem solchen Fall kann sich die Führungskraft an einen erfahrenen Servicetechniker wenden, an jemanden, der von sich behauptet, dass er sich mit dieser Art von Maschinen bestens auskennt und ihre Mechanik begriffen hat, einen Unternehmensberater etwa. Oder die Führungskraft liest in einer der zahlreichen Gebrauchsanweisungen nach, ob sie alles richtig gemacht hat. Oder sie probiert einfach aus, was geschieht, wenn sie die Stellhebel etwas anders einstellt. Oder aber es wird an der Maschine herumrepariert, einzelne Teile werden ausgebaut, erneuert oder neu zusammengeschraubt.

Maschinen arbeiten nach einer zwingenden Logik

Nun hat die Maschinenmetapher durchaus ihren Nutzen. Zunächst einmal liefert sie Ihnen eine Grundlage, auf der Sie alles, was Sie als Führungskraft tun und beschließen, sachlich beschreiben und begründen können. Sie bewegen Stellhebel A, um zu Ergebnis B zu kommen. Das ist ganz einfach zu verstehen. Ihr Handeln wird nachvollziehbar und transparent. Jeder, der Einblick in die innere Mechanik der Maschine hat, würde wohl ähnlich entscheiden. Ihr Verhalten bekommt somit etwas Zwingendes – durchaus im doppelten Sinne. Sie müssen sich nicht eigens dafür rechtfertigen. Wer B will, muss Knopf A betätigen. Zugleich lassen sich in einem Unternehmen, das nach der Maschinenlogik geführt wird, Verantwortlichkeiten bestimmen. Auf eine kurze Formel gebracht: Wenn etwas schief geht, dann hat der Schuld, der die falschen Knöpfe gedrückt hat. Das ist dann ein Managementfehler. Oder aber es lag an der mangelhaften Umsetzung durch die Mitarbeiter, was so viel bedeutet wie: Die Maschinerie klemmt und muss umgehend repariert oder wenigstens gut geölt werden, etwa indem man die Mitarbeiter besser motiviert. Es wird immer eine gute Erklärung dafür geben, warum es so und nicht anders kommen musste.

Warum die Maschinenmetapher nicht funktioniert

Allerdings hat die Maschinenmetapher zwei gravierende Nachteile. Erstens zeugt sie nicht von besonderem Respekt gegenüber den Mitarbeitern, der viel beschworenen „wichtigsten Ressource". Menschen schätzen es nun einmal nicht besonders, wenn sie nach einer Maschinenlogik behandelt werden. Sie sehen sich auf eine Stufe gestellt mit technischem Gerät und erbringen ihre Arbeit als eine Art Bauteil. Dass sich die Mitarbeiter einem solchen Unternehmen besonders verbunden fühlen, dürfen Sie nicht erwarten.

Der zweite Punkt ist gewiss nicht weniger wichtig: Die Metapher von der Maschine ist kaum in der Lage, die komplexe Situation von Unternehmen angemessen abzubilden. Vielmehr schafft sie eine Illusion von Rationalität und Kontrollierbarkeit, die vor allem deshalb aufrechterhalten wird, weil sie recht nützlich erscheint. Doch das ist sie nicht, sie führt in die Irre. Unterschwellig wird der Eindruck erweckt, dass Sie als Führungskraft gewissermaßen von außen eingreifen könnten, ganz so wie jemand, der eine Kaffeemaschine bedient. Dabei sind Sie als Führungskraft Teil des Unternehmens, und zwar ein ganz wesentlicher. Aus der Innenperspektive sieht die Sache jedoch ganz anders aus als von außen. Und auch die „innere Mechanik" funktioniert oftmals völlig anders als erwartet. Unternehmen lassen sich eben nicht steuern wie Maschinen. Das zeigt sich nicht zuletzt dort, wo man versucht hat, die perfekte Unternehmensmaschine zu „bauen", beim Business Process Reengineering. Die durchgreifende Optimierung aller Geschäftsprozesse hat selten den erhofften Erfolg gebracht. Im Gegenteil, die meisten Reengineering-Projekte gelten als gescheitert.

Unternehmen als „lebende Systeme"

Es gibt also gute Gründe, die Maschinenmetapher fallen zu lassen und das Unternehmen stattdessen als „lebendes System" aufzufassen. Eine Metapher, die den Angehörigen des Unternehmens deutlich mehr behagen dürfte, denn sie eröffnet ihnen interessantere Perspektiven als das bloße Funktionieren im Rahmen einer mehr oder minder starren Mechanik. Dabei ist das „lebende System" nicht so sehr als Zustandsbeschreibung gedacht, sondern vielmehr als eine Art Leitbild. Anders gesagt, Unternehmen, die sich als „lebendes System" organisieren, sind den „Maschinenunternehmen" überlegen. Sie sind flexibler, lernfähiger und verfügen über engagiertere Mitarbeiter. Doch wodurch zeichnet sich ein „lebendes System" im Vergleich zu einer Maschine überhaupt aus? In Anlehnung an die Konzepte von Arie de Geus („The living Company", siehe Literatur) und Richard T. Pascale lassen sich die folgenden sechs Punkte nennen:

1. Ein lebendes System existiert nicht, damit irgendein fremder „Benutzer" ein Ziel erreicht. Vielmehr hat es seine eigenen Ziele, die niemals durch äußere Ziele verdrängt werden dürfen.
2. Ein lebendes System lässt sich nicht von außen kontrollieren und steuern, es steuert sich selbst. Von außen lässt es sich allenfalls beeinflussen.
3. Ein lebendes System entsteht nicht durch Planung und Konstruktion, es entwickelt aus sich heraus eigene Strukturen und Prozesse.
4. Ein lebendes System bleibt niemals unverändert. Es wandelt sich permanent und steckt voller Überraschungen.
5. Ein lebendes System ist ein kohärentes Gebilde mit einer starken Identität, die bei allen Veränderungen niemals preisgegeben wird. Es ist unverwechselbar.

6. Ein lebendes System nimmt seine Umwelt wahr und reagiert sensibel auf Veränderungen. Es verhält sich adaptiv.

Der Autor und Managementberater Peter M. Senge gibt noch einen weiteren Aspekt zu bedenken: Eine Maschine gehört in der Regel jemandem. Wer sie gekauft hat, kann frei darüber bestimmen und sie weiterverkaufen. Ein lebendes System hingegen geht niemals vollständig in den Besitz einer Person über. Damit ist natürlich nicht gemeint, dass die Inhaber und Anteilseigner nicht über das Unternehmen und seine Vermögenswerte verfügen können. Vielmehr macht Senge darauf aufmerksam, dass eben das, was die „Lebendigkeit" einer Organisation ausmacht, nichts ist, was das Eigentum von irgendjemandem sein könnte. Das wäre, als würde sich jemand eine Katze kaufen und ihr Leben als Besitz auffassen. Würde er folglich mit ihr alles anstellen, was ihm beliebte, geriete er schnell in die Nähe der Tierquälerei.

Das Ziel lebender Systeme: Überleben

Ist von den Unternehmenszielen die Rede, so denken wir in erster Linie an die Planzahlen vom oberen Management: Umsatzziele, Gewinnziele, das Erreichen einer bestimmter Marktposition. Diese Vorgaben sind sehr wichtig, und doch sind sie nicht die letzte Antwort auf die Frage nach dem eigentlichen Ziel der Organisation. Vielmehr sind sie Mittel zum Zweck, um etwas anderes zu erreichen. Aber was? Die Antwort nach der traditionellen Maschinenlogik würde kurz und bündig heißen: Um eine möglichst hohe Rendite zu erwirtschaften. Gelingt dies nicht, so hat das Unternehmen seinen Daseinszweck verfehlt. Das klingt erst einmal plausibel, und doch lohnt es sich fein zu unterscheiden: Eine hohe Rendite zu erwirtschaften, das ist nicht so sehr Ziel des Unternehmens als vielmehr der Kapitalgeber. Unrentable Firmen haben Schwierigkeiten Kapital aufzutreiben, also können sie nicht lange existieren. Findet sich dennoch ein Finanzier oder kommt die öffentliche Hand für das Unternehmen auf, so können unrentable Betriebe durchaus noch weiterwirtschaften. Und nicht wenige tun das ja auch.

Äußere Ziele sind nur Mittel zum Überleben

Was also ist das eigentliche Ziel von Unternehmen? Dem Kunden zu nutzen, den Unternehmenswert zu erhöhen, den Interessen der Mitarbeiter und anderer Stakeholder gerecht zu werden? Aus der Perspektive des „lebenden Systems“ sind das alles Anforderungen, die von außen an das Unternehmen herangetragen werden. So nützlich es für die Organisation sein kann, diesen Anforderungen im Einzelnen gerecht zu werden, so handelt es sich dabei nicht um das eigentliche Ziel eines lebenden Systems. Dessen Ziel klingt viel schlichter: Ihm geht es letztlich darum, das eigene Überleben sicherzustellen. Und auf dieses Ziel hin richtet das lebende System sein Verhalten aus. Auf ein Unternehmen übertragen heißt dies, dass das Unternehmen dafür sorgt, dass es rentabel arbeitet, qualifizierte Mitarbeiter an sich bindet und seine Kunden zufrieden stellt, um nur drei von vielen Möglichkeiten zu nennen. Wichtig ist in diesem Zusammenhang dreierlei:

- Das lebende System wird sein Verhalten an den jeweiligen Gegebenheiten ausrichten (siehe auch Punkt 6, S. 31). Wenn es also für sein Überleben keine Rolle spielt, qualifiziertes Personal an sich zu binden, dann wird es in dieser Richtung auch keine Anstrengungen unternehmen.
- Wir müssen sorgsam unterscheiden: Die Ziele des lebenden Systems sind nicht notwendigerweise deckungsgleich mit den Zielen der Führungskräfte (auch wenn das natürlich wünschenswert wäre). Ebenso können die Ziele der Mitarbeiter, der Kapitalgeber oder der Kunden mit dem Überlebensziel in Konflikt geraten. Das lebende System führt ein Eigenleben, bis zu einem gewissen Grad unabhängig von den Personen, die an ihm beteiligt sind. Das hindert natürlich die beteiligten Personen nicht daran, ihre jeweiligen Interessen ebenfalls zu verfolgen und notfalls dem System einzuspeisen (vgl. hierzu auch das Kapitel über die „Parasiten“, S. 318).
- Überleben heißt keineswegs Bewahrung des Bestehenden. Im Gegenteil, in aller Regel überlebt nur derjenige, der sich auch wandelt. Allerdings ändern sich lebende Systeme oft nur allmählich. Daher muss dieser Wandel häufig angestoßen werden. Aber eben nur: angestoßen.

Organisationen brauchen eine Lebensaufgabe

Nun werden Organisationen nicht einfach so in die Welt gesetzt. Vielmehr sollen sie bestimmte Aufgaben erfüllen. An diesem Punkt gibt es also schon eine Verwandtschaft zur Maschine. Aber – und dieser Unterschied ist hier wesentlich – diese Aufgaben sind kein Selbstzweck und nicht das eigentliche Ziel des lebenden Systems. Vielmehr ist die Erfüllung dieser Aufgaben das geeignete Mittel, um zu überleben.

Wir können uns das in etwa so vorstellen wie bei einem Menschen, der in aller Regel auch nicht einfach so vor sich hin lebt, sondern sich bestimmten Aufgaben widmet, um ein erfülltes Leben zu führen. Ebenso leben Organisationen von der Erfüllung solcher zentralen Aufgaben: Ein Unternehmen soll hochwertige Möbelstücke oder Mobiltelefone produzieren, eine Klinik versorgt ihre Patienten und trägt zu deren Gesundung bei, eine Handelskette bietet ihren Kunden preisgünstige Konsumgüter an etc. Solche Aufgaben stimulieren und aktivieren die Organisation, sie erhöhen die Lebensfähigkeit und sind daher von größter Bedeutung. Wo die Lebensaufgabe schwindet, da verkümmert meist auch die Organisation. Es liegt daher nahe, die Lebensaufgabe zum eigentlichen Ziel der Organisation zu deklarieren, doch das ist sie nicht, zumindest nicht in der Logik eines lebenden Systems. Lebensaufgaben können sich ändern, sie können zeitweilig in den Hintergrund treten und durch neue Aufgaben überlagert oder verdrängt werden. Manchmal geschieht diese Verdrängung, ohne dass es den Beteiligten selbst bewusst wird. Das heißt, offiziell gelten noch die alten Aufgaben als vorrangig, tatsächlich spielen sie jedoch nur eine untergeordnete Rolle.

Welche Aufgabe haben zum Beispiel Tankstellen zu erfüllen? Autofahrer mit Treibstoff zu versorgen, würde die offizielle Antwort wohl lauten. Tatsächlich erzielen die Tankstellen inzwischen mehr Umsatz und Gewinn durch den Verkauf von ganz anderen Dingen, wie Getränke, Süßwaren, Tiefkühlkost, Zeitschriften und Blumen. Sie haben sich zu einer Art Drive-in-Supermarkt entwickelt. Ihre Lebensaufgabe hat sich gewandelt. Und es ist gewiss von Vorteil, das zur Kenntnis zu nehmen.

Tipps für die Führungspraxis

Gehen Sie behutsam mit äußeren Zielen um

Ein Unternehmen hat von sich aus die Tendenz, das eigene Überleben zu sichern. Alle Bestrebungen in dieser Richtung sollten Sie bestärken und unterstützen. Werden äußere Ziele hingegen dominant (wie z. B. Umsatzziele, aber auch Eigeninteressen der Mitarbeiter wie etwa persönliche Karriereziele), kann das die Vitalität des Systems schwächen.

Wohlverstanden: Solche äußeren Ziele sind nichts Schädliches, im Gegenteil, sie sind nützlich und treiben das System an. Kein Geldgeber würde investieren, die Mitarbeiter würden ihre Arbeitskraft nicht zu Verfügung stellen, wenn sie nicht Aussicht hätten, ihre jeweiligen Ziele zu erreichen. Wenn jedoch eines dieser äußeren Ziele die gesamte Organisation bestimmt, dann kann das ihre Lebensfähigkeit einschränken.

Das System will überleben – aber wollen Sie es auch?

Manchmal kann es durchaus geboten sein, die Eigendynamik des Systems zu bremsen. In extremen Fällen dürfte es für Sie sogar erforderlich sein, in einem übergeordneten Interesse das System am Überleben zu hindern. Dabei denken wir etwa an Projektgruppen, die das Projekt, um dessentwillen sie gegründet worden sind, weit überdauern. Das Gegenmittel heißt dann, die Gruppe sehr eng auf die „äußeren" Ziele zu verpflichten. Wenn etwa eine Gruppe monatelang über die Neukonzeption des Internetauftritts kreativ nachdenkt, dann ist es geboten, eine Frist zu setzen. Ist bis dahin kein Ergebnis zu erzielen, muss die Gruppe eben aufgelöst werden. Dieser Eingriff von außen hemmt zwar die Kräfte zur Selbstorganisation, aber die wären in diesem Fall ja ohnehin eher störend.

Sie können ein lebendes System nicht „steuern"

Die Metapher vom „lebenden System" hat weit reichende Folgen für das Selbstverständnis von Führungskräften. Anders als nach dem Maschinenmodell ist hier eine direkte Einwirkung nach dem Knopfdruckprinzip gar nicht möglich, denn das System führt ein Eigenleben. Das bedeutet nicht unbedingt einen Machtverlust für das Management; vielmehr verschiebt sich die Perspektive.

Um den Unterschied mit einem gern gebrauchten Beispiel zu illustrieren: Wenn Sie auf abschüssigem Gelände einer Kugel einen Stoß versetzen, dann können Sie sicher sein, dass sie hinabrollt. Dies entspricht der mechanistischen Weltsicht des Maschinenmodells. Wenn Sie hingegen eine lebendige

Maus anstupsen, dann wissen Sie nicht genau, was unmittelbar darauf geschehen wird. Und wahrscheinlich weiß es nicht einmal die Maus. Vielleicht läuft sie, vielleicht auch nicht. Und wenn sie läuft, dann ist ihre Richtung höchst unsicher und ergibt sich gewiss nicht aus der Stärke und Richtung Ihres Stoßes (so wie bei der Kugel).

Management by Käse

Nun wird damit keineswegs behauptet, dass es prinzipiell unmöglich sei, die Maus dazu zu bringen, Ihren Wünschen zu folgen und ein bestimmtes Ziel anzusteuern. Nur müssen Sie dazu anders vorgehen als nach der Logik der rollenden Kugel. Sie könnten etwa, um im Bild zu bleiben, ein Stückchen Käse auslegen. Dadurch erhöhen Sie vermutlich Ihre Chancen, die Maus an die gewünschte Stelle zu bewegen. Sie steuern sie nicht, vielmehr nehmen Sie Einfluss. Sie motivieren die Maus. Ob sie dann tatsächlich zum Käse krabbelt, das steht nicht in Ihrer Macht. Es kommt jetzt ganz allein auf die Maus an. Sie muss den Käse wahrnehmen, sie muss einen Grund, ein Motiv haben, dorthin zu krabbeln. Eine satte Maus verspürt eine weit schwächere Neigung zum Käse zu laufen als eine hungrige. Und schließlich muss die Maus auch die Fähigkeit haben, dorthin zu gelangen. Es soll Führungskräfte geben, die den dicksten Käse auslegen und gar nicht bemerken, dass ihre Mäuse nicht laufen können.

Auf einen kurzen Nenner gebracht: Erfolgreiche Führung in einem lebenden System setzt voraus, dass Sie mit den Eigenarten dieses System im Grundsatz vertraut sind, dass Sie den Zustand, in dem es sich befindet, einschätzen können und dass Sie Ihr Verhalten dem Verhalten des Systems anpassen, dass Sie gewissermaßen in Wechselwirkung treten mit dem System, das Sie beeinflussen wollen.

Von außen oder von innen

Dabei sind im Prinzip zwei Perspektiven möglich: Sie können versuchen, von außen auf das System einzuwirken, gewissermaßen nach dem Prinzip des Mäusetreibens. Oder Sie begreifen sich selbst als Teil des lebenden Systems und sind sich darüber im Klaren, dass Sie sich mit dem System verändern. Die zweite Perspektive ist zweifelsohne die interessantere, die radikalere, die konsequentere. Sie bedeutet einen Bruch mit der vertrauten Maschinenmetaphorik, die Ihnen das beruhigende Gefühl gibt als souveräner „Benutzer“ zu handeln, der genau weiß, was er tut und zu erwarten hat. Die zweite Perspektive erschüttert genau diese bequeme Kontrollillusion. Wenn die Dinge anders kommen, als Sie es erwartet haben, dann liegt das nicht unbedingt an einem „Bedienungsfehler“ oder einem maschinellen Defekt, der behoben werden muss, um zum Normalfall zurückzukehren. Vielmehr liegt es in der Natur der Sache, denn wir haben es mit einem lebenden System zu tun.

Tipps für die Führungspraxis

Sie können das System nicht unmittelbar beeinflussen

Die Einsicht, dass sich lebende Systeme nicht direkt steuern lassen, sollte Ihre Aufmerksamkeit schärfen für die Eigendynamik des Systems. Das System ist ständig in Veränderung, wozu Sie selbst als Führungskraft in hohem Maße beitragen. Sie können das System beeinflussen, aber eben nicht unmittelbar, sondern in einer komplexen Wechselwirkung. Jede kleine Entscheidung, die Sie treffen, hat Konsequenzen, nicht selten aber auch ganz andere, als Sie beabsichtigt haben.

Ihre Entscheidungen können Sie nicht mehr zurückholen

Egal, ob die beabsichtigten Folgen nun eintreffen oder nicht, durch eine Entscheidung greifen Sie in das System ein. Und verändert sich das ganze System durch einen vermeintlichen „Bedienungsfehler“ (nach der Maschinenlogik), können Sie es nicht mit einer „Reset“-Taste neu starten.

Bewährte Lösungen können jederzeit fehlschlagen

Anders als bei Maschinen, deren Bedienungslogik immer gleich bleibt, kann eine Vorgehensweise, die einmal sehr erfolgreich war, beim nächsten Mal fehlschlagen. Verlassen Sie sich daher nicht allzu sehr auf vermeintliche Best Practices. Auch allzu detaillierte Planung kann nachteilig sein, denn lebende Systeme pflegen sich um so weniger an Planungen zu halten, je genauer und ausgetüftelter diese sind.

Das Prinzip der Selbstorganisation

Sie werden uns in diesem Buch noch häufiger begegnen, die geheimnisvollen Kräfte der Selbstorganisation. Man hat sie nicht nur bei lebenden, sondern auch bei einigen unbelebten, physikalischen Systemen beobachten können, etwa beim Laserstrahl oder bei chemischen Lösungen, die in einem bestimmten Zustand wie aus dem Nichts bestimmte Ordnungsmuster ausbilden. Das Paradebeispiel ist hier die so genannte Belousov-Zhabotinskii-Reaktion, bei der an der Oberfläche einer dünnen Flüssigkeitsschicht unvermittelt spiralförmige Wellen aus Kohlendioxidblasen entstehen, Gebilde von geometrischem Regelmaß und komplexer Harmonie. Niemand kann erklären, wo diese Ordnungsmuster eigentlich herkommen. Sie stecken offenbar im System.

Ordnung entsteht aus dem Nichts

Der entscheidende Begriff in diesem Zusammenhang ist Ordnung. War man früher davon ausgegangen, dass sich ein ungeordnetes, zusammengewürfeltes System nur durch erhebliche Energiezufuhr von außen in Ordnung bringen lässt (nach dem „zweiten Hauptsatz der Thermodynamik“, s. S. 53), so zeigte sich nun, dass sich das System von selbst organisiert und Strukturen ausbildet. Für lebende Systeme ist dieses Prinzip sogar grundlegend, denn niemand kann von außen ein lebendes System „bauen“, es muss sich selbst entwickeln und bringt sich auch immer wieder selbst „in Ordnung“.

Stellen Sie sich hingegen eine Maschine vor. Es bedarf nicht viel, um sie funktionsuntüchtig zu machen, also ihre Ordnung zu zerstören. Eine entsprechende Betriebsdauer vorausgesetzt könnte man sogar sagen, viele Maschinen gehen ganz von selbst kaputt, durch Verschleiß. Allerdings setzen sie sich nicht von selbst wieder in Betrieb. Vielmehr müssen sie repariert werden, und zwar möglichst von jemandem, der die Funktionsweise der Maschine genau kennt. Der muss den Schaden zunächst richtig diagnostizieren und dann muss er ihn durch einen gezielten Eingriff beheben. Bei unklarer Schadenslage tut er häufig etwas, das bei einem lebenden System verheerende Folgen haben dürfte: Er schraubt die Maschine in alle Einzelteile auseinander. Vorsorglich unterbricht er vorher die Stromversorgung. Doch ein lebendes System lässt sich weder so ohne weiteres in seine Einzelteile zerlegen, noch kann man die Energie abschalten. Das würde augenblicklich seinen Tod herbeiführen.

Tipps für die Führungspraxis

Gerade in konventionellen Firmen gibt es Selbstorganisation

Selbstorganisation ist nichts, was Sie erst in Ihre Abteilung, Ihr Team oder Ihr Unternehmen hineintragen müssten. Denn in jedem lebenden System gibt es bereits Prozesse der Selbstorganisation. Auch in klassisch-hierarchischen Firmen mit starren Abteilungsgrenzen und einem hohen Anteil an „Steuerung von oben" werden Sie solche Prozesse finden. Gerade wenn es starre Vorgaben und bürokratische Hindernisse gibt, sind Mitarbeiter, Teams und Abteilungen geneigt, vom offiziellen Kurs abzuweichen und eigene Lösungen zu suchen. Vorgeschriebene Dienstwege werden nicht eingehalten, Mitarbeiter übernehmen Aufgaben, für die sie auf dem Papier gar nicht zuständig sind, es entstehen inoffizielle Hierarchien und Hackordnungen, in der Fertigung kursieren Materialteile und Werkzeuge, die auf keiner Liste erscheinen. Solche Abweichungen und Regelverletzungen haben durchaus ihren Sinn, worauf der Organisationstheoretiker Stefan Kühl hingewiesen hat. Sie machen die Organisation geschmeidiger und vielfach auch leistungsfähiger. Insoweit wäre es verhängnisvoll, sie zu unterbinden. Denn nichts legt eine Organisation so zuverlässig lahm, wie wenn alle mit der peniblen Einhaltung der offiziellen Regeln beschäftigt wären.

Regeln müssen sein

Natürlich stellt nicht jeder Regelverstoß eine kreative Anpassungsleistung des lebenden Systems dar. Das kann nämlich nur bestehen, solange bestimmte Spielregeln im Wesentlichen eingehalten und Verstöße geahndet werden. Dies gilt im Übrigen auch für die ungeschriebenen Regeln und Konventionen, die sich im Zuge der Selbstorganisation herausgebildet haben. Etwa wenn in einer Abteilung bei einer Person alle Informationen zusammenlaufen – obwohl diese Person überhaupt keine offizielle Entscheidungsbefugnis hat – sie muss informiert werden. Wer solche Konventionen missachtet, muss häufig mit besonders schweren Konsequenzen rechnen. Selten nämlich dulden es etablierte Gruppen oder Abteilungen, dass sich jemand ohne weiteres über ihre inoffiziellen Regeln hinwegsetzt.

Wie Sie mit den ungeschriebenen Regeln Ihrer Organisation umgehen sollten

Nun sind manche dieser „eigenen" Regeln durchaus nützlich im Sinne der Gesamtorganisation, aber nicht alle. Manche Verhaltensweisen, die sich im Laufe der Zeit eingeschliffen haben, sind nachteilig oder sogar schädlich und sollten unterbunden werden. Für Sie als Führungskraft ergibt sich daraus dreierlei:

- Seien Sie aufmerksam für die versteckten Regeln, ungeschriebenen Gesetze und Konventionen Ihrer Organisation. Häufig ist schon viel gewonnen, wenn Führungskräfte sie überhaupt wahrnehmen, um zum Beispiel Entscheidungswege besser einschätzen zu können.
- Fragen Sie sich, welchen Sinn, welche verborgene Funktion die inoffiziellen Regeln haben. Sind sie nützlich oder neutral, sollten Sie diese Verhaltensweisen zumindest dulden, wenn nicht sogar unterstützen – und die offiziellen Regeln entsprechend anpassen.
- Ungünstige Verhaltensweisen und schlechte Angewohnheiten sollten Sie nicht dulden. Hier kann es erforderlich sein, deutliche Signale zu setzen, um klar zu machen: So geht es nicht. Auf der anderen Seite müssen Sie im Auge behalten, welche neuen Verhaltensweisen an ihre Stelle treten. Vielleicht gab es für die störenden Konventionen zwingende Gründe. Und nun bildet das System Ihrer Mitarbeiter neue Verhaltensweisen aus, die genauso nachteilig sind, die Sie aber nicht so schnell wahrnehmen können.

Die fortlaufende Veränderung des Systems

Dass sich in unserer Welt alles im Wandel befindet, ist gewiss keine ganz neue Einsicht. Allerdings gibt es unterschiedliche Vorstellungen darüber, wie dieser Wandel beschaffen ist. In der Maschinenlogik wird die Organisation ständig mit neuen Herausforderungen konfrontiert, die sie bestehen muss. Dies kann sie nur durch ein Höchstmaß an Flexibilität. Für jede Aufgabe wird gewissermaßen die passende Maschine zusammengeschraubt: Mitarbeiter, die über die erforderlichen Kenntnisse verfügen, werden ausgewählt, mit den nötigen Ressourcen ausgestattet und können loslegen. Finden sie eine zufrieden stellende Lösung, geht diese als Best Practice in die Firmendatenbank ein und kann beim nächsten Mal abgerufen werden. Maschinen bearbeiten immer neue Aufgaben, doch sie selbst haben keine Geschichte, zumindest ist diese zur Lösung der anstehenden Probleme irrelevant.

Lebende Systeme haben ein „Gedächtnis“

Ganz anders in der Logik der lebenden Systeme: Hier kommt es ganz wesentlich auf die Entwicklungsgeschichte der Organisation an. Was sie heute ist, das hängt nicht unerheblich davon ab, was in der Vergangenheit geschehen ist, welche Traditionen sich herausgebildet haben, welche Tabus bestehen und welche Fähigkeiten besonders entwickelt wurden. Das schließt keineswegs aus, dass es Brüche gegeben hat und geben wird oder dass sich die Organisation von Teilen ihrer Vorgeschichte ganz bewusst absetzen will. Genau das zeichnet ja ein lebendes System aus, dass es in der Lage ist, aus seiner Vergangenheit zu lernen und sich in Zukunft anders zu verhalten. Der entscheidende Punkt für Sie als Führungskraft ist jedoch: Bei einem lebenden System können Sie niemals bei Null anfangen. Es gibt immer eine Vorgeschichte, die alles, was Sie neu planen und unternehmen, in bestimmte Bahnen lenkt. Damit ist nicht so sehr die individuelle Erfahrung Ihrer Mitarbeiter gemeint, die natürlich auch mit hineinspielt, sondern so etwas schwer Greifbares wie ein überpersönliches Gedächtnis des Systems, das Sie führen sollen. So kann Ihr Vorvorgänger, den keiner, der jetzt bei Ihnen arbeitet, persönlich gekannt hat, noch Spuren hinterlassen haben. Vielleicht ohne dass es Sie es merken.

Es lohnt sich die Vorgeschichte zu kennen

Daraus dürfen Sie jedoch keinesfalls den Schluss ziehen, die Entwicklung eines lebenden Systems verlaufe in vorgezeichneten Bahnen. Wie wir bereits angesprochen haben, gibt es im Verhalten von lebenden Systemen immer wieder Überraschungen. Und doch hilft es uns, das lebende System zu verstehen, wenn wir über seine Entwicklung Bescheid wissen. Wir können dann im Allgemeinen besser einschätzen, wie es sich verhalten wird.

Kehren wir noch einmal zu unserem Mäusebeispiel zurück: Wenn Sie wissen, dass vor Ihnen viele Nagetierspezialisten versucht haben, die Maus den Hügel hinabzutreiben, durch Stöße, das Auslegen von Käsestückchen oder die

Imitation von Katzenstimmen, und welchen Erfolg sie dabei hatten, dann hilft Ihnen das zweifelsohne bei Ihrem eigenen Versuch. Sie können zwar nicht mit letzter Sicherheit sagen, wie die Maus tatsächlich reagieren wird, aber Sie können ihr Verhalten vermutlich realistischer abschätzen als ohne diese Informationen. Ganz anders bei der Kugel, die ganz nach der Maschinenlogik funktioniert. Hier brauchen Sie nicht das Geringste darüber zu wissen, wie und warum die Kugel an ihren Platz gelangt ist. Sie müssen nur wissen, wo Sie ihr am besten einen Stoß versetzen, damit sie genau dorthin rollt, wo Sie es wollen.

Tipps für die Führungspraxis

Eine Neuorientierung glückt nur, wenn Sie die Vorgeschichte kennen

Wandel in der Organisation lässt sich stimmiger und akzeptabler gestalten, wenn sie als lebendes System verstanden wird, mit einer eigenen Entwicklungsgeschichte. Das schließt eine Neuorientierung, ja, einen Bruch mit der Vergangenheit nicht aus, wenn es denn in der Logik der Entwicklung liegt. Jedes lebende System verändert sich ständig und ist zu erstaunlichen Anpassungsleistungen im Stande, allerdings nicht auf „Knopfdruck". Außerdem lässt sich ein lebendes System nicht beliebig oft neu ausrichten. Jede neue Anpassung kostet Energie und hinterlässt Spuren in der Organisation. Durch eine Vielzahl immer neuer Anforderungen bewirken Sie vor allem eines: Orientierungslosigkeit.

Respektieren Sie die Traditionen

Auch lohnt es sich, Traditionen Ihrer Organisation oder Abteilung im Auge zu behalten. Dies ist nicht im Sinne einer Traditionspflege gemeint. Lernen Sie vielmehr diese Traditionen und Gepflogenheiten kennen, dann bewahrt Sie das unter Umständen vor schweren Fehleinschätzungen. Denn viele dieser Traditionen erweisen sich als erstaunlich zählebig und tauchen manchmal ganz unvermutet wieder auf, etwa wenn Mitarbeiter, die schon lange eigenverantwortlich handeln sollen, noch bei jeder kleinen Entscheidung auf grünes Licht vom Vorgesetzten warten. Oder wenn Unternehmensfusionen, die auf dem Papier eigentlich nur glücken können, scheitern, weil hier zwei

Systeme zusammengeschaltet werden, die eine ganz unterschiedliche Entwicklung genommen haben.

Traditionen lassen sich nicht ohne weiteres abschaffen

Es ist wenig sinnvoll, unerwünschte Traditionen offiziell zu verabschieden oder gegen sie anzukämpfen. Das einzige Mittel, das Ihnen bleibt, um ihre Wirkung abzumildern, besteht darin, diese Verhaltensweisen anzusprechen und zu ergründen, warum sie noch immer bestehen. Vielleicht gibt es ja einen guten Grund dafür – wenn nicht, sollten Sie das Verhalten behutsam so verändern, dass Sie es in geeignete Bahnen lenken können.

Lebende Systeme haben eine starke Identität

Wenn es darum geht, Veränderungsprozesse anzustoßen, dann können Sie häufig das Motto hören: Nur wer sich wandelt, bleibt sich selbst treu. Das stimmt einerseits. Andererseits lässt sich das Ganze in Hinblick auf lebende Systeme auch umdrehen. Nur wer sich selbst treu bleibt, dem gelingt es tatsächlich, sich zu wandeln. Sonst ist es nämlich kein Wandel, sondern etwas anderes, ein harter Schnitt, ein Neubeginn, ein Wechsel der Identität. Und der lässt sich nur von außen vollziehen. Auf diese Weise werden Maschinen für neue Aufgaben umgerüstet. Wenn Sie mit Ihrer Bohrmaschine fräsen wollen, dann tauschen Sie einfach das Kopfteil aus. Ein Wandel ist das nicht.

Organisationen brauchen Grenzen

Nun hat eine Bohrmaschine auch keine Identität. Ein lebendes System hingegen braucht einen Wesenskern, eine Identität, etwas, das dieses System ausmacht. Wie der Philosoph Daniel Dennett in seinem Buch „Darwins gefährliches Erbe" (siehe Literaturverzeichnis) schreibt, „muss ein Lebewesen eine mehr oder weniger scharfe Abgrenzung besitzen, die es von allem anderen trennt". Sonst ist es auf Dauer nicht lebensfähig, sondern wird diffus und löst sich auf. „Sobald die Selbsterhaltung Bedeutung gewinnt, entstehen bestimmte wichtige Grenzen. Denn wenn man sich selbst erhalten möchte, darf man keine Energie darauf verschwenden, die ganze Welt zu erhalten: Man zieht eine Linie", so Dennett.

Natürlich sind auch andere Organisationsformen denkbar, bei denen diese Linie alles andere als stabil ist (s. „Management im Termitenhügel – die Geheimnisse der Schwarmintelligenz“, S. 280), doch dürfen Sie dann keine besondere Langlebigkeit erwarten, ja nicht einmal Bestrebungen zur Selbsterhaltung. Lebende Systeme hingegen brauchen diese Linie, vor allem um festzulegen, wer oder was alles dazugehört und wer oder was nicht. Bezogen auf Organisationen heißt das nicht nur: Welche Personen gehören dazu? Sondern auch: Welche Werte, welche Elemente in ihrem Wesenskern zeichnen die Organisation aus? Wofür steht sie?

Tipps für die Führungspraxis

Stärken Sie die Identität Ihrer Organisation

Ohne Frage haben viele Organisationen eine schwach entwickelte Identität. Einerseits ist häufig nicht ganz klar, wer überhaupt dazugehört. Die Zahl der mehr oder minder frei assoziierten Mitarbeiter hat gerade in den vergangenen Jahren stark zugenommen. Zugleich sind Abteilungen ausgelagert worden, die nun auch für fremde Unternehmen tätig sind, bestimmte Dienstleistungen werden hingegen von externen Anbietern erbracht. Das alles mag ökonomisch sinnvoll sein, hat jedoch eine ungünstige Nebenwirkung: Die Organisation wird diffus und damit weniger lebensfähig. Besondere Loyalität der Mitarbeiter kann sich unter solchen Umständen nicht entwickeln.

Die unscharfe Personallage lässt sich zum Teil dadurch ausgleichen, dass es einen klar konturierten Wesenskern gibt, um den herum sich die Mitarbeiter gruppieren. Die Organisation besitzt bestimmte Charakterzüge, die sie unterscheidbar machen. Damit ist nicht das Wunschbild gemeint, das viele Führungskräfte von ihrer Organisation zeichnen (oder vielfach sogar zeichnen lassen), sondern die real existierenden Eigenschaften. Bei dem betreffenden System muss es sich gar nicht um ein komplettes Unternehmen handeln, auch einzelne Abteilungen, ja einzelne Teams können über eine starke Identität verfügen. Es geht zunächst gar nicht einmal um gute oder schlechte Eigenschaften, sondern um die Unterscheidbarkeit. Genau darum dreht es sich nämlich bei der Frage nach der Identität: Finden Sie heraus, was die Organisation unverwechselbar macht. Sie könnte zum Beispiel kreativ, originell und verspielt sein (nicht so Wohlmeinende nennen sie „versponnen“ und „realitätsfremd“); eine andere Organisation zeichnet sich hingegen durch Verlässlichkeit, Stabilität und Bedächtigkeit aus (nicht so Wohlmeinende behaupten, sie sei langsam und phantasielos). Eine dritte ist schnell, professionell und kühl (nicht so Wohlmeinende meinen, sie sei hart und herzlos); während eine vierte warmherzig, sympathisch und konsensorientiert ist (nicht so Wohlmeinende sagen, sie sei umständlich und zu wenig effizient).

Die Identität Ihrer Organisation wirkt nach innen und außen

Eine Identität mit markantem Profil ist hilfreich, für die Kommunikation nach innen und nach außen. Die Mitarbeiter einer „kreativen“ Organisation (oder Abteilung) etwa sollten diesen Leitwert so sehr verinnerlicht haben, dass sie sich in ihrer täglichen Arbeit danach richten, sie sind es ja, die diese Identität „leben“. In solchen Organisationen reicht es manchmal aus, daran zu erinnern: „Sie sind Mitarbeiter bei xy“ – und der Mitarbeiter versteht, in welcher Richtung er sein Engagement verstärken muss. Eine starke Identität hat auch Einfluss darauf, welches Personal die Organisation rekrutieren kann. Ein Unternehmen, das als „hochinnovativ, aber gnadenlos“ gilt, wird andere Mitarbeiter anlocken als eines, das in dem Ruf steht, besonders „familienfreundlich“ zu sein. Aber auch innerhalb eines großen Unternehmens können Abteilungen mit einem bestimmten Ruf („da sitzen unsere ganz Kreativen“) Mitarbeiter anlocken, die eine entsprechende Begabung haben. Darüber hinaus kann eine starke Identität auch auf Kunden, Kooperationspartner und die Öffentlichkeit wirken und den Umgang mit ihnen bestimmen.

Sie können die Identität Ihrer Organisation nicht nach Ihrem Belieben formen

Eines muss Ihnen jedoch klar sein: Sie können keiner Organisation eine bestimmte Identität überstülpen. Vielmehr können Sie nur auf der vorhandenen Identität aufbauen, bestimmte „Charakterzüge“ verstärken, andere hemmen. Und es ist auch möglich, dass Ihre Organisation allen Versuchen widersteht, sie in eine bestimmte Richtung zu treiben. Ihnen bleibt nichts anderes übrig, als sich mit dem Vorhandenen auseinander zu setzen.

Schleppen Sie nicht die schlechten Angewohnheiten mit

Wir müssen allerdings sorgsam unterscheiden. Organisationen wandeln sich natürlich. Es wäre verhängnisvoll, diesen Wandel zu bremsen oder schlechte Angewohnheiten mitzuschleppen, in der Meinung, dies mache die Identität der Organisation aus. Eine Organisation, die eine starke Identität ausbildet, ist durchaus in der Lage sich zu wandeln – und sich dabei trotzdem treu zu bleiben.

Wie Sie Krisen zur Stärkung der Identität nutzen sollten

In diesem Zusammenhang spielen Krisen und Bedrohungen von außen eine zentrale Rolle. Sie wirken sich auf die Identitätsbildung sehr förderlich aus. Zumindest solange sie nicht zu stark werden (siehe Prinzip der Überkompensation, S. 41). In solchen Situationen kann sich das System bewähren und den inneren Zusammenhalt festigen. Doch Krisen und äußere Bedrohungen sollten nicht dramatisiert oder sogar inszeniert werden, um eine Gruppe oder Organisation zusammenzuschweißen, wie es oft geschieht – ein gefährliches Kalkül. Die ständige Beschwörung einer Krise jedenfalls nutzt sich schnell ab und lenkt von echten Gefahren ab. Außerdem wirkt es sich ungut auf die Verbindungen zur Außenwelt aus, wenn die Organisation meint, in einer ständigen Bedrohung zu leben. Eine starke Identität ist daher nur in Kombination mit einer ausgeprägten Offenheit gegenüber der Umwelt wünschenswert. Sonst kann sie zum Problem werden, auch für das eigene Überleben.

Lebende Systeme passen sich ihrer Umwelt an

Es kann der stärkste Organismus nicht überleben, wenn er nicht in seine Umwelt passt. Die schärfsten Reißzähne und die kräftigsten Pranken nutzen dem Raubtier nichts, wenn seine Beutetiere das gemeinsame Biotop verlassen haben, wenn die Landschaft unter Wasser steht oder die Fresskette durcheinander gerät, weil irgendein Kleintier ausgestorben ist. Nicht die Stärksten überleben, so viel ist klar. Entscheidend ist vielmehr etwas anderes, nämlich die Fähigkeit zur Anpassung an den jeweiligen Lebensraum. Adaption heißt die

Schlüsselqualifikation allen Lebens. Wer diesen fundamentalen Grundsatz ignoriert, der geht unter.

Erfolgreiche Adaption beginnt mit der Wahrnehmung

Für die meisten Lebewesen befindet sich ihre Umwelt in ständiger Veränderung. Doch nur wer in der Lage ist, diese Veränderungen zu registrieren, kann auch darauf reagieren. Deshalb haben Lebewesen empfindliche Sinnesorgane entwickelt, die genau auf diese Veränderungen geeicht sind. Was hingegen stabil bleibt, das wird aus dem Fokus der Aufmerksamkeit schnell ausgeblendet: Auf vertrautem Terrain könnten wir daher nahezu im „Blindflug" navigieren.

Auch Organisationen als lebende Systeme verfügen über „Sinnesorgane". Wie Augen, Ohren, Nase oder Fühler haben die Sinnesorgane der Organisation die Aufgabe, Daten zu liefern zu dem hochinteressanten Problem: Was tut sich Neues da draußen? Daran anschließend stellen sich im Wesentlichen für den Organismus und für die Organisation die folgenden drei Fragen:

- Muss ich mich verändern? Muss ich neue Fähigkeiten ausbilden, Kompetenzen erwerben, um in der veränderten Umwelt zurechtzukommen?
- Kann ich die Veränderungen in Bahnen lenken, die vorteilhaft für mich sind? Was muss ich tun, um von den Veränderungen zu profitieren?
- Ist es sinnvoll, den Lebensraum zu verlassen?

Eine erfolgreiche Adaption kann durchaus auch darin bestehen, einen geeigneteren Lebensraum zu suchen. Die Zugvögel tun dies jedes Jahr (und kehren wieder zurück, sobald sich die Lebensbedingungen wieder verbessern); aber auch unsere Vorfahren verdanken ihre weltweite Verbreitung nicht zuletzt dem Umstand, dass sie ihre angestammten Lebensräume immer wieder verlassen haben und in geeigneteres Terrain vorgestoßen sind.

Es genügt nicht, die Veränderungen in der Umwelt aufmerksam wahrzunehmen. Vielmehr muss sich der Organismus auf diese Veränderungen auch einstellen, er muss sich in irgendeiner Weise den neuen Verhältnissen anpassen, was nicht bedeutet, dass er sie passiv erdulden muss. Vielmehr kann eine mögliche Anpassungsleistung gerade darin bestehen, stärker als bisher in die Umwelt einzugreifen, sie umzugestalten. Entscheidend ist, dass dieses Verhalten in die neue Situation passt. Wie aber findet er das heraus? Der einzige Weg führt über drei Stufen: Ausprobieren – Wahrnehmen – Bewerten. Fällt das Urteil positiv aus, wird die neue Verhaltensweise erst einmal beibehalten.

Nun verfügt jeder Organismus nur über einen begrenzten Spielraum, um sich zu verändern. Eine Seegurke hat deutlich andere Optionen als ein Barrakuda. Den vorhandenen Spielraum sollten die lebenden Systeme aber so weit wie möglich ausschöpfen, wenn sie denn bewusst darüber nachdenken können.

Tipps für die Führungspraxis

Holen Sie sich die Informationen, die Sie brauchen

Für jede Organisation kommt es ganz wesentlich darauf an, in Erfahrung zu bringen, was sich „draußen" abspielt. Nur so kann sie sich den Gegebenheiten anpassen und sich selber steuern. Maschinen brauchen keine Sinnesorgane und keine Fenster zur Außenwelt, sie können vollkommen blind sein, denn sie warten ausschließlich auf die Steuerungssignale von außen. Anders die Organisation als lebendes System: Sie nimmt Informationen über ihre Umwelt auf. Diese Informationen werden verarbeitet: weitergeleitet, verteilt, aufbewahrt oder auch ignoriert, ganz nach den je eigenen Gepflogenheiten, Interessen und Vorerfahrungen.

Sie brauchen die „Sinnesorgane", die zu Ihrer Organisation passen

Die „Sinnesorgane" einer Organisation können höchst unterschiedlich beschaffen sein – je nachdem in welcher Umwelt und welchen „Lebensräumen" sich die Organisation tummelt. Einer der wichtigsten „Lebensräume" für Unternehmen ist der Markt oder der Teilmarkt, auf dem das Unternehmen seine Produkte anbietet.

Solch ein Sinnesorgan kann ein eigener Stab von Mitarbeitern sein, ein „Informationszentrum" oder auch ein „Researcher", der aktiv nach relevanten Informationen sucht und sie der Organisation zu Verfügung stellt – über eine Datenbank etwa. Aber auch Besprechungen, Konferenzen, Workshops, alle Veranstaltungen, bei denen Informationen von außen nach innen fließen, lassen sich als Sinnesorgane begreifen. Ja, auch die angeregte Zeitungslektüre von Mitarbeitern kann durchaus hierher gehören – wie noch viele andere „Fühler", die die Organisation in die Außenwelt streckt.

Informationen müssen auch verarbeitet werden

Nun gelangen die vielfältigsten Informationen über den Markt in das Unternehmen: eigene Verkaufszahlen, Marktstudien, Medienberichte, Fachinformationen, Gerüchte, Beschwerden, vertrauliche Mitteilungen und vieles mehr. Um genau zu sein, kommen diese Informationen nicht einfach von selbst in das Unternehmen, sondern sie werden von der Organisation aktiv aufgenommen.

Dabei geht es um zwei Dinge: Einmal müssen alle wesentlichen Veränderungen registriert werden. Die „Fühler" sollten also dorthin gestreckt werden, wo sich Veränderungen anbahnen. Zum anderen aber kommt es darauf an, die „Außenreize" richtig weiterzuverarbeiten. Das heißt, sie zu ordnen, sie aufzubereiten, sie dorthin weiterzuleiten, wo sie gebraucht werden, und die oft einen Großteil ausmachenden unbrauchbaren Daten wieder zu löschen.

Nicht jeder im Unternehmen muss alles wissen

Es ist keineswegs erforderlich, alle wichtigen Informationen überall im Unternehmen zu verbreiten. Das macht ein Organismus nämlich auch nicht. Von den hochkomplexen Vorgängen, die gerade in Ihrem Darmtrakt ablaufen, bekommen Sie vermutlich nicht viel mit. Ja, nicht einmal von dem, was in Ihrem Gehirn gerade geschieht, bemerken Sie mehr als einen Bruchteil. Genau das ist der Grund, warum unser Organismus so erstaunliche Leistungen vollbringt. Weil so viele Komponenten ungestört und unbemerkt ihre Aufgaben erledigen können.

Prinzipien des Lebens

Nachdem Sie im vorangegangenen Kapitel das Konzept der „lebenden Organisation“ kennen gelernt haben, sollen nun unterschiedliche Aspekte zur Sprache kommen, die Lebewesen kennzeichnen und die sie von unbelebten Dingen wie Steinen, Stofftieren oder Autos unterscheiden. Insoweit lassen sich die folgenden Abschnitte nahtlos an das Konzept der „lebenden Organisation“ anschließen.

Veränderung, um zu leben: das Fließgleichgewicht

Themen: Organisation, Veränderung, Führungsstil, Selbstmanagement, Motivation

Woran merken Sie eigentlich, dass Sie es mit einem Lebewesen zu tun haben? Vielleicht fällt Ihnen nach kurzem Nachdenken ein, dass sich Lebewesen ständig verändern, während tote Materie immer gleich bleibt. Das stimmt in gewisser Hinsicht; und doch ist es nicht die ganze Wahrheit. Wenn wir nämlich die Umgebung mit einbeziehen, die Umwelt, dann gilt geradewegs das umgekehrte Prinzip: Die tote Materie folgt willenlos jeder Veränderung ihrer Umwelt, während die Lebewesen eifrig darum bemüht sind, ihren Zustand trotz wechselnder äußerer Bedingungen einigermaßen stabil zu halten.

Lebewesen brauchen ein inneres Gleichgewicht

Eigentlich tun Lebewesen fast nichts anderes als Veränderungen wieder auszugleichen und ihren Körper ins innere Gleichgewicht, die so genannte Homöostase, zurückzubringen. Sinkt Ihr Blutzuckerspiegel unter eine kritische Grenze, bekommen Sie Hunger, damit Sie essen und er wieder einen akzeptablen Wert erreicht. Übersteigt er eine bestimmte Marke, sollte Sie ein Sättigungsgefühl überkommen. Ihre Körpertemperatur bewegt sich innerhalb recht enger Grenzen. Sobald sie auch nur etwas ansteigt, trifft der Körper eine Reihe von Maßnahmen, damit sie wieder auf das Normalmaß sinkt. Wo immer es möglich ist, wird in Ihrem Körper ein konstantes „inneres Milieu“ aufrechterhalten. Und solange das gut geht, sind Sie am Leben.

Was sich in Ihrem Körper abspielt, nennen die Kybernetiker einen „negativen Regelkreis“, was Sie nicht irritieren sollte. Denn es handelt sich um etwas rundum Positives. Gemeint ist denn auch, dass alle Veränderungen in der einen Richtung ausgeglichen werden durch eine Art Gegenreaktion in die andere Richtung. So ähnlich wie das Negativ bei einem Foto alle hellen Stellen dunkel erscheinen lässt und alle dunklen hell. Ein negativer Regelkreis sorgt also dafür, dass alle Schwankungen ausgeglichen werden. Während durch einen positiven Regelkreis der Ausgangswert immer weiter verstärkt wird und sich die Sache bis zum Kollaps aufschaukelt. Solche Regelkreise sind selbstredend extrem lebensfeindlich.

„Fließgleichgewicht" — das Balancing der Natur

Der eigentliche Clou ist jedoch, dass die Homöostase, die lebenswichtige Balance nur aufrechterhalten werden kann, weil ein ständiger Austausch stattfindet. Ein unaufhörlicher Durchfluss mit dem Ziel, den Zustand im Wesentlichen beizubehalten. Permanente Veränderung bei gleichzeitiger Konstanz – genau das ist der Zustand des Fließgleichgewichts.

Im menschlichen Körper werden alle Körperzellen nach und nach erneuert, nach einigen Jahren sind Sie gewissermaßen nicht mehr derselbe wie vorher, weil sämtliche Körperzellen ausgetauscht wurden. Natürlich wachsen wir, altern wir, werden dicker oder dünner und verändern uns im Laufe unseres Lebens. Doch wenn Sie sich vorstellen, dass in jeder Sekunde Ihres Lebens in jeder Zelle Ihres Körpers Austauschprozesse stattfinden, der Stoffwechsel nämlich, dann ergibt sich ein völlig anderes Bild. Lebewesen gleichen einem Wasserwirbel, der für uns immer der gleiche bleibt, obwohl ständig Wasser durch ihn hindurchfließt. Oder sagen wie treffender: Er kann seine Gestalt nur aufrechterhalten, weil ständig neues Wasser nachfließt. (Näheres zu dazu auch im Abschnitt über den zweiten Hauptsatz der Thermodynamik, ab S. 53.)

Was hinter dem Jojo-Effekt steckt

Nun ist es nicht so, dass der Körper versucht, alle Vorgänge immer auf die gleichen Zielwerte zurückzuregeln. Wie Sie im Abschnitt über die Überkompensation (ab S. 41) noch lesen werden, können sich einige dieser Werte durchaus ändern. Doch geschieht dies allmählich und häufig in Anpassung an einen übergeordneten Regelkreis. Nehmen wir das bekannteste Beispiel, den Jojo-Effekt, der dafür sorgt, dass Menschen, die abnehmen wollen, nach jeder Diät ein paar Pfunde mehr auf die Waage bringen. Die Mechanik, die dahinter steckt: Der Körper stellt sich auf die Mangelsituation während der Diät ein und verändert seine Zielwerte. Bekommt er wieder Kohlenhydrate und Fette zugeführt, legt er gleich Depots an, um auf die nächste Mangelsituation vorbereitet zu sein.

Die meisten dieser Regelungsvorgänge bemerken wir nicht einmal. Deshalb neigen wir dazu, ihre Bedeutung zu unterschätzen und unseren konstanten Zustand als gegeben hinzunehmen. Doch das ist er nicht, er ist das Ergebnis unermüdlicher Aktivität. „An der Abwehr des Todes muss man arbeiten", bemerkt dazu der britische Biologe Richard Dawkins. Wenn sich gar nichts ändert, dann ist das nicht ein Zeichen von Stagnation, sondern im Gegenteil von professionell und diskret erarbeiteter Gesundheit.

Gestörtes Gleichgewicht? Alarm!

Lässt sich unser inneres Gleichgewicht einmal nicht auf die gewohnte Weise herstellen, dann schlägt der Körper sofort Alarm. Ein solches Signal lässt sich nicht ignorieren. Wenn Ihre Körpertemperatur beim Joggen einen bestimmten Wert überschritten hat, dann können Sie einfach nicht mehr weiterlaufen. Zumindest bekommen Sie von Ihrem Körper das unmissverständliche Signal: Aufhören! Setzen Sie sich mit eisernem Willen darüber hinweg und zwingen sich dennoch weiterzulaufen, greift Ihr Körper zu einem drastischeren Mittel: Er schaltet Ihren Willen einfach aus, lässt Sie ohnmächtig werden und rettet Ihnen vielleicht dadurch das Leben.

Tipps für die Führungspraxis

Halten Sie die Dinge im Gleichgewicht

Nehmen wir nur das Verhältnis zwischen Beruf und Privatleben oder zwischen Kopf- und Bauchentscheidungen. Intuitiv wissen wir es längst: Es kann nicht gut gehen, wenn ein bestimmter Aspekt überbetont wird oder wenn eine Entwicklung immer weiter in dieselbe Richtung getrieben wird, ohne dass es an anderer Stelle zu einem Ausgleich käme. Insoweit ist es ratsam rechtzeitig gegenzusteuern, bevor die innere Balance gestört ist. Das bedeutet natürlich nicht, sich aufs Bremspedal zu stellen und Veränderungen zu verhindern. Vielmehr geht es darum Gegensätze auszugleichen und zu verhindern, dass sich eine Entwicklung aufschaukelt und dann nicht mehr steuern lässt.

Führen Sie Ihre Mitarbeiter ausgleichend

Zu Ihren Führungsaufgaben gehört es, Mitarbeitern ein angemessenes Feedback zu geben. Das heißt, dass Sie außergewöhnliche Leistungen herausstellen und über Fehler nicht einfach hinweggehen. Doch tun Sie zu viel des Guten, kann das unangenehme Folgen haben: Die überschwänglich Gelobten heben ab und die hart Kritisierten trauen sich selbst nichts mehr zu. Nun reagieren Mitarbeiter höchst individuell und mancher fühlt sich schon durch ein Stirnrunzeln tief getroffen, während ein anderer bereits vor lauter Selbstbewusstsein kaum noch durch die Tür passt, weil Sie sich an seinen Namen erinnern können. Diese Unterschiede gilt es natürlich zu berücksichtigen, wenn Sie immer auch ein wenig ausgleichend auf Ihre Mitarbeiter einwirken: Holen Sie diejenigen, die abheben, behutsam herunter und bauen Sie diejenigen auf, die einen Fehler gemacht haben.

Bei der Teambildung: die Mischung macht's!

Teams profitieren davon, wenn ihre Mitglieder nicht allzu ähnlich sind. Zum einen verbessert es häufig das Ergebnis, wenn eine Vielfalt unterschiedlicher Kompetenzen zusammenkommt. Zum zweiten wird aber auch die Gefahr von „groupthink“ geringer, jener fatalen Tendenz von sehr homogenen Gruppen, die Umwelt nur noch verzerrt wahrzunehmen und irrationale Entscheidungen zu treffen.

Wie steht es mit Ihrem Frühwarnsystem?

Der Körper schlägt Alarm, wenn Prozesse aus dem Gleichgewicht geraten. Und er leitet die nötigen Gegenmaßnahmen ein, um die Balance wieder herzustellen. In vielen Organisationen ist das nicht so. Der Grund ist gar nicht einmal, dass bestimmte Daten nicht erhoben würden, sondern dass keine Vorstellung besteht, was denn eigentlich der „Gleichgewichtswert“ ist, der signalisiert, dass das System „gesund“ ist. Überlastungen werden nicht erkannt. Und eine deutliche Unterschreitung der Zielmarke führt nicht etwa zu Ausgleichsmaßnahmen, sondern löst panikartige Reaktionen aus, die die Lage weiter verschlimmern. Doch ein Frühwarnsystem nützt überhaupt nichts, wenn unklar ist, was geschehen soll, wenn ein kritischer Wert erreicht ist. Nehmen wir an, in der Abteilung, in der die Kundenreklamationen bearbeitet werden, häufen sich die Fehltage. Wie ist darauf zu reagieren? Zunächst einmal brauchen Sie eine Vorstellung, was ein „Gleichgewichtswert" ist. Vielleicht treten in dieser Abteilung generell höhere Fehlzeiten auf, vielleicht sind die Werte in den übrigen Abteilungen übermäßig niedrig. Oder es ist noch viel schlimmer, als Sie dachten. Dann sollten Sie wissen, welche Maßnahmen Sie in die Wege leiten, etwa ob Sie Mitarbeitergespräche führen, einen externen Berater hinzuziehen, ob Sie kurzfristig Hilfskräfte anheuern, um den „Betrieb" aufrechtzuerhalten, ob Sie Ihre Mitarbeiter besser schulen sollten oder ungünstige Strukturen ändern müssen.

Überleben am Rande des Chaos

Themen: Entscheidungen, Mitarbeiterführung

„Gleichgewicht ist ein Vorbote des Todes", schreibt der Managementautor Richard T. Pascale über lebende Systeme. Das steht in offenem Widerspruch zum weithin anerkannten Konzept der Homöostase, das wir gerade vorgestellt haben. Und doch erklärt er diesen Grundsatz zum ersten seiner „vier fundamentalen Prinzipien", denen „das lebende System namens Unternehmen" folgen soll.

Wie ist das zu verstehen? Nun, Pascale will nicht die Gültigkeit der Homöostase in Zweifel ziehen. Mit ihr gibt er sich gar nicht weiter ab. Ihm geht es darum, eine der Lieblingsideen der Komplexitätswissenschaft in die Welt der Unternehmensführung zu übersetzen. Und diese Lieblingsidee heißt Überleben am Rande des Chaos. Geprägt wurde dieser Begriff in zwei einflussreichen Publikationen von Roger Lewin und M. Mitchell Waldrop. Dabei handelt es sich um eine Hypothese, die in aller Kürze besagt: Es gibt einen Zustand, in dem ein lebendes System am besten in der wechselvollen Umwelt zurechtkommt. Dieser Zustand soll im Zwischenbereich von Ordnung und Chaos liegen.

Chaotische und ordentliche Ameisen

Stellen Sie sich eine Ameise vor. Aber keine echte Ameise, sondern eine virtuelle, eine Computerameise. Die statten Sie mit einem Satz von Regeln aus. Dann lassen Sie sie loslaufen in einer Computerumwelt, die Sie vorher programmiert haben. Je nachdem, wie komplex diese Umwelt gestaltet ist, wird Ihre Ameise früher oder später tot sein oder aber springlebendig über Ihren Bildschirm krabbeln. Chris Langton, der eine ganze Reihe solcher Tier-Simulationen programmiert hat, hat seinen virtuellen Ameisen die unterschiedlichsten Regelsets mit auf den Weg gegeben (in immer der gleichen Umwelt, versteht sich). Und es zeigte sich, dass sich die künstlichen Krabbler am erfolgreichsten verhielten, deren Regeln zwischen Starrheit und Flexibilität die goldene Mitte hielten.

Chris Langton formulierte daraufhin die Arbeitshypothese, dass lebende Systeme, die sich in einem „Gleichgewicht zwischen Ordnung und Chaos" befinden, am besten in der Lage sind, den Anforderungen einer komplexen Umwelt gerecht zu werden. Und Stuart Kauffman, der Vordenker der Komplexitätswissenschaft, ließ einige Netzwerke eine Evolution durchlaufen, um zu überprüfen, ob die Evolution komplexe Wesen sozusagen an den Rand des Chaos treibt. Wenn Kauffman Recht hat, tut sie das.

Zwischen Starrheit und Willkür

Was heißt das aber überhaupt in diesem Zusammenhang, Ordnung und Chaos? Ordnung bedeutet, dass das künstliche Wesen starr und vorhersagbar reagiert. Chaos bedeutet, dass eine winzige Veränderung in den Ausgangsbedingungen zu völlig unterschiedlichen Resultaten führt. Konstruieren wir ein extrem überzeichnetes Beispiel und stellen uns vor, Ihre Arbeitsleistung hänge von Ihrer Bezahlung ab. Doppelt so viel Geld bewirkt bei Ihnen, dass Sie doppelt so schnell arbeiten. Das wäre eine sehr starre, „ordentliche" Regel. Im Chaos könnten wir keinen Zusammenhang mehr zwischen der Höhe der Bezahlung und Ihrer Arbeitsleistung entdecken. Die Erhöhung Ihres Lohns um 50 Cent könnte Ihren Arbeitseifer explodieren oder Sie auch in völlige Lethargie versinken lassen.

In der Mitte läge dann ein Verhalten, bei dem sich schon ein Zusammenhang zwischen Bezahlung und Arbeitsleistung zeigt, doch wäre der sehr viel unregelmäßiger, mit einzelnen Sprüngen und Überraschungen, wenn etwa an einer Stelle eine weitere Erhöhung der Bezüge zu einem Nachlassen der Arbeitsleistung führt. Und das klingt doch eigentlich schon recht lebensnah.

Und weshalb ist jetzt das Gleichgewicht „der Vorbote des Todes"? Richard T. Pascale versteht unter Gleichgewicht nicht die dynamische Homöostase, das

Fließgleichgewicht aus dem vorangegangenen Abschnitt, sondern Stillstand, Erstarrung und das ängstliche Bemühen, alles auf einen bewährten Mittelwert auszugleichen. Unternehmen, die daran festhalten und nicht riskieren, dann und wann aus dem Gleichgewicht zu geraten, verschlechtern in unserer turbulenten Welt ihre Überlebenschancen, meint Pascale.

Tipps für die Führungspraxis

Schaffen Sie sich Spielräume für das Unvorhergesehene

In den vergangenen Jahren ist der „Rand des Chaos“ (engl. edge of chaos) zu einem modischen Schlagwort geworden. Wenn der Eindruck nicht täuscht, hat die Attraktivität dieser Zone spürbar nachgelassen. Vielleicht weil zu viele Adepten der New Economy über den Rand des Chaos hinausgeschossen sind. Doch damit ist die Grundidee ja noch nicht falsch: nicht alles in ein starres Ordnungsschema zu pressen, nicht zu sehr auf Sicherheit zu setzen, sondern sich Raum zu schaffen für Improvisation, Experimente und Abweichung vom Gewohnten. Solche Spielräume sind gewiss von Nutzen. Sie machen Sie freier, souveräner und entspannter.

Reagieren Sie flexibel, ohne Ihre Verlässlichkeit aufzugeben

Treffen Sie Ihre Entscheidungen nicht nach starren Vorgaben und Regeln, sondern nach Ihrem Ermessen und Ihrer Erfahrung, auf den konkreten Einzelfall bezogen. Das bedeutet auch, dass Sie stärker in der Verantwortung stehen. Gleichzeitig dürfen Sie jedoch nicht sprunghaft oder willkürlich entscheiden. Eine gewisse Konstanz und Ordnung muss sein. Denn sonst verlieren Sie etwas, was Sie als Führungskraft dringend brauchen: Verlässlichkeit.

Muskeltraining – das Prinzip der Überkompensation

Themen: Beanspruchung, Stress, Führungsstil, Motivation

Der Effekt ist allgemein bekannt: Muskeln, die wir nicht beanspruchen, bilden sich wieder zurück. Das Gleiche gilt für unsere geistigen Fähigkeiten, unser Gedächtnis und die Steuerung unserer Motorik. „Use it or loose it“, sagen die Amerikaner. Entweder man macht von seinen Fertigkeiten Gebrauch oder sie gehen verloren. Wer nicht gefordert wird, der baut ab.

Glücklicherweise macht sich der Effekt auch in der Gegenrichtung bemerkbar: Wenn Sie Ihre Kräfte stark beanspruchen, werden Ihre Muskeln zwar erst einmal geschwächt, doch dann stockt Ihr Körper seine Reserven auf. Beim nächsten Mal kommen Sie dank der vermehrten Muskelmasse besser zurecht. Nach dem gleichen Prinzip können Sie auch Ihre motorischen und geistigen Fähigkeiten steigern. Je mehr Sie sich abverlangen, umso stärker werden Sie. Das ist das Prinzip der Überkompensation. Ihr Körper hilft Ihnen nicht nur, künftig mit einer Situation zurechtzukommen, in der Sie ähnlich stark beansprucht werden, sondern Sie können jetzt noch größere Herausforderungen meistern. Allerdings nur, wenn Sie alles richtig machen.

Überschreiten Sie die Reizschwelle

Sie müssen Ihre Kräfte schon ein wenig beanspruchen. Unterfordern Sie sich nämlich im Training, bleiben Sie unter Ihren Möglichkeiten und es ändert sich nichts. Die Muskeln verhalten sich unter der Belastung so ähnlich wie ein mittelständischer Betrieb, dessen Auftragslage sich verbessert. Zunächst versucht man mit dem vorhandenem „Personal", den Muskelfasern, die Aufträge abzuarbeiten. Deren Zusammenarbeit, die Koordination wird verbessert. Aber es kommen noch keine neuen Muskelfasern hinzu. Das geschieht erst, wenn die so genannte „Reizschwelle" überschritten wird, das vorhandene „Muskelfaserpersonal" also nicht ausreicht und einige ungelernte Hilfskräfte hinzugezogen werden – die neuen Muskelfasern. Wo diese Schwelle liegt, das spürt der Körper am besten. Er ist stark gefordert, aber noch nicht überfordert. Wenn Sie diese Schwelle überschritten haben, dann ist es auch genug. Weiter zu gehen, ist gefährlich.

Übertraining baut Muskeln ab

Werden Muskeln übermäßig beansprucht, dann hat das keinen aufbauenden, sondern unter Umständen sogar einen schädigenden Effekt. Ebenso ist es nachteilig, wenn die Muskeln zu oft beansprucht werden, wenn der Körper also keine Zeit hat, die anfängliche Schwächung zu kompensieren. Dann wird Muskelmasse abgebaut. „Übertraining" nennen die Leistungssportler diesen Effekt. Übertraining hat die gleiche Wirkung, als würden Sie gar nicht trainieren. Daher trainieren Leistungssportler häufig weniger als ehrgeizige Amateure.

Neue Muskeln verändern Bewegungsmuster

Wenn Sie sich genau anschauen, wie sich ein Mensch bewegt, dann kennen Sie die Kräfteverhältnisse seiner Muskeln. Stärkere Muskeln werden besonders häufig belastet, schwächere kaum beansprucht. Dadurch entsteht ein bestimmter Bewegungsstil. Wenn sich an diesem Kräfteverhältnis etwas ändert, wenn Muskeln auf- oder abgebaut werden, dann geraten auch die gewohnten Bewegungsmuster durcheinander. Neue Muster müssen eingeübt werden, doch bis die so flüssig laufen wie die vertrauten, kann es Monate dauern. Das ist auch der Grund, warum Sportler nach einem intensiven Krafttraining erst einmal Zeit brauchen, ihre Koordination zu verbessern.

Tipps für die Führungspraxis

Fordern Sie auch Ihre schwächeren Mitarbeiter

Das Prinzip der Überkompensation gilt auch für die Mitarbeiterführung. Mitarbeiter, die gefordert sind, engagieren sich nicht nur stärker, sie verbessern auch allmählich ihre Fähigkeiten. Doch müssen die Aufgaben natürlich den Fähigkeiten angepasst sein. Mancher Mitarbeiter erreicht schon sehr schnell seine persönliche „Reizschwelle“. Wenn Sie ihn überfordern, dann sorgen Sie dafür, dass er noch weiter zurückfällt.

Entlasten Sie Ihre High Performer

Viele Führungskräfte muten ihren bewährten Kräften besonders viel zu, denn sie können sicher sein, dass die sich besonders stark engagieren und gute Arbeit leisten. Das Problem ist nur, dass überlastete Mitarbeiter genauso ihre Kräfte abbauen wie überbeanspruchte Muskeln. Insoweit sollten Sie Ihre besten Mitarbeiter nicht mit Aufgaben überladen, sondern ihnen im Gegenteil den Rücken freihalten, damit sie sich ganz auf die Aufgaben konzentrieren können, die wirklich wichtig sind.

Verändern Sie von Zeit zu Zeit den „Bewegungsstil" Ihrer Abteilung

Wie unser Körper seinen Bewegungsstil, hat jede Abteilung ihren eigenen „Bewegungsstil". Das heißt, wenn eine bestimmte Aufgabe ansteht, dann setzen sich fast automatisch die bewährten Kräfte in Bewegung, die starken Mitarbeiter der Abteilung. Schwächere Mitarbeiter werden ebenso geschont wie die schwächeren Muskeln. Bauen Sie nun einige schwächere Mitarbeiter auf, so kann dadurch der „Bewegungsstil" Ihrer Abteilung durcheinander geraten. Plötzlich können auch Mitarbeiter schwierige Aufgaben übernehmen, die vorher mehr oder weniger unproduktiv herumsaßen. Diesen Effekt können Sie auch beobachten, wenn ein High Performer der Abteilung vorübergehend ausfällt und seine Aufgabe von anderen übernommen wird. Steht der betreffende Mitarbeiter wieder zu Verfügung, gibt es häufig Koordinationsprobleme. Es wäre jetzt ein Fehler zum alten „Bewegungsstil" zurückzukehren, wie es in vielen Unternehmen geschieht. Dann würden die neuen Fähigkeiten nämlich innerhalb kürzester Zeit wieder verkümmern. Vielmehr sollten Sie die Chance nutzen, dass Ihnen nun insgesamt mehr gute Mitarbeiter zu Verfügung stehen. Sorgen Sie dafür, dass sich ein neuer „Bewegungsstil" entwickeln kann. Das kann bedeuten, Aufgaben und Kompetenzen neu zu verteilen. Rechnen Sie damit, dass es eine gewisse Zeit braucht, bis dieser Stil sich einspielt. Aber dann werden Sie auch bessere Ergebnisse erzielen können.

Jeder Mensch ist ein Ökosystem

Themen: Freie Mitarbeiter, Image, Öffentlichkeit

Der Autor Jörg Blech hat sich einmal die Frage gestellt, was geschehen würde, wenn Außerirdische einen ganz normalen Menschen träfen und ihn analysieren müssten. Sie würden ihn korrekt beschreiben als eine Ansammlung von kleinen Organismen, die auf einem großen leben. Im Detail: „Die irdische Lebensform besteht aus 988 Spinnentieren, 100 000 000 000 000 (in Worten: hundert Billionen) Bakterien, 1 Mensch, etwa 70 Amöben und manchmal bis zu 500 Madenwürmern."

Von den Madenwürmern wollen wir nicht weiter sprechen, aber fast alle dieser Mikroorganismen sind außerordentlich nützlich für den einen Makroorganismus namens Mensch. Und sei es auch nur durch ihre Harmlosigkeit. Denn immerhin besetzen sie eine ökologische Nische, die nun nicht mehr anderen, schädlichen Kleinstlebewesen zu Verfügung steht. Aber auch wenn manche Mikroben uns angreifen, so haben wir das bitter nötig. Denn unser Immunsystem (s. S. 47) braucht ständig Kontakt zu Bakterien, um seine Abwehrkräfte auszubilden. Wer in einer keimfreien Umgebung aufwächst, ist kaum lebensfähig.

Bakterien kreieren unsere Duftnote

Einen Menschen erkennt man an seinem Geruch, das wissen nicht nur Polizeihunde, sondern auch Säuglinge, die den Geruch ihrer Mutter unter vielen anderen wiedererkennen. Unsere Duftnote ist etwas ganz Persönliches und Ursprüngliches. Schließlich sagen wir nicht ohne Grund, dass wir jemanden „nicht riechen" können, wenn er uns nicht sympathisch ist. Da überrascht es Sie vielleicht ein wenig zu erfahren, dass die Körpergerüche, die wir ausströmen, das Produkt der winzigkleinen Helfer sind, die auf uns wohnen. Zwar geben wir jeden Tag mehr als einen halben Liter Flüssigkeit über unsere Hauptporen ab, aber die riecht erst einmal nach gar nichts. Erst durch die Weiterverarbeitung durch Milliarden von Kleinstlebewesen entsteht unsere ganz persönliche Duftnote. Dabei hängt die natürlich nicht so sehr von den individuellen Eigenschaften der Mikroben ab, sondern von der Beschaffenheit des geruchslosen Ausgangsmaterials. Insoweit sind schon Sie selbst für Ihren Geruch verantwortlich.

Spezialisten für unsere Verdauung

Ohne die unzähligen Kleinstlebewesen, die wir in uns tragen, würde unsere Verdauung schnell zusammenbrechen. Die Darmflora ist ein höchst komplexes Ökosystem, das sich bei jedem Menschen anders entwickelt hat, abhängig von seiner organischen Ausstattung und vor allem von seinen Ernährungsgewohnheiten. Das ist auch der Grund, warum manche Menschen Speisen recht gut vertragen, die bei anderen schwere Übelkeit verursachen. Ihre Darmflora kommt damit nicht zurecht.

Wofür eine bestimmte Mikrobe zuständig ist, das ist noch gar nicht so genau erforscht. Aber sie erledigt ihre Arbeit ohnehin im Teamwork mit etwa 500 anderen Arten von Bakterien. In einem einzigen Darm wirken mehrere Billionen Verdauungsspezialisten zusammen, die hervorragend gerade an diese Lebensbedingungen angepasst sind.

Stille Mörder unter unserem Dach

Aber unter unseren Bewohnern gibt es nicht nur Nützlinge und harmlose Gesellen, sondern auch hochgefährliche Gäste, „Mikroben, die fähig wären, uns zu lähmen, zu vergiften, verhungern zu lassen, zu ersticken oder zu Tode bluten zu lassen", wie der englische Wissenschaftsautor Bernard Dixon anmerkt. Dass die sich einschleichen, lässt sich nicht verhindern. Manchmal bleiben sie ein ganzes Leben lang, was oft nicht weiter schlimm ist. Denn, wie Dixon weiter schreibt, „Menschen, die in jeder Hinsicht gesund und munter sind, können Tuberkulose-Bazillen, Polio-Viren, Streptokokken, die rheumatisches Fieber bewirken, und viele andere ‚Krankheitserreger' tragen, ohne dass sie auch nur die geringsten Unannehmlichkeiten verspüren." Warum bei manchen Menschen die Krankheit dann ausbricht und bei anderen nicht, das ist noch nicht geklärt.

Tipps für die Führungspraxis

Auch jedes Unternehmen hat seine hilfreichen „Mikroorganismen"

Genauso wenig wie ein Mensch ohne seine Kleinstlebewesen existieren könnte, könnten auch die Unternehmen nicht ohne viele Hilfskräfte und Kleinstunternehmen zurechtkommen, die ihre Geschäfte im Umfeld des Unternehmens tätigen. Von deren Existenz weiß die Unternehmensleitung ebenso wenig wie wir von der Amöbe *Entamoeba gingivalis*, die in unserer Mundhöhle herumschwimmt. Dennoch erfüllen sie eine wichtige Aufgabe, was immer dann deutlich wird, wenn diese Personen aus irgendeinem Grund nicht zu Verfügung stehen. Dazu gehören Reinigungskräfte, das Kantinenpersonal, Prospektausträger, Pförtner, Elektriker, Klempner oder die Mitarbeiter in Callcentern. Im weiteren Umkreis zählen aber auch Leute dazu, mit denen das Unternehmen nur indirekt etwas zu tun hat, die aber dennoch verfügbar sein müssen, damit es ungestört arbeiten kann: Bus- und Taxifahrer, Kindergärtnerinnen oder Ärzte.

Wer bestimmt den „Geruch“ Ihres Unternehmens?

Wie wir gesehen haben, geben Mikroorganismen unserem Körper erst seine Duftnote. Ähnlich ist es auch bei vielen Unternehmen: Wie sie in der Öffentlichkeit wahrgenommen werden, das beeinflussen gar nicht so sehr die Leute, die für das Unternehmen arbeiten und die dort einen hohen Rang bekleiden, sondern Aushilfen, freie Mitarbeiter, Callcenteragenten oder angelerntes Verkaufspersonal. Ja, sogar der Fahrer einer Spedition, die im Auftrag Ihrer Firma unterwegs ist und das Firmenschild an seinem LKW angebracht hat, kann durch seine Fahrweise Ihr Bild – in einer sehr begrenzten Öffentlichkeit – beeinflussen. Daher ist es nicht verkehrt, einmal darüber nachzudenken, welche kleinen Zulieferer dafür sorgen, wie Ihr Unternehmen „duftet“.

Müssen Sie sich um die „Helfer“ kümmern?

Es ist gewiss ganz hilfreich, sich vor Augen zu führen, von wie vielen Hilfskräften und unbekannten Mitarbeitern die eigene Arbeit abhängt. Aber damit sollte es auch genug sein. Es bringt vermutlich wenig, hier noch regulierend einzugreifen, sofern alles in halbwegs geordneten Bahnen bleibt. Lassen Sie die „Mikroorganismen“ ihre Arbeit tun, das ist ihr Geschäft.

Wie sich komplexe Organismen schützen – das Immunsystem

Themen: Sicherheit, Krise, Kommunikation, Ressourcenmanagement

Komplexere Lebewesen sind einem ständigen Angriff ausgesetzt. Ununterbrochen dringen Viren, Parasiten, Krankheitserreger ins Körperinnere ein und bedrohen ihre Gesundheit. Deshalb schützen sie sich mit einer der nützlichsten Erfindungen der Natur: dem Immunsystem. Ohne diesen Schutz hätten sich höhere Lebensformen gar nicht entwickeln können. Sie wären innerhalb kürzester Zeit unter dem Trommelfeuer der angreifenden Mikroben zusammengebrochen.

Ein Gehirn aus Blut

Das menschliche Immunsystem ist derart komplex, dass man es auch „ein aus Blut bestehendes Gehirn“ genannt hat. Es setzt sich aus einer Vielzahl von unterschiedlichen Zellen zusammen, die miteinander kommunizieren. Hinzu kommen Dutzende von Molekülarten, die den Zellen bei der Entscheidung helfen, ob ein Eindringling gefressen oder verschont werden soll.

So heften sich einige Moleküle, die so genannten Komplemente, an einen Eindringling und markieren ihn dadurch. Das wirkt wie ein Schild mit dem Hinweis für die Fresszellen, hier zuzuschnappen. Gleichzeitig verändern die Komplementmoleküle ihre Gestalt so, dass immer mehr ihrer Art hier andocken können. Sind genügend beisammen, dann bohren sie gemeinschaftlich ein Loch in die Membran des Bakteriums.

Verteidigung in mehreren Wellen

Es ist verblüffend, wie planmäßig das Immunsystem gegen fremde Eindringlinge vorgeht und sie unschädlich macht. Eine Abwehrmaßnahme greift in die nächste. Stellen Sie sich vor, durch eine Schnittwunde seien Bakterien in die Blutbahn gelangt. Jetzt kommen nicht nur die Komplementmoleküle ins Spiel, gleichzeitig schwimmen Fresszellen, die Makrophagen, heran, umschließen ihre Beute und verdauen sie. Dabei senden sie Signale aus. Die Botschaft lautet etwa: „Achtung, habe gerade einen Eindringling verspeist. Da gibt es bestimmt noch mehr zu holen.“ Diese Signale locken weitere Immunzellen zur Schnittwunde. Zugleich schwillt die Wunde an, dadurch können noch mehr Immunzellen und Moleküle in das Gewebe strömen.

Viele Eindringlinge können auf diese Art bereits unschädlich gemacht werden. Doch bei manchen ist eine besondere Immunabwehr erforderlich. Und die gehört zu den faszinierendsten Fähigkeiten des Immunsystems. Es werden spezielle hochwirksame Abwehrzellen gegen die Angreifer gebildet. Dazu wandert eine Immunzelle, die gerade ein feindliches Bakterium verspeist hat, in die Lymphknoten. Die Immunzelle hat das Bakterium nicht restlos „verdaut“, sondern in seine Einzelteile zerlegt und präsentiert nun einen Teil davon wie ein Fahndungsfoto den so genannten T-Zellen. Die T-Zellen besitzen die Fähigkeit, mit einem Eindringling schnell fertig zu werden. Das Problem ist nur: Jede T-Zelle kann nur mit einem ganz bestimmten Eindringling fertig werden. Darum das Fahndungsfoto: Wenn die T-Zelle ihren speziellen

Feind wiedererkennt, hat der wenig Überlebenschancen. Sobald das geschehen ist, vermehrt sich die betreffende T-Zelle in explosionsartiger Geschwindigkeit. Die spezialisierten Zellen rücken aus und können auch einen massiven Angriff zurückschlagen. T-Zellen, die über längere Zeit nicht gebraucht werden, haben hingegen schlechte Karten. Sie können sich weniger gut fortpflanzen und ihnen wird Nahrung entzogen, das den bewährten T-Zellen zugute kommt.

Eine weitere Abwehrreihe wird von den B-Zellen gebildet. Sie stellen die Antikörper her, spezielle Eiweißmoleküle, die Krankheitserreger unschädlich machen.

Ein Archiv mit Milliarden Einträgen

Alles in allem verfügt unser Immunsystem über ein Archiv mit Milliarden Einträgen über mögliche Angreifer. Früher oder später kann es sich also gegen nahezu jeden Angreifer wehren. Die Sache ist nur die: Je seltener das Immunsystem so einem Angriff ausgesetzt ist, desto weniger spezialisiertes Fachpersonal steht zu Verfügung. Die B-Zellen müssen erst noch Antikörper herstellen. Kurz gesagt, das Immunsystem braucht länger, ehe es eine passende Antwort gefunden hat. Wenn sich die angreifenden Bakterien inzwischen sehr stark vermehrt haben, kann das zu spät sein.

Das lernende System

Eine überstandene Infektion trägt dazu bei, dass unser Körper beim nächsten Mal besser vorbereitet ist, denn das Immunsystem lernt aus Erfahrung. Zugleich muss es sich nach einem massiven Angriff erholen und neue Kräfte sammeln können – wie der ausgelaugte Muskel nach dem Training (s. S. 41). Sonst bricht die Immunabwehr zusammen. Wichtig sind in diesem Zusammenhang drei Punkte:

- Das Schlimmste, was einem Immunsystem passieren kann, ist, wenn es von allen Infektionen abgeschirmt wird. Es kann keine Abwehr aufbauen und ist dem geringsten Angriff schutzlos preisgegeben. Am besten ist es, wenn das Immunsystem fortlaufend beschäftigt ist, ohne überlastet zu werden.
- Bei manchen Krankheitserregern genügt es, wenn der Körper ein einziges Mal infiziert wurde. Das Immunsystem hat Antikörper gebildet und wird mit jedem weiteren Angriff spielend fertig. In den meisten Fällen jedoch lässt

die Abwehrkraft im Laufe der Zeit nach. Dann muss sie aufgefrischt werden – entweder durch eine neuerliche Infektion oder durch eine Impfung.

- Auch ein stabiles Immunsystem ist an seine besondere Umwelt angepasst. Gerät der Organismus in eine neue Umgebung mit anderen Krankheitserregern und Bakterien, ist er relativ schutzlos und muss sich an seine neue Umgebung erst adaptieren.

Allergien und Autoimmunkrankheiten

In manchen Fällen übertreibt es das Immunsystem mit seiner Abwehr. Dann werden an sich harmlose Stoffe mit schwerem Geschütz angegriffen und der Körper reagiert, als wäre er von einem gefährlichen Erreger infiziert. Genau das geschieht bei einer Allergie. Blütenpollen, Staub, Katzenhaare und vieles mehr lösen eine heftige, völlig unangemessene Reaktion aus. Über die näheren Hintergründe wird noch spekuliert, doch einer Theorie zufolge hat sich die allergische Reaktion ursprünglich als Waffe gegen Parasiten entwickelt. Da wir in den Industrieländern vergleichsweise selten von Parasiten infiziert werden, ist dieser Teil des Immunsystems beschäftigungslos und hat sich da ein neues Betätigungsfeld geschaffen. Gestützt wird diese Vermutung dadurch, dass in anderen Ländern, in denen die Bevölkerung sehr viel stärker von Parasiten befallen ist, kaum Allergien auftreten.

Weit dramatischer sind Autoimmunkrankheiten. Hier kann das System nicht mehr präzise zwischen körpereigenen und fremden Zellen unterscheiden und greift eigene Zellen an. Wie diese Krankheiten entstehen, ist ebenfalls noch ungeklärt. Es gibt jedoch eine interessante Theorie, nach der ein Erreger in den Körper eindringt, der in der Lage ist, die Proteinmoleküle des Wirtsorganismus nachzubauen. Er wird zwar von den Immunzellen angegriffen, aber damit lernt das Immunsystem, auch alle anderen Zellen zu attackieren, die die gleiche Kombination von Proteinmolekülen mit sich herumtragen.

Tipps für die Führungspraxis

Auch Unternehmen verfügen über eine Art von Immunsystem, mit dem sie sich gegen alle Angriffe schützen. Je nachdem, wie gefährlich die Umwelt ist, in der das Unternehmen überleben muss, kann das Immunsystem mehr oder weniger stark ausgeprägt sein.

Warum Sie Angriffe auf Ihr Sicherheitssystem fördern und nicht unterbinden sollten

Alle Sicherheitssysteme (Rechtsabteilung, Wachdienste, Maßnahmen zum Schutz vor Industriespionage, etc.) können nur funktionieren, wenn sie sich immer wieder in der Praxis bewähren müssen. Es genügt nicht, Angriffe zu simulieren, weil die eben nicht unter realistischen Bedingungen stattfinden. Insoweit ist es positiv, wenn echte Angriffe erfolgen. Nur aus denen lässt sich lernen, wie gut das System arbeitet und wo es noch verbessert werden muss.

Damit die Angriffe allerdings keinen echten Schaden anrichten, empfiehlt es sich, in manchen Fällen selbst die Angreifer zu beauftragen. Dann lassen sich die Vorgänge auch besser analysieren. Aus diesem Grund beschäftigen Softwareunternehmen Hacker, und Handelsketten schicken versierte Ladendiebe in ihre Kaufhäuser. Denn natürlich müssen die Angreifer auf der Höhe ihrer Zeit sein und die verbreiteten Tricks kennen.

Betrügerische Kunden, unfaire Konkurrenten, sensationsheischende Journalisten halten Ihr Immunsystem in Schwung

Gerade Unternehmen, die relativ ungestört ihren Geschäften nachgehen, können durch kleine, unfaire Attacken förmlich aus der Bahn geworfen werden. Sie sind nicht darauf vorbereitet, und genau das bringt sie in Verlegenheit. Wer hingegen ständig mit pöbelnden, preisschildumklebenden Problemkunden zu tun hat, der wird wesentlich souveräner mit dieser Herausforderung umgehen.

Passt Ihr Immunsystem in die Umwelt Ihres Unternehmens?

Das Immunsystem ist auf den Lebensraum des Organismus abgestimmt. Das heißt, es nützt überhaupt nichts, wenn Sie sich auf Bedrohungen vorbereiten, die Ihr Unternehmen vermutlich niemals treffen werden. Das ist Ressourcenverschwendung und lenkt von den wahren Gefahren ab. Auf der anderen Seite müssen Sie mit neuen Bedrohungen rechnen, wenn Ihr Unternehmen auf neue Märkte vordringt oder es mit neuen Kundengruppen zu tun bekommt.

„Impfen“ Sie das Immunsystem Ihres Unternehmens

Im Allgemeinen werden Sie bei guter Marktkenntnis im Laufe der Jahre durch Ihre Erfahrungen einen angemessenen Immunschutz aufbauen können. Doch gibt es auch Bedrohungen, auf die sollte man sich eigens vorbereiten. Denn sie sind so gefährlich, dass man mit ihnen keine Erfahrungen sammeln kann. Weil sie nämlich „tödlich" wirken, sobald man sich von ihnen „infizieren" lässt. In diesem Fall hilft das Prinzip der „Impfung". Ebenso wie wir uns gegen lebensbedrohliche Krankheiten schützen, indem wir uns einige, wenige unschädliche Erreger „einimpfen" lassen, können Sie sich schützen, indem Sie sich auf solche Katastrophenfälle eigens vorbereiten: durch Worst Case Scenarios, in denen etwa ein totaler Datenverlust, Umweltkatastrophe, Erpressung oder Ähnliches simuliert werden.

Ein hochgerüstetes Immunsystem ist gefährlich

Jeder Schutz hat seinen Preis. Wenn Sie ein hochgerüstetes Sicherheitssystem unterhalten, das Sie eigentlich gar nicht brauchen, kann das sehr unangenehme Folgen haben. Entweder schlägt das unausgelastete System beim kleinsten Anlass Alarm und produziert auf diese Weise eine unangemessene „allergische" Überreaktion. Oder die beschäftigungslose „Immunabwehr" verkümmert. Oder sie sucht sich ein neues Betätigungsfeld und schädigt im schlimmsten Fall das eigene Unternehmen. So dürfte etwa ein unausgelasteter Pförtnerdienst, der verhindern soll, dass Unbefugte das Firmengelände betreten, in Ermangelung verdächtiger Personen vor allem das eigene Firmenpersonal und seine Besucher aufhalten.

Überstehen Sie die Krise und lernen Sie daraus

Das Immunsystem arbeitet nach dem Prinzip, die Krise mit allen zu Verfügung stehenden Mitteln zu bekämpfen und daraus für die Zukunft zu lernen. Aus „Infektionen" geht das Immunsystem grundsätzlich gestärkt hervor. Eine solche Einstellung kann dabei helfen, eine Krise durchzustehen und beim nächsten Mal besser damit fertig zu werden.

Ressourcenmanagement à la Immunsystem: Wer die Lösung hat, bekommt alle Ressourcen

Wir haben gesehen: Diejenigen T-Zellen, die auf den Angreifer spezialisiert sind, können sich explosionsartig vermehren, während T-Zellen, die eine Lösung mit sicher herumtragen, die niemand braucht, nach und nach verschwinden. Nach einem solchen Prinzip lässt sich unter bestimmten Voraussetzungen das Ressourcenmanagement organisieren: Wer das anstehende Problem lösen kann, erfährt alle Unterstützung. Ist das Problem wirklich relevant, wird das Unternehmen seine Kräfte genau darauf konzentrieren. Beachten Sie aber, dass es nicht darum geht, Personen gegeneinander auszuspielen oder Mitarbeiter mit Spezialkenntnissen an den Rand zu drängen. Vielmehr sollen die Ressourcen dorthin fließen, wo sie am dringendsten gebraucht werden und wo sie die größte Wirkung entfalten.

Warum alles immer unordentlicher wird – der zweite Hauptsatz der Thermodynamik

Themen: Selbstmanagement, Organisation, Ordnung, Führung, Offenheit

Ein grundlegendes physikalisches Gesetz ist der zweite Hauptsatz der Thermodynamik. In aller Kürze besagt er, dass in einem geschlossenen System der Grad der Unordnung, die „Entropie", zunimmt (oder bestenfalls gleich bleibt). Das mag nicht nur beunruhigend für ordnungsliebende Charaktere sein, sondern die zunehmende Entropie beeinträchtigt auch den „Verwendungswert" der Energie, die in einem System enthalten ist. Je mehr Unordnung/ Entropie im System steckt, desto schwieriger wird es, die vorhandene Energie zu nutzen. Ein System mit einem hohen Grad von Ordnung ist hingegen im Stande, die gleiche Energie in mehr Leistung umzusetzen. Das gilt zumindest physikalisch.

Das Prinzip der zwei Tassen

Was heißt das aber konkret, dass die „Unordnung" zunimmt? Stellen Sie sich zwei Tassen vor, an deren Boden ein Stück Würfelzucker liegt. Nun gießen Sie Kaffee hinein, heißen in die eine, kalten in die andere. In den Tassen herrschen klare Verhältnisse: An der einen Stelle befindet sich Zucker, an der anderen Kaffee, zugleich bestehen deutliche Temperaturunterschiede zwischen beiden Tassen. Eine einfache, übersichtliche Ordnung. Wenn das System geschlossen und sich selbst überlassen bleibt, dann nimmt die Entropie zu: Der Zucker löst sich auf; die Temperaturunterschiede zwischen der kalten und der heißen Tasse verschwinden. Ab einem bestimmten Zeitpunkt können Sie die beiden Tassen nicht mehr unterscheiden. Ganz von allein lösen sich in einem geschlossenen System die Strukturen auf, es entsteht ein undefinierbares Gemisch, die größtmögliche Unordnung aus süßem, lauem Kaffee.

Ordnung halten verbraucht Energie

Wie lässt sich unter diesen Umständen Ordnung aufrechterhalten oder sogar neu schaffen? Dem System muss von außen immer wieder Energie zugeführt werden. Diese Energie geht nicht verloren – gemäß dem ersten Hauptsatz der Thermodynamik, nach dem die Energiemenge in jedem geschlossenen System bewahrt bleibt. Sie wird wieder abgegeben – und zwar physikalisch in Form von Wärme. Dies ist auch der Hintergrund der Spekulationen mancher Physiker über den „Wärmetod" des Universums. Wenn das gesamte Universum ein geschlossenes System ist, dann entwickelt es sich auf einen Zustand hin, in dem alle Unterschiede ausgelöscht werden. Wo die totale Durchmischung stattgefunden hat, da kann sich nichts mehr ordnen oder organisieren, das wäre dann der allumfassende Wärmetod. Ob es tatsächlich so weit kommt, das ist unter den Physikern umstritten. Voraussetzung dafür wäre nämlich, dass sich das Universum genauso verhalten müsste wie ein lokales geschlossenes System. Und ob das so ist, wissen wir nicht.

Lebende Systeme „saugen" Ordnung

Wie verhält es sich in diesem Zusammenhang mit lebenden Systemen? Immerhin bilden sie ja ganz von selbst ihre Strukturen aus, schaffen Ordnung und erhöhen sie noch, wenn sie nämlich weiter wachsen und an Komplexität zunehmen. Das Prinzip der Selbstorganisation (s. S. 23) scheint dem zweiten Hauptsatz der Thermodynamik zuwiderzulaufen. Gelten also für Lebewesen andere Naturgesetze? Natürlich nicht, denn die Entropie nimmt nur bei geschlossenen Systemen zu; Organismen sind jedoch, man möchte sagen, nach allen Seiten offen. Sie stehen in ständigem Austausch mit ihrer Umwelt. Sie erhalten sich selbst durch einen konstanten Energiestrom, der gewissermaßen durch sie hindurchfließt. Salopp formuliert, „saugen" sie Ordnung aus diesem Energiestrom und geben Wärme an ihre Umgebung ab. Erst wenn dieser Energiestrom zum Erliegen kommt, ist auch das lebende System am Ende. Es stirbt – und aus einem munteren Hasen wird eine Ansammlung von totem Fleisch, Fell und Knochen.

Tipps für die Führungspraxis

Der zweite Hauptsatz der Thermodynamik lässt sich auf vielfältige Weise in den Managementalltag übersetzen, wobei Sie sich immer darüber im Klaren sein sollten, dass es sich um eine Übertragung physikalischer Vorgänge in einen anderen Bereich handelt. Anders gesagt, allzu wörtlich dürfen Sie dieses Gesetz nicht auslegen, sondern halten Sie lieber souveräne Distanz. Sonst geraten Sie schnell auf sehr unsicheres Terrain, und jeder naturwissenschaftlich gebildete Gesprächspartner kann Sie ziemlich schlecht aussehen lassen. Sie wenden hier kein Naturgesetz auf das Management an, sondern decken die eine oder andere interessante Parallele auf.

Sie müssen immer und immer wieder für Ordnung sorgen

Nehmen wir den Bereich Selbstmanagement. Gemäß dem zweiten Hauptsatz der Thermodynamik nimmt die Entropie auf Ihrem Schreibtisch weiter zu, sofern Sie nicht immer wieder ordnend eingreifen. Das Gleiche gilt für Ihren Terminplaner, Ihre Ablage, die Organisation Ihres E-Mail-Accounts. Diese Systeme dürfen Sie nie länger sich selbst überlassen, denn sie haben die Tendenz, der maximalen Unordnung zuzustreben, ganz wie die geschlossenen Systeme der Thermophysik. Sie müssen Ihrem System also ständig Energie zuführen, in Form von zeitraubenden Aufräumarbeiten. Wenn Sie das nicht tun, wird der Aufwand, den Sie treiben müssen, immer größer. Denken Sie an den Würfelzucker im Kaffee. Hat er sich einmal aufgelöst, können Sie nur mit allergrößtem Aufwand zu der ursprünglichen Ordnung zurückkehren.

Unordnung ist kraftraubend, Ordnung aber auch

Weiterhin können wir dem zweiten Hauptsatz der Thermodynamik entnehmen, dass ein niedriges Maß an Entropie, also Ordnung, zu einer besseren Ausnutzung der vorhandenen Energie führt. Mit andern Worten, geordnete Systeme arbeiten effizienter. Lassen Sie hingegen der Entropie ihren freien Lauf, so wird es immer kraftraubender, aus dem System noch etwas herauszuholen. Das gilt nicht für Ihren persönlichen Bereich, sondern auch für Teams, Abteilungen und das Unternehmen als Ganzes. Im Laufe der Zeit vermischen sich Aufgaben, Zuständigkeiten und Funktionen, die Entropie nimmt zu. Die Organisation lässt sich immer schwerer steuern. Am Ende weiß niemand mehr, wer was macht und wofür er zuständig ist. Genau dieser Entwicklung sollten Sie entgegenwirken. Und das kostet Energie.

Halten Sie von Anfang alles einfach und übersichtlich

Und noch ein Hinweis lässt sich aus dem zweiten Hauptsatz der Thermodynamik ableiten: Wenn Sie mit einer Arbeit beginnen, halten Sie alles so einfach und klar wie möglich. Denken Sie daran: Die Dinge tragen die Tendenz in sich, in Unordnung zu geraten. Kompliziert werden sie also ganz von allein.

Wer sich abschottet, versinkt im Chaos

Rufen wir uns schließlich in Erinnerung, dass die zunehmende Entropie nur in geschlossenen Systemen auftritt. Durch Abschottung entsteht also gerade nicht Stabilität, sondern Unordnung. Dauerhaft können solche Systeme nicht existieren, sie vernichten ihre eigenen Strukturen. Lebensfähig ist ein System nur, wenn es sich immer wieder öffnet, wenn es durchlässig bleibt und sich an den Energiestrom seiner Umgebung anhängt. Auch Ihre Organisation braucht ein gewisses Maß an Offenheit, sie sollte Energien aus der Umwelt aufnehmen, um eine Art von Fließgleichgewicht (s. S. 35) aufrechtzuerhalten. Es liegt in der Natur der Dinge, dass eine Ordnung nur dann dauerhaft bestehen kann, wenn sie sich immer wieder erneuert.

Die universelle Kraft der Evolution

Fledermäuse orientieren sich bekanntlich durch Echoortung. Sie stoßen hochfrequente Schreie aus, die Schallwellen werden von den Hindernissen wieder zurückgeworfen und von den Tieren so verarbeitet, dass sie schnell und sicher navigieren können. Die Fledermäuse benutzen dieses Ortungssystem schon einige Millionen Jahre; aber wir wissen erst seit relativ kurzer Zeit davon. Als der Biologe Donald Griffin 1940 zusammen mit seinem Kollegen Robert Galambos auf einem Zoologenkongress von dieser Entdeckung berichtete, löste er ungläubiges Staunen, ja sogar Empörung aus. Radar und Sonar galten damals als Spitzenleistungen der Militärtechnik. Die Vorstellung, dass auch die Fledermäuse so eine Technologie benutzten, erschien damals so absurd, wie uns vielleicht die Behauptung vorkäme, die Dinosaurier hätten Internetanschluss gehabt.

Der Gestaltungsreichtum der Natur ist ungeheuer und stellt menschliche Kreationen bei weitem in den Schatten. Mit unserer Computertechnik sind wir heute noch weit davon entfernt, auch nur ein Fliegenhirn nachzubauen, meint der Hirnforscher Wolf Singer. Und eine Fliege besteht ja bekanntlich nicht nur aus ihrem Gehirn. Je mehr wir der Natur auf die Spur kommen, umso stärker sind wir von ihren Leistungen beeindruckt. Fast scheint es so, als müssten wir erst selbst eine Erfindung machen, um herauszufinden, dass sie in der Natur schon lange vorhanden ist. So war es bei der Sonartechnik und so ist es auch beim Internet. Der Biochemiker Howard Bloom behauptet jedenfalls, eine weltweite Vernetzung von Organismen habe es bereits vor dreieinhalb Milliarden Jahren gegeben, im Zeitalter der Mikroben.

Auch wenn das eine gewagte Analogie sein mag, so bleibt doch die Frage: Wie bringt die Natur diese Erfindungen nur fertig? Welcher geheimnisvolle Mechanismus sorgt dafür, dass diese ungeheure Vielfalt von Organismen entstanden ist? Wodurch kommt das Neue in die Welt? Damit wollen wir uns in diesem Kapitel beschäftigen. Es geht, kurz gesagt, um die Evolution und darum, was Führungskräfte und Unternehmen von ihr lernen können.

Charles Darwin und das Prinzip der natürlichen Auslese

Themen: Innovation, Wettbewerb, Unternehmensstrategie, (Produkt-)Portfolio

Wer die Grundzüge der Evolution verstehen will, muss sich als erstes mit der Lehre von Charles Darwin beschäftigen. Seine Theorie der natürlichen Auslese gehört zu den unumstößlichen Fundamenten der Evolutionsbiologie; es gibt so gut wie keinen ernstzunehmenden Wissenschaftler, der sie grundsätzlich in Zweifel zieht. Das schließt nicht aus, dass in Randbereichen und außerhalb der Wissenschaft umso heftiger gegen Darwins vermeintliche „Irrlehre" gestritten wird. Gleichzeitig hat gerade in jüngster Zeit das darwinistische Denken in der Wissenschaft wieder Konjunktur und auch andere Disziplinen stark beeinflusst. In der Philosophie, in der Kultur und in der Ökonomie begegnen uns heute mehr denn je die Ideen von Charles Darwin.

Ein universeller Mechanismus

Dabei sind Darwins Ideen vielfach missverstanden, ja missbraucht worden. Aus Darwins Lehre lässt sich weder ein „Recht des Stärkeren" ableiten, noch eine Verherrlichung des totalen Wettbewerbs oder eine Empfehlung, sich ständig zu wandeln. Vielmehr beschreibt sie einen simplen, universellen Mechanismus und bezieht nicht Position für oder gegen das Existenzrecht bestimmter Lebensformen. „Es sieht fast so aus, als wäre das menschliche Gehirn spezifisch dafür eingerichtet, den Darwinismus misszuverstehen", schreibt nicht ohne Ironie der britische Evolutionsbiologe Richard Dawkins.

Worum geht es also? Fassen wir in aller Kürze die Grundprinzipien von Darwins Theorie zusammen:

- Für jeden Organismus gilt die Grundregel: Kopiere dich selbst. Das ist das Gesetz der Reproduktion. Ein völlig stupider Vorgang, in etwa so kreativ wie das, was ein Fotokopiergerät mit diesem Text macht, wenn sie ihn auf die dafür vorgesehen Glasplatte legen und die Start-Taste drücken.
- Der Kopiervorgang ist jedoch nicht perfekt. Hin und wieder kommt es zu kleinen Abweichungen, so genannten Mutationen. Meist erzeugen diese Mutationen Organismen, die nicht lebensfähig sind. Doch wenn es einem mutierten Organismus gelingt, sich fortzupflanzen, dann geht seine Abweichung auf seine Nachkommen über. Denken Sie an das Fotokopierge-

rät. Nach einigen Kopien legen Sie das Buch beiseite und benutzen nunmehr die Kopien als Vorlage. Und dann vervielfältigen Sie die Kopien der Kopien. Und so weiter. Bemerken Sie irgendwo einen Fehler, werfen Sie das Blatt weg. Oder Sie zucken nur mit den Achseln, legen das Blatt auf die Glasplatte und drücken wieder die Start-Taste.

- Nicht für alle Kopien steht jedoch genügend Platz zu Verfügung. Es muss ausgesiebt werden. Deshalb gibt es, als eine Art Filtermechanismus, den „Kampf ums Dasein". „Alle organischen Wesen", schreibt Charles Darwin in seinem Hauptwerk *Die Entstehung der Arten*, „sind einem scharfen Wettbewerb ausgesetzt." Sie konkurrieren um Lebensraum, Nahrungsmittel, Ruheplätze und Fortpflanzungschancen. Bezogen auf die Fotokopien könnten wir sagen, dass immer wieder welche aussortiert werden und nicht alle die Chance haben, auf der Glasplatte des großen Geräts zu landen.

Im dritten Punkt geht es um den Kern der Theorie, die natürliche Selektion. Dabei ist es sehr wichtig, sich darüber klar zu werden, dass wir es mit einem völlig absichtslosen Prozess zu tun haben. Also niemand wählt hier aus, bestraft die „Schwachen" und belohnt die „Starken". Auch die „Starken" können aussterben, ja, vielleicht gerade sie. Und die „Schwachen" können so schwach sein, wie sie wollen, solange sie mit dem Leben davonkommen.

Der „Kampf ums Dasein": sich durchsetzen und anpassen

Es geht einzig und allein darum, zu überleben und möglichst viele Kopien von sich zu erzeugen, die ebenfalls lebensfähig sind. Dies gelingt nur, indem man sich gegen die zahllosen anderen Organismen behauptet und sich auf seine Umwelt einstellt, sich adaptiert, wie die Evolutionsbiologen sagen. Die Umwelt ist jedoch kein losgelöster Bereich, der bestimmte Anforderungen an den Organismus stellt. Die Umwelt besteht vielmehr aus lauter anderen Organismen, mit denen man kooperieren oder kämpfen kann, die man fressen kann oder vor denen man davonlaufen muss. Organismen, die sich hier behaupten, sind im „Kampf ums Dasein" erfolgreich. Diejenigen, die es nicht schaffen, fallen der „natürlichen Selektion" zum Opfer.

In diesem Sinn sorgt die natürliche Selektion dafür, dass nur diejenigen Organismen übrig bleiben, die relativ gut an ihre Umwelt angepasst sind. Das ist das ganze Geheimnis des „Surviving of the fittest", nicht der „Stärkste" überlebt, sondern derjenige, der hinreichend angepasst ist, nichts anderes bedeutet „fit“ im Englischen. In diesem Wettkampf um „Fitness“ sind die Organismen allerdings mehr Objekte der Evolution und nicht deren Gestalter. Denn die Evolution wird nicht dadurch vorangetrieben, dass sich die Organismen immer besser auf ihre Umwelt einstellen und diese Fähigkeiten dann an ihre Nachkommen weitergeben. Das glaubte zwar vor 200 Jahren der französische Naturforscher Jean Baptiste Lamarck. Doch seine Theorie genießt in Wissenschaftskreisen ebensolches Ansehen wie die Behauptung, dass sich die Sonne um die Erde dreht. Auch wenn wir es gerne hätten, dass sich all das auf unsere Nachkommen überträgt, was wir gelernt haben, genau das ist nicht der Fall. Ihre Nachkommen werden nicht dadurch musikalischer, dass Sie Geige lernen. Was Sie vererben können, das ist allenfalls Ihr musikalisches Talent – unabhängig davon, ob Sie Konzertmeister bei den Wiener Philharmonikern sind oder Biochemiker.

Fortschritt durch Kopierfehler

Wodurch entsteht dann aber diese grandiose Vielfalt, die wir an der Natur so bewundern? Letztlich ist sie das Ergebnis von Kopierfehlern, von Mutationen, die an irgendeiner Stelle im Erbgut eine Veränderung bewirkt haben, die sich als günstig erwiesen hat und die sich dann in der gesamten Population ausbreitet. Verdanken wir also unsere Entwicklung dem Umstand, dass die Natur so schlampig kopiert? Dass sich immer wieder neue Fehler einschleichen, die in ihrer Summe vom Pantoffeltierchen zum Menschen geführt haben?

Hier müssen wir die Maßstäbe zurechtrücken: Bei der Fortpflanzung wird das Erbgut keineswegs schlampig übertragen, sondern mit atemberaubender Präzision. Zum Vergleich: Sie müssten viele tausend Mal die Bibel abschreiben und dürften nur einen einzigen Tippfehler machen. Beim Kopieren einer CD haben Sie eine wesentlich höhere „Mutationsrate“. Diese Kopiergenauigkeit sorgt für die nötige Stabilität der Erbanlagen und bewirkt, dass günstige Gene nicht einfach verloren gehen. Das würde nämlich passieren, wenn sich die Kopien stärker unterscheiden würden. Tatsächlich tragen wir noch Gene in uns, von denen die Wissenschaftler annehmen, dass sie Milliarden Jahre lang nahezu unverändert geblieben sind und die wir mit den Pantoffeltierchen oder den Erbsenpflanzen gemeinsam haben. Organismen, denen dieses Gen fehlt, haben vermutlich einen schweren Überlebensnachteil und werden von der natürlichen Selektion ausgemustert. Wir haben also ein Interesse daran, dass sich dieses Gen nicht so häufig ändert.

Wir dürfen auch die zeitliche Dimension nicht vergessen. Es gibt seit dreieinhalb Milliarden Jahren Leben auf der Erde. Unter günstigen Bedingungen erzeugen Bakterien im 20-Minuten-Takt eine neue Generation, andere Wesen brauchen etwas länger. Auf jeden Fall ist ausreichend Zeit, um eine Fülle unterschiedlichster Wesen entstehen zu lassen und sie auf ihre Lebensfähigkeit zu testen.

Die Erfolglosen verschwinden

Es ist also ganz einfach. Die natürliche Evolution funktioniert durch das Ineinandergreifen zweier Prozesse: Variation und Selektion. Die Natur bringt ständig eine Vielzahl von ähnlichen, aber verschiedenartigen Organismen hervor. Gleichzeitig sorgt sie dafür, dass alle erfolglosen Varianten wieder verschwinden. Das beeinflusst wiederum die weitere Entwicklung der Organismen. Bestimmte Lebensformen und Gene stehen eben nicht mehr zu Verfügung. Die neuen Varianten können nur aus den Organismen hervorgehen, die noch im Spiel sind. Genau das treibt die Entwicklung voran, dass nicht mehr alles möglich ist, sondern nur an erfolgreiche Überlebensversuche angeschlossen werden kann.

Tipps für die Führungspraxis

Das Prinzip der „natürlichen Selektion" ist wahrhaft universell und lässt sich auf zahlreiche andere Bereiche übertragen. Aber vergessen Sie bitte nicht, dass es entwickelt wurde, um die natürliche Evolution zu erklären, und nicht um die Geschäftsstrategie von Unternehmen zu verbessern. Das bewahrt Sie vor einigen problematischen Schlussfolgerungen. Neben den Gemeinsamkeiten gibt es eben auch bedeutsame Unterschiede, wobei einer der hervorstechendsten der Umstand sein dürfte, dass sich Organisationen auf andere Art und Weise „fortpflanzen" als Organismen. Sie „vermehren" sich allenfalls durch „Teilung" oder durch die Gründung neuer Niederlassungen. Durch den Aufkauf neuer Firmen „pflanzt" sich die Organisation nicht unbedingt fort. Wie auch immer, die „Fortpflanzung" ist nicht das Ziel, sie ist von der Frage des Überlebens auch völlig abgekoppelt – für Organismen gilt das natürlich nicht.

Betrachten Sie also die folgenden vier Regeln als Anregungen, mit denen Sie über so unterschiedliche Themen wie Ihre Produktpalette, Ihre Agenda oder Ihre Personalplanung nachdenken können. Und denken Sie daran, dass dieser Abschnitt erst der Auftakt unseres Evolutionskapitels darstellt. Wesentliche Aspekte kommen erst in den folgenden Abschnitten zur Sprache.

Regel 1: Was sich in der Praxis nicht bewährt, wird ausgemustert

So funktioniert die natürliche Selektion, die Praxis entscheidet und sonst nichts. Es spielt keine Rolle, wie ausgetüftelt ein Produkt oder wie hoch qualifiziert ein externer Berater ist. Wenn das Produkt nicht gekauft wird oder der Berater nicht den erhofften Effekt erzielt, dann trennen Sie sich von ihm. Voraussetzung ist natürlich, dass weitere Alternativen zu Verfügung stehen, von denen Sie sich bessere Ergebnisse versprechen.

Regel 2: Wenn etwas gut läuft, sorge für seine maximale Unterstützung und Ausbreitung

Organismen, die den „Kampf ums Dasein“ bestehen, haben die Tendenz, sich so stark zu vermehren, bis sie an ihre natürlichen Grenzen stoßen. Das sorgt für eine schnelle Ausbreitung „erfolgreicher“ Gene und Lebensformen und schafft eine breite Grundlage für künftige Erfolge. Ebenso können Sie einen maximalen Effekt erzielen, wenn Sie dafür sorgen, dass sich alles, was gut läuft, möglichst frei entfalten kann. Ein Erfolgsprodukt kann zum Beispiel eine neue Produktreihe begründen, um die herum Sie weitere Produkte und Dienstleistungen gruppieren. Ein erfolgreicher Mitarbeiter kann zusätzliche Ressourcen beanspruchen. Lassen Sie solche Erfolge bis an ihre „natürliche Grenze“ kommen, denn selbstverständlich gibt es immer eine solche Grenze der maximalen Expansion. Wenn sie überschritten ist, geht die Ausbreitung wieder zurück.

Regel 3: Probiere immer etwas Neues aus, aber nie zu viel auf einmal

Mutationen müssen sein, auch wenn die meisten von ihnen nicht von Erfolg gekrönt sind. Aber ohne Veränderungen hätten wir uns nie über das Stadium der Mikroben hinausentwickelt. Wenn Sie sich mit einem solchen „Einzellerdasein“ nicht zufrieden geben, müssen Sie also etwas riskieren und immer wieder etwas Neues ausprobieren. In der Evolution vollziehen sich die Veränderungen vergleichsweise langsam, von Generation zu Generation wird fast alles beibehalten, Mutationen sind die Ausnahme. Es wäre jedoch fatal, daraus den Schluss zu ziehen, die Natur habe es mit Veränderungen nie besonders eilig und so sollte man es denn nun auch machen.

Es kommt sehr stark darauf an, wo Sie tätig sind. Jeder Bereich hat seine optimale Änderungsrate. In einem Umfeld, das durch schnelle Veränderungen und starkem Innovationsdruck gekennzeichnet ist, bleibt Ihnen keine andere Wahl, als sich auf diese hohe Änderungsrate einzustellen. Wie in der Natur wächst dann allerdings die Gefahr, dass auch nützliche Eigenschaften oder Einrichtungen verloren gehen und nicht mehr zurückzuholen sind. Entwickeln Sie also nicht den falschen Ehrgeiz, der Konkurrenz uneinholbar davonzueilen, indem Sie möglichst viel verändern. In manchen Situationen werden Sie gerade dadurch im Vorteil sein, dass Sie an dem Bewährten festhalten.

Regel 4: Du kannst die Evolution nicht lenken

Gerade wenn es gut für uns läuft, glauben wir, wir hätten die Sache durchschaut, wir wüssten, worauf es ankommt und könnten für die nächsten Jahrzehnte vorausplanen. Wir glauben, dass wir den Maßstab für den Erfolg definieren und dass die anderen unserem Beispiel folgen. Das erweist sich häufig als Irrtum. Plötzlich nimmt die Entwicklung einen ganz anderen Verlauf. Mit einem Mal sind andere Kompetenzen gefragt, vielleicht solche, die wir vor einiger Zeit aus guten Gründen vernachlässigt haben, um wichtigere Fähigkeiten auszubilden, die nun keine Rolle mehr spielen. Das Problem ist, dass wir gegen solche Überraschungen niemals gefeit sind. Es gibt keine „Strategie der Gewinner“, die immer Erfolg bringt. Auch die Empfehlung, zwischen gegensätzlichen Strategien abzuwechseln, um dann auf jeden Fall auf der richtigen Seite zu sein, ist keine Lösung. Es führt kein Weg daran vorbei: Sie müssen die Entwicklung aufmerksam beobachten und sich, so weit es eben geht, auf die aktuellen Bedingungen einstellen.

Es lebe die Vielfalt – die Erfindung der Sexualität

Themen: Spezialisierung, Perfektionismus, Kompetenzen, Produktportfolio, Personalentwicklung

Bis jetzt haben wir ja nur die Evolution betrachtet, wie sie sich auf der Ebene von vielen Pflanzen und Bakterien abspielt. Sie kopieren sich selbst und hoffen auf eine günstige Mutation. Sehr weit kommt man damit aber nicht, vor allem als höhere Lebensform, die nicht jeden Tag Hunderttausende Nachkommen in die Welt setzen kann.

Doch sprechen wir zunächst von den Vorteilen der ungeschlechtlichen Fortpflanzung. An erster Stelle schlagen die konkurrenzlos niedrigen Kosten zu Buche. Kopieren ist weit weniger aufwändig als Kombinieren, das nach dem etwas verschwenderischen Prinzip funktioniert: „Aus zwei mach eins". Und wie steht es mit der Qualität? Stellen Sie sich vor, Sie würden sich fortpflanzen, indem Sie wie einige Pflanzen Ableger bilden. Diese Ableger wären Ihnen nahezu gleich. Das ist zunächst einmal positiv für Ihre Nachkommen. Denn sie können Ihre bewährten Eigenschaften unverändert übernehmen. Vielleicht gibt es auch die eine oder andere Schwäche, die Sie Ihren Nachkommen lieber ersparen würden, aber alles in allem ist die Bilanz mit Sicherheit positiv. Immerhin haben Sie ja bewiesen, dass Sie sich im Kampf ums Dasein erfolgreich behaupten können, allein durch die Tatsache, dass Sie noch am Leben sind.

Spezialisten brauchen stabile Verhältnisse

Gerade für einen außergewöhnlich gut adaptierten Organismus bedeutet die geschlechtliche Vermehrung einen gravierenden Nachteil. Denn die Karten der Erbmerkmale werden jeweils neu gemischt, mit ungewissem Ausgang. Die Nachkommen sind also schlechter adaptiert, ausgewogene Kombinationen von Eigenschaften gehen dabei in aller Regel verloren. Dieser Nachteil wiegt besonders schwer in einem Lebensraum, der relativ stabil ist, in einer geschützten Nische sozusagen, die echte Spezialisten erfordert und die von großen Veränderungen verschont bleibt. Pflanzen, die sich an so eine Nische angepasst haben, vermehren sich denn auch ungeschlechtlich und bilden Knollen oder Ableger, die direkt neben der Mutterpflanze wachsen, also den gleichen Lebensraum besiedeln. Anders sieht die Sache aus bei Pflanzen, die ihre Samen weit streuen und in unbekannte Lebensräume vorstoßen. Sie vermehren sich geschlechtlich. Denn es ist besser, bei den Erbanlagen etwas abzuwechseln, wenn man nicht weiß, was auf einen zukommt.

Monokulturen leben gefährlich

Bei der ungeschlechtlichen Vermehrung gibt es nämlich einen Haken: Die Umweltbedingungen, unter denen ein gut adaptierter Organismus so erfolgreich ist, können sich ändern, vielleicht dramatisch verschlechtern. Ein Fressfeind, ein Parasit oder ein Virus taucht auf. Und dann steht mit einem Mal nicht nur die Überlebensfähigkeit eines Individuums auf dem Spiel, sondern sämtliche Nachkommen sind ebenfalls akut gefährdet. Diesen Effekt können Sie regelmäßig bei Nutzpflanzen beobachten, die alle auf ein bestimmtes Optimum hin gezüchtet wurden. Diese Monokulturen sind extrem anfällig gegen alle unvorhergesehenen Störungen wie Schädlinge, Pilzbefall und Parasiten. Ist die Abwehr einer Pflanze geknackt, sind alle anderen ebenfalls ungeschützt.

Die Lösung für dieses Problem heißt Variation. Die eigenen Nachkommen sollen einem zwar ähnlich sein, aber nicht gleich. Und auch untereinander ist es für die Nachkommen vorteilhafter, wenn jeder sich vom andern ein wenig unterscheidet. Deshalb hat die Natur die sexuelle Fortpflanzung erfunden. Die beteiligten Organismen mischen ihr Erbgut in immer neuen Kombinationen. Abgesehen vom Ausnahmefall der eineiigen Zwillinge gleicht kein Nachkomme dem andern.

Wie man schädliche Mutationen loswird

Unter den höheren Lebensformen, also Mehrzeller aufwärts, hat sich das Prinzip der Variation allgemein durchgesetzt. Und das ist kein Wunder, denn je komplizierter ein Organismus wird, umso eher lohnt sich der Aufwand der sexuellen Fortpflanzung. Ein Organismus verbessert sich ja nicht nur durch Mutationen, weit häufiger wirken sie sich schädlich aus. Und wenn der Organismus nicht gleich der natürlichen Selektion zum Opfer fällt, so bleiben die kleinen Fehler erst mal in seinem Erbgut erhalten. Auf diese Weise summieren sich im Laufe der Zeit die schädlichen Mutationen, bis irgendwann der Organismus nicht mehr lebensfähig ist. Bei der geschlechtlichen Fortpflanzung verteilen sich die nachteiligen Erbanlagen auf viele Schultern und können im Laufe der Zeit diskret ausgesondert werden, ohne die gesamte Nachkommenschaft umzubringen.

Wenn Schwächen zu Stärken werden

Aber nicht jeder Fehler muss auch einer bleiben. Eigenschaften, die unter den aktuellen Umständen nachteilig sind, können in Zukunft für die Organismen vorteilhaft sein. Gut also, wenn in einem breit angelegten Genpool solche Erbmerkmale mitgeschleppt werden.

Größere Vielfalt erlaubt es den Organismen, unterschiedliche Lebensräume zu besiedeln, vor allem auch solche, die sich von Zeit zu Zeit unvorhersehbar verändern (an einen Lebensraum, der sich regelmäßig verändert, kann sich ein Organismus ja anpassen). Und weil höhere Organismen nun einmal häufiger in einer Umwelt zurechtkommen müssen, die sich stark und unvorhersehbar wandelt, bevorzugen sie die geschlechtliche Vermehrung.

Austausch wird belohnt

Wenn Organismen ihre Erbanlagen kombinieren, dann bedeutet das für ihre Nachkommen ja nicht nur das Risiko, dass günstige Gene verloren gehen können. Vielmehr haben sie auch die Chance, dass bei ihnen vorteilhafte Mutationen zusammenkommen, die sich sonst streng getrennt voneinander entwickelt hätten. Ein echter Synergie-Effekt, der dafür verantwortlich gemacht wird, dass bei Organismen, die sich geschlechtlich fortpflanzen, die Evolution wesentlich beschleunigt wird. Ja, die geschlechtliche Vermehrung macht es überhaupt erst möglich, dass wir von einzelnen Genen sprechen können, die sich ausbreiten, wenn sie vorteilhaft sind, oder verschwinden, wenn sie sich nachteilig auswirken. In ihrer Entwicklung profitieren die Organismen also von der geschlechtlichen Vermehrung, auch um den Preis, dass herausragende Talente eine Episode bleiben.

Partner gesucht

Einen wesentlichen Aspekt dürfen wir nicht vergessen: Organismen, die sich geschlechtlich vermehren, brauchen einen Fortpflanzungspartner. Damit kommt ein weiterer Filter ins Spiel. Es genügt nicht, den Kampf ums Dasein eine Weile zu bestehen und rechtzeitig an die Zellteilung zu denken, ein erfolgsorientierter Organismus muss vielmehr einen anderen finden, der sich mit ihm paart. Lassen wir die unterschiedlichen Interessen der Geschlechter hier einmal beiseite. Auf jeden Fall wird die natürliche Selektion (Kampf ums Dasein) durch die sexuelle ergänzt. Und das kann einigen, vornehmlich männlichen, Organismen die Überlebensbilanz verhageln. Denn die Fortpflanzungschancen sind im Tierreich oft sehr ungleich verteilt. In einigen Fällen gilt die Devise: „The winner takes it all." Schon der Zweitplatzierte geht leer aus.

Doch dieser harte Konkurrenzkampf hat seinen Grund: Für die Organismen geht es ja nicht nur darum, irgendeinen beliebigen Spender einer Ei- oder Samenzelle zu finden, der Partner soll den eigenen Genpool nach Möglichkeit verbessern. Deshalb verfolgen die Organismen zwei unterschiedliche Strategien: Sie versuchen herauszufinden, wer die „bestmöglichen Gene" hat (im Tierreich ist das meist die weibliche Strategie). Und sie versuchen sich selbst als Fortpflanzungspartner mit „bestmöglichen Genen" zu präsentieren (im Tierreich meist die männliche Methode). Wenn die sexuelle Selektion allerdings zu rigide ist, kann sie die Vorteile der Vielfalt schnell wieder zunichte machen. Die Schwachen brauchen also auch eine Chance. Und wie wir noch sehen werden, verstehen sie die auch zu nutzen (s. Kapitel „Tarnen und Täuschen", ab S. 178).

Tipps für die Führungspraxis

Organisationen müssen häufig in einer Umwelt zurechtkommen, die sich sehr stark wandelt. Nun reden wir nicht über „Fortpflanzung", aber Organisationen treffen Entscheidungen darüber, welche Aktivitäten sie verstärken, welche Mitarbeiter mit welchen Kompetenzen sie einstellen, welche Produkte sie anbieten und welche sie vom Markt nehmen. Insofern übernehmen sie ein wenig die Rolle der natürlichen Selektion, die bestimmte Fähigkeiten fördert und andere ausmustert.

Sorgen Sie für die nötige Vielfalt

In manchen Organisationen herrscht eine Einzeller-Kultur, eine geistige Monokultur. Wenn da etwas wächst, dann nur über „Zellteilung", also nach dem Prinzip „mehr desselben". Neue, abweichende Ideen werden im Keim erstickt, denn sie bringen die Organisation nur vom richtigen Kurs ab. Es geht darum, das, was man schon immer gemacht hat, in Zukunft besser zu machen. Solange die Nische stabil bleibt, in der sich die Organisation eingerichtet hat, ist das gewiss nicht die schlechteste Strategie. Doch sobald sich die Verhältnisse nur ein wenig ändern, kommt die spezialisierte Einzeller-Organisation in Schwierigkeiten. Daher ist es sinnvoll, Vielfalt zu fördern, Mitarbeiter mit unterschiedlichen Kompetenzen und Sichtweisen einzustellen, das Sortiment mit verschiedenen Produkten zu bestücken (und nicht nur mit dem aktuellen Bestseller). Natürlich ist es wichtig, sich dabei nicht zu verzetteln, Vielfalt muss immer wieder auf „Kernaktivitäten" konzentriert werden, doch macht eine Fülle unterschiedlicher Komponenten eine Organisation robuster und vitaler.

Verabschieden Sie sich nicht vorschnell von „nutzlosen Talenten"

Es liegt nahe, Fähigkeiten, die Sie aktuell nicht benötigen, abzubauen. Denn sie verursachen nur Kosten und verhindern, dass sich Ihre Organisation auf ihre Kernkompetenzen konzentrieren kann. Das ist natürlich nicht ganz falsch. Und doch können die nutzlosen Talente, die Sie heute über Bord werfen, morgen wieder wichtig werden. Das Problem ist nur, dass man das vorher nie so genau weiß und keine Organisation alle Fähigkeiten mitschleppen kann, die sie irgendwann einmal beherrscht hat. Es geht also nicht darum, möglichst viele Kompetenzen vorzuhalten, die heute niemand braucht, sondern um einen sorgsamen Umgang mit den vorhandenen Fähigkeiten, die man nicht allzu leichtfertig aufgeben sollte.

Frischen Sie hin und wieder Ihren „Genpool" auf

Stabilität ist für Organisationen gewiss nichts Negatives, doch dann und wann brauchen sie neue Ideen von außen, um gewissermaßen ihren „Genpool" aufzufrischen. Manche Organisationen sind sogar sehr stark darauf angewiesen, weil sie in einem Umfeld arbeiten, das sich sehr schnell wandelt. Sie müssen immer wieder frischen Wind in die Organisation hineinbringen. Und da gibt es viele Möglichkeiten:

- Suchen Sie das Gespräch mit „denen da draußen" (nicht nur mit Ihren Kunden und nicht nur darüber, ob sie wirklich zufrieden mit Ihren Produkten waren). Versuchen Sie herauszufinden, was sie denken, welche Einstellungen sie haben.

- Beschäftigen Sie Leute, von denen Sie glauben, dass sie nicht in Ihre Organisation passen. Oder bieten Sie ihnen wenigstens ein Praktikum an.
- Bilden Sie aus und lernen Sie von Ihren Praktikanten, Azubis und Trainees. Nutzen Sie die Gelegenheit und lassen Sie sich schildern, wie jemand, der von außen kommt, Ihre Organisation von innen wahrnimmt.
- Beobachten Sie aktuelle Trends und lassen Sie Ihre Mitarbeiter darüber diskutieren. Laden Sie Referenten ein, die über aktuelle Themen sprechen.

Das menschliche Auge und das QWERTZ-Prinzip

Themen: Innovation, Optimierung

Hat Darwin überhaupt Recht? Kann zum Beispiel ein so komplexes Sinnesorgan wie das Auge das Resultat der natürlichen Selektion sein? Machen wir uns noch einmal klar: Jeder Fortschritt ist das Ergebnis von winzigen Überlebensvorteilen. Die Maus, die etwas schneller lief als ihre Artgenossen, wurde nicht gefressen und konnte ihre Gene weiterverbreiten. Unter ihren zahlreichen Nachkommen gab es wieder welche, die noch schneller laufen konnten, wodurch sie wiederum einen Vorteil hatten. Nach und nach wurden die Mäuse immer flinker, das leuchtet ein. Aber das Auge? Ist das Auge nicht viel zu komplex, um sich allmählich in diesen winzigen Schritten auszubilden? Das Auge scheint uns viel zu sehr auf einen Zweck hin ausgelegt, nämlich auf das Sehen. Alle Teile müssen harmonisch aufeinander abgestimmt sein, damit das Auge seine Aufgabe erfüllen kann. „Das Auge funktioniert entweder als Ganzes oder überhaupt nicht", bemerkt der Biologe Ernst Mayr. Wie soll es sich da über Millionen kleiner Mutationen herausgebildet haben?

Jeder Entwicklungsschritt ein Vorteil

Dieses Argument klingt zunächst recht schlüssig, doch fällt es bei genauer Prüfung in sich zusammen. Es stimmt einfach nicht, dass wir entweder ein komplett funktionstüchtiges Auge haben oder blind sind. Vielmehr ist gerade das Auge ein Beispiel dafür, wie die natürliche Evolution „arbeitet": Jeder winzige Schritt muss eine Verbesserung, einen geringfügigen Vorteil mit sich bringen. Sonst schlägt die Evolution einen anderen Weg ein. Aber wenn Tausende oder Zehntausende winzige Verbesserungen zusammenkommen, dann kann etwas entstehen, das mit dem Ausgangsprodukt nicht mehr viel zu tun hat.

Wie der Evolutionsbiologe Richard Dawkins schreibt, besitzen bereits einige Einzeller einen lichtempfindlichen Punkt mit einer Membran dahinter. Dadurch können diese Organismen grob wahrnehmen, woher das Licht kommt. Bei einigen Würmern sitzen die lichtempfindlichen Zellen in einer kleinen Mulde; das ermöglicht eine etwas genauere Bestimmung der Lichtrichtung. Die Mulde vertieft sich zu einer Grube, was eine immer feinere Ortung ermöglicht. Stülpen sich die Seiten ein wenig ein, entsteht eine linsenlose Lochkamera. Also, es ist tatsächlich so, an jeder Station winkt ein minimaler Vorteil.

Der blinde Fleck

Doch dieser Prozess der ständigen Verbesserung hat auch seine Schattenseiten. Denn wir schleppen ja alle Stationen mit uns herum, die wir bis dahin durchlaufen haben. Das führt dann mitunter zu Lösungen, die uns sehr umständlich erscheinen. Unser Auge zum Beispiel ist keineswegs so perfekt, wie die Kritiker von Darwin glauben machen wollen. Kein Ingenieur würde es so konstruieren. So wird jedes Auge von sechs Muskeln bewegt. Wären sie besser angeordnet, würden drei genügen. Was aber weit schwerer wiegt: Bei unserem Auge verlaufen die Nervenfasern nicht nach innen zum Gehirn, sondern nach außen, sie sammeln sich in einem Bündel, dem Sehnerv, und durchstoßen die Netzhaut nach innen, denn sie müssen ja zum Gehirn. An dieser Stelle haben wir ein Loch im Sehfeld, den berühmten blinden Fleck. Wir haben uns mit ihm arrangiert, aber notwendig ist er keineswegs. Tintenfische haben ihre Sehnerven „richtig herum“, bei ihnen gibt es keinen blinden Fleck.

Das QWERTZ-Prinzip

Dass die Tintenfische unser Problem nicht kennen, hilft uns nicht viel. Um den blinden Fleck loszuwerden, müssten wir zu viele Schritte in der Evolution zurückgehen, sodass uns dieser Weg zu einem ungetrübten Sehen versperrt ist. Für manche Beschränkungen gibt es eben keine technischen, sondern historische Gründe. Die besondere Pointe dabei ist jedoch, dass sich dieses Phänomen am besten anhand eines technischen Problems erklären lässt.

Die obere Buchstabenreihe auf der deutschen Standardtastatur beginnt mit den Zeichen QWERTZ. Die Anordnung der Buchstaben auf der Tastatur ist durchaus nicht willkürlich. Als sie eingeführt wurde, stand man nämlich vor dem Problem, dass sich die Hebel der Schreibmaschine oft verhakten. Dem versuchte man abzuhelfen, indem man die Tasten, die häufig nacheinander angeschlagen werden, weit auseinanderlegte. Damals war das sinnvoll, doch heute verhaken sich keine Hebel mehr, das Problem ist sozusagen zusammen mit den Schreibmaschinen verschwunden.

Es gäbe weit rationalere Systeme, die Buchstaben anzuordnen. Und doch ist es kaum möglich, die Anordnung der Tasten noch zu ändern. Der Aufwand, diesen Standard rückgängig zu machen, würde den erhofften Nutzen weit übersteigen. Also bleibt man vernünftigerweise beim alten System. Und weil sich viele Organismen in der gleichen Lage befinden, haben die Autoren, die über Evolution geschrieben haben, diesem Phänomen den Namen QWERTZ-Prinzip gegeben.

Tipps für die Führungspraxis

In vielen Organisationen gibt es blinde Flecken, für die gleichfalls in erster Linie historische Gründe verantwortlich sind. Bestimmte Praktiken haben sich bewährt, weil sie in der Vergangenheit zum Erfolg geführt haben. Wenn sie jetzt zu schlechteren Ergebnissen führen, dann fällt es dennoch schwer, das Verhalten zu korrigieren. Es sei denn, Sie hätten eine Lösung zu bieten, die nahtlos an das anschließt, was bisher für Erfolg versprechend gehalten wurde. Wenn es diese Lösung nicht gibt, müssen Sie sich oftmals mit dem blinden Fleck arrangieren.

Manchmal führt nur eine Verschlechterung zu einer Verbesserung

Im Gegensatz zu einem Organismus können Sie den Weg der kontinuierlichen Verbesserungen verlassen und über grundsätzlich neue Lösungen nachdenken. Doch die Widerstände dagegen werden stark sein. Sie müssen bewährte Verhaltensweisen aufgeben, müssen in der Entwicklung zurückgehen, was immer bedeutet, dass sich die Situation Ihrer Abteilung oder Ihres Unternehmens zunächst einmal verschlechtern wird. Ein solches Vorgehen ist nicht leicht zu vermitteln.

Vor allem wenn der Weg zurück lang erscheint. Alles wird darauf ankommen, wie sehr Sie glaubhaft machen können, dass nach einer Phase der Verschlechterung eine deutliche Verbesserung eintritt. Unter Umständen hilft der Blick auf andere Organisationen, die all das, was Sie vorhaben, bereits erfolgreich hinter sich haben. Dann nämlich können Sie weit eher vermitteln, dass Ihre Organisation etwas tun muss.

Akzeptieren Sie dann und wann eine QWERTZ-Lösung

Nicht immer wird die Lösung, die aus der Distanz am logischsten erscheint, auch die beste sein. Organisationen funktionieren nun einmal nicht wie Apparate, die Sie ohne viel Federlesens umbauen können. Historische Gründe haben durchaus Gewicht und müssen in Ihre Planung mit eingehen. Bestimmte Optimallösungen sind schlicht nicht durchsetzbar. Um im Bild zu bleiben: Sie werden keine Organisation der Welt, die sich auf der Entwicklungsstufe des Menschen befindet, dazu bewegen können, bis zum Tintenfisch zurückzugehen, um die Sehfähigkeit zu verbessern. Insoweit kann es das Vernünftigste sein, auf die „vernünftigste Lösung" zu verzichten und eine eingespielte „QWERTZ-Lösung" zu akzeptieren.

Die Entstehung der Arten

Themen: Innovation, Standardisierung, Stabilität, Kreativität, Marketing, Franchise, Auslandsgeschäft, Lizenzgeschäft

Die Evolution ist nicht nur ein Quell verwirrender Vielfalt, Verzweigung und zunehmender Differenzierung, sondern in ihr wirken auch stabilisierende Tendenzen, die für eine gewisse Ordnung und Überschaubarkeit sorgen. Jeder Organismus gehört einer bestimmten Spezies an, die ihn mit vielen gleichartigen Organismen verbindet und von anderen trennt. Geschlechtliche Fortpflanzung ist nur innerhalb derselben Art möglich. Doch wie haben sich die Arten überhaupt gebildet? Charles Darwin, der sein Hauptwerk immerhin „Die Entstehung der Arten" genannt hat, gibt darüber bemerkenswert wenig Auskunft. Und auch unter den Evolutionsbiologen unserer Zeit ist dieser Punkt noch heftig umstritten.

Die Theorie vom „unterbrochenen Gleichgewicht“

Der Harvard-Professor Stephen Jay Gould ist der Urheber der Theorie vom „unterbrochenen Gleichgewicht“, die er zusammen mit seinem Kollegen Niles Eldredge vom American Museum of Natural History entwickelt hat. Gould und Eldredge behaupten, Arten würden sich nicht allmählich herausbilden, sich im Laufe der Zeit kontinuierlich weiterentwickeln und schließlich in eine oder mehrere andere Arten übergehen. Vielmehr entstehen Arten relativ unvermittelt. Sind sie dann einmal vorhanden, verändern sie sich nicht mehr sehr stark. Ihre Merkmale bleiben relativ stabil. Bis zu einer Phase, in der plötzlich viele Veränderungen einsetzen, das „Gleichgewicht“, in dem sich die Art befunden hatte, wird in dieser Phase „unterbrochen“, es entsteht etwas Neues. Die Evolution verläuft also in Sprüngen und keineswegs so fließend wie nach traditionell darwinistischer Auffassung.

Dabei spielen Katastrophen eine wichtige Rolle. Denn immer wieder kommt es zu starken Veränderungen in der Umwelt, auf die sich viele Arten nicht einstellen können. Die Folge ist ein massenhaftes Aussterben von Arten. Dabei überleben nicht unbedingt diejenigen, die vorher zu den „Fittesten“ gehört haben. „Es ist denkbar, dass die Gründe für das Überleben oder Aussterben bestimmter Gruppen nichts mit den Darwinschen Grundlagen des Erfolgs in normalen Zeiten zu tun haben“, schreibt Gould. „Fische mögen noch so vollkommen an das Leben im Wasser angepasst sein – wenn die Seen austrokknen, kommen sie alle um.“ Die Überlebenden füllen die freigewordenen Lebensräume. In dieser Phase kommt es zur weiteren Artenbildung. Es entstehen die vielfältigsten Lebensformen, von denen die meisten aber wieder verschwinden.

Kambrische Explosionen

Vor etwa 570 Millionen Jahren, im Zeitalter des Kambriums tauchen zum ersten Mal mehrzellige Tiere mit „harten Teilen“ auf, also solchen die sich als Fossilien erhalten haben. Mit dem Kambrium beginnt sozusagen die dokumentierte Geschichte der Arten. Es wird vermutet, dass es vorher ein Massenaussterben gegeben hat. Das Bemerkenswerte aus Sicht von Gould und Eldredge ist jedoch die Tatsache, dass gleich zu Anfang des Zeitalters eine ungeheure Vielfalt von Organismen entstanden ist. Die Artenfülle ist förmlich explodiert, deshalb spricht man von der „kambrischen Explosion“.

Erst danach greift so etwas wie die natürliche Auslese. Etliche Arten verschwinden für immer; nur einige wenige erfolgreiche Arten können sich halten und breiten sich aus. Es wirkt ein wenig so, als hätte die Evolution zu Beginn des Kambriums hemmungslos herumexperimentiert, etliche Varianten auf den Markt geworfen, um mal zu schauen, wie sie zurechtkommen. Nach kurzer Zeit wird das Artensortiment drastisch reduziert. Es bleiben nur die Sieger übrig.

Damit wird die herkömmliche Vorstellung auf den Kopf gestellt. Nach Gould ist es nicht so, dass die Vielfalt kontinuierlich zunimmt und sich eine Art in immer feinere, spezialisiertere Unterarten aufspaltet, die dann die ökologischen Nischen füllen. Vielmehr ist erst die maximale Vielfalt da. Und dann wird ausgesiebt.

Artbildung durch Abspaltung

Der Evolutionsbiologe Richard Dawkins setzt einen deutlich anderen Akzent. Demnach entsteht eine Art, indem sie sich von einer anderen trennt, was in der Regel heißt: räumlich trennt. Stellen Sie sich eine große Population von Tieren vor. Aus dieser Population gelangt eine kleine Gruppe zufällig in einen neuen Lebensraum. Von der Hauptpopulation ist sie abgeschnitten. Beide Gruppen können ihre Gene nicht mehr austauschen, sie entwickeln sich getrennt voneinander. Beschleunigt wird dieser Prozess durch die unterschiedlichen Lebensbedingungen, denen sie ausgesetzt sind und denen sie sich anpassen. Die natürliche Auslese verstärkt also ganz verschiedene Eigenschaften. Die Folge: Beide Teilgruppen werden immer unähnlicher. Nach einer gewissen Zeit sind sie in ihrer genetischen Ausstattung so verschieden, dass sie nicht mehr gekreuzt werden können. Wenn sie gerade noch in der Lage sind, gemeinsame Nachkommen zu haben, dann werden diese kränklich oder unfruchtbar sein wie der Maulesel. Es ist keine Überbrückung zwischen den Populationen mehr möglich, sie gehen in Zukunft getrennte Wege, sogar wenn man sie jetzt wieder zusammenbringen würde. Doch vermutlich würde es zu einem Verdrängungswettbewerb kommen, weil beide Gruppen dann doch noch zu ähnlich wären und um die gleichen Ressourcen konkurrieren würden.

Je kleiner die Gruppe ist, die sich abspaltet, und je spezifischer der Lebensraum, desto schneller entwickelt sich eine neue Art. In der Evolution ist also ein Mechanismus eingebaut, der dafür sorgt, dass sich eine Teilpopulation zügig an besondere Lebensbedingungen anpassen kann. Dabei entstehen die Arten gleitend, möchte man sagen. Es gibt keinen Artgründer und keinen eindeutigen Übergang. Die Organismen, aus denen eine neue Art entsteht, unterscheiden sich durch nichts von ihren Artgenossen. Dass von ihnen eine neue Art ausgeht, liegt nicht an ihnen und ihren Eigenschaften, sondern „hängt ausschließlich davon ab, was in den späteren Generationen" ihrer Nachkommen geschieht, schreibt der Philosoph Daniel Dennett, der hier ganz auf der Seite von Dawkins ist.

Zusammenfassend lässt sich sagen, dass Gould und Dawkins jeweils unterschiedliche Schwerpunkte setzen. Dawkins betont den geordneten, ja gesetzmäßigen Ablauf der Artbildung, der sich gut an Darwins Theorie von der natürlichen Selektion anschließen lässt, während Gould die Diskontinuität und die Brüche hervorhebt. Beide Perspektiven haben ihre Berechtigung.

Tipps für die Führungspraxis

Betrachten wir zunächst Goulds Theorie vom „unterbrochenen Gleichgewicht". Es drängen sich gleich mehrere Parallelen auf. Ob bei der Entwicklung des gesamten Markts, bei der Gestaltung der Organisation, im Marketing oder in der Produktentwicklung, immer wieder gibt es Phasen kreativer Unruhe, in denen alles mögliche ausprobiert wird.

Erst experimentieren...

Zeiten des Umbruchs und der Unsicherheit müssen genutzt werden, denn nie wieder wird es so einfach sein, hemmungslos herumzuexperimentieren. Neue, verrückte, ja dilettantische Ideen erhalten ihre Chance und können im Klima allgemeiner Experimentierlust gedeihen und eine Zeitlang überleben. Denken Sie nur an die Frühphase des Privatfernsehens und die absonderlichen Sendeformate, die damals durch das Programm geisterten. Es war ganz so wie im frühen Kambrium, als eine Fülle von bizarren Organismen die Erde bevölkerte, von denen später nichts mehr übrig blieb. In so einer Pionierphase müssen Sie alle Ideenkeime in die Erde bringen und zusehen, welche abenteuerlichen Pflanzen daraus wachsen. Später, wenn die Maßstäbe einmal gesetzt sind, werden Sie keine Gelegenheit mehr haben, Einfluss zu nehmen.

...dann standardisieren

Sie können nicht dabei stehen bleiben, immer neue originelle Einfälle in die Welt zu streuen. Sie müssen auswählen und nachbearbeiten. Sie müssen sozusagen geistig umschalten und sich vom spielerischen Umgang mit den Dingen verabschieden. Das liegt nicht jedem, der kreativ ist, und doch gehört es zur Kreativität dazu. In einer Organisation kann man dieses Problem dadurch entschärfen, dass man die Aufgaben verteilt: Die einen dürfen kreativ „herumspinnen", die anderen dürfen 95 % davon in den Papierkorb werfen und die übrig gebliebenen 5 % umändern. Denn das Ziel ist, den Wust an genialen Einfällen in ein Produkt oder einen neuen Standard zu verwandeln.

Kambrische Kreativität: Aus den wilden Tieren werden die Cash-Cows

In der Entwicklungsphase Phase sieht man es den Ideen, den Projekten und Prototypen oft noch nicht an, dass sie die Standards von morgen setzen werden. Gerade die Etablierten, die ihre „kambrischen Explosionen" lange hinter sich gelassen haben, tun die neuen Versuche als dilettantisch und unprofessionell ab. Doch das kann eine schwere Fehleinschätzung sein. Zwar sind die „wilden Tiere" des Kambriums häufig tatsächlich etwas unausgereift, sozusagen mit heißer Nadel gestrickt. Doch bleibt es ja nicht dabei. Wenn sie nur lange genug überleben – was manchmal eine Sache des Zufalls ist –, dann adaptieren sie sich und bestimmen ihrerseits die Maßstäbe. So verwandeln sich die wilden Tiere von einst in höchst profitable Nutztiere: aus ihren Ideen werden Cash-Cows.

Gute Ideen dürfen sich adaptieren

Auch das darwinistische Modell von Dawkins hält einige Anregungen bereit. Zum Beispiel für die (internationale) Vermarktung von guten Ideen oder Erfolgsprodukten. Demnach wäre es sinnvoll, wenn sich Produkte an ihre jeweilige Umwelt, also ihren Markt, adaptieren könnten. Natürlich können das Produkte nicht von allein. Lassen Sie also zu, wenn in unterschiedlichen Teilmärkten Varietäten Ihres Ausgangsprodukts entstehen. Verzichten Sie auf zentrale Kontrolle, denn nur so lässt sich erreichen, dass sich Ihr Produkt auf den jeweiligen Markt tatsächlich „einstellt". Problematisch wird die Sache nur, wenn sich die Teilmärkte überlappen und die Varianten sich gegenseitig Konkurrenz machen. Dann - auch das zeigt das Modell – wird eine Varietät vermutlich auf der Strecke bleiben.

Verhindern Sie unerwünschte Artenbildung

Eine Organisation braucht einen gewissen Zusammenhalt, ein Mindestmaß an Kohärenz. Es lässt sich jedoch nie verhindern, dass die Mitarbeiter nicht dem großen Ganzen, sondern in erster Linie ihren jeweiligen Abteilungen und Gruppen gegenüber loyal sind. Das ist in gewissen Grenzen sogar wünschenswert. Wenn unterschiedliche Abteilungen ihre jeweiligen Interessen gegeneinander geltend machen, kann das Unternehmen durchaus davon profitieren.

Ungünstig ist es nur, wenn sich eine Abteilung oder Gruppe nicht mehr als Teil des Ganzen begreift und sich abspaltet, wenn sie vorwiegend mit sich selbst beschäftigt ist und sich an ihre ganz eigene „Umwelt" adaptiert. Dann haben Sie es mit einer „Artenbildung" zu tun. Diese eigene „Spezies" wird dann ausschließlich ihre eigenen Interessen verfolgen, auch auf Kosten der „Gesamtpopulation", zu der sie sich immer weniger zugehörig fühlt. Eine solche „Artenbildung" können Sie verhindern, indem Sie die Angehörigen der Gruppe immer wieder in die „Gesamtpopulation" einbinden.

Nehmen wir das Beispiel einer Auslandsniederlassung. Auf der einen Seite ist das Interesse groß, dass sich die Niederlassung gut an den lokalen Markt anpasst. Doch wird es kritisch, wenn die Niederlassung weitgehend sich selbst überlassen bleibt. Dem kann die Unternehmenszentrale entgegenwirken, indem sie die Mitarbeiter zeitweilig auch in der Zentrale oder in anderen Niederlassungen einsetzt, den Austausch zwischen den Niederlassungen fördert, gemeinsame Schulungen organisiert und länderübergreifende Fachteams bildet.

Wettlauf auf der Stelle – die „Red-Queen"-Hypothese

Themen: Konkurrenz, Wettbewerbsvorteil, Positionierung, Kosten

In dem Buch „Alice hinter den Spiegeln" von Lewis Carroll begegnet die Titelheldin in einem Phantasieland einer roten Königin. Die packt Alice am Arm und gemeinsam rennen sie davon so schnell sie können. „Schneller, schneller!", feuert die Königin sie immer wieder an. Aber als sie vollkommen erschöpft stehen bleiben, merkt Alice, dass sie nicht von der Stelle gekommen sind. Als sich Alice wundert, erwidert die rote Königin: „In diesem Land musst du so schnell rennen, wie du kannst, um an der selben Stelle zu bleiben. Wenn du irgendwo hin möchtest, musst du doppelt so schnell laufen."

Diese Episode hat den amerikanischen Biologen Leigh Van Valen zu seiner „Red Queen"-Hypothese inspiriert, die den zunehmenden Konkurrenzdruck im darwinistischen „Kampf ums Dasein" beschreibt. In der Evolution herrschen demnach ähnliche Bedingungen wie im Land der roten Königin: Die Organismen müssen alle Anstrengungen darauf richten, nach vorne zu kommen – nur um ihre Position zu halten. Können sie ihre Fähigkeiten nicht verbessern, fallen sie im evolutionären Wettbewerb zurück und sterben früher oder später aus. Stagnation ist für eine Spezies tödlich.

Verbessert sich einer, muss die Konkurrenz nachziehen

Van Valens Hypothese hat zunächst einiges für sich. In der Natur herrscht das Prinzip der Überproduktion. Was sich nicht bewährt, wird gnadenlos ausgesiebt. Günstige Eigenschaften führen hingegen zu einer höheren Ausbreitung. Das Leistungsniveau steigt. Damit verschlechtern sich aber die Lebensbedingungen der andern: der Rivalen, der Beutetiere oder der Jäger. Nehmen wir beispielsweise eine Population von Mäusen. In der ersten Generation werden alle Mäuse, die zu langsam laufen, gefressen. Es bleiben nur die schnellen Mäuse übrig, die sich fortpflanzen können. In der zweiten Generation gibt es einen höheren Anteil schneller Mäuse. Gut für die Mäuse, aber schlecht für die Katzen. Und auch schlecht für manche Vögel, die nun stärker von den Katzen bejagt werden. Und ein Nachteil für die Raubvögel, die ebenfalls Mäuse und kleine Vögel jagen, von denen die Katzen weniger übrig lassen. Und schlecht für die Vorratskammer der Menschen, die nun stärker von einer Invasion flinker Mäuse bedroht ist. Alle haben Nachteile durch einen Vorteil der Mäuse.

Nun bleibt es natürlich nicht dabei. Die Katzen verbessern ihre Jagdtechnik, die Vögel treffen Vorkehrungen, dass sie nicht mehr so leicht von den Katzen überrascht werden, die Raubvögel dehnen ihre Flüge weiter aus. Und die Menschen stellen eine Mausefalle in ihrer Speisekammer auf. Ein denkbarer Effekt: Alles wird wieder so wie vorher. Alle sind „so schnell gerannt, wie sie konnten", haben ihre Fähigkeiten verbessert, doch an der Jagdausbeute hat sich nichts verändert. Bis die Mäuse noch schneller werden und das Spiel von neuem beginnt.

Vorsprung belebt das Geschäft

Nun könnte man meinen, dass unter dem Strich für einen Organismus nichts dabei herauskommt, wenn er sich auf diesen Wettlauf einlässt. Doch das stimmt nicht ganz. Und zwar aus zwei Gründen: Wenn er seine Fähigkeiten nicht verbessert, gerät er ins Hintertreffen, solange seine Konkurrenten auch nur ein wenig besser werden. Er könnte nur darauf hoffen, dass sie sich arrangieren. Doch in der Natur wird er auf so eine freiwillige Selbstbeschränkung nicht hoffen dürfen. Die eigenen Möglichkeiten werden vollständig ausgeschöpft. Wer da nicht mithalten kann, hat eben Pech gehabt. Der zweite Grund liegt darin, dass in so einer „Red Queen"-Konstellation keiner wirklich mehr bekommt, doch alle ihre Fähigkeiten verbessern. Sie treiben sich gegenseitig zu immer neuen Höchstleistungen an. Solange der Lebensraum geschlossen bleibt, ist das kein Vorteil. Doch wenn neue Rivalen, neue Beutetiere oder neue Jäger auftauchen, dann kann jeder Vorsprung überlebenswichtig werden, um sich weiter zu behaupten.

Viele Wettläufe bremsen die Konkurrenz

Mit der „Red Queen"-Hypothese können wir tatsächlich einige wechselseitige Anpassungsleistungen plausibel machen, etwa wenn sich ein Beutetier tarnt und der Jäger seine Wahrnehmung verbessert oder wenn ein Parasit sich an den Wirtsorganismus anpasst, woraufhin dieser sein Verhalten ändert (s. S. 323). Aber von einem unbeschränkten Wettbewerb, einem ewigen „Wettrüsten" kann dann doch nicht die Rede sein. Dazu sind die Anforderungen, die an einen Organismus gestellt werden, zu vielfältig und zu widersprüchlich. Ein Organismus muss sich ja nicht nur vor Parasiten schützen, er muss vor Raubieren davonlaufen, Ruheplätze erobern, sich um Nahrung kümmern, Konkurrenten ausstechen, seine Fortpflanzung regeln, die Nachkommen schützen und vieles mehr. All das sorgt dafür, dass die Bäume der Evolution nicht in den Himmel wachsen und sich zeitweilige „Red Queen"-Konstellationen auf einem bestimmten Niveau einpendeln.

Tipps für die Führungspraxis

Wenn Ihr Konkurrent sich verbessert, ist das zunächst einmal nachteilig für Sie. Sie müssen reagieren, nachziehen, ihn nach Möglichkeit überbieten. Doch damit drehen Sie weiter an der Wettbewerbsschraube. Denn nun sieht sich wieder die Konkurrenz gefordert, noch einen Schritt weiter zu gehen. Und was machen Sie dann?

Geben Sie sich nicht mit dem Erreichten zufrieden

Es gibt kaum einen größeren Ansporn für die Konkurrenz als Ihren Erfolg. Darum sollten Sie bei jedem Schritt nach vorn daran denken, dass Sie nicht stehen bleiben dürfen, sondern Ihre Anstrengungen verstärken müssen, wenn Sie in Zukunft nicht zurückfallen wollen. Denn in einem umkämpften Markt herrschen die Gesetze der „roten Königin": Wer seine Position halten will, muss so schnell laufen, wie es seine Kräfte hergeben. Will er vorankommen, muss er doppelt so schnell sein. Sie können es auch so betrachten: Die Reaktion Ihres Konkurrenten ist die Initialzündung für Ihre nächste Verbesserung.

Siegen Sie sich nicht zu Tode

Jede Verbesserung hat ihren Preis. Sie kostet Kraft und den Einsatz von Ressourcen. Natürlich gibt es Entwicklungssprünge, die völlig neuartige Lösungen bringen. Doch auch die müssen erst einmal erarbeitet werden und sich amortisieren. Das ist in der Natur nicht anders als in der Ökonomie. Kein Organismus kann einfach so schneller werden oder gar abheben, weil es die Konkurrenzsituation erfordert. Der Energiebedarf steigt und damit auch der Nahrungsbedarf. Doch auch wenn die Kostenfrage geklärt ist, bleibt noch ein weiteres Problem: Wie ein Organismus muss auch ein Unternehmen vielfältige Anforderungen erfüllen und nicht nur besser sein als die Konkurrenz. Fixieren Sie sich nicht zu stark auf den Wettbewerb, sonst kann es Ihnen gehen wie dem eiszeitlichen Riesenhirsch, der ein Geweih von einer Spannweite von über drei Metern auf seinem Kopf trug. Er war jedem Konkurrenten überlegen, aber leider nicht überlebensfähig.

Das Prinzip der Koevolution

Themen: Mitarbeiterführung, Kooperation, Konkurrenz, Kunden, Kundenservice

Wir können die Entwicklung der Lebewesen nicht verstehen, wenn wir sie isoliert betrachten. Jede Feder und jeder Reißzahn stellt eine Antwort auf die jeweiligen Lebensbedingungen dar. Sie hätten sich nie entwickelt, wenn es die Verhältnisse nicht bis zu einem Grade verlangt hätten. Keinem Tiger wäre jemals eine Kralle gewachsen, wenn ihm die tägliche Mahlzeit einfach ins Maul gefallen wäre.

Arten als gegenseitige Umwelt

Das klingt selbstverständlich, und doch wird es immer wieder übersehen. Die Evolution der Organismen ist mehr oder weniger eng aneinander gekoppelt. Im Falle einer engen Koppelung spricht man von Koevolution. Die eine Spezies ist sozusagen die Umwelt für die andere und umgekehrt. Koevolution betrifft nicht nur das klassische Jäger-Beute-Verhältnis, sondern auch andere Beziehungen: Konkurrenten, die den gleichen Insekten nachjagen, die gleichen Weidegründe aufsuchen oder die gleichen Nistplätze beanspruchen, Kooperationspartner, die für eine Symbiose (s. S. 229) in Frage kommen. Wie sie sich entwickeln und welche Fähigkeiten sie ausbilden, hat Konsequenzen für die eigene Spezies. Dabei muss es keineswegs so sein, dass sich die betreffenden Arten gemäß der „Red Queen“-Hypothese zu immer neuen Höchstleistungen anstacheln. Es kann auch das Gegenteil stattfinden. Mangelnder evolutionärer Ehrgeiz der einen Spezies führt zur Bequemlichkeit der anderen, wie Sie im nächsten Abschnitt über die Vögel lesen können. Dabei muss das gegenseitige Anstacheln den beteiligten Arten gar nicht immer besonders zuträglich sein und sich günstig auf ihre Überlebensfähigkeit, ihre „Fitness“ auswirken. Vielmehr kann eine allzu enge Koppelung die gegenseitige Abhängigkeit so sehr verstärken, dass ein Überleben ohne den andern nicht mehr möglich ist. Koevolution kann die beteiligten Arten auch in eine evolutionäre Sackgasse führen.

Tipps für die Führungspraxis

Koevolution ist überall. In Ihrer Organisation richten die Mitarbeiter ihr Verhalten und ihre Ambitionen danach aus, was die anderen so treiben und was in der Organisation üblich ist. Sie selbst verdanken Ihre persönliche „Evolution" gleich mehreren Einflussgrößen: Ihren Mitarbeitern, Ihren Vorgesetzten, Ihren Kunden und Ihren Konkurrenten. So betrachtet können Sie einem schwierigen Mitarbeiter unter Umständen sogar dankbar sein. Er hat Ihnen abverlangt, dass Sie sich kompetent, einfühlsam und führungsstark zeigen. Sogar wenn Sie Ihrem Anspruch nicht ganz gerecht geworden sind, hat er Sie möglicherweise dazu veranlasst, sich in dieser Richtung zu verändern.

Identifizieren Sie Ihre Koevolutionspartner

Im Alltag denken wir nicht über „Koevolution" nach, sondern allenfalls über unsere eigene Entwicklung. Dabei kann es Ihnen helfen, Ihre Aufgabe besser zu verstehen und souveräner zu agieren, wenn Sie sich über die unterschiedlichen Koevolutionsverhältnisse klar werden, in denen Sie stecken. Welche Aufgaben Ihre Mitarbeiter bewältigen oder nicht, welche Maßnahmen ein Wettbewerber ergreift, um für sich einen Vorteil zu erzielen, ob Ihre Kunden in Ihrem Laden rechts oder links herum wandern, Gutscheine sammeln oder Plastikmünzen mitbringen, um einen Einkaufswagen zu bekommen, all das sind Ergebnisse einer Koevolution. Schärfen Sie Ihren Blick dafür!

Profitieren Sie von der Entwicklung anderer

Alles, was Sie tun, hat Einfluss auf die weitere Entwicklung Ihres Gegenübers und wirkt damit auf Ihre eigene Evolution zurück. Wenn Sie einem qualifizierten Mitarbeiter verantwortungsvolle Aufgaben übertragen, dann bauen Sie ihn auf. Je weniger Sie ihn kontrollieren müssen, desto stärker kann er Sie entlasten. Sie können sich anderen Aufgaben zuwenden und sich dadurch weiterentwickeln. Gleichzeitig wächst Ihre Abhängigkeit von dem betreffenden Mitarbeiter. Das beeinflusst wiederum dessen Verhalten. Er stellt Bedingungen, auf die Sie reagieren müssen. Dieses Wechselspiel hat nicht nur Einfluss auf Ihre Beziehung zu dem betreffenden Mitarbeiter, sondern es kann auf

Ihre weitere Entwicklung zurückwirken: wie Sie künftig mit Mitarbeitern umgehen, welchen Aufgaben Sie sich zuwenden können und vieles mehr. Gleichzeitig prägt Ihre Entwicklung diejenige Ihres Mitarbeiters. Günstig wäre es, wenn beide Seiten erkennen, dass sie von der Evolution des anderen profitieren können.

Vorsicht vor evolutionären Sackgassen!

Gerade bei eingespielten Verhältnissen ist es hilfreich, dann und wann zu registrieren, in welche Richtung man sich entwickelt. Es ist durchaus möglich, dass Ihr Koevolutionspartner Sie in eine Nische oder gar in eine evolutionäre Sackgasse hineinzwingt, aus der Sie nicht mehr herauskommen. Besonders bei konfliktreichen Beziehungen oder Konkurrenzverhältnissen besteht die Gefahr, sich buchstäblich zu verrennen.

Auch Kunden durchlaufen eine Koevolution

Wir haben es kurz angesprochen: Wie Ihre Kunden bei Ihnen einkaufen, das ist auch das Ergebnis von Koevolution. Sie lernen regelrecht, wie sie sich verhalten sollen, welche Produkte bei Ihnen zu bevorzugen sind und welche Möglichkeiten es gibt Rabatt zu bekommen. Dieses Verhalten prägt wiederum Ihre Reaktion. Ob Sie bestimmte Produkte aus dem Sortiment nehmen, eine Kundenkarte einführen oder ein großes Schild aufhängen mit der Aufschrift: „Niedrigpreise – feilschen zwecklos!" Koevolution bedeutet keineswegs, alle Wünsche der Gegenseite zu erfüllen, sondern sich aufeinander einzustellen, voneinander zu lernen, sich zu adaptieren. Genau daraus ziehen beide Seiten ihren Nutzen.

Wie die Vögel fliegen lernten

Themen: Strategie, Kompetenzen, Portfolio, Motivation, Konkurrenzdruck

In der Evolution wurde das Fliegen gleich mehrmals erfunden, jeweils unabhängig voneinander. Die ersten Organismen, die sich in die Luft erhoben, waren die Insekten. Vor 200 Millionen Jahren fingen sie an herumzuflattern. Einige schlugen mit ihren Flügeln extrem schnell, weil ihre Flügel mit der schwingenden Schale ihres Brustpanzers gekoppelt waren. 100 Millionen Jahre beherrschten sie den Luftraum, dann wurden sie von den Vögeln abgelöst.

Die Vögel begannen mit den ersten Flugversuchen zur Dinosaurierzeit. Und man vermutet, dass sie da selbst noch zu den Dinosauriern gehörten. Irgendwann soll ein kleiner Dinosaurier damit angefangen haben, sehr schnell zu laufen und sich dabei auf seinen Hinterbeinen aufzurichten, so wie es heute manche Eidechsen tun, wenn sie Beute jagen. Seine Vorderbeine waren mit langen faserigen Schuppen besetzt, den Vorläufern der Federn. Wenn er vor einem Fressfeind davonlief, dann konnte er sich mit ein wenig Geflatter ein Stück vom Erdboden erheben und war wenigstens eine Zeitlang außer Reichweite. Im Laufe der Evolution dehnte sich diese Zeitspanne immer weiter aus, bis die kleinen leichten Dinos dauerhaft oben blieben.

Vom Baumhüpfer zum Flieger

Es gibt aber noch eine alternative Erklärung. Demnach fing alles damit an, dass einige kleine Dinosaurier auf die Bäume kletterten. Sie wollten sich so vor ihren größeren erdgebundenen Fressfeinden in Sicherheit bringen und einen sicheren Platz für ihre Eiablage finden. Als nächstes lernten sie, sich immer flinker auf den Bäumen zu bewegen. Da ist es dann besonders nützlich und ressourcenschonend, wenn man nicht erst von jedem Baum hinabsteigen und auf den nächsten hinaufklettern muss, sondern von Ast zu Ast springen kann. Das haben die kleinen Dinos vermutlich getan. Die natürliche Auslese belohnte die Hüpferei, und so wurden ihre Sprünge immer länger und länger, bis sie gewissermaßen ohne Bäume auskamen. Das klingt etwas bizarr, doch sprechen viele Gründe dafür, dass diese Erklärung richtig ist. Denn auch heute gibt es baumbewohnende Eidechsen, die ihre Sprünge so stark verlängert haben, dass man eigentlich schon von Fliegen sprechen kann.

Aus den Schuppen auf den Vorderbeinen bildeten sich nach und nach die Federn. Die kleinste Verlängerung der Schuppen wirkte sich günstig auf die Sprungweite aus. Also konnten sie immer weiter wachsen. In der Mitte bildete sich ein Kiel heraus mit zwei Ästen, aus denen feine Nebenäste herauswuchsen, die sich ineinander verhakten konnten. Außerdem wurden die Vögel immer leichter, ihre Knochen wurden hohl und der Saurierschwanz bildete sich zurück. Das sah dann einem Vogel schon ziemlich ähnlich.

Wie die Vögel die Saurier überlebten

Vor 65 Millionen Jahren kam es zum großen Massensterben. Über die Gründe wird noch immer spekuliert. Vielleicht lag es an einem Asteroiden, der in der Erde einschlug, was dazu führte, dass sich über Monate der Himmel verfinsterte. Auf jeden Fall verschwanden in dieser Zeit etliche Tierarten für immer von unserm Planeten, nicht nur die Dinosaurier. Auch von den Urvögeln überlebte nur ein kleiner Teil, nämlich die Vorfahren der Enten und Gänse, der Seetaucher, der Möwen und der so genannten Watvögel, die durch seichtes Wasser waten und ihre Beute suchen. Doch diese Vögel zählten jetzt zu den großen Gewinnern. Sie hatten den Luftraum für sich: Die riesigen Flugsaurier gab es nicht mehr und die Insekten waren keine ernsthafte Konkurrenz, sondern willkommene Beute.

Unter diesen günstigen Bedingungen breiteten sich die Vögel fast überall aus. Es gab reichlich Platz – nicht nur auf den Bäumen und in der Luft. Weil die räuberischen Dinosaurier verschwunden waren, drohte auch am Boden keine Gefahr mehr. Die Vögel konnten diesen Lebensraum wieder in Beschlag nehmen. Einige kehrten folglich auf den Erdboden zurück und entwickelten sich zu Schreitvögeln in der Art eines Emu oder Straußen. Das Fliegen gaben die neuen Bodenbewohner schnell auf. Denn für ihre neue Lebensweise brauch ten sie es nicht mehr.

Doch schon bald bekamen diese Vögel ernsthafte Konkurrenz. Ein unscheinbares spitzmausartiges Tier hatte das große Sterben ebenfalls überlebt. Es wurde größer und größer. Und seine harmlosen Mäusezähnchen entwickelten sich zu einem Furcht erregenden Gebiss. Gegen diese Raubtiere – Säugetiere, also unsere Verwandten – besaßen die friedlichen flugunfähigen Schreitvögel keine Chance. Fast alle starben aus. Es überlebten nur diejenigen Arten, die wie der Strauß sehr schnell laufen konnten. Oder die einen Lebensraum bewohnten, in dem es keine größeren räuberischen Säugetiere gab, wie in Neuguinea, Australien oder Neuseeland.

Die Zukunft liegt in der Luft

Vor allem Neuseeland entwickelte sich zu einem wahren Paradies für die flugunfähigen Vögel. Der beeindruckendste, der Moa, konnte über drei Meter groß werden und ist damit der größte jemals lebende Vogel. Nach der Ankunft der Säugetiere haben sich auch in Neuseeland die Reihen der bodenbewohnenden

Vögel stark gelichtet. Keine Frage, die Zukunft der Vögel liegt in dem Lebensraum, den sie vor 100 Millionen Jahren erobert haben, in der Luft. Und doch zeigt das Beispiel Neuseelands, dass die Vögel keineswegs die natürliche Neigung haben, in den Himmel aufzusteigen, sondern dass sie immer dann auf den Boden zurückkehren, wenn sie dort sicher genug sind. Denn Fliegen verbraucht sehr viel Energie, etwa zehn Mal so viel wie die Fortbewegung auf dem Boden. Die Vögel würden es gerne etwas bequemer haben. Doch die Plätze auf dem Boden sind bis auf weiteres besetzt.

Tipps für die Führungspraxis

Als die Urvögel begannen, für sich einen neuen Lebensraum zu erschließen, gab es keinerlei Anzeichen dafür, dass es ihnen gelingen könnte. Sie brachten weder die körperlichen Voraussetzungen mit, noch hatten sie irgendeine Vorstellung davon, wie man fliegt. Doch das Entscheidende war: Sie machten einen Anfang und entwickelten sich weiter. Sie sammelten ihre Erfahrungen, lernten dazu, perfektionierten Stück um Stück die eigenen Fähigkeiten. Von den bescheidenen Anfängen als Baumspringer ist bei den heutigen Luftakrobaten nichts mehr zu merken.

Wagen Sie einen Neuanfang

Vielleicht befinden Sie sich in einer ähnlichen Situation wie die kleinen Dinosaurier, die als erste die Bäume hochkletterten. Die Lage ist schwierig, die Konkurrenz erdrückend, es stellt sich womöglich die Überlebensfrage. Dann sollten Sie sich nicht länger quälen und von den großen Raubtieren peinigen lassen. Hoffen Sie nicht darauf, dass alles von allein besser wird. Die Devise heißt vielmehr: Rauf auf den Baum!

Bringen Sie sich in Sicherheit, sehen Sie sich nach einem neuen „Lebensraum" um. Wohin können Sie ausweichen? Gibt es irgendwelche Nischen zu entdecken? Ziehen Sie auch ungewöhnliche Möglichkeiten in Betracht. Sie müssen nicht unbedingt die kommende Boombranche entdecken. Es kommt erst einmal darauf an, vom Boden wegzukommen. Das ist ein bescheidener, aber viel versprechender Anfang.

Lassen Sie sich Flügel wachsen

Doch das karge Leben eines „Baumspringers“ sollten Sie nicht fortführen, wenn Sie die Möglichkeit haben, den Himmel zu erobern. Chancen müssen Sie erkennen – und dann auch ausnutzen. Sie müssen sich gewissermaßen „Flügel wachsen“ lassen und Dinge tun, an die Sie vorher niemals gedacht haben. Sie werden sich verändern, Sie werden in Ihre Aufgabe hineinwachsen. Dazu müssen Sie nicht unbedingt eine Vision haben, von der Sie sich bei jedem Ihrer Schritte leiten lassen. Die Vorfahren der Vögel hatten, als sie auf die Bäume kletterten, auch keine Ahnung, was passieren würde.

Entwickeln Sie Ihre eigene Flugtechnik

Bevor die Vögel anfingen zu fliegen, gab es schon Organismen, die das Geschäft recht gut beherrschten, die Insekten. Doch war deren Art zu fliegen auf deren Körperbau und Lebensweise zugeschnitten. Lassen Sie sich daher bei Ihren eigenen Versuchen, den „Luftraum zu erobern“, nicht von denen einengen, die schon vor Ihnen dort herumschwirren und meinen, man müsste es genauso machen wie sie. Entwickeln Sie vielmehr eine Flugtechnik, die Ihnen entspricht.

Es ist gefährlich Schlüsselkompetenzen aufzugeben

Vielleicht ergibt sich ja auch bei Ihnen die Möglichkeit, in Ihren alten angestammten Markt zurückzukehren. Weil die bedrohlichen Dinosaurier, die Ihnen früher das Leben schwer gemacht haben, ausgestorben sind. Eine verlockende Aussicht, gerade wenn der angestammte Markt sehr lukrativ ist und nicht so viele Ressourcen kostet wie das Fliegen, das Sie jetzt perfekt beherrschen. Und doch kann es verhängnisvoll sein, den Weg zurückzugehen und diese neu erworbene Schlüsselkompetenz aufzugeben. Möglicherweise bekommen Sie nämlich neue Konkurrenz, von der Sie noch nichts ahnen und die Ihnen ähnlich zusetzt wie die Säugetiere den Schreitvögeln. Dann können Sie sich vielleicht nur noch am Strauß ein Beispiel nehmen – und so schnell wie möglich davonlaufen.

Überleben in Fitnesslandschaften

Themen: Unternehmensstrategie, Change-Management, Routine, Motivation, Mitarbeiterführung

Um die verschlungenen Wege der Evolution anschaulicher zu machen, gibt es eine nützliche, wenn auch recht komplexe Metapher, die wohl auf den Biologen Stuart Kauffman zurückgeht und die im Umkreis der Komplexitätswissenschaft gerne benutzt wird: die Fitnesslandschaft. Stellen Sie sich dazu eine hügelige Landschaft vor, die die Arten durchwandern. Das ist der so genannte „Merkmalsraum". Jede Stelle in dieser Landschaft entspricht einer bestimmten Kombination von Merkmalen, also wie muskulös seine Beine sind, wie lang sein Verdauungsapparat, wie dicht sein Fell und vieles, vieles mehr. Bei jedem Schritt verändern sich die Merkmale ein wenig, zum Beispiel werden die Oberschenkel muskulöser, der Darmtrakt verkürzt sich und so weiter. Eine Wanderung durch die Fitnesslandschaft ist eine Metapher für die Evolution der Arten. Nun ist die Fitnesslandschaft nicht flach, sondern hügelig. Gipfel und Täler sind dabei durchaus als Qualitätsurteil gemeint: Je weiter oben eine Art steht, desto besser ist sie adaptiert und desto höher sind ihre Überlebenschancen.

Schritt für Schritt zum Gipfel

Die Arten tun ihr Bestes, um sich Schritt für Schritt zu entwickeln. Jeder ihrer Schritte ist eine Veränderung des Bestehenden, genetisch betrachtet: eine Mutation. Nun sind Mutationen Produkte des Zufalls; doch die natürliche Selektion gibt die Richtung vor: nach oben. Denn günstige Mutationen verschaffen der Spezies einen Überlebensvorteil, während ungünstige verschwinden. Die einen können ihre erfolgreichen Gene weiterverbreiten, die Artgenossen mit den ungünstigen Genen haben wenig oder gar keinen Nachwuchs.

Bei ihrer Wanderung wird sich eine Spezies früher oder später an einem Punkt befinden, an dem der nächste Schritt nur noch nach unten führt: Sie hat einen Gipfel erreicht. Hier ist ihre evolutionäre Wanderung erst einmal beendet. Doch genau darin liegt ein Problem. Denn der Gipfel mag zwar hoch sein, aber vielleicht ist er nicht hoch genug.

Wenn Arten auf lokalen Gipfeln festhängen

Wir haben das Prinzip bereits am Beispiel des menschlichen Auges (s. S. 69) kennen gelernt: Irgendwann gibt es keinen nächsten Schritt zur Verbesserung mehr. Dann hängen wir auf einem „lokalen Gipfel“ fest. Doch unter Umständen haben wir nur einen kleinen Hügel erklommen und alle umgebenden Hügel sind wesentlich höher. Das ist ungünstig, denn alle anderen Arten, die einen etwas anderen Weg genommen haben als wir, werden uns mit Leichtigkeit überflügeln, da sie einem anderen, höheren Gipfel entgegenstreben.

Was können wir in einer solchen Situation tun? Aus evolutionsbiologischer Sicht natürlich gar nichts, weil wir auf diese Vorgänge gar keinen Einfluss haben. Doch aus einer übergeordneten Perspektive können wir sagen, dass sich die Spezies erst einmal verschlechtern muss, also vom lokalen Gipfel „heruntersteigen“ muss, um langfristig eine bessere (höhere) Position zu erreichen.

Das „Tal des Todes“

Ein wichtiger Unterschied zwischen einer gewöhnlichen Hügellandschaft und einer Fitnesslandschaft besteht nun darin, dass Sie sich im ersten Fall relativ frei bewegen können. Sie spazieren von Gipfel zu Gipfel, von Tal zu Tal, und irgendwann stehen Sie ganz oben. In der Fitnesslandschaft gibt es jedoch Täler und Abgründe, die unmittelbar tödlich wirken. Den Kurs abwärts hat Stuart Kauffman auch als Weg durch das „Tal des Todes“ bezeichnet: Die Arten, die diesen Weg antreten, verschlechtern ihre Überlebenschance. Geht es zu lange und zu steil abwärts, stirbt die Spezies aus. Wir können uns das in etwa so vorstellen wie eine überschwemmte Landschaft. Wer zu tief hinabsteigt und ins Wasser gerät, der ertrinkt.

Doch wie kommt es überhaupt dazu, dass sich Arten aufmachen, das „Tal des Todes“ zu durchqueren? Hier kommt wieder der Vorteil der Vielfalt zum Tragen. Eine Spezies besteht ja nicht aus lauter optimierten Musterexemplaren. Vielmehr gruppiert sie sich um den „lokalen Gipfel“ herum, auf dem die Spitzenvertreter sitzen. Je nachdem, wie „gnadenlos“ die natürliche Selektion mit den Abweichlern verfährt, ist dieser Saum breiter oder schmaler. Es gibt also immer Artgenossen, die relativ fern vom Gipfel ihr Dasein fristen. Und genau auf diese randständigen Existenzen kommt es jetzt an: Sie und nicht die Gipfelstürmer können jetzt ihre Spezies weiterbringen. Am Fuße des lokalen Gipfels ist der Weg durch das „Tal des Todes“ vergleichsweise kurz. Wenn die Spezies überhaupt eine Chance hat, einen neuen Gipfel zu erreichen, dann über diese Außenseiter. Von hier aus müssen die Veränderungen ausgehen.

Weitsprung-Mutationen sind gefährlich

Beim Weg durch die Fitnesslandschaft kann die Schrittlänge variieren, was so viel bedeutet, dass die Mutationen unterschiedlich stark ausfallen können. Nun könnte man seine Hoffnung ja darauf richten, mit einigen beherzten Riesenschritten auf den nächsthöheren Gipfel zu kommen. Doch in den Fitnesslandschaften funktioniert das nicht; die Natur bevorzugt die kleinen Schritte, wie wir gleich sehen werden. Denn je größer die Schrittlänge, desto weniger hat der neue Standort etwas mit dem Ausgangspunkt zu tun. Mit solchen „Weitsprung-Adaptionen", wie sie Stuart Kauffman genannt hat, geht man ein hohes Risiko ein. Die Aussichten per „Weitsprung" eine bessere Position zu erreichen, sind umso geringer, je höher die Startposition ist. Außerdem gehen Sie als Spezies ein hohes Risiko ein, unvermittelt an einem Punkt zu landen, der so niedrig liegt, dass gar kein Leben mehr möglich ist, tief im Tal des Todes sozusagen.

Kleine Schritte verändern nur wenig, aber genau das ist in diesem gefährlichen Gelände vorteilhafter. Es kann nicht alles plötzlich viel schlechter werden. Durch die kleinen Schritte, das behutsame Vorantasten vermittelt sich uns ein genaueres Bild der Landschaft, die wir durchqueren. Wenn es überhaupt einen Weg am Rande überschwemmter Täler entlang zum nächsten Gipfel, dann kann man ihn auf diese Weise am zuverlässigsten aufspüren.

Inselspringen

Nun gibt es aber doch einen Fall, da kommen Sie nur per „Weitsprung-Mutation" weiter. Wenn der lokale Gipfel rundherum von „Wasser" umgeben ist, dann sitzen Sie wie auf einer Insel fest. Und die kleinen Schritte führen Sie zuverlässig „ins Wasser", also in den Tod. Dann haben Sie nur die Möglichkeit, den riskanten großen Sprung zu wagen und darauf zu hoffen, dass er Sie ans rettende Ufer hinüberträgt.

Die Struktur der Fitnesslandschaft

Was wissen wir über die Beschaffenheit der Fitnesslandschaft? Stuart Kauffman ist überzeugt, dass es sich nicht um eine „Zufallslandschaft" handeln kann, in der es keine innere Ordnung, keine Struktur gibt. Eine solche Landschaft wäre viel zu zerklüftet, um darin zu manövrieren. Sie wäre übersät mit einer „hyperastronomischen Zahl“ von winzigen „lokalen Gipfeln“. Vielmehr weisen die Landschaften eine gewisse Ordnung auf, benachbarte Punkte unterscheiden sich nicht so stark von ihrer Höhe, was die Orientierung erheblich erleichtert. Darüber hinaus ist Kauffman davon überzeugt, dass es eine „spezielle Region“ gibt, „in der sich die Gipfel häufen“. Es ist nicht zu erwarten, dass sich die Gipfel gleichmäßig über die gesamte Landschaft verteilen. Demnach sollte eine Spezies daran interessiert sein, die „spezielle Region“ mit der Gipfelhäufung aufzuspüren.

Dynamische Fitnesslandschaften

Wenn Sie bis hierhin folgen konnten, dann wird Sie auch der letzte Punkt nicht mehr in Verwirrung bringen können: Die Fitnesslandschaften sind nicht statisch, sie geraten immer wieder in Bewegung. Gipfel verschieben sich, werden tiefer oder flachen sich ab. Eine Spezies, die eben noch auf einem lokalen Gipfel fest hing, kann in eine Mulde sinken. Was nicht einmal schlecht sein muss, weil sie nun vielleicht bessere Chancen hat, einen höheren Gipfel zu erreichen.

Wodurch entsteht eigentlich diese Dynamik? Durch die Veränderungen der Lebensbedingungen. Es gibt klimatische Schwankungen, neue Tier- und Pflanzenarten dringen in den Lebensraum ein, andere wandern ab oder sterben aus. Solche Ereignisse verändern die Topografie der Fitnesslandschaft. Vormalige Erfolgspositionen verlieren an Höhe, aus einem planen Boden kann ein neuer Gipfel emporwachsen. Zur Zeit der Dinosaurier waren die Riesenechsen die unbestrittenen Herrscher der Natur; alle Säugetiere entwickelten sich aus einer kleinen mausgroßen Kreatur. In der Evolution ist es fast schon die Regel: Die Gewinner von morgen hat heute niemand auf der Rechnung.

Tipps für die Führungspraxis

Stuart Kauffman und in seinem Gefolge Richard T. Pascale haben das Modell der Fitnesslandschaften ausdrücklich auch auf den gesellschaftlichen, technischen und ökonomischen Wandel bezogen. Vor diesem Hintergrund haben sie sich gefragt, wie sich Unternehmen verhalten sollen, vor allem in etwas turbulenten Zeiten. In der Tat lassen sich aus dem Modell der Fitnesslandschaften einige interessante Schlussfolgerungen ziehen.

Bleiben Sie nicht auf einem lokalen Gipfel hängen

Lokale Gipfel haben etwas ungemein Verführerisches. Haben wir sie erreicht, verharren wir an diesem Ort. Denn egal, was wir verändern, es tritt zwangsweise eine Verschlechterung ein. Deshalb sind wir auch so schwer dazu zu bewegen, einen lokalen Gipfel aufzugeben.

Das kann aber ein schwerer Fehler sein, denn es hindert uns daran, einen höheren Gipfel zu erreichen, also zu einer wesentlich besseren Lösung zu gelangen. Es könnte sich also lohnen, darüber nachzudenken, ob Sie oder Ihr Unternehmen gerade auf einem lokalen Gipfel festhängen. Sie spüren, dass die Situation irgendwie unbefriedigend ist. Weitere Verbesserungen am Bestehenden führen zu nichts, sie kosten nur Kraft und bringen keine besseren Ergebnisse. Wenn Sie dann noch den Eindruck haben, dass die Angehörigen einer anderen „Spezies" – Ihre Wettbewerber oder vergleichbare Unternehmen anderer Branchen – besser zurechtkommen, dann ist es sicher ratsam, den lokalen Gipfel zu verlassen.

Machen Sie Ihren Mitarbeitern klar, worum es geht

Das Festsitzen auf einem lokalen Gipfel ist nicht nur ein Problem, das Sie oder die Strategie Ihres Unternehmens betrifft. Auch bei der Mitarbeiterführung spielt dieser Effekt eine wichtige Rolle. Gerade bewährte Mitarbeiter neigen dazu, sich auf einem lokalen Gipfel einzurichten. Sie verfügen über Routine und Know-how, Abläufe haben sich eingespielt und abgeschliffen. Wenn Sie jetzt anfangen, daran etwas zu ändern, um zu einem entfernten Gipfel zu gelangen, dann führt das zuverlässig erst einmal zu einer Verschlechterung der Ergebnisse. Die Mitarbeiter werden solche Maßnahmen als ineffizient oder sogar schädlich empfinden. Vor allem wenn es erst einmal richtig abwärts geht und ihnen eine Wanderung durch das „Tal des Todes" bevorsteht, kann es sein, dass sie sich gegen die Maßnahmen auflehnen, wenn nicht offen, dann im Verborgenen. Und das kann die Sache schnell zum Scheitern bringen.

Sie haben nur eine Möglichkeit, dagegen etwas zu tun. Überzeugen Sie Ihre Mitarbeiter davon, was Sie vorhaben. Machen Sie ihnen klar, worum es geht und dass sie sich zunächst auf eine Verschlechterung einstellen müssen. Versprechen Sie keine schnellen Effekte. Stellen Sie aber heraus, dass nur dieser Weg zu einer deutlichen Verbesserung führen kann.

Behalten Sie die Randpositionen im Auge

Wenn eine Veränderung ansteht, dann kann es sinnvoll sein, nicht von den derzeitigen „Erfolgspositionen" auszugehen, die sich sozusagen auf der Spitze des lokalen Gipfels befinden. Vielleicht bringt es Sie in Ihren Überlegungen weiter, wenn Sie sich eher auf die Randbereiche konzentrieren und prüfen, ob es hier Ansatzpunkte für eine positive Entwicklung gibt. Es ist erfolgversprechender, wenn Sie an etwas anknüpfen können, das im Prinzip schon in Ihrer Organisation vorhanden ist. Eine gewisse Vielfalt im Unternehmen ist daher von Vorteil.

Vorsicht vor den großen Sprüngen

Allzu radikale Neuerungen sind riskant. Vor allem wenn Sie von einer halbwegs stabilen Position ausgehen und viel verändern, gehen Sie ein hohes Risiko ein, die Lage dramatisch zu verschlechtern. Die Mitarbeiter werden Schwierigkeiten haben, sich auf die neue Situation einzustellen und häufig „unter der Hand" zu den alten Praktiken zurückkehren.

Ein weiterer Nachteil ist, dass bei solchen „Weitsprung-Adaptionen" kein richtiger Lernprozess stattfindet. Sie landen also im besten Fall zufällig in einer besseren Position, ohne verfolgen zu können, weshalb. Deshalb kann es besser sein, sich auf unbekanntem Gelände langsam voranzutasten und verschiedene Möglichkeiten nach und nach auszuprobieren.

Anders sieht die Sache aus, wenn deutlich ist, dass Sie Ihre jetzige Position auf dem lokalen Gipfel nicht halten können, dass Sie sich sozusagen auf einer „Insel" befinden, die Sie verlassen müssen. Dann kommen Sie um den großen Sprung nicht herum. Aber Sie sollten auch deutlich machen, warum dieser Sprung nötig ist.

Spüren Sie die Gipfelregion auf

Die Fitnesslandschaften sind so strukturiert, dass die Gipfel nicht allzu weit auseinander liegen. Es gibt eine Region, die besonders günstige Lebensbedingungen eröffnet, behauptet Stuart Kauffman. Eine Spezies, die sich in diesem Bereich bewegt, ist gegenüber anderen im Vorteil, die gewissermaßen in einer ausgedehnten Tiefebene zurechtkommen müssen und kaum eine Chance haben, ihre „Fitness“ wesentlich zu verbessern. Ähnliches dürfte auch für den Gesamtmarkt zutreffen, mit ausgesprochenen „Boombranchen“ und Geschäftszweigen, die einfach nicht rentabel laufen. Haben Sie eine „Gipfelregion“ erreicht, dann können Sie eigentlich gar nicht so viel falsch machen, es wird immer einigermaßen laufen. Denken Sie etwa an die Unternehmen der New Economy in Zeiten des Internetbooms. Der Nachteil bei solchen Gipfelregionen im Zeichen irgendeines Booms ist allerdings, dass sie häufig ebenso schnell wieder im Boden versinken, wie sie daraus emporgewachsen sind.

Aber es dürfte auch eine ganze Reihe von ökonomischen Fitnesslandschaften geben, die etwas stabiler gebaut sind. Denken Sie etwa an die Frage des Standorts oder die Qualifikation der Mitarbeiter. Hier gibt es ebenfalls ausgesprochene „Gipfelregionen“. Das bedeutet nicht, dass irgendwann der Erfolg zum Selbstläufer wird, sondern vielmehr: Um die Spitze zu erreichen, müssen Sie erst einmal lange Zeit unter den Besten sein. Und Sie müssen jeden Tag daran arbeiten, noch ein kleines Stück weiter nach oben zu kommen.

Beobachten Sie den Markt und bleiben Sie in Bewegung

Jede Fitnesslandschaft ist mehr oder weniger starken Veränderungen unterworfen, die Sie nicht steuern, aber immerhin beobachten können. Auch wenn Ihr Unternehmen eine sehr komfortable Gipfelposition einnimmt, kann es nicht darauf vertrauen, dass es seine Höhe halten wird. Das Unternehmen muss sich ständig neu auf seine Umwelt einstellen. Unter Umständen muss es seine Fähigkeiten völlig neu ausrichten, sein Geschäftsmodell verändern, seine Lieferanten wechseln oder sich in einem neuen Marktsegment engagieren. Das Problem besteht darin, zu erkennen, wann diese Veränderungen und Anpassungen nötig sind. Gerade erfolgreiche Unternehmen, die sich auf einem respektablen Gipfel befinden, scheitern an dieser Aufgabe. Denn Veränderungen lassen sich kaum durchsetzen, solange alles bestens läuft. Umso wichtiger ist es, das Umfeld aufmerksam zu beobachten, um auf den Wandel vorbereitet zu sein. Eine solche Umorientierung muss sorgfältig vorbereitet werden, und sie führt fast zwangsläufig durch ein „Tal des Todes“. Dabei lässt sich ein etwas paradoxer Effekt beobachten: Gerade dass alles auf dem Spiel steht, schafft die Voraussetzung dafür, dass der Wandel gelingen kann. Aus einer komfortablen Lage heraus muss ein solcher Versuch scheitern.

Hierarchien und Hackordnungen

In diesem Kapitel werfen wir einen Blick auf bemerkenswerte Organisationen im Tierreich. Dabei stehen hier die vergleichsweise „großen Tiere" und ihre festen Sozialverbände im Vordergrund, vom Meerschweinchen bis zum Elefanten. Die kleineren Wesen wie Termiten, Ameisen, Amöben und ihre erstaunliche „Schwarmintelligenz" kommen in einem späteren Kapitel zur Sprache (s. S. 280). Die Großen sind uns näher in der Frage, wie sie Macht und Dominanz in der Gruppe verteilt haben, welche Strukturen sie dafür ausgebildet haben, wie sie Konflikte regulieren und wie sie es schaffen, dass Einzelwesen zugunsten des großen Ganzen von ihren eigenen Interessen absehen. Dabei zeigt sich, dass verschiedene Tierarten ganz unterschiedliche Führungsstile und „Gruppenkulturen" ausgebildet haben und dass die „wilden Manager" mit den Reißzähnen erstaunlich moderate Führungsfiguren sind. Zuletzt werfen wir noch einen Blick auf das Thema Stress, der ja häufig das Resultat von Hierarchien und vor allem Hackordnungen ist.

Der Leitwolf und sein Beta-Männchen

Themen: Leadership, Führungsstil, Hierarchien, Loyalität, Stellvertreter, Konflikte

Im Wolfsrudel herrscht eine klare Hierarchie. An der Spitze stehen der Leitwolf und die Leitwölfin, darauf folgen das Beta-Männchen und mit deutlichem Abstand der Rest des Rudels. Die untersten Ränge werden von Tieren besetzt, die, wenn sie sich nicht benehmen, gelegentlich auch einmal verstoßen werden.

Leitwolf und Beta-Männchen praktizieren eine bemerkenswerte Arbeitsteilung. Wie der Verhaltensforscher Erich Klinghammer bei Feldstudien in Kanada beobachtet hat, kümmert sich das Beta-Männchen darum, dass die Gruppenregeln eingehalten werden. Dabei verfährt es recht rigide. Bei schlechtem Benehmen schreitet es sofort ein, knurrt und fletscht die Zähne und beißt auch schon mal zu. Auf den ersten Blick könnte man ihn für den strengen Chef halten, der die Fäden in der Hand hält. Doch das stimmt eben nicht.

Arbeitsteilung bei der Rudelführung

Der echte Leitwolf benimmt sich den Rudelmitgliedern gegenüber völlig anders, nämlich freundlich, anerkennend, sozusagen konstruktiv. Er ist derjenige, der führt, den Laden zusammenhält und tatsächlich in der Verantwortung zu steht, dass das Rudel durchkommt. Wenn die Nahrung im Winter knapp wird, dann ist es der Leitwolf, der allein loszieht, um Beutetiere aufzuspüren. Die andern bleiben in der Höhle zurück und warten, bis der Leitwolf sie ruft oder zur Jagd abholt.

Für den Bestand ihres Rudels setzen sich die Leitwölfe bis zum Äußersten ein. So wird aus Alaska ein Fall berichtet, bei dem vier Grizzlybären in einer Wolfshöhle Unterschlupf suchten. Dem Rudel gelang es, die zweieinhalb Meter großen Giganten nach einem dreistündigen Kampf in die Flucht zu schlagen. Dabei trug der Leitwolf so schwere Verwundungen davon, dass er am Abend starb. Ein veritabler Heldentod. Kein Wunder also, dass ein Leitwolf bei den Seinen eher beliebt als gefürchtet ist. In der Wildnis ist das gewiss kein Nachteil, denn bei dieser Gefahrenlage ist er auf die Loyalität aller Rudelmitglieder angewiesen. Und Loyalität erwächst auch bei Wölfen nicht aus Einschüchterung und Schikane.

Zugleich muss sich jemand um die Disziplin kümmern. Das aber macht unbeliebt. Und so überlässt der Leitwolf seinem Beta-Männchen die unangenehmen Pflichten, die Rudelmitglieder zu maßregeln. Der zieht dadurch die ganze Abneigung der Gruppe auf sich, dafür hält der Leitwolf seine schützende Pfote über ihn. Das macht er auch im eigenen Interesse, denn wenn sich ein Rudelmitglied auflehnt, dann fordert es nicht etwa den Leitwolf heraus, sondern richtet seine Angriffe erst einmal gegen den „Blitzableiter", das Beta-Männchen.

Der Leitwolf als Schlichter im Rudel

Lässt sich der Konflikt nicht mit dem üblichen Anknurren und Zähnefletschen beilegen, muss der Leitwolf eingreifen. Bezeichnenderweise eilt er nicht etwa seinem Beta-Männchen zu Hilfe und sorgt dafür, dass der Herausforderer gehörig auseinander genommen wird. Vielmehr bleibt er neutral und betreibt eine Taktik der Deeskalation. Er fordert den Stärkeren auf, mit ihm zu spielen. Der fühlt sich geschmeichelt, schließlich hat man nicht jeden Tag Gelegenheit, mit dem Chef herumzuspaßen, und so löst sich alles in Wohlgefallen auf.

Dass der Leitwolf einschreitet, ist in jeder Situation klug: Würde das Beta-Männchen im Kampf unterliegen, dann wäre als nächstes eine Auseinandersetzung mit dem Leitwolf fällig. Und würde das Beta-Männchen den Rivalen halb tot beißen, wäre dies für den Zusammenhalt des Rudels schädlich. Erfahrene Leitwölfe wissen: Sie festigen ihre Position, wenn sie Konflikte schlichten. Denn sie wirken im Interesse des gesamten Rudels.

Wie Entscheidungen gefällt werden

Der Leitwolf lenkt sein Rudel erstaunlich sanft und fast schon konsensorientiert. Erik Zimen, einer der führenden Wolfsforscher, hat die Entscheidungsfindung im Rudel untersucht und herausgefunden, dass kein Tier den anderen seinen Willen aufzwingen kann. Vielmehr nehmen alle ihrem Rang entsprechend unterschiedlich stark Einfluss auf die Entscheidung, am stärkten natürlich der Leitwolf. Für bestimmte Probleme gibt es auch Spezialisten, zum Beispiel für das Aufspüren von Beutetieren oder das Überqueren von Flüssen. Hier können sie besonders stark „mitreden", unabhängig von ihrem Rang. Und doch wird die Entscheidung im Konsens getroffen, auch der Experte kann sozusagen „überstimmt" werden. Dabei dürfen wir uns die Entscheidungsfindung natürlich nicht als Abstimmung vorstellen; es können auch keine Argumente ausgetauscht werden. Vielmehr vollzieht sich der Entscheidungsprozess durch Beobachtung und Handeln: Steht ein Wolf auf und sorgt dafür, dass alle zur Jagd aufbrechen? Legt sich einer nieder, um eine Ruhepause vorzuschlagen? Wer läuft voran und bestimmt dadurch die Richtung, in die das Rudel läuft?

Der Leitwolf läuft nicht an der Spitze

Bezeichnenderweise ist es meist nicht der Leitwolf, der vorneweg läuft. Im Tiefschnee trabt beispielsweise das Beta-Männchen voran und legt die Spuren, in denen dann die anderen folgen, mit dem Leitwolf in der Mitte. Schlägt das Beta-Männchen eine Richtung ein, die der Leitwolf für gefährlich hält, dann eilt er an die Spitze und fordert seinen Stellvertreter spielerisch auf, ihm nachzujagen. So vermeidet der Leitwolf, den andern zurechtzuweisen, ihn autoritär auf den gewünschten Pfad zu rempeln; er rettet vielmehr die Situation und gestattet es dem Beta-Männchen in gewisser Weise „sein Gesicht zu wahren".

Die ewige Nummer zwei

Was geschieht aber, wenn der Leitwolf stirbt? Rückt dann die Nummer zwei auf seine Position, sein autoritärer Stellvertreter? Interessanterweise geschieht dies nicht. Das Beta-Männchen ist zwar der ranghöchste Rüde, doch hat er im Rudel zu wenig Rückhalt, um es zu führen. Und er wäre auch vermutlich kaum in der Lage, das zu tun. Denn als Nummer zwei hat er sich gerade nicht dafür qualifiziert, die Führung zu übernehmen. Vielmehr hat er dem Leitwolf den Rücken freigehalten, für ihn gewissermaßen die Dreckarbeit geleistet. Ihm galt seine ganze Loyalität. Darin liegt seine Leistung, und es wäre fatal, wenn er plötzlich allein an der Spitze stünde. Doch diese Sorge ist im Wolfsrudel unbegründet, denn ein anderes Tier erobert den Platz des neuen Leitrüden.

Was geschieht dann aber mit der Nummer zwei? Immerhin hat er ja die neue Nummer eins bis dahin eher „gedeckelt". Muss das Beta-Männchen nun also Rache fürchten? Keineswegs, denn an den Loyalitätsverhältnissen ändert sich nichts. Und so bleibt das Beta-Männchen in der Position, auf der es sich bewährt hat.

Tyrannei in Gefangenschaft

Im Wolfsrudel geht es überraschend pragmatisch, sozial und fair zu. Brutalität, Einschüchterung, Rücksichtslosigkeit, all das, was manche vielleicht mit dem „Gesetz der Wildnis" zusammenbringen, findet sich gerade in der freien Wildbahn nicht. Unter den harten Lebensbedingungen können es sich die Tiere einfach nicht leisten, sich gegenseitig zu schikanieren und ihre Energie mit Statuskämpfen zu vergeuden. Solche Rudel würden schnell von der Bildfläche verschwinden.

Allerdings ändert sich die Lage grundlegend bei Rudeln in Gefangenschaft. Hier hat man häufiger beobachtet, dass rangniedere Tiere tyrannisiert und gequält werden. Der sonst so soziale Leitwolf kann sich zum brutalen Gewaltherrscher entwickeln. Der populäre Verhaltensforscher Vitus B. Dröscher glaubt, dass dies auf die komfortablen Lebensumstände zurückzuführen ist: Den Wölfen geht es zu gut. Sie müssen sich nicht mehr um ihren Lebensunterhalt kümmern und kommen aus Langeweile auf dumme Gedanken. Vielleicht eine etwas gewagte Schlussfolgerung, doch können wir die Perspektive natürlich auch umdrehen und feststellen: In schwierigen Zeiten braucht ein

Rudel einen sozialen, engagierten, konstruktiven Wolf an der Spitze. Sonst hat es keine Chance.

Tipps für die Führungspraxis

Führen Sie mit verteilten Rollen

Auch in menschlichen Organisationen ist es eine kaum zu schlagende Kombination: Hinter dem allseits beliebten, charismatischen und verständnisvollen Chef wirkt eine Nummer zwei, die für die unangenehmen Dinge zuständig ist, die unpopuläre Maßnahmen durchdrückt, Mitarbeiter auf Linie bringt und dafür sorgt, dass alles so abläuft wie geplant. Bei Wölfen und Menschen ist es so, dass diese Tätigkeit zwar ungemein wertvoll sein kann, jedoch nicht gerade beliebt macht. Die eigentliche Nummer eins muss auf einem anderen Register spielen, um die Mitarbeiter an sich zu binden und ihr Vertrauen zu erwerben. Sie kann sich großzügig geben, weil im Hintergrund jemand den Part des kleinlichen „Erbsenzählers" übernimmt. Sie kann fast immer freundlich sein, weil jemand schon dafür sorgt, dass Fehler konsequent geahndet werden.

Die ideale Nummer zwei blüht auf im Schatten von Nummer eins

Das Ganze muss man durchaus nicht als abgekartetes Spiel sehen. Es funktioniert ja ohnehin nur, wenn beide Seiten die entsprechende Veranlagung mitbringen. Sie meinen es in ihrem jeweiligen Wirken vollkommen ehrlich, aber sie ergänzen sich eben auf das Vortrefflichste. Die Nummer zwei weiß, dass sie niemals ein allseits beliebter, charismatischer Leitwolf werden kann. Also nutzt sie ihre Chance und spielt ihre Qualitäten konsequent aus: absolute Loyalität zur Nummer eins, Genauigkeit, Fachwissen und Hartnäckigkeit.

Opfern Sie niemals leichtfertig eine unbeliebte Nummer zwei

Die Nummer eins weiß, dass sie an ihrem „Beta-Männchen" jemanden hat, auf den sie sich absolut verlassen kann, der keine Ambitionen hat, auf ihren Stuhl zu steigen und der sich obendrein noch als „Blitzableiter" für unzufriedene Mitarbeiter anbietet. Nur in äußersten Notfällen können Sie es als Nummer eins riskieren, Ihren Stellvertreter zu „opfern", weil jemand die Verantwortung für eine Fehlentscheidung übernehmen muss. Denn möglicherweise hegt die neue Nummer zwei ganz andere Ambitionen und arbeitet darauf hin, sich selbst an die Spitze zu setzen.

Machen Sie den „Beta-Wolf" niemals zum Chef

Dies wäre übrigens das Schlimmste, was einem ideal besetzten „Beta-Männchen" widerfahren könnte: Dass es gezwungen ist, die Spitzenposition einzunehmen. Im Gegensatz zum frei lebenden Wolfsrudel geschieht das in menschlichen Organisationen sehr oft. Der langjährige Stellvertreter hat sich bewährt und wird nun mit der nächsthöheren Position belohnt. Die Führungsrolle liegt dem Stellvertreter aber gar nicht. Im günstigsten Fall gelingt es ihm, allmählich in die neue Rolle hineinzuwachsen. Doch häufig ist er überfordert. Dann versucht er, die fehlende Souveränität zu überspielen und gibt sich besonders autoritär und hart. In so einem Fall kann man nur darauf hoffen, dass er eine Nummer zwei hinter sich hat, die für Ausgleich sorgt und das strenge Regiment etwas abmildert. Das Beste wäre natürlich, wenn ein echtes „Beta-Männchen" (das in menschlichen Organisationen natürlich auch weiblich sein kann) auf seiner Position bleiben könnte, ohne befürchten zu müssen, an Macht und Einfluss zu verlieren.

Echte Verantwortung sorgt für bessere Führung

Bleibt zuletzt die Frage: Müssen Führungskräfte ständig den heißen Atem des Überlebenskampfs im Nacken spüren, damit sie nicht zum Tyrannen werden, so wie der Wolf im Zoo? Das wäre wohl ein Missverständnis. Es ist keineswegs so, dass sich unter harten Bedingungen automatisch ein kooperativer Führungsstil herausbildet. Nur wird der Niedergang eines Rudels mit einem Tyrannen an der Spitze stark beschleunigt. Im Zoo ist es hingegen gleichgültig, wie sich der Leitwolf benimmt. Es gibt auch genug zu fressen, ohne dass er für Konsens sorgen muss. Eigentlich ist der Leitwolf im Zoo auch machtlos, denn er hat keine echte Aufgabe mehr. Auf menschliche Verhältnisse übertragen heißt das: Führungskräfte ohne herausfordernde Aufgabe, die relativ unbehelligt agieren können, sind besonders gefährdet, einen tyrannischen Führungsstil zu entwickeln. Sie müssen stärker in die Verantwortung genommen werden, vor allem auch für das Arbeitsklima in ihrem Bereich. Davon abgesehen ist ein kooperativer Führungsstil nicht nur in Krisenzeiten, sondern unter ganz normalen Bedingungen das Sinnvollste.

Machtkämpfe unter Meerschweinchen

Themen: Führungsstärke, Hierarchien, Karriere, Macht, Statuskämpfe, Konflikte, Teambildung

Unter den Meerschweinchen gibt es ausgesprochene Kämpfernaturen, wahrhafte „Kampfschweine", die keiner Auseinandersetzung aus dem Weg gehen, um sich an die Spitze der Sippe zu setzen. Ihnen stehen äußerst konfliktscheue Artgenossen gegenüber, die von vornherein jede Konfrontation scheuen und widerstandslos das Feld räumen – auch wenn sie ihrem Gegner körperlich weit überlegen sind und dessen Nagezähnchen wirklich nicht fürchten müssten.

Konfliktscheue leben schlechter

Es handelt sich offenbar um eine Charakterfrage, die weniger mit Körperkraft, sondern viel mehr mit der persönlichkeitsprägenden Kraft von Hormonen zu tun hat. Mit dem entsprechenden Auftreten kann sich auch ein schwaches Meerschweinchen bis zum Rang des Alphatiers hochrempeln, während die harmoniesüchtigen Tiere, die Konflikte vermeiden, grundsätzlich ganz unten in der Hierarchie zu finden sind. Ihr mangelnder Ehrgeiz ist nicht einmal gesund, denn es sind nicht die pöbelnden Karrierekämpfer, die am stärksten unter Stress leiden, sondern die flauschigen Softies. Sie müssen den andern ausweichen und haben während der Statuskämpfe Angst vor jeder Begegnung mit dem rücksichtslosen Alphatier.

Es wäre jedoch voreilig, daraus den Schluss zu ziehen, ausgeprägtes Karrierestreben sei für die Tiere besonders gesund. Denn für die Kämpfernaturen ist die Welt nur solange in Ordnung, wie sie an der Spitze der Hierarchie stehen. Unter verschärften Wettbewerbsbedingungen sieht die Sache ganz anders aus: Karrieristen machen sich das Leben zur Hölle.

Setzen Sie eine Gruppe von zufällig ausgewählten Meerschweinchen in einen ausreichend großen Käfig, so bilden sie eine Rangordnung. Dies tun sie durch die angesprochenen Kämpfe und Ausweichmanöver. Jetzt werden die Stresshormone ausgeschüttet. Die konfliktscheuen Tiere durchleben eine Phase des Leidens, die im schlimmsten Fall sogar tödlich enden kann. Doch nach durchschnittlich vier Tagen ist der Stress erst einmal vorüber: Dann liegt die Hierarchie fest und wird auch nicht mehr geändert.

Bilden Sie hingegen eine Gruppe aus lauter machtbewussten Tieren, die nur eines im Kopf haben, nämlich zum Alphatier aufzusteigen, so folgt daraus nichts Gutes. Jeder kämpft gegen jeden und keiner will sich dauerhaft unterordnen. Nun muss man sagen, dass die Rangkämpfe unter Meerschweinchen nicht so blutig ablaufen wie bei anderen Tieren, weil sich die Tiere in Ermangelung scharfer Klauen und Reißzähne kaum ernsthaft verletzen. Das ist einerseits ein Vorteil, bringt aber den Nachteil mit sich, dass sich die Verlierer von gestern wieder hochrappeln, um heute Revanche zu üben. Es kommt zu keiner Entscheidung. Die gesundheitliche Belastung ist enorm. Und demjenigen, der an der Spitze steht, geht es gar nicht gut. Er ist meist der erste, der nach kurzer Zeit stirbt – an Herzversagen.

Soziale Kompetenz unter Meerschweinchen

Schließlich gibt es aber doch noch Ermutigendes aus der Welt der Meerschweinchen zu berichten. Sie können lernen, ihre Rangkämpfe auf relativ friedliche Art und Weise auszutragen. Am grundlegenden „Mechanismus“ ändert sich zwar nichts, doch gelingt es den Nagern, ihre Hierarchie ziemlich schnell und ohne große Belastungen für die beteiligten Tiere festzulegen. Voraussetzung ist, dass die Meerschweinchen in Gruppen aufgewachsen sind und dort die Regeln des Zusammenlebens gelernt haben. Solche „sozial kompetenten“ Tiere kann man bunt zusammenwürfeln, sie werden sich immer vergleichsweise zügig einigen. Bei ihren Artgenossen, die isoliert aufgewachsen sind, sieht das ganz anders aus. Sie sind nicht einmal in der Lage, eine stabile Hierarchie aufzubauen. Das Ergebnis ist ein einziges Durcheinander, eine nicht endende Stressphase. Diejenigen Gruppen, die aus sozial kompetenten Meerschweinchen bestehen, haben also ganz entschieden das Näschen vorn.

Tipps für die Führungspraxis

Weichen Sie einem Konflikt niemals aus

Lernen wir von den Meerschweinchen: Eine Führungskraft darf nicht konfliktscheu sein. Schon gar nicht in einer Phase, in der es darum geht, die Führungsrolle zu übernehmen. Ob es Ihnen gefällt oder nicht: Wenn Sie in eine Gruppe neu hineinkommen, werden die Mitglieder versuchen herauszufinden, wie stark Sie wirklich sind. Vor allem „Artgenossen" mit einem starken Dominanzstreben werden sich da hervortun und Ihnen auf den Zahn fühlen.

Achten Sie auf die „kleinen Gesten", die Sie herausfordern sollen

Das „Auf den Zahn fühlen" kann bereits an kleinen Gesten deutlich werden. Tritt jemand vor Ihnen durch die Tür, oder zündet sich jemand eine Zigarette an, ohne um Erlaubnis zu bitten, oder kommt jemand zu spät zur Besprechung, ohne sich zu entschuldigen, dann liegt darin eine Herausforderung, auf die Sie reagieren müssen, und zwar möglichst unaufgeregt und souverän. Lassen Sie erkennen, dass Sie die Herausforderung erkannt haben. In einzelnen Fällen müssen Sie auch Grenzen setzen und erklären, dass Sie das betreffende Verhalten nicht hinnehmen werden. Gegenüber einem Gruppenmitglied, das Sie herausfordert, dürfen Sie einem Konflikt nicht ausweichen. Sonst werden Sie in Zukunft kaum noch in der Lage sein, sich gegenüber diesem „Alpha-Mitarbeiter" Respekt zu verschaffen.

Ein bisschen Dominanz muss sein

Wie bei den Meerschweinchen gibt es auch bei den Mitgliedern einer Organisation erhebliche Unterschiede im Dominanzstreben. Für Sie als Führungskraft ist ein Mindestmaß davon unerlässlich, sonst bleiben Sie ohne Einfluss. Und dann tun die dominanten Mitarbeiter, was sie für richtig halten. Sie als „Chef" müssen aber den Kopf dafür hinhalten – und das ist für Sie gefährlich.

Stecken Sie nie zu viele dominante Mitarbeiter in ein Team

Bei der Teambildung sollten Sie unbedingt vermeiden, dass zu viele dominante Mitglieder zusammenkommen. Vielleicht unterläuft Ihnen dieser Fehler in der besten Absicht, nur die High Performer zu versammeln. So etwas kann nicht gut gehen. Die Arbeitsfähigkeit der Gruppe wird stark eingeschränkt durch die ständigen Positionskämpfe der Mitglieder, die alle den Kurs bestimmen wollen. Mehrere dominante Personen können überhaupt nur dann gut zusammenarbeiten, wenn jeder seinen eigenen Bereich bekommt, in dem er eigenverantwortlich wirken darf.

Teams ohne „Alpha-Tiere" bleiben orientierungslos

Aber natürlich gibt es auch das umgekehrte Problem. Teams, die aus lauter konfliktscheuen Mitarbeitern bestehen, kommen ebenfalls nicht voran. In solchen Teams herrscht Orientierungslosigkeit und Lethargie. Vorschläge werden zerredet, Entscheidungen aufgeschoben, und kommt tatsächlich ein Ergebnis zustande, so genügt ein Windstoß, um das Ganze in sich zusammenfallen zu lassen. Denn niemand ist bereit, das gemeinsame Ergebnis zu verteidigen. Hier fehlt also jemand, der die Impulse setzt, der die Verantwortung an sich zieht und Dampf macht.

Soziale Kompetenz führt zu rascher Hierarchiebildung

Im Idealfall besteht ein Team aus einer ausgewogenen Mischung von dominanten und weniger dominanten Charakteren, die sich gegenseitig respektieren. Denn Dominanz bedeutet nicht in jedem Fall Rücksichtslosigkeit und Durchsetzen auf Biegen und Brechen. Sie sollte sozial gemildert sein, sonst wird sie schnell destruktiv. Dominanz im Verbund mit sozialer Kompetenz kann in einer gemischten Gruppe sehr positiv wirken, die Hierarchiebildung stark beschleunigen und erträglich machen.

Gerade in hierarchiefreien Gruppen gibt es Statuskämpfe

Eine schnelle, schmerzlose Hierarchiebildung ist ein großer Vorteil, auch und gerade in vermeintlich „hierarchiefreien" Gruppen und Organisationen. Weil dort die Positionen nicht formalisiert und von vornherein festgelegt sind, müssen sie nämlich mehr oder minder subtil erkämpft werden. Und weil sich niemand auf seinen einmal erstrittenen Rang verlassen kann, ist es jederzeit möglich, diese inoffiziellen Hierarchien zu kippen. Dann entsteht ein ähnlich unerträglicher Zustand wie bei den Meerschweinchen, die keine stabilen Hierarchien ausbilden können. Soziale Kompetenz zeigt sich eben auch darin, sich rasch auf bestimmte Rollen und Positionen zu einigen, sie zu akzeptieren und dann zur eigentlichen Arbeit überzugehen.

Konfliktmanagement in der Affenhorde

Themen: Hierarchien, Konfliktmanagement, Rituale, Betriebsklima, Mediation

In einer Affenhorde gibt es immer wieder Auseinandersetzungen, um Nahrung, Paarung oder gesellschaftlichen Aufstieg. Manchmal kommen Streitigkeiten aber auch ohne (für einen menschlichen Affenforscher) erkennbaren Anlass vor. Bis zu einem gewissen Grade sind diese Konflikte durchaus nützlich, denn sie klären auf der einen Seite die Verhältnisse und sorgen auf der anderen Seite für eine gewisse soziale Durchlässigkeit. Doch bergen sie auch große Gefahren. Eine zerstrittene Affenhorde hat in der Wildnis keine Überlebenschance. Und so überrascht es nicht, dass die Affen verschiedene Methoden entwickelt haben, Konflikte zu schlichten.

Häufig zu beobachten: In der Affenhorde legt das Umfeld den Rivalen nahe, ihren Streit beizulegen. Darüber hinaus stehen die Gegner unter Beobachtung ihrer Hordengenossen. Wenn einzelne Mitglieder dann noch vermittelnd eingreifen, um die Gegner zu versöhnen, ist der soziale Druck außerordentlich stark. Die Horde signalisiert: Wir wollen nicht, dass ihr euch streitet.

Was Versöhnungsrituale bewirken

Die Rivalen müssen sich versöhnen, das ist die entscheidende Voraussetzung, damit der Konflikt nicht noch einmal aufflammt. Der erste Schritt ist in der Regel, dass der Unterlegene eine Unterwerfungsgeste vollführt. Schimpansen etwa legen sich flach auf den Boden und präsentieren ihr Hinterteil, woraufhin der Sieger über seinen Rivalen hinweg schreitet. Damit sind die Verhältnisse geklärt. Anschließend versöhnen sich die beiden, indem sie einander groomen, das heißt, sich gegenseitig das Fell pflegen. Damit ist der Streit beigelegt.

Das Groomen hat eine ungeheuer wichtige Funktion. Auch Affen, die sich nicht streiten, widmen sich intensiv der gegenseitigen Fellpflege, um ihre Beziehungen zueinander zu festigen. Im Laufe der Evolution hat das Groomen übrigens immer mehr zugenommen. Unsere Vorfahren sollen ihre Hordenmitglieder ständig gegroomt haben. Manche Anthropologen glauben, dass die Sprache schließlich an die Stelle des Groomens getreten ist. Statt sich das Fell zu säubern, das ohnehin immer dünner wurde, fing man an, miteinander zu reden, um zu signalisieren: Wir gehören zusammen. Das ist wohl bis heute so geblieben.

Die Horde fördert die Versöhnung

Liegen zwei Affen miteinander im Streit, so wirken die anderen Hordenmitglieder darauf hin, dass die beiden sich versöhnen. Manchmal machen sie es sehr diskret wie die jungen Affen, die um die Streithähne herumstreifen, sie beobachten und es kaum erwarten können, bis die beiden ihren Streit beilegen. Ist das geschehen, kreischen die jungen Affen vor Begeisterung und springen den Rivalen übermütig auf die Schultern. Es ist eine Art von Applaus: Na, endlich habt ihr es geschafft!

Doch gibt es durchaus auch den Fall, dass sich ein Hordenmitglied direkt einmischt, um die Streitenden miteinander zu versöhnen. Im Normalfall handelt es sich um einen ranghöheren Affen. Schließlich hat der die besten Aussichten, sich Respekt zu verschaffen. Und vielleicht steigt mit dem höheren Rang auch die Verantwortung gegenüber der gesamten Horde.

Schimpansenweibchen stiften Frieden

Manchmal greifen auch die Weibchen ein. Bislang wurde das allerdings nur bei unseren nächsten Verwandten, den Schimpansen, beobachtet. Doch deren Deeskalationsstrategie ist schon bemerkenswert, wie der Primatologe Frans de Waal berichtet. Gelingt es den männlichen Schimpansen nicht, sich nach einer Auseinandersetzung wieder zu versöhnen, so sitzen sie ein paar Meter voneinander entfernt da, als warteten sie darauf, dass der andere den ersten Schritt unternimmt. Sie vermeiden jeden Blickkontakt miteinander und fühlen sich sichtlich unbehaglich.

In solchen Situationen ergreift hin und wieder ein Weibchen die Initiative und führt die beiden Rivalen zusammen. Sie pirscht sich erst an den einen, dann an den anderen heran und zieht sie mit sich, bis beide in Reichweite von einander Platz nehmen. Sodann sorgt sie dafür, dass die beiden Männchen beginnen, sie zu groomen. Nach einer Weile erhebt sie sich unauffällig und verschwindet. Die Männchen groomen nun sich, und zwar sehr engagiert und unter lautem Schnaufen.

Doch das ist noch nicht alles. Frans de Waal berichtet von einem lang anhaltenden Konflikt zwischen den Schimpansenmännchen Nikkie und dem Alpha-Männchen Yeroen. Der Chef hatte Nikkie vor allen anderen gedemütigt, weshalb dieser nun auf Rache sann. Er griff nach einem großen Stein, versteckte ihn hinter seinem Rücken und machte sich auf die Suche nach Yeroen. Dies beobachtete das ranghöchste Weibchen Oma. Sie trat auf Nikkie zu und nahm ihm in aller Ruhe den Stein aus der Hand. Der ließ es ohne Widerstand geschehen. Vielleicht ahnte er, dass er fast einen schrecklichen Fehler gemacht hätte.

Langurenmännchen schreiten sofort ein

Es gibt auch den umgekehrten Fall, dass Männchen die Rolle des Friedensstifters bei Streitigkeit zwischen Weibchen übernehmen. Der chinesische Affenforscher Ren Mei Ren von der Universität Peking hat eine Kolonie von Languren untersucht. Diese schlanken Affen mit langem Schwanz leben in Gemeinschaften von drei- bis vierhundert Exemplaren zusammen. Die Männchen sind fast doppelt so groß wie die Weibchen. Geraten zwei Weibchen aneinander, greift ein Männchen sofort ein. Es zieht die Streitenden auseinander, stellt sich zwischen sie und wirkt besänftigend auf die Rivalinnen ein. Er schaut sie milde an und krault ihnen den Rücken. Unter solchen Umständen ist es einfach nicht möglich, die Auseinandersetzung fortzusetzen. Als ein Männchen erkrankte und von der Gruppe zeitweilig getrennt werden musste, beobachtete Ren eine starke Zunahme der Keilereien zwischen den Weibchen. Als das Männchen zurückkehrte, entspannte sich die Lage wieder.

Lernen von den Bärenmakaken

Nun muss man wissen, dass die Fähigkeit, Konflikte zu schlichten und miteinander Frieden zu schließen, unter den Affenarten unterschiedlich entwickelt ist. Je stärker es auf den Zusammenhalt der Gruppe in der Wildnis ankommt, desto versöhnlicher verhalten sich die Tiere. Die absoluten Spitzenreiter sind die Bonobos, die Zwergschimpansen, die noch ein wenig enger mit uns verwandt sind als die „gewöhnlichen" Schimpansen.

Doch waren es die gleichfalls sehr friedfertigen Bärenmakaken, die in einem Experiment sogar erzieherisch auf andere Affen einwirkten. Wie Frans de Waal berichtet, wurden einige Rhesusaffen, die von ihren Müttern getrennt aufgewachsen waren, mit den sanften Bärenmakaken zusammengebracht. Nun sind Rhesusaffen schon von Haus aus weniger darin geübt, sich zu versöhnen, die isoliert aufgewachsenen Exemplare waren es erst recht nicht.

Bärenmakaken sind Rhesusaffen trotz ihrer Sanftmut körperlich überlegen. Und sie sind hartnäckig. Wurden sie von den Rhesusaffen angeknurrt, ließen sie sich davon nicht im Geringsten beirren, sondern blieben friedlich. Für die Rhesusaffen war es wohl die erste Erfahrung mit ranghöheren Gefährten, die ihre Stellung nicht mit Gewalt behaupteten. Der bemerkenswerte Effekt: Nachdem sie eine Zeitlang mit den Bärenmakaken zusammengelebt hatten, fiel es den Rhesusaffen leichter, sich miteinander zu versöhnen. Dabei übernahmen sie keineswegs die Verhaltensmuster der Makaken, sondern versöhnten sich auf ihre Art und Weise. Sie blieben ganz und gar Rhesusaffen, nur waren sie wesentlich friedfertiger geworden.

Tipps für die Führungspraxis

Professionelles Konfliktmanagement lohnt sich

Konflikte beeinträchtigen die Arbeitsfähigkeit einer Organisation. Insoweit sollte jede Organisation an einem professionellen Konfliktmanagement interessiert sein. Ziel ist es, Konflikte möglichst rasch beizulegen, was keinesfalls bedeutet, sie unter den Tisch zu kehren. Im Gegenteil, Konflikte müssen ausgetragen und geklärt werden, sonst schwelen sie weiter. Das Ergebnis des Klärungsprozesses müssen beide Konfliktparteien akzeptieren. Konkurrenzkämpfe dürfen nicht ausufern.

Das Betriebsklima hilft Konflikte zu entschärfen

So wie das Umfeld in einer Affenhorde den Rivalen nahe legt, den Streit beizulegen, kann auch das betriebliche Umfeld einer Organisation erheblich dazu beitragen, dass Konflikte nicht ausufern – ganz einfach weil sie nicht geduldet werden. Daher sollten Sie als Führungskraft für ein gutes Betriebsklima sorgen. Sie können niemanden dazu zwingen, sich zu vertragen – aber können die Voraussetzungen dafür schaffen.

Mischen Sie sich ein

Als Führungskraft haben Sie eine besondere Verantwortung dafür, dass Konflikte beigelegt werden. Sie können sich einmischen und die Kontrahenten auffordern, zu einer einvernehmlichen Lösung zu kommen. Aber eines können Sie nicht: Den Konflikt für die Beteiligten lösen. Das ist ein weit verbreiteter Fehler, der dafür sorgt, dass die Konflikte weiter schwelen. Eine akzeptable Lösung kann nur von den Konfliktparteien selbst kommen.

Unterbinden Sie unfaire Angriffe

Hin und wieder werden Sie hinnehmen müssen, dass sich ein Konflikt etwas hinzieht. Aber eines sollten Sie nicht dulden: Dass die Kontrahenten zu unfairen Mitteln greifen und „mit dem Stein von hinten" anrücken. Hier müssen Sie einschreiten. Sie sollten dabei nicht entscheiden, wer Schuld hat, sondern unmissverständlich klarstellen, dass nichts einen unfairen Angriff rechtfertigt.

Schalten Sie einen Mediator ein

Häufig sind Konflikte so verfahren, dass die Kontrahenten alleine ihren Streit nicht mehr beilegen können. Wenn Sie selbst Konfliktpartei sind oder Sorge haben, nicht ganz neutral zu erscheinen, dann ist es sinnvoll, einen Außenstehenden einzuschalten, einen Schlichter oder Mediator, der beiden Seiten hilft, zu einer Lösung zu kommen.

Am Ende des Konflikts steht immer die Versöhnung

Die Forschungen von Frans de Waal haben auch die Wahrnehmung menschlicher Konflikte verändert. Die Psychologen sind darauf aufmerksam geworden, was für eine große Bedeutung Versöhnungsrituale haben. Es genügt nicht, den Konflikt verbal beizulegen. Das muss zwar auch sein, um nämlich den Konflikt zu klären und abzustimmen, wie man in Zukunft miteinander auskommen will. Doch dann muss sich eine versöhnliche Geste anschließen. Das kann ein bloßer Handschlag sein oder auch ein gemeinschaftliches Mittagessen. Entscheidend ist, dass sich dieses Versöhnungsritual möglichst unmittelbar an das Ende der „Kampfhandlungen“ anschließt.

Erfahrung führt – Management in der Elefantenherde

Themen: Erfahrung, Wissensmanagement, Nachfolge

Unter den zahlreichen Spitzenpositionen, die im Tierreich zu vergeben sind, ist die Stelle der Leitkuh in einer Elefantenherde eine der anspruchsvollsten. Ganz richtig, Leitkuh und nicht Leitbulle, denn die Elefantenherde wird von einem Weibchen geführt. Die Elefantenbullen gehen getrennte Wege und treffen sich mit den Kühen nur zur Paarung. Zwar schließen sich auch die Bullen zu mehreren zusammen, doch sind das Gruppen, Männergruppen sozusagen, und keine Herden, denn es fehlt selbstredend der Nachwuchs.

Das phänomenale Ortsgedächtnis der Leitkuh

Eine Elefantenkuh muss ihre Herde über Tausende von Kilometern durch den afrikanischen Busch, die Steppe und Savanne führen. Sie muss wissen, wo Nahrung zu finden ist, vor allem aber muss sie die Wasserstellen im Gedächtnis behalten. Die Wasserstellen aber haben die unangenehme Eigenschaft, hin und wieder auszutrocknen, vor allem in Dürrezeiten. Dann muss die Leitkuh wissen, wo die nächste viel versprechende Wasserstelle ist. Das kann mehrere hundert Kilometer entfernt sein. Die Herde auf dem kürzesten Weg dort hinzuführen, ist eine äußerst schwierige Aufgabe.

Die Landschaft bietet wenig Orientierungshilfe. Menschen würden sich hier nach wenigen Stunden verlaufen. Es kommt hinzu, dass die Herde vor allem nachts wandert, bis zu 80 Kilometer nonstop durch die Dunkelheit. Wenn der Mond nicht scheint, ist es stockfinster und die Elefanten orientieren sich nur durch ihren feinen Geruchssinn und ihr Gehör. Wenn Sie daran denken, wie flüchtig und veränderlich Gerüche und Klänge sind, dann können Sie ermessen, was das für eine ungeheure Leistung ist.

Führung ohne Rivalität

Tatsächlich ist das ausschlaggebende Kriterium für die Besetzung der Führungsposition Lebenserfahrung. Anders gesagt, die Herde wird in aller Regel von der ältesten Elefantenkuh geführt. Sie verfügt über den reichhaltigsten Erfahrungsschatz. Auf ihr Wissen ist die Herde dringend angewiesen, um zu überleben.

Zu den angenehmen Folgen einer solchen Konstellation gehört die völlige Abwesenheit von Dominanzgehabe oder Konkurrenzkämpfen. Während in einer Pavianhorde jedes Tierchen nur darauf lauert, dass sein ranghöherer Rivale ein Zeichen von Schwäche zeigt, um ihn zu entthronen, gibt es so etwas bei den Elefanten nicht. Es wurde schon einmal eine Leitkuh gesichtet, die vollkommen erblindet war und von ihren Begleiterinnen gewarnt wurde, sobald sie im Begriff stand, gegen einen Felsen oder ins Gestrüpp zu laufen. Die allgemeine Marschrichtung gab hingegen immer noch sie an. Niemand machte ihr diese Position streitig.

Führungspersönlichkeit gesucht

Doch dieses sanfte Führungsmodell hat auch eine Kehrseite: Wenn die Leitkuh stirbt, steht niemand bereit, die Führung zu übernehmen. Die anrührenden Berichte über die Elefanten, die sich um ihre tote Leitkuh scharen und Trauerarbeit leisten, dürfen nicht darüber hinwegtäuschen: Hier wurde nicht rechtzeitig eine Nachfolgeregelung getroffen. Über Wochen kann die Herde mehr oder weniger lahm gelegt werden, ehe sich eine der nächstälteren Elefantenkühe erbarmt und die Stelle der Leitkuh antritt.

Elefanten sind vergleichsweise friedliche Tiere, die sich von Blättern und Ästen ernähren und keine natürlichen Feinde haben – außer dem Menschen, der sie bis an den Rand des Aussterbens bejagt hat, weil er aus ihren Stoßzähnen Essstäbchen, Schachfiguren und Klaviertasten machen wollte. Unglücklicherweise konzentrieren sich die Großwildjäger meist auf das größte Tier der Herde. Weil Elefanten ihr Leben lang wachsen, ist das in der Regel die Leitkuh oder bei den Männchen der Leitbulle.

Die Folgen können verheerend sein. Entweder schließt sich die orientierungslose Gruppe einer anderen Herde an, was für den überraschenden Effekt sorgt, dass die Herden trotz der Elefantenjagd immer größer werden. Oder aber ein jüngeres Tier übernimmt die Führung. Solche Herden finden sich nicht so gut zurecht; vor allem aber sind sie häufig wesentlich aggressiver. Es sind zwei Fälle überliefert, in denen die Elefanten die Menschen regelrecht terrorisierten, über Jahrzehnte hinweg. Sicher mag dazu auch der Umstand beigetragen haben, dass die Elefanten nicht vergessen haben, welche Spezies denn ihre Artgenossen getötet hat. Doch sind es interessanterweise immer Gruppen von besonders jungen Tieren, die übermäßig aggressiv werden.

Tipps für die Führungspraxis

Erfahrung ist eine wertvolle Ressource

In Zeiten des Wandels hat Erfahrung keinen hohen Stellenwert. Im Gegenteil, in der Boomphase der New Economy galt Erfahrung als ausgesprochen nachteilig, als regelrechte Innovationsbremse. Das hat sich etwas geändert, und doch verzichten viele Unternehmen lieber auf erfahrenes Personal. Wenn in zahlreichen Betrieben kein Mitarbeiter älter als 50 Jahre ist, dann fehlt dort ein Gutteil Erfahrung, die dem Unternehmen zugute kommen könnte. Im Fachwissen mag die Innovation so schnell voranschreiten, dass die Älteren da nicht mehr mitkommen. Doch im Umgang mit Menschen nehmen unsere Fähigkeiten mit fortschreitendem Alter eher zu. Wir werden souveräner, gelassener und sicherer in unserem Urteil.

Erfahrung baut Vertrauen auf

Es ist kein Zufall, dass es in einer Elefantenherde gerade die ältesten Tiere sind, die alle anderen durch das schwierige Gelände führen. In kritischen Situationen schenken die Elefanten ihrer Führungskraft geradezu blindes Vertrauen. Zu Recht, denn Vertrauen gründet sich auf Erfahrung. Ähnlich im Unternehmen: Wer sich über lange Zeit bewährt hat, der zeigt wie kein anderer, dass er unser Vertrauen verdient.

Erfahrene Vorgesetzte führen sanft

In manchen Organisationen herrscht ein ähnliches Betriebsklima wie in der Elefantenherde. Die Aufgabe steht im Vordergrund; die Vorgesetzten leiten ihre Mitarbeiter an, sie briefen sie eher, als ihnen strikte Anweisungen zu erteilen. Sie geben ihnen Orientierung und Halt. Dafür erwarten sie Verlässlichkeit und ein gewisses Maß an „Folgsamkeit". Karrierebewusste Mitarbeiter werden ausgebremst. Sie bleiben aber ohnehin nicht lange in so einer Organisation – es sei denn, sie können erreichen, dass die „Leitkuh" in den Ruhestand geschickt wird.

Bauen Sie rechtzeitig einen Nachfolger auf

Das Beispiel der Elefantenherde führt uns schließlich vor Augen, wie wichtig es ist, rechtzeitig einen Nachfolger aufzubauen und sich nach und nach zurückzuziehen. Im Unterschied zur Elefantenherde, in der die Leitkuh bis zuletzt die Führungsrolle innehat, ist der Übergang im Unternehmen planbar. Nutzen Sie die Zeit. Eine Elefantenherde mag sich vielleicht eine Zeitlang ohne Führung halten können, bei einem Unternehmen ist das nicht der Fall.

Hackordnung im Hühnerhof

Themen: Hierarchien, Karriere, Mitarbeiterführung

Hühnern sagt man nach, dass sie in einer streng hierarchisierten Gesellschaft leben. Mit dem Hahn an der Spitze bis hinunter zum ärmsten Huhn, auf dem alle herumhacken dürfen. Das ist das Prinzip der Hackordnung. Allerdings ist das Hacken nicht so sehr die Belohnung für eine hohe Stellung als vielmehr das Mittel, um die Hierarchie festzulegen.

Die steilstmögliche Hierarchie

Die Küken sind gerade erst vor drei Wochen aus dem Ei geschlüpft, da fangen sie auch schon an, aufeinander einzuhacken. Zunächst sieht das alles sehr spielerisch aus, doch schon in diesem Stadium werden die Startplätze für das Leben vergeben. Schwächere Küken weichen zurück, und wenn sie das oft genug tun, finden sie sich nach kurzer Zeit am Ende der Hackordnung wieder. Doch auch wer sich zu behaupten weiß, muss sich seinen Rang gegenüber den anderen erkämpfen. Sind die Hühnchen dreieinhalb Monate alt, liegt die

Hackordnung im Wesentlichen fest. Mehr Hierarchie geht nicht – jedes Hühnchen sitzt auf einer eigenen Hierarchieebene.

Nun hat diese rigide Ordnung zumindest einen Vorteil: Sie vereinfacht den täglichen Umgang miteinander. Es ist vollkommen klar, wer als Erster fressen darf, wer den besten Schlafplatz und das beste Legenest bekommt und wer mit dem beliebten Staubbaden beginnen darf: das ranghöchste Huhn. Dann folgt Nummer zwei, darauf Nummer drei und so weiter. Vielleicht meinen Sie, im Hühnerhof gelte das Recht des oder vielmehr der Stärkeren. Doch so ganz stimmt das nicht. Denn die Hackordnung verhindert ja gerade, dass um jedes Körnchen neu gekämpft werden muss. Ein Huhn muss nicht ständig kampfbereit durch die Gegend laufen, sondern kann sich im Allgemeinen auf die Einhaltung der Hackordnung verlassen.

Wer nach oben will, muss hacken

Und doch gibt es immer wieder Situationen, da begehren Hühner – oder auch Hähne – den sozialen Aufstieg. Als junges Huhn oder als Neuling fängt man im Allgemeinen ganz unten an, wobei es Neulinge ganz besonders schwer haben. Gegen sie richtet sich oftmals die geballte Gruppenaggression, so dass die armen Hühner wenig Neigung haben, sich um eine gehobene Position unter den Hennen zu bewerben. Doch irgendwann kommt ihre Zeit und sie fordern eine ranghöhere Henne heraus, im Allgemeinen diejenige, die bis dahin die niedrigste Position eingenommen hat. Dann wird gekämpft. Geht die neue Henne als Siegerin aus dem Kampf hervor, verdrängt sie die alte von ihrem Platz.

So ein Sieg ist jedoch keine Kleinigkeit, denn Hühner sind ausgesprochen statusbewusste Tiere, die alles tun, um ihren Rang zu behaupten. Auch altersschwache Hühner, die kaum noch Nahrung aufnehmen, nehmen jeden Kampf an, wenn ein rangniederes Federvieh sie herausfordert. Der Platz in der Hackordnung entscheidet schließlich über alles: wo jemand schläft, wo jemand brütet, wie viel jemand in den Schnabel bekommt.

Auch Hähne müssen sich nach oben kämpfen

An der Spitze der Hierarchie steht in der Regel der Hahn. Er ist für zehn bis zwanzig Hennen zuständig, stolziert über den Hühnerhof und verteidigt den Auslauf seiner Hennen. Lässt sich in seinem Revier ein anderer Hahn blicken bedroht er ihn. Weicht der Eindringling nicht zurück, kommt es zum Hahnenkampf. Hahnenkämpfe werden mit großer Härte geführt – immerhin geht es um die Spitzenposition und die Verantwortung für den Hühnerstall.

Interessanterweise muss sich der Hahn seine Spitzenstellung auch gegenüber den Hennen erst erkämpfen, zumindest wenn er als Junghahn im Hühnerhof Karriere macht. Die „Hennenkämpfe" besteht er zwischen dem zweiten und vierten Lebensmonat. Dabei greift er unvermittelt, meist morgens, einzelne Althennen an. Einige davon kapitulieren sofort, andere lassen sich auf den Kampf ein und manche besiegen den Newcomer sogar. Dann kann er die nächste Stufe auf der Karriereleiter erst ein wenig später nehmen, wenn er stark genug ist, auch diese Henne zu besiegen.

Früher oder später wird es der Hahn schon an die Spitze schaffen (sofern kein zweiter Hahn auftaucht), denn Hähne sind den Hennen körperlich weit überlegen – sofern sie einer Rasse sind. Doch einige Hühnerzüchter kombinieren unterschiedliche Hühnerrassen; und da kann es vorkommen, dass eine kräftige Henne einem Zwerghahn sehr stark zusetzt. Allerdings lassen Hähne nichts unversucht, um schließlich doch an die Spitze ihres Harems zu kommen.

Gruppen kapseln sich gegeneinander ab

Hühner legen eine Hackordnung schon fest, wenn sie nur zu dritt sind. Mehr als zwölf bis zwanzig Artgenossen vermag ein Huhn nicht einzuordnen. Doch dies ist schon eine beachtliche Leistung, denn immerhin müssen die Hühner das Aussehen jedes Mitglieds ihrer Gruppe im Kopf haben, einschließlich des aktuellen Stands der Hackordnung. Dabei orientieren sich die Hühner an Kamm, Schnabel und „Gesicht" ihrer Artgenossen. Daran erkennen sie die Angehörigen ihrer Gruppe wieder. Als Verhaltensforscher einmal eine ranghohe Henne auf einem Bauernhof mit einem Farbzeichen auf dem Kamm kennzeichneten, erkannten die anderen sie nicht wieder. Eine rangniedere Henne hackte ihr sofort auf den Kopf. Die anderen fielen ebenfalls über sie her, und sie wäre getötet worden, wenn die Forscher die Markierung nicht entfernt hätten.

Übersteigt die Anzahl der Hühner die kritische Grenze, dann bilden sich Gruppen, die sich gegeneinander abkapseln. Das zeigte sich, als man Tausende von Hühnern in riesige Ställe zusammenbrachte, um ihnen „mehr Auslauf" zu verschaffen. Das Resultat war das genaue Gegenteil: Gruppen von zehn bis zwanzig Hühnern scharten sich umeinander und bewegten sich nicht vom Fleck.

Tipps für die Führungspraxis

Eine bestehende Hackordnung können Sie nicht ignorieren

Ob es uns gefällt oder nicht, in vielen Organisationen existieren mehr oder minder ausgeprägte Hackordnungen, die von der offiziellen Hierarchie durchaus abweichen können. Das Entscheidende ist: Die Hackordnung existiert in den Köpfen. Als Führungskraft kommen nicht ohne weiteres dagegen an. Sie werden in solchen Organisationen daran gemessen, inwieweit es Ihnen gelingt, Ihre Position zu behaupten – oder gar zum „Hahn" aufzusteigen. Das heißt, wann immer Sie herausgefordert werden, müssen Sie den „Hahnenkampf" aufnehmen. Doch geht es nicht nur um Ihre Position; auch die Mitarbeiter, in deren Köpfen die Hackordnung fest verankert ist, werden alles, was Sie tun und entscheiden, danach bemessen, was das jetzt für die geltende Hackordnung bedeutet – vor allem wenn Sie der leitende Hahn sind.

Wer neu dazukommt, fängt ganz unten an – oder ganz oben

In vielen Gruppen lässt sich beobachten, dass es Neulinge erst einmal schwer haben. Häufig werden sie als Bedrohung empfunden, was zur Folge hat, dass sie ignoriert und ausgegrenzt werden. Allerdings lässt dieser Effekt im Laufe der Zeit deutlich nach. Wer sich eine gewisse Zeitspanne über bewährt, bekommt seine Chance. Insbesondere wenn mittlerweile andere nachgerückt sind, die nun als Newcomer ganz unten anfangen. Allerdings gibt es auch die Möglichkeit, von Anfang an ganz oben zu stehen. Wenn es Ihnen nämlich gelingt, den bisherigen Leithahn vom Hof zu jagen.

Sorgen Sie für überschaubare Verhältnisse

Nicht nur die Hühner mögen überschaubare Verhältnisse und vertraute Gesichter. Manche Verhaltensforscher sind überzeugt, dass wir rein stammesgeschichtlich gar nicht in der Lage sind, eine sehr große

Gruppe von Mitarbeitern zu überblicken. Demnach orientieren wir uns noch immer an der Gruppengröße der Jäger- und Sammlergesellschaften. Mit anderen Worten: So weit sind wir von den Hühnern gar nicht entfernt. Wer überblickt denn wirklich eine Gruppe von zwanzig Individuen? Und jenseits davon wird es noch um vieles schwieriger.

Führen Sie Ihre Organisation möglichst in Einheiten, die nicht größer sind als zwanzig Individuen. Denn wenn es unübersichtlich wird, dann orientieren wir uns an dem Bereich, den wir gerade noch überblicken, sehen den Rest der Gruppe nicht – und bewegen uns im Übrigen nicht von der Stelle.

Mitarbeiterorientierung bei den Zwergmungos

Themen: Hierarchien, Mitarbeiterführung, Betriebsklima, Kooperation, Zusammenhalt, soziale Absicherung, Unternehmensethik

Mungos gehören zu den Landraubtieren, genauer zu den „katzenartigen" Raubtieren. Sie haben etwas Ähnlichkeit mit einem Marder und werden in Indien gerne als Haustier gehalten, denn sie jagen fast alles, was man nicht so gerne in der Wohnung hat: Käfer, Kakerlaken, Ratten, Mäuse und vor allem Schlangen. Sie schrecken nicht einmal vor giftigen Kobras zurück, eine Beute, die naturgemäß nicht leicht zu erlegen ist. Wenn Mungos mit Schlangen kämpfen, dann sträubt sich ihr Fell so stark, dass sie fast doppelt so groß erscheinen wie zuvor. Beißen die Schlangen zu, so erwischen sie oft nur das Fell. Weil dieser Effekt lange Zeit unbeachtet blieb, hat man geglaubt, Mungos seien gegen Schlangengift unempfindlich. Doch das stimmt nicht. Zwar können sie eine stärkere Dosis davon vertragen als andere Tiere, doch ist das eine Sache der Abhärtung. Die jungen Tiere müssen erst einmal den einen oder anderen Biss davontragen, ehe ihr Körper eine gewisse Resistenz gegen das Gift aufbaut.

Karriere im Matriarchat

Mungos gibt es nicht nur in Indien, sondern auch in Afrika. Dort, inmitten des Kontinents, in der kargen Dornbuschsteppe hausen die Zwergmungos. Sie leben in Gruppen von fünf bis 28 Tieren zusammen. Das ranghöchste Tier ist das Alpha-Weibchen, ihr Männchen belegt mit deutlichem Abstand die zweite Position und muss sich in allen wesentlichen Fragen des Mungolebens fügen. Dann folgen ihre Kinder, wobei die jüngsten am höchsten in der Hierarchie stehen. Daraus ergibt sich die etwas trübe Aussicht, dass man als Mungobaby die höchste Position innehat und dann nur noch zurückgestuft wird. Das Leben wird immer härter, die Aufgaben immer fordernder. Alle älteren Geschwister, auch die erwachsenen, müssen für die Kleinen sorgen und dürfen selbst erst einmal keinen Nachwuchs in die Welt setzen.

Bei solchen Karriereaussichten ist es nicht verwunderlich, dass innerhalb der Mungosippe Rangkämpfe praktisch unbekannt sind. Und das sorgt für ein entspanntes, ja geradezu harmonisches Zusammenleben. So rabiat sie gegenüber anderen Tieren sind, so fest halten die Zwergmungos zusammen. Für Raubtiere haben sie eine wirklich bemerkenswerte soziale Orientierung. Hätten die Mungos ein „Mission-Statement“ formuliert, so fänden sich darin solche Sätze wie: „Wir wissen, dass wir unseren Erfolg vor allem unseren Mitarbeitern verdanken. Ohne das Engagement jedes einzelnen Zwergmungos wären wir nicht dort, wo wir heute sind. Um unsere Position auch in Zukunft zu behaupten und auszubauen, fördern und schützen wir unsere Mitarbeiter stärker als jede andere Tierart in der Steppe.“

Krankenpflege für alle

Ausdruck dieser Wertschätzung ist der Umgang mit erkrankten Artgenossen. Manche Tierarten neigen hier ja unter dem allgemeinen Wettbewerbsdruck zu einem etwas hartherzigen Vorgehen. Kranke oder verwundete Tiere verbrauchen wertvolle Ressourcen und gefährden mit ihren Versorgungsansprüchen das Überleben der gesamten Gruppe, also werden sie im Zweifel lieber ausgestoßen. Nicht so bei den Zwergmungos. Wer erkrankt, der wird nicht etwa verstoßen oder degradiert, vielmehr kommt er in den Genuss von einzigartigen Sozialleistungen. Auch Tiere, die zuvor einen niedrigen Rang eingenommen haben, können nun in Ruhe fressen und werden von keinem ranghöheren Tier mehr verjagt. Bei den Schlafplätzen bekommen die kranken Zwergmungos die sichersten zugewiesen. Das bedeutet, sie schlafen in unmittelbarer Nähe des Alpha-Weibchens, was selbstredend nichts mit Paarung oder Beischlaf zu tun hat. Man hat beobachtet, dass die kranken Tiere bis zu ihrem Tod aufwändig gepflegt werden.

Die Wissenschaftler haben verschiedene Vermutungen angestellt, um dieses selbstlose und unter den harten Lebensbedingungen ja auch „unökonomische“ Verhalten zu erklären. Könnte es sich um ein umgeleitetes Brutpflegeverhalten handeln? Eine Art von kollektivem Mutterinstinkt, der immer dann ausgelöst wird, wenn ein Mitglied hilflos wird? Die Forscher haben diese Erklärungen wieder verworfen, denn Brut- und Krankenpflege laufen völlig unterschiedlich ab. Es gibt nur eine plausible Erklärung: Die Krankenpflege lohnt sich für die Zwergmungos, denn sie können auf keinen verzichten.

Der riskante Dienst als Wachtposten

Die Zwergmungos jagen nicht nur viele unterschiedliche Tiere, sie selbst sind ebenfalls eine beliebte Beute vieler Raubtiere, etwa von Hyänen, Raubvögeln, Waranen, Skorpionen und Giftschlangen. Für die Sippe ist es daher überlebenswichtig, vor Angriffen rechtzeitig gewarnt zu werden. Diese verantwortungsvolle Aufgabe übernimmt ein Wachtposten, der sich selbst in große Gefahr begibt. Sobald ein Angriff erfolgt, schlägt er lautstark Alarm. Das ist etwa dreißig Mal am Tag der Fall. Jedes Mal riskiert der Wächter dabei Kopf und Kragen, denn er macht den Angreifer auf sich aufmerksam, um die anderen zu schützen. Zwei Drittel aller Zwergmungos, die von Feinden erlegt werden, sind solche Wachtposten. Erschwert wird die Situation dadurch, dass der Wächter kein Futter suchen kann, während sich die anderen ungestört den Bauch voll schlagen.

Damit die Gruppenmitglieder wirklich sicher sein können, dass keine Gefahr droht und nicht etwa der Wachtposten erwürgt auf seinem Posten liegt, gibt er ständig zwitschernde Laute von sich, die den andern signalisieren: keine Gefahr. Diese Einrichtung ist in der Natur weit verbreitet, die Verhaltensforscher haben sie „Nachtwächters Lied“ genannt. So lange gezwitschert wird, ist alles in Ordnung.

Doch zurück zum Wächteramt. Es bietet bei Licht besehen nur Nachteile. Und von einer gerechten Verteilung kann überhaupt keine Rede sein. Das Alpha-Pärchen schiebt niemals Wache, und auch die Weibchen übernehmen eher selten dieses Amt. In neun von zehn Fällen schieben rangniedere Männchen den Wachdienst. Interessanterweise gibt es niemanden, der sie dazu einteilt, sie übernehmen diese Aufgabe freiwillig. Die Tierforscherin Anne Rasa vom Max Planck Institut vermutet, dass dabei eine Art „Ehrenkodex“ greift. „Wenn du auf Wache bist, bleib auf Wache, bis dich jemand ablöst." Mit Befolgung dieser simplen, aber wirksamen Regel erhöhen die männlichen Underdogs ihr Ansehen.

Je kleiner die Sippe ist, umso mörderischer wird der Wachdienst, Anerkennung hin oder her. Und damit schließt sich der Kreis. Die Mungos können tatsächlich auf niemanden verzichten. Denn je größer die Sippe ist, umso komfortabler sind die Lebensumstände für den Einzelnen.

Tipps für die Führungspraxis

Im beruflichen Alltag lässt sich nicht jede Gruppe nach dem Prinzip der Zwergmungos organisieren, denn eine dermaßen spezifische und ungewöhnliche Führungskultur müsste sich erst einmal in den Köpfen der Mitarbeiter festsetzen. Und doch gibt es vielleicht die eine oder andere Anregung, die Sie aufgreifen können.

Schaffen Sie „faire Hierarchien"

Welches Unternehmen würde heute qualifizierte Mitarbeiter finden, wenn es ihnen eröffnet: Hier steigen Sie in der Hierarchie nicht auf, sondern ab? In einer Zwergmungo-Organisation kann das funktionieren, weil die Hierarchie unterhalb des Alpha-Pärchens Ausdruck einer bestimmten „Wertehaltung" ist. Dass Babys beim Futter und bei der Wahl der Schlafplätze bevorzugt werden, entspricht dem, was man in der Diskussion um Unternehmensethik „shared values" nennt. Die Zwergmungos teilen die Einstellung, dass es sinnvoll und fair ist, die Jüngeren besser zu behandeln und den Älteren, Stärkeren mehr Pflichten aufzubürden. Vor diesem Hintergrund sind auch Konkurrenz- und Statuskämpfe sinnlos. Niemand will nach oben und niemand kann nach oben gelangen, indem er sich dominant verhält. Eine direkte Übertragung auf menschliche Verhältnisse ist sicherlich schwierig. Aber zumindest macht Sie das Zwergmungo-Modell auf einen wichtigen Aspekt aufmerksam: Die Organisation profitiert davon, wenn ihre Mitglieder die Hierarchie als fair empfinden und ihre Werte teilen.

Es verbessert das Betriebsklima, wenn jeder gebraucht wird

Die Zwergmungos können es sich gar nicht leisten, gegeneinander zu konkurrieren. Damit die Gruppe überlebt, muss jeder sein Bestes geben und auf seine angestammten Privilegien (Futter, Schlafplatz) verzichten. Jeder ist gefordert, sich nach seinen Möglichkeiten anzustrengen. Die Gruppe kann auf keinen verzichten. So etwas schweißt natürlich zusammen. Die gemeinsame Aufgabe rückt in den Vordergrund; Egoismus wirkt unmittelbar tödlich. Darüber hinaus wird jeder eingebunden und hat keine überschüssigen Energien zu Verfügung, die er dafür einsetzen könnte, seinen Artgenossen das Leben schwer zu machen.

Setzen Sie auf das Ehrgefühl Ihrer Mitarbeiter

Welche Gründe haben Mitarbeiter, sich über das erforderliche Maß hinaus zu engagieren? Höhere Bezahlung? Bessere Karriereaussichten? Das wohl auch, doch ein Motiv, das uns (und nicht nur die Wache schiebenden Mungos) zu außerordentlichen Leistungen antreibt, ist das persönliche Ehrgefühl. Menschen sind vielleicht egoistisch und materialistisch, doch sie sind es nicht gern. Viel lieber wollen sie „gut“ sein, wie schon der griechische Philosoph Platon wusste. Und das lässt sich gerade nicht mit Geld bezahlen, sondern nur mit Anerkennung.

Soziale Sicherheit bindet Mitarbeiter an das Unternehmen

Keine Frage, Organisationen, die soziale Sicherheit bieten, sind attraktiv und erzeugen eine hohe Bindewirkung. Das Problem dabei ist nur, dass manche Mitarbeiter gar nicht so eng an das Unternehmen gebunden werden sollen. In erster Linie solche, die an der sozialen Sicherheit ein vordringliches Interesse haben, weil sie nämlich in absehbarer Zeit zu „Leistungsempfängern“ werden. Nun wollen wir hier keine sozialethische Diskussion lostreten. Im Zusammenhang mit den Zwergmungos geht es nur darum, den Zusammenhang zu erkennen: Ein Unternehmen, das gegenüber seinen Mitarbeitern soziale Verantwortung zeigt, kann mit besonderer Loyalität rechnen. Auf der anderen Seite bricht das System sofort zusammen, wenn es überlastet wird. Die Gruppe kann sich nur dann aufopfernd um kranke „Zwergmungos“ kümmern, weil die Einzelfälle bleiben.

Bienen- und Affenstress

Themen: Stress, Konflikte, Mobbing, Teambildung, Hierarchie

Stress gilt als ausgesprochen moderne Erscheinung, als eine Art Zivilisationskrankheit, die vor allem Menschen befällt, an die hohe Anforderungen gestellt werden, zum Beispiel Führungskräfte oder Studenten vor der Abschlussprüfung. Doch auch viele Tiere leiden unter Stress: Hunde, Katzen, Affen, Hühner, ja sogar Bienen können auf ihre Weise äußerst gestresst sein – vor allem wenn sie ins Visier von Insektenforschern geraten. So fingen Wissenschaftler von der Universität von Kalifornien in Los Angeles Bienen ein, die gerade eine Blüte besucht hatten, und sperrten sie einzeln in Gazekäfige, in die sie ein Schälchen mit Honig gestellt hatten. Keine von den Bienen kümmerte sich um den Honig, sondern sie schwirrten wild umher. Nach zwei Stunden waren sie tot. In ihrem Blut entdeckte man eine hohe Konzentration von Stresshormonen.

Das Signal, bis zum Äußersten zu gehen

Diese Hormone haben durchaus ihren Sinn: Sie mobilisieren die letzten Kraftreserven und sorgen dafür, dass die Biene ihre ganze Energie darauf richtet, aus dem Käfig herauszukommen. Gelingt dies nicht, dann bringt der Stress das Insekt in kurzer Zeit um. Nun könnte man natürlich fragen, wo der tiefere Sinn dieses biologischen Selbstzerstörungsprogramms liegt. Warum „macht sich" die Biene bloß „den ganzen Stress"? Es wäre für sie zweifellos „vernünftiger", gelassen zu bleiben, sich an ihre Schale setzen und Honig saugen, anstatt sinnlos ihre Kräfte zu vergeuden (s. Faultierstrategie, S. 238). Doch das ist die Perspektive von außen. Entscheidend ist, welche Signale bei der Biene ankommen. Und da ist die Wahrnehmung nicht: Ich bin eingeschlossen und habe eine Schale Honig vor mir, sondern: Es besteht höchste Gefahr! Setze alle Kräfte ein, um diese Situation zu beenden.

Tupajas im Dauerstress

Nur in extremen Fällen wirkt der Stress jedoch unmittelbar tödlich. Häufiger haben wir es mit einer anderen Form zu tun, nämlich dem Dauerstress, der allerdings nicht weniger verheerende Folgen haben kann. In Ostasien lebt eine Halbaffenart, die Tupajas oder Spitzhörnchen, die als besonders geeignete

Studienobjekte der Stressforschung gelten, weil man bei ihnen sofort sehen kann, wenn sie gestresst sind. Dann sträuben sie nämlich die Schwanzhaare ihres sonst eher glatten Schwanzes so, dass er aussieht wie eine Flaschenbürste.

Nun gibt es für die Tupajas relativ häufig Anlass, in Stress zu geraten. Die Tiere leben paarweise oder als kleine Familien zusammen in einem Revier, das sie mit einer Duftmarke für ihre Artgenossen markiert haben. Die Tupajas besuchen einander in ihren Revieren, doch sobald Nachwuchs da ist, sind die erwachsenen Artgenossen nicht mehr willkommen. Taucht einer auf, sträuben sich die Stresshaare. Für die jungen Tupajas gilt das übrigens nicht, die dürfen sich überall herumtreiben, bis sie erwachsen werden. Doch auch die Jungtiere kennen Stress, nämlich wenn sich ihre Eltern streiten. Kommt das häufiger vor, so leiden sie darunter und wachsen langsamer.

Weglaufen, wenn der Sieger kommt

Der schlimmste Stressfaktor ist allerdings, wenn ein Tupaja einem ranghöheren Tier begegnet, das ihn früher einmal in einem Kampf besiegt hat. Dabei sind die Kämpfe selbst alles andere als grausam, in der Regel sind sie unblutig und nach wenigen Minuten beendet. Und doch: Der Anblick eines ranghöheren Tiers ist für einen Tupaja nicht lange zu ertragen. Er vermeidet ihn und läuft einfach davon. Nun ist das allerdings nicht immer möglich, schon gar nicht unter Laborbedingungen. Man hat die Reaktionen der Spitzhörnchen akribisch untersucht und erschreckende Ergebnisse gefunden: Wird eine bestimmte Toleranzgrenze nur ein wenig überschritten, drehen die Tiere langsam durch: Die Muttertiere fangen an, ihren eigenen Nachwuchs zu fressen und verhalten sich auch sonst höchst merkwürdig. Wird der Stress noch stärker, so setzt eine massive körperliche Reaktion ein: Ungeborene Kinder lösen sich im Körper ihrer Mutter vollständig auf. Ihr Leben wird buchstäblich ausgelöscht. Und das alles nur, weil sich ein ranghöheres Tier in ihrer Nähe befindet, das eigentlich keine reale Gefahr für sie bedeutet.

Lernblockaden bei Pavianen

Auch bei anderen Tieren kann die bloße Anwesenheit eines unliebsamen Artgenossen für hohen Stress sorgen. Beispielsweise bei den Pavianen, einem gleichfalls sehr beliebten Studienobjekt der Stressforschung. Schon eine geringe Dosis dieser Art von Stress kann die geistige Leistungsfähigkeit eines

Affen dramatisch abstürzen lassen, wie das Beispiel des jungen Pavianmännchens Fips zeigt.

Im Forschungslabor des französischen Zoologen Jean-Claude Fady war Fips so etwas wie ein hochbegabter Musterschüler. Auch vertrackte Aufgaben löste er ohne Mühe. Dann setzte man ihm eines Tages Hugo in den Käfig, einen eher einfach strukturierten Charakter mit viel Muskelmasse. Es kam, wie es kommen musste, der stumpfe Hugo verprügelte die kleine Intelligenzbestie. Die Wärter trennten die beiden daraufhin und sperrten Hugo in den Nachbarkäfig. Die Paviane waren nun durch Gitterstäbe voneinander getrennt. Am nächsten Tag wurden sie wieder einem Intelligenztest unterzogen. Das Ergebnis: Fips versagte vollkommen und schnitt noch schlechter ab als der nicht eben brillante Hugo. Er litt nämlich massiv unter Stress: Die bloße Anwesenheit des Schlägers genügte, um ihn geistig förmlich lahm zu legen, oder sagen wir genauer: Die Tatsache, dass der andere ihn beobachten konnte. Denn die Testergebnisse änderten sich schlagartig zum Besseren, sobald die Forscher eine Gardine zwischen den Käfigen zuzogen. Aus den Augen, aus dem Sinn, das gilt eben auch für Paviane. Sobald der Vorhang wieder zurückgezogen wurde, fiel Fips wieder auf das niedrige Niveau zurück. Ohne Sichtschutz war er also nicht in der Lage sich abzuschirmen und sich auf die Aufgaben zu konzentrieren.

Stress hat viele Ursachen

Warum sprechen wir in diesem Zusammenhang eigentlich von Stress und nicht von Angst? Stress hat tatsächlich sehr viel mit Angst zu tun, aber es gibt noch weitere Ursachen für Stress: Überlastung, Überreizung, Überforderung oder die Erfahrung, wenig bewirken zu können („high demand – low impact" im Vokabular der Stressforscher). Die körperliche Reaktion ist in allen Fällen gleich, nämlich die Ausschüttung von Stresshormonen. Dem Körper wird signalisiert: Kämpfe oder verschwinde so schnell wie möglich von hier! Beende die aktuelle Situation! Alle Energien werden auf diese Angriff-oder-Flucht-Instruktion hin ausgerichtet. Der Verstand wird blockiert. Wer unter Stress steht, kann also nicht nachdenken.

Stress ist ein Schutzmechanismus, eine Art Notbremse. Und wie das bei Notbremsen häufig so ist: Wer dennoch weiterfährt, wird schwer bestraft. Beim Stress wird nun nicht das Weiterfahren bestraft, sondern das Untätigbleiben.

Wer sich der Situation nicht entziehen kann, der erleidet schwere, oftmals bleibende Schäden. In diesem Sinn ist der Stress tatsächlich ein Mechanismus zur Selbstzerstörung. Bei Mensch und Tier wirkt sich das nicht selten verheerend aus, weil gerade diejenigen, die einer äußeren Gefahr hilflos ausgeliefert sind, noch zusätzlich „von innen" bestraft werden.

Soforthilfe Bewegung

Dabei geht es an der Wurzel tatsächlich um körperliche Bewegung, wie einige Experimente an Ratten gezeigt haben, die uns vielleicht etwas schaurig erscheinen mögen, deren Ergebnisse deshalb aber nicht falsch sind. An der New Yorker Rockefeller Universität ließ der Stressforscher Jay M. Weiss die Tiere in enge Käfige sperren und setzte sie durch Stromschläge sehr unangenehmen Stresserlebnissen aus. Während ein Teil der Tiere diese Tortur mehr oder minder regungslos über sich ergehen lassen mussten, konnten andere zumindest mit ihren Vorderbeinen über eine Art Hamsterrad Laufbewegungen vollführen. Das überraschende Ergebnis: Obwohl die Bewegung völlig ins Leere lief, fiel die Stressbelastung bei den Ratten, die auf der Stelle liefen, wesentlich geringer aus. Nach Erkenntnissen von Professor Weiss ging sie um zwei Drittel zurück. Wenn Sie also im Büro häufiger Stress haben, dann sollten Sie unter Ihrem Schreibtisch vielleicht ein Laufband installieren lassen ...

Tipps für die Führungspraxis

Stress mobilisiert keine Kräfte, er lähmt sie

Es stimmt schon: Mitarbeiter sollen gefordert werden. Herausragende Leistungen entstehen nicht in einem Klima von Sattheit und Selbstzufriedenheit. Ein bisschen Angst spielt immer mit hinein, wenn sich Menschen richtig ins Zeug legen und „über sich hinauswachsen". Erst in der Krise spüren wir, wie stark wir wirklich sind, welche verborgenen Energien wir mobilisieren können, während allzu große Sicherheit niemanden zu Höchstleistungen anspornt, sondern allenfalls das Anspruchsdenken fördert. Und gemäß dem Prinzip der Überkompensation (s. S. 41) wissen wir, dass wir uns anstrengen müssen, wenn unsere Kräfte wirklich wachsen sollen.

Also liegt es nahe, ein bisschen Ungemütlichkeit, ein bisschen Krise zur Dauereinrichtung zu machen: Druck aufbauen, hohe Ansprüche stellen, interne Konkurrenz fördern und darauf vertrauen, dass sich die wirklichen Leistungsträger dabei schon „durchbeißen“ werden. Niemanden zur Ruhe kommen lassen und dafür sorgen, dass die Leute immer in Bewegung bleiben, ist jedoch sehr riskant. Sobald Sie den Bogen nur ein wenig überspannen, erreichen Sie nämlich das Gegenteil von dem, was Sie wollen.

Warum Mitarbeiter vortäuschen, gestresst zu sein

In einem vergleichsweise günstigen Fall setzen die Mitarbeiter einer solchen Führungskraft die Kräfte der Selbstorganisation entgegen (s. Abschnitt „Von Mäusen und Maschinen – die Logik lebender Systeme“, S. 23). Sie verwenden einen Teil ihrer Energie darauf, produktive Unruhe vorzutäuschen, und gehen im Übrigen ihrer Arbeit nach. Besonders virtuose Organisationen produzieren eine Art von „rasendem Stillstand“, wo hinter lauter Änderungsprozessen die Tatsache verborgen bleibt, dass sich nicht das Geringste ändert. Im Innern des Tornados herrscht Windstille.

Wer Stress bewusst herbeiführt, handelt fahrlässig

Weit gefährlicher wird die Sache jedoch, wenn sich Stress in Ihre Organisation einfrisst. Zur Klarstellung: Damit meinen wir nicht jene Anspannung, die sich einstellt, wenn man etwas Wichtiges zu tun hat. „Ich bin momentan im Stress“, sagen viele und geben damit zu erkennen, dass sie sehr beschäftigt sind und keine Zeit für andere Dinge haben. In diesem Sinne kann es tatsächlich den „guten Stress“ geben, auch das Kribbeln im Bauch, die nervöse Unruhe vor einem großen Ereignis gehört dazu.

Echter Stress ist jedoch etwas anderes. Er stellt sich ein bei ständiger Überforderung, wenn man sich bedroht fühlt, aber weder angreifen noch fliehen kann. Dieser Stress ist immer negativ, gesundheitsschädlich, ja zerstörerisch. Diesen Stress sollten Sie ohne Wenn und Aber verhindern, bei sich selbst und bei Ihren Mitarbeitern, für Sie Verantwortung tragen. Führungskräfte, die diese Art von Stress bewusst herbeiführen, um ihre Mitarbeiter zu motivieren, handeln verantwortungslos. Sie stärken nicht deren Leistungsfähigkeit, sie höhlen sie vielmehr aus. Und damit schaden sie ganz massiv auch dem Unternehmen, für das sie arbeiten.

Trennen Sie Mitarbeiter, die sich stressen

Wie bei den Pavianen kann auch bei uns Menschen Stress durch die bloße Anwesenheit bestimmter Artgenossen entstehen, die uns nicht wohl gesonnen sind (oder die in der Hierarchie weit über uns stehen). Das sollten Sie wissen, bevor Sie zwei Mitarbeiter in ein Team stecken, die ein massives Problem miteinander haben. Gerade sehr leistungsfähigen Mitarbeitern können Sie durch so eine Entscheidung regelrecht die Energie abdrehen. Ratschläge wie „Locker bleiben!“ oder „Ach, kümmern Sie sich einfach nicht um den!“ gehen völlig an dem Problem vorbei. Ihr Mitarbeiter ist einfach nicht arbeitsfähig, solange sich die andere Person mit ihm in einem Raum befindet. Das kann übrigens auch Auswirkungen auf die Raumaufteilung im Büro haben. Arbeitet Ihr Mitarbeiter Schreibtisch an Schreibtisch mit seinem „Stressauslöser“, dann spielt es keine Rolle, ob beide völlig unterschiedliche Aufgabenbereiche zu betreuen und eigentlich nichts miteinander zu tun haben. In so einem Fall kann es tatsächlich schon viel bewirken, wenn Sie die beiden – denken Sie an Fips und Hugo – durch einen Sichtschutz trennen.

Auch Gruppen können in „sozialen Stress“ geraten

Bereits die Anwesenheit einer einzigen Person kann eine ganze Gruppe arbeitsunfähig machen. Entweder weil diese Person einer höheren Hierarchieebene angehört oder weil sie auf andere Weise die Teilnehmer einschüchtert, etwa durch abfällige Bemerkungen oder Intrigen. In beiden Fällen wird es schwierig sein, die Arbeitsfähigkeit wieder herzustellen, ohne dass die betreffende Person die Gruppe verlässt.

Die Anwesenheit des Chefs kann Mitarbeiter blockieren

Wenn die höhere Hierarchieebene die Ursache ist, stößt eine solche Maßnahme vielfach auf Unverständnis, denn die Person selbst kann ja eigentlich nichts dafür, dass sie die Gruppe blockiert. Vielleicht ist sie sogar bemüht, das Eis zu brechen und gibt sich betont locker-kollegial. Doch dadurch kann sich die Situation eher noch verschlimmern. Wenn Sie selbst als Führungskraft in eine solche Lage geraten, sollten Sie nicht zögern, die Gruppe zumindest zeitweise ohne Ihre Anwesenheit arbeiten zu lassen. Es genügt nicht, wenn Sie sich zurückhalten und beteuern: „Ich sage gar nichts." Verlassen Sie den Raum. Sie werden verblüfft sein, wie schnell sich eine Blockade lösen kann.

Erste Hilfe: Verschaffen Sie sich Bewegung!

In der unmittelbaren Reaktion auf Stress sollten Sie bemüht sein sich zu bewegen. Laufen ist ein ausgezeichnetes Mittel, um Stress abzubauen – allerdings nur wenn es kurz nach dem Stresserlebnis stattfindet. Wer nach der Arbeit joggen geht, kann hier im Allgemeinen nur noch wenig ausrichten. Wenn Sie hingegen unmittelbar nach einem Stresserlebnis zügig die Büroflure auf- und abgehen oder statt des Fahrstuhls die Treppe nehmen, wirkt das entlastend. Manche begeben sich auch auf die Toilette und vollführen dort hinter verschlossener Tür wilde Grimassen. Wenn Ihnen das albern erscheint, denken Sie einfach an die Ratten von Jay M. Weiss, die ihre Stressbelastung durch bloße Scheinbewegungen um zwei Drittel reduzieren konnten.

Interview mit Alexander Kacelnik: Entscheiden nach der Natur

Der gebürtige Argentinier Alexander Kacelnik ist Professor für Verhaltensökologie an der Zoologischen Fakultät der renommierten Oxford Universität. Zusammen mit zwei seiner Kollegen, Professor Sir John R. Krebs und Dr. Edward W. Mitchell, hat er die Unternehmensberatung ORRA (Oxford Risk Research and Analysis) gegründet. Zu den Kunden von ORRA gehören große Unternehmen der Ölindustrie, der pharmazeutischen Industrie und der Versicherungsbranche. Ziel ist es, das Risiko- und Entscheidungsmanagement der betreffenden Unternehmen zu analysieren, kritische Stellen zu identifizieren und die Strukturen den Unternehmenszielen anzupassen. Als Zoologe hat sich Kacelnik nicht nur mit den Entscheidungsstrategien von Krähen, Staren, Blattschneiderameisen und vielen anderen Organismen beschäftigt, sondern auch mit übergeordneten Fragen der Psychologie, Ökologie und der Evolution. Nähere Informationen zu Professor Kacelnik und zu ORRA finden Sie im Internet unter www.orra.com (Übersetzung des Interviews aus dem Englischen: Matthias Nöllke).

Was können wir von den Tieren lernen? Vor allem in Hinblick auf unsere Entscheidungsfindung?

Kacelnik: „Jedes Tier und, ich sollte auch sagen, jede Pflanze trifft ständig Entscheidungen. Sie wählen unter einer Vielzahl von Möglichkeiten aus. Wie diese Auswahl abläuft, das hat die natürliche Selektion in vielen Millionen Jahren ausgeformt. Sie hat die Gehirne der Organismen und ihre ganze Physiologie so gestaltet, dass sie unter den gegebenen Umständen das Beste für sich erreichen. Wenn wir uns also ansehen, was sie tatsächlich tun, können wir herausfinden, welche Prozesse das sind, durch die sie sich den größten Vorteil verschaffen.

Tiere lösen sehr komplexe Probleme: Wie sie wachsen, wie viel Nachwuchs sie in die Welt setzen, wie sie einen Fortpflanzungspartner auswählen, zu welcher Jahreszeit sie zu einer Wanderung aufbrechen, in welcher Richtung und so weiter. Ein wichtiger Punkt ist: Sie wissen nicht, warum sie es tun, und sie kennen auch nicht die Vorgeschichte, die zu dieser Problemlösung geführt hat.

Die Evolution hat sie einfach dazu gebracht, Handlungen zu bevorzugen, die ihnen nützen. Auf dieser Grundlage erhalten wir allein durch das Verhaltensstudium der Tiere eine Anzahl erfolgreicher Techniken. Damit können wir die Entscheidungen von Organismen untersuchen, die uns nicht sagen können, wie sie die Dinge tun und was sie mit ihrem Tun bezwecken.

> ***„Menschen ist in vielen Fällen unklar, was sie erreichen wollen."***

Dann können wir diese Methode, diese Form der Analyse auf die Art und Weise übertragen, wie Menschen vorgehen. Und überraschenderweise stellen Sie fest, dass den Menschen in vielen Fällen ebenfalls unklar ist, was sie mit ihrem Tun erreichen wollen. Aber sie benutzen ja ebenfalls Gehirne, die durch die natürliche Selektion geformt worden sind. Das lässt sie Entscheidungen treffen, bei denen sie nicht genau wissen, was sie mit ihrem Verhalten tatsächlich bewirken. In ihrem Alltagsleben nehmen das die Leute im Allgemeinen hin, aber sie übersehen, dass das im Geschäftsleben häufig auch der Fall ist. Auf diese Weise entgehen ihnen viele Gelegenheiten."

Können Sie uns dafür ein Beispiel geben? Aus dem Tierreich oder ganz allgemein aus der Natur?

Kacelnik: „In vielen Fällen hängt die beste Entscheidung für einen Organismus davon ab, was die anderen Organismen tun. Zum Beispiel richtet sich eine Pflanze, die Samen produziert, in ihrem Verhalten ganz danach aus, was die anderen Pflanzen, die mit ihren Nachkommen konkurrieren werden, tun werden. Das gleiche trifft auch für Vögel zu, die Nachwuchs in die Welt setzen. Sie könnten eine große Anzahl von Nachkommen produzieren, aber dann müssen sie die Nahrung zwischen ihnen aufteilen, so dass jedes Küken ein wenig schwach ist. Oder sie könnten wenige produzieren, die dann aber sehr stark machen könnten. Was hier die beste Lösung ist, hängt davon ab, wie sich die anderen verhalten. So bringt die Evolution kontinuierlich Tiere und Pflanzen hervor, die nicht nur das Richtige tun, sondern dabei in Betracht ziehen, dass ihre Entscheidungen nicht unabhängig davon sind, was sonst geschieht.

Bei ökonomischen Entscheidungen ist das ganz ähnlich. Es hat zum Beispiel keinen Sinn, danach zu fragen, welche famose Entscheidung eine bestimmte Führungskraft getroffen hat, weil es dem Unternehmen jetzt gut geht. Denn was zählt, das ist, was die anderen Marktteilnehmer denken, was sie kaufen und verkaufen. Kurz gesagt, die Entscheidungssysteme, die die natürliche Selektion für Organismen entwickelt hat, ähneln sehr stark dem, was Menschen tun sollten, um ihre wirtschaftlichen Projekte in den Griff zu bekommen.

> ***„Unsere Gehirne sind nicht dazu gemacht, Wahrscheinlichkeiten zu vergleichen."***

Weil wir uns aber häufig nicht darüber im Klaren sind, dass wir dieselben Gehirne benutzen, die dazu gemacht sind, Entscheidungen zu treffen, an die wir biologisch angepasst sind, täuschen wir uns oft. Wir glauben nicht unseren Berechnungen, die wir aus unseren ökonomischen Theorien übernehmen. Wir treffen weiterhin Entscheidungen aus dem Bauch, die suboptimal sein können.

Zum Beispiel fällt es Tieren und auch uns Menschen sehr schwer, die Wahrscheinlichkeit eines Ereignisses mit dessen ‚Signifikanz' überein zu bringen, also der Wichtigkeit, die es für uns hat. Wenn ich Ihnen sage, dass ein Atomkraftwerk nur mit einer sehr geringen Wahrscheinlichkeit explodieren wird, wird Sie das dennoch beunruhigen. Denn die Folgen sind so überwältigend, dass die geringste Wahrscheinlichkeit dazu ausreicht. Auf der anderen Seite könnte ein kleiner Unfall mit einer weit höheren Wahrscheinlichkeit eine ähnlich große Bedrohung darstellen. Aber wir können das nicht angemessen miteinander vergleichen, weil unsere Gehirne für diese Aufgabe einfach nicht gemacht sind.

Häufig treffen wir dann eine Fehlentscheidung, auch wenn wir die Alternativen klar vor Augen haben, denn wir können diese Dinge nicht richtig einschätzen. Wir neigen dazu, vertraute Ereignisse eher zu akzeptieren. Wir halten sie für weniger kostspielig oder weniger gefährlich als Ereignisse, die sehr selten auftreten.

„Wenn sich die Umwelt ändert, folgen Tiere noch immer ihrem vertrauten Muster."

Bei den Tieren verhält es sich so, dass sie sich in einer bestimmten Umwelt entwickeln und sehr gut darin werden, die auftretenden Probleme im Wettbewerb miteinander zu lösen. Aber dann verändert sich die Umwelt, und eine Zeitlang verhalten sie sich nach ihrem vertrauten Muster, das unter den neuen Bedingungen nicht die beste Lösung darstellt. Aber sie haben keine andere Möglichkeit, als sich in Millionen von Jahren oder wenigstens in Tausenden von Generationen an die neuen Bedingungen anzupassen.

Das Umfeld für die wirtschaftlichen Entscheidungen, die wir heute treffen müssen, hat sich erst in den letzten paar hundert Jahren herausgebildet. Aber unser Gehirn geht damit um, als würde es sich um die altvertrauten Probleme handeln, denn genau dafür ist es gemacht. Mit diesem Gehirn werden Entscheidungen getroffen, die erheblichen Konsequenzen für den Wert eines Unternehmens haben können. Und wir versuchen zu verstehen, wann unsere

Art der Entscheidungsfindung zu Verzerrungen führt, die tatsächlich einen wirtschaftlichen Verlust bewirken können."

Wie arbeiten Sie mit Ihren Kunden? Erklären Sie das Verhalten der Tiere? Oder ist das nur ein Modell für Sie, das Sie im Hinterkopf haben?

Kacelnik: „Eine Sache, die wir gelernt haben: Es genügt nicht, die Leute zu fragen, was sie erreichen wollen. Genauso wichtig ist es, sich anzuschauen, was sie tatsächlich tun, wenn sie in einer Simulation entscheiden müssen. Als Zoologen sind wir es gewohnt, mit Organismen zu arbeiten, die uns nicht erzählen können, was sie wollen. Und deshalb haben wir gelernt darauf zu achten, wie sie sich tatsächlich verhalten.

Wir fragen die Leute also zum Beispiel, wie viel Risiko das Unternehmen eingehen sollte. Sollte Ihr Unternehmen eher auf Wachstum setzen oder auf eine gleich bleibende Leistung? Wie viel Unsicherheit halten Sie für akzeptabel? Was möchten Sie erreichen? Die Leute erzählen uns dann etwas. Aber dann setzen wir sie simulierten Entscheidungsprozessen aus. Die haben wir als Computerprogramm vorbereitet, darin werden einige typische Situationen simuliert. Und wir haben herausgefunden, dass es einen Unterschied gibt zwischen dem, was die Leute zu tun glauben, und was sie tatsächlich tun – wenn sie sich in einer solchen Situation befinden.

„Das Management verlässt sich auf sein Bauchgefühl."

Im Grunde halten sie sich bei ihren Entscheidungen an ihr ‚Bauchgefühl'. Häufig überschätzen sie ihre Fähigkeit, genau zu unterscheiden oder sie unterschätzen ihre Angst Risiken zu tragen. In vielen Fällen entscheiden die Unternehmen auf höchster Ebene, dass sie ein gewisses Risiko übernehmen wollen, um etwa ihr kurzfristiges Wachstum zu verstärken oder ihren Gewinn kurzfristig zu erhöhen. Wenn jedoch jeder Einzelne für sich die Entscheidung treffen soll, dann geht die Risikobereitschaft zurück, denn niemand möchte sich selbst diesen Risiken aussetzen.

Damit richten wir uns vor allem an das Topmanagement. Wir machen es darauf aufmerksam, dass es einen Unterschied gibt zwischen ihren Absichten und den Entscheidungen, die sie tatsächlich treffen.

Wir arbeiten aber nicht nur mit Einzelpersonen. In anderen Fällen beschäftigen wir uns damit, wie Gruppen entscheiden. Tatsächlich ist es ein weit verbreitetes Phänomen, dass Menschen allein eine andere Entscheidung treffen als zu zweit, zu dritt oder zu viert. Dann richten sie ihr Urteil nämlich am Gruppendurchschnitt aus. In vielen Fällen bedeutet das, dass man sich eine Gelegenheit entgehen lässt, denn Gruppen sind sehr oft risikoscheuer als Einzelpersonen."

Haben Sie eine Erklärung dafür, dass Gruppen nicht so risikofreudig sind?

Kacelnik: „In vielen Fällen sind sie risikoscheuer. In einigen anderen Fällen kann auch das Gegenteil geschehen. Was aber immer zutrifft, ist, dass die Entscheidungen, die von Gruppen getroffen werden, von denen abweichen, die jede Einzelperson treffen würde. Denn die Dynamik einer Gruppe ist immer vorhanden, keine Einzelperson will sich mit einer entlegenen Meinung davon abheben. Dadurch bleiben aber manche Fähigkeiten ungenutzt, die Leute spielen im Grunde immer ein Gruppenspiel. In vielen Fällen ist das auch gut so. Denn Gruppen können manchmal effektiver urteilen als Individuen. Aber worauf es uns ankommt, das ist, dass den Leuten bewusst wird, was sie tun.

> ***„Wir machen etwas Ähnliches wie die Psychoanalyse. Wir machen das Unbewusste bewusst."***

Wir treffen niemals Entscheidungen für unsere Kunden. Wir sagen ihnen nicht: Sie müssen dies oder das tun. Wir fragen sie, was sie gerne tun möchten. Und dann finden wir heraus, in welcher Weise wir die Entscheidungsprozesse anpassen können, damit sie erreichen, was sie bewusst wollen. Wir machen einfach nur das Unbewusste bewusst. Für das ganze Unternehmen.

Wir machen im Grunde etwas Ähnliches, was die Psychoanalyse für Individuen anstrebt. Doch arbeiten wir auf der Basis von experimentellen Techniken, die entwickelt wurden, um das Verhalten von den unterschiedlichsten Organismen zu untersuchen, einschließlich des Menschen, sollte ich hinzufügen. Mit einem Spiel, dem so genannten ‚Vertrauensspiel', haben wir zum Beispiel vor einigen Jahren untersucht, wie die Leute ihre Entscheidungen treffen. Dabei werden die Testpersonen mit verschiedenen Situationen konfrontiert, in denen sie entscheiden müssen, ob sie selbst die Entscheidung treffen oder sich auf einen Partner verlassen. Um den Entscheidungsprozess zu verbessern und bessere Optionen für die ganze Gruppe herauszuholen.

Wir haben die Leute gefragt, wie sie vorgehen möchten. Und dann haben wir es damit verglichen, was sie tatsächlich getan haben. Wir haben herausgefunden, dass viele Faktoren ihre Wahl beeinflusst haben, ohne dass es den Leuten bewusst war. Zum Beispiel haben die Leute sehr stark darauf reagiert, ob jemand gelächelt hat oder nicht. Das ist zwar nicht allzu überraschend. Denn wir wissen intuitiv, dass man einem lächelnden Menschen mehr vertraut. Aber uns ist nicht bewusst, dass dieses Detail unsere Entscheidungen derartig beeinflusst. Auch extrem wichtige Entscheidungen. Denn die Menschen sind sich nicht darüber im Klaren, dass sie ihrer eigenen Psychologie viel eher folgen als einem mathematisch Modell, von dem sie annehmen, dass sie es anwenden."

Wahrnehmung und Kommunikation

Auf den folgenden Seiten kommen mehrere Themen zur Sprache, die alle in irgendeiner Weise mit Informationsverarbeitung zu tun haben. Zunächst beschäftigen wir uns ganz grundlegend mit der Art und Weise, wie Mikroorganismen ihre Umwelt wahrnehmen und was das mit Ihrer Unternehmensstrategie zu tun hat. Sie lernen die Art und Weise kennen, in der sich Fledermäuse zurechtfinden und wie Sie in der Anwendung vergleichbarer Prinzipien Ihre Überzeugungskraft verbessern. Hunde besitzen eine „analytische Nase" und verfügen damit über eine Fähigkeit, die auch für Führungskräfte interessant sein könnte, die ebenfalls einen „feinen Riecher" brauchen. Schnecken gelten gewiss nicht als intellektuelle Schwergewichte, dennoch lernen sie nach ähnlichen Prinzipien wie wir. Abschließend erfahren Sie, welche durchschlagende Wirkung es haben kann, anderen Mut zu machen.

Wie Plankton, Darmbakterien und Pantoffeltierchen die Welt sehen

Themen: Informationsmanagement, Unternehmensstrategie, Handlungsmöglichkeiten, Mitarbeiterführung

Ein Organismus kann noch so simpel strukturiert sein, er muss grob darüber orientiert sein, was um ihn herum vor sich geht. Denn wer seine Umwelt ignoriert, der hat im Allgemeinen schlechte Überlebenschancen. Oder sagen wir treffender: Er liefert sich seiner Umwelt schutzlos aus. Manche Mikroorganismen sind nicht weit von diesem Zustand entfernt. Sie haben einen sehr schwach entwickelten Wahrnehmungsapparat; doch würde es ihnen ohnehin nicht viel nützen, wenn sie ihre Umwelt genauer wahrnehmen könnten.

Alles, was das Plankton wissen muss

Plankton schwebt im Wasser und wird hauptsächlich von der Meeresströmung bewegt. Wenn nun beispielsweise ein Fisch angeschwommen kommt, dann verspeist er das Plankton. Und damit hat es sich. Es würde dem Plankton nicht im Geringsten helfen, wenn es sehen, hören oder riechen könnte, wie sich der Fisch nähert – denn es kann nicht flüchten. Also zeigt sich die Natur gnädig und belastet das Plankton nicht mit derlei nutzlosem Informationsmüll.

Dennoch handelt es sich beim Plankton nicht um eine „fensterlose Monade“, die wie eine tote Nudel in der Meeressuppe schwimmt. Was dieser Organismus schon noch wissen muss, um zu existieren, ist, was es fressen kann. Hier helfen ihm seine Flimmerhärchen, die im Wasser eine Miniaturströmung erzeugen und dem Plankton Nahrungsteilchen zutragen. Die Teilchen bleiben kurz zwischen den Flimmerhärchen hängen, als wollte das Plankton prüfen, ob sie genießbar sind oder nicht. Während die offenbar ungenießbaren Partikel wieder abgestoßen werden, öffnet unser Mikroorganismus bei den anderen irgendwo eine Fressgrube und verleibt sie sich ein.

Es ist nicht viel, was ein Planktonteilchen über seine Umwelt wissen muss, aber für ein Leben als Mikroorganismus im Meer reicht es allemal.

Bewegliche Bakterien

Gehen wir einen kleinen, aber entscheidenden Schritt in der Evolution nach vorn, so treffen wir auf Organismen, die sich aus eigener Kraft fortbewegen können. Die Pantoffeltierchen können sich dort hin bewegen, wo es Nahrung gibt. Orte, wo unangenehme oder gar gefährliche Substanzen herumschwirren, meiden sie. Doch damit sie von ihren Fähigkeiten überhaupt Gebrauch machen können, benötigen sie die entsprechenden Sinnesorgane. Und dadurch wird die Sache gleich um ein Vielfaches komplizierter.

Das Pantoffeltierchen braucht nämlich nicht einfach nur einen Sensor, der es darüber informiert: „Nahrungsteilchen in der Umgebung.“ Oder: „Vorsicht, Schadstoffe!“ Eine solche isolierte Information erbringt gegenüber dem Plankton keinerlei Vorteil. Es ist so ähnlich, wie wenn Sie Ihre Mitarbeiter darüber informieren: „Achtung, Krise!“ – und niemand weiß, wie er darauf reagieren soll. Solange der Organismus nicht weiß, was er mit der Information anfängt, hat sie keinerlei Wert.

Folgen Sie einfach den Gradienten

Vielleicht halten Sie den letzten Punkt für ein wenig aufgebauscht. Es ist doch ganz einfach, meinen Sie, das Pantoffeltierchen soll seine Flimmerhärchen in Bewegung setzen und dorthin paddeln, wo sich mehr Nahrung befindet, und wegpaddeln, wenn es das Alarmsignal empfängt. Doch damit übersehen Sie einen entscheidenden Punkt: In welche Richtung soll unser Mikroorganismus denn davon rudern? Wenn er die falsche Richtung wählt, läuft er vor der Nahrung davon oder er gerät erst richtig in ein giftiges Milieu.

Die Lösung des Problems heißt: Orientierung an einem Gradienten. Es gibt einen räumlichen und zeitlichen Gradienten. Beim räumlichen Gradienten haben Sie zwei möglichst weit auseinander liegende Sensoren für ein und denselben Reiz. Meldet der rechte Sensor: „Nahrungspartikel im Anflug!", so sperrt der Organismus nicht nur seine Fressgrube auf, sondern er vergleicht dieses Signal auch mit dem, was von links gemeldet wird. Gibt es da nichts Essbares, bewegt sich der Organismus nach rechts. Findet er noch mehr Nahrung, begibt er sich immer weiter nach rechts. Solange, bis er im Zentrum der Nahrungsquelle angelangt ist.

Irrfahrten mit Vorzugsrichtung

Bei einem zeitlichen Gradienten ist so etwas wie ein rudimentäres Gedächtnis notwendig. Denn der Organismus vergleicht nun den aktuellen Reiz mit dem vorangegangenen. Der Mikrobiologe David Dusenbery hat diese Fortbewegungsmethode „Irrfahrt mit Vorzugsrichtung" genannt. Die Darmbakterien Escherichia coli und Salmonella typhimurium bewegen sich nach diesem Prinzip fort. Sie befinden sich ständig in Bewegung. Verbessern sich die Bedingungen, behalten sie ihre Richtung bei. Ist das nicht der Fall, dann versuchen sie es mit einer anderen Richtung, die in einer „Taumelphase" nach dem Zufallsprinzip bestimmt wird. Nach jeder Sekunde findet eine Richtungsüberprüfung statt. Stimmt der Kurs, wird er beibehalten, ansonsten wird getaumelt. Diese Art der Signalverarbeitung ist ökonomisch und effektiv.

Wie ein Pantoffeltierchen Hindernisse überwindet

Für die Mikroorganismen kommt es jedoch nicht nur darauf an, der Nahrung entgegenzuschwimmen und vor unwirtlichen Bedingungen zu fliehen. Auf ihrem Kurs treffen sie auch immer wieder auf Hindernisse, von denen sie natürlich nicht ahnen, wie ausgedehnt sie sind. Wenn ein Pantoffeltierchen beim Schwimmen auf ein Hindernis trifft, zieht es sich mehrere Körperlängen zurück, hält inne und bewegt sich dann in einer etwas anderen Richtung wieder vorwärts. Stößt es erneut auf ein Hindernis, beginnt das Spiel von vorn, so oft, bis es ungehindert weiterschwimmen kann. Auf diese Art und Weise kann das Pantoffeltierchen Kurs halten und um das Hindernis herumschwimmen. Darüber hinaus verfügt das Pantoffeltierchen über einen Schutzreflex: Wird es von einem anderen Organismus berührt, schwimmt es schlagartig mit höherer Geschwindigkeit in der Gegenrichtung davon.

Tipps für die Führungspraxis

Das Pantoffeltierchen und all die anderen Mikroorganismen vermitteln uns einige grundlegende Einsichten über Wahrnehmung und Kommunikation in Unternehmen, vor allem wenn sich diese als „lebendes System" (s. S. 14) begreifen.

Entlasten Sie sich und Ihre Mitarbeiter von nutzlosen Informationen

Sie haben es am Beispiel des Planktons gesehen: Ein Organismus, der nicht handeln kann, braucht in dieser Sache auch nichts wahrzunehmen. Das klingt etwas irritierend, da doch Transparenz und größtmögliche Informiertheit der Mitarbeiter als Ausdruck besonders fortgeschrittenen Managements gelten. Nun ist es grundsätzlich nicht falsch, Mitarbeiter über die geschäftliche Entwicklung des Unternehmens auf dem Laufenden zu halten. Nur sind diese Informationen nutzlos, wenn die Mitarbeiter keinerlei Möglichkeiten haben, darauf zu reagieren. Das heißt nicht, dass sie immer etwas „tun" müssen; eine mögliche Reaktion könnte ja auch sein, alles unverändert zu lassen. Doch denken Sie daran: Bloßes Informieren, ohne die Handlungsmöglichkeiten entsprechend anzupassen, das ist „Plankton-Management".

Geben Sie den anderen alle Informationen, die sie brauchen

Keine Missverständnisse: Sie sollen die anderen nach Möglichkeit von Informationen entlasten, mit denen sie ohnehin nichts anfangen können. Doch bedeutet das natürlich nicht, nur solche Informationen weiterzugeben, auf die Ihre Partner so reagieren, wie Sie das wünschen. Alle Informationen, die für die anderen handlungsrelevant sind, müssen diese auch erreichen.

Achten Sie auf die richtige „Gradation"

Ein ganz wichtiger Aspekt beim Informationsmanagement ist die angemessene „Gradation" (ein Begriff aus der Optik, der die Bildauflösung bezeichnet). Das heißt, die Information darf weder zu detailliert noch zu „grobkörnig" sein. Bei der Wahl der richtigen „Gradation" spielen erneut die Handlungsmöglichkeiten die entscheidende Rolle. Für ein Darmbakterium reicht es aus zu wissen: „Verschlechterung der Umweltbedingungen", um es in Bewegung zu setzen. Es kann nicht mehr tun, also ist diese Information hinreichend.

Ein Mitarbeiter, der mehr Handlungsmöglichkeiten hat, braucht eine feinere Gradation. Die Auflösungsebene „Verbesserung/Verschlechterung" genügt hier natürlich bei weitem nicht. Zusätzlich muss er zum Beispiel wissen, welches Risiko er eingehen kann. Ab wann ist eine Verschlechterung der Situation zu gefährlich, um so weiterzumachen wie bisher? Und welche Alternativen stehen ihm offen?

Wer mehr Handlungsmöglichkeiten hat, braucht mehr Informationen

Die Wahrnehmung, also die Aufnahme und Verarbeitung von Informationen, ist immer an die Handlungsmöglichkeiten gekoppelt. Das heißt nicht nur, dass jemand mit beschränkten Handlungsmöglichkeiten von nutzlosen Informationen entlastet werden sollte. Umgekehrt gilt auch: Wer neue Aufgaben übernimmt, wem neue Kompetenzen zuwachsen, der braucht mehr und detailliertere Informationen. Doch der neue Informationsbedarf wird häufig weit unterschätzt. Denn es ist oft nicht damit getan, nur mehr Informationen einzusammeln. In manchen Fällen benötigen Sie ein völlig neues „Sinnesorgan". Um das aufzubauen, brauchen Sie Ressourcen und vor allem Zeit.

Wie Sie sich in unsicherem Gelände zurechtfinden

Die Strategien der Mikroorganismen sind für Unternehmen so hilfreich, weil sich die Bakterien und Pantoffeltierchen in einer komplexen Umwelt zurechtfinden müssen, die sie absolut nicht durchschauen. Nun sind Unternehmen oftmals in einer vergleichbaren Situation wie die Mikroorganismen: Die Zusammenhänge sind unklar, es fehlt der Überblick, und es ist unsicher, ob die geplante Maßnahme tatsächlich den erhofften Effekt haben wird. Insoweit ist es tatsächlich nicht die schlechteste Empfehlung, in solch komplexen Situationen dem Beispiel der Mikroorganismen zu folgen. Probieren Sie verschiedene Dinge aus. Wenn etwas gut läuft, setzen Sie Ihren Weg in dieser Richtung fort. Wenn die Lage unverändert bleibt oder sich verschlechtert, probieren Sie etwas Neues.

Nutzen Sie das Krisensignal als Mobilisierungsstrategie

Damit Ihre Mitarbeiter wie das Pantoffeltierchen auf Signale reagieren, sollten Sie Krisensignale setzen mit der Aufforderung, den Kurs zu ändern. Dadurch lassen sich Kräfte mobilisieren. Aber Vorsicht: Diese Mobilisierungsstrategie nutzt sich sehr schnell ab. Machen Sie also nur sparsamen Gebrauch von ihr.

Das Weltbild der Fledermäuse

Themen: Argumentieren, Rhetorik, Überzeugen, Werbung, Marketing, Glaubwürdigkeit, Informationsmanagement

Der amerikanische Philosoph Thomas Nagel hat einen berühmten Aufsatz verfasst mit dem Titel „Wie ist es, eine Fledermaus zu sein?" Darin geht es weniger um Fledermäuse, sondern vielmehr um das erkenntnistheoretische Problem der Fremdperspektive. Nagels Antwort auf die Titelfrage ist denn auch kurz und bündig: Wir können keine Aussagen darüber machen, wie es sich anfühlt, eine Fledermaus zu sein, solange wir keine Fledermaus sind.

Das Beispiel der Fledermaus hat Nagel mit Bedacht gewählt, denn sie scheint tatsächlich in einer anderen Welt zu leben als wir. Sie stößt Schreie aus, die wir nicht hören können, weil sie viel zu hoch sind. Und sie orientiert sich am Echo des Ultraschalls, der von den Gegenständen zurückgeworfen wird. Fledermäuse „sehen" auf diese Weise mit Ohren und Stimmapparat. Dieses Wahrnehmungsprinzip, die Echoortung, ermöglicht den Fledermäusen auch in vollkommener Dunkelheit perfekt zu navigieren und durch verwinkelte Höhlen und Schlossruinen zu flattern.

Von 10 auf 200 in einer Sekunde

Wenn eine Fledermaus vor sich hin flattert, stößt sie zehn Laute pro Sekunde aus. Wie der Biologe Richard Dawkins anmerkt, entspricht das der Frequenz eines Fernschreibers oder einer Maschinenpistole. Zehn Mal pro Sekunde wird das „Hörbild" auf den neuesten Stand gebracht. Wir können uns das in etwa so vorstellen wie bei einem Kinofilm, bei dem unser Auge 24 Bilder pro Sekunde aufnimmt und daraus bewegte Bilder entstehen. Bei zehn Bildern hätten wir einen Stroboskop-Effekt, mit abgehakten Bewegungen. Je mehr Bilder pro Sekunde wir aufnehmen, umso flüssiger erscheinen die Bewegungen und umso präziser nehmen wir sie wahr.

Ähnlich funktioniert die Sache auch bei der Fledermaus. Wenn sie beispielsweise einen Falter wahrnimmt, den sie fressen möchte, erhöht sich die Frequenz auf 200 Schreie pro Sekunde, sodass sie den Falter zwanzig Mal präziser orten kann. Die Fledermaus hat sozusagen ihre Wahrnehmung auf Beuteflug hoch geschaltet.

Die Ökonomie der Aufmerksamkeit

Unter Umständen stellen Sie sich die Frage, warum die Fledermaus überhaupt im „Spargang" mit zehn Wahrnehmungsimpulsen durch die Welt flattert. Sie könnte doch von vornherein 200 Schreie pro Sekunde abgeben und hätte ein „Hörbild" von exzellenter und gleich bleibender „Tiefenschärfe". Der eine Grund ist wohl, dass die Frequenz von 200 Schreien eher für den Nahbereich geeignet ist. Wenn ein Schrei zu rasch auf den vorigen folgt, so vermischt sich sein Echo mit einem Echo, das von weiter weg zurückkommt. In die Sprache der Optik übersetzt: Der Nahbereich ist gestochen scharf, die Entfernungen verschwimmen.

Der zweite Grund betrifft die Ökonomie. Es verbraucht viele Ressourcen, laute Ultraschallimpulse abzugeben und wieder zu verarbeiten. Nicht nur Stimme und Gehör werden stark beansprucht, sondern vor allem auch das Gehirn. Wie Richard Dawkins anmerkt, hat ein „Gehirn, das 200 getrennte Echos pro Sekunde verarbeitet", womöglich „keine weiteren Kapazitäten frei, um an irgend etwas anderes zu denken". Anders gesagt: Wenn der Turbo mit Tempo 200 angeworfen wird, muss es sich auch lohnen – etwa für eine Mahlzeit.

Abwehrstrategien der Nachtfalter

Weil Fledermäuse bevorzugt nachts jagen, treffen sie hauptsächlich auf Insekten, die ebenfalls nachtaktiv sind. Vor allem trifft es die Nachtfalter, von denen einige Arten spezielle Abwehrstrategien entwickelt haben, auf die wir einen kurzen Seitenblick werfen möchten:

- Sie haben ihre Wahrnehmungsfähigkeiten erweitert und können die Schreie der Fledermäuse „hören".
- Haben sie eine Fledermaus bemerkt, so lassen sie sich aus dem Flug wie ein Stein zu Boden fallen oder sie trudeln in chaotischen Spiralkurven, die sich nicht vorausberechnen lassen, abwärts.
- Manche Nachtfalter sind sogar in der Lage, eigene Hochfrequenztöne auszustoßen, um das Ortungssystem der Fledermaus zu verwirren.

Diese Abwehrstrategien sind Anpassungen der Beutetiere. Mehr davon werden Sie im Kapitel über die „Jäger und Gejagten" erfahren (s. „Beutetiere brauchen Vorsprung", S. 245). Hier nur noch der Hinweis, dass sich der Aufbau einer solch komplexen Verteidigung nur für die Nachtfalter lohnt, die sonst keine nennenswerten Fressfeinde zu fürchten haben. Es ist nämlich gar nicht so einfach, das Sonarsystem einer Fledermaus zu täuschen.

Warum Fledermäuse nicht zusammenstoßen

Fledermäuse hängen zu Hunderten, manchmal zu Hunderttausenden dicht an dicht in einer Höhle oder einem dunklen Gemäuer. Wenn sie ausfliegen, dann tun sie das häufig gemeinsam. Manche Arten bilden innerhalb einer Minute eine riesige Flugformation, die sich, wie der Tierfilmer David Attenborough angemerkt hat, wie ein „wehendes schwarzes Band" nur wenige Zentimeter unter der Felsdecke entlang „schlängelt". Keine Fledermaus stößt je mit einer anderen zusammen. Wie kann das sein? Stellen Sie sich vor, unzählige Fledermäuse, die alle ihre hoch frequenten Echosignale durcheinander plärren, zwanzig Mal in der Minute – wie schafft es da die einzelne Fledermaus, den „Überblick" zu behalten und die eigenen Signale herauszuhören?

Eine denkbare Lösung wäre, dass jede Fledermaus ihre spezielle Tonhöhe hat, auf der sie schreit. Alle anderen Frequenzen würden dann ignoriert. Doch entstünden dadurch neue Probleme: Wer teilt die Frequenzen zu? Der Zufall, die Vererbung, die Umwelt? Und bei Millionen von Artgenossen, denen die Fledermaus begegnet, ist die Wahrscheinlichkeit, ein paar tausend zu treffen, die auf der gleichen Frequenz senden, recht hoch.

Fledermäuse auf Sinnsuche

Eine überzeugende Erklärung präsentiert der Biologe Richard Dawkins. Er verweist auf Experimente, bei denen man versucht hat, Fledermäuse durch laute Ultraschalltöne von ihrem Kurs abzubringen. Das gestaltete sich unerwartet schwierig, schließlich gelang es aber doch, einige Fledermäuse zu täuschen, indem man ihnen ihre eigenen Schreie mit zeitlicher Verzögerung zu Gehör brachte, also für ihre Schreie „falsche Echos" zurückwarf. Mit dieser Methode gelang es sogar, eine Fledermaus auf einem gar nicht vorhandenen Felsvorsprung landen zu lassen, auf einem „Phantom" sozusagen. Dawkins vermutet nun, dass die Fledermaus durch ihre Schreie und die dazugehörigen Echos ein „Bild der Welt" erzeugt, das im Vergleich zu dem vorigen Bild einen *Sinn* ergeben muss. Alle Signale, die nicht in dieses Weltbild passen, werden rigoros herausgefiltert.

Das ist eine sehr plausible Erklärung, denn alle Signale, die im Ohr der Fledermaus ankommen, treffen ja auf Erwartungen und Vorerfahrungen. Die Fledermaus „weiß" ja durch die zahllosen Schreie und Echos, die sie vorher abgegeben hat, dass sie sich beispielsweise am Rande einer engen Höhle befindet. Wenn sie jetzt ein ganz anderes Echo aufnimmt, sagen wir: von einem Baum, der sich in drei Metern Entfernung befindet, dann ergibt das keinen Sinn – und wird ignoriert.

Tipps für die Führungspraxis

Weil das Wahrnehmungssystem der Fledermaus so ganz anders arbeitet als unseres, können wir einige Phänomene der menschlichen Kommunikation in einem neuen Zusammenhang betrachten.

Wie Sie eine „Fledermaus" überzeugen

Egal, ob Sie mit Kunden, Mitarbeitern, Lieferanten oder Journalisten sprechen, wenn Sie jemanden überzeugen möchten, so müssen Sie sich in seine Position versetzen und seine Sprache sprechen. Ansonsten reden Sie an ihm vorbei. Doch viele Führungskräfte kommunizieren wie die Wissenschaftler mit ihren lauten, ungezielten Störsignalen, die die Fledermäuse keinen Zentimeter von ihrem Kurs abbringen konnten. Was für den anderen keinen Sinn ergibt oder für ihn nicht wichtig ist, das wird er ignorieren – ganz egal, für wie wichtig Sie das halten.

Spielen Sie das Echo

Sie können Ihren Gesprächspartner ebenfalls auf einem „unsichtbaren Felsvorsprung" landen lassen, wenn Sie entsprechende Echo-Signale zurückgeben. Sie geben einfach ständig Feedback, Sie wiederholen, was der andere gesagt hat, aber in einer bestimmten „Übersetzung", nämlich nach Möglichkeit konstruktiv. Zum Beispiel könnten Sie, wenn Ihr Gesprächspartner gerade einen Kollegen wüst beschimpft hat, das Ganze in eine sachliche Feststellung übersetzen: „Sie sind wütend auf ihn, weil Ihr Kollege nicht auf Sie gewartet hat." Darauf wird Ihr Gesprächspartner reagieren. Er wird Ihre „Übersetzung" richtig stellen oder aber bestätigen. Bei einer Richtigstellung ist eine erneute Übersetzung fällig. Sie können das Spiel so lange treiben, bis Ihr Gegenüber dort „landet", wo Sie ihn haben möchten.

Das klingt sehr schlicht, doch mit etwas Übung kann diese Methode erstaunlich wirksam sein. Entwickelt hat sie der Unternehmensberater Thomas Gordon, der ihr den Namen „aktives Zuhören" gegeben hat. Eigentlich ist das „aktive Zuhören" dazu gedacht, Missverständnisse zu vermeiden und für ein harmonisches Gesprächsklima zu sorgen. Doch lässt es sich auch einsetzen, um das Gespräch subtil zu lenken. Allerdings sollten Sie davon Abstand nehmen, Ihren Gesprächspartner gegen seine eigenen Absichten irgendwo hin zu steuern. Um im Bild zu bleiben: Landet er tatsächlich auf einem „Felsvorsprung", der gar nicht vorhanden ist, wird er „abstürzen", er wird sich manipuliert fühlen und Ihnen in Zukunft misstrauen.

Gehen Sie mit Ihrer Aufmerksamkeit sorgsam um

Wahrnehmung kostet Ressourcen. Aufmerksame Wahrnehmung kommt uns besonders teuer zu stehen. Insoweit sollten Sie nicht allzu verschwenderisch mit Ihrer Aufmerksamkeit umgehen und sie willkürlich mal hierhin, mal dorthin ausstreuen. Vielmehr empfiehlt es sich, nach dem Vorbild der Fledermaus zunächst einen möglichst weiten Bereich „abzutasten", gewissermaßen als „Breitenwahrnehmung" im Unterschied zur kostspieligen „Tiefenwahrnehmung". Sobald es Anzeichen gibt, dass sich irgendwo etwas Wesentliches ereignet, richten Sie Ihre Aufmerksamkeit genau auf dieses Feld. Im Idealfall ergibt sich nun eine Möglichkeit zu handeln. Die Fledermaus fängt den Nachtfalter, Sie treffen die Entscheidung, ein neues Produkt auf den Markt zu bringen.

Dann kommt es darauf an, den richtigen Zeitpunkt abzupassen, wieder auf die „Breitenwahrnehmung" umzuschalten. Denn nicht selten hängen Führungskräfte an einem Problem fest, fixieren sich darauf und haben dadurch für andere Probleme keinen Blick mehr. Umgekehrt gibt es natürlich auch den Fall, dass zu schnell wieder umgeschaltet wird; der „Nachtfalter" ist noch gar nicht gefangen und schon schaltet man seine Aufmerksamkeit wieder auf Sparflamme. Die Wirkung liegt auf der Hand: Das Problem bleibt unerledigt, die Kosten für die erhöhte Aufmerksamkeit sind dennoch angefallen. Eine unökonomische Verhaltensweise, die eine Fledermaus mit dem Verhungern bezahlen würde.

Hunde – die richtige Spürnase

Themen: Informationsmanagement, Strategie, Analysen, Trendmonitoring

Bekanntlich besitzen Hunde einen ausgezeichneten Geruchssinn, jedenfalls im Vergleich zu uns Menschen. Buttersäure, jene unangenehm ranzige Duftnote, die im menschlichen Schweiß enthalten ist, sollen die Hunde eine Million Mal besser wahrnehmen als wir, wofür sie vielleicht nicht unbedingt zu beneiden sind. Aber Hunde haben ja ohnehin ihre eigenen Geruchs- und Geschmacksvorlieben. Auf jeden Fall macht sie ihr feines Gespür für menschliche Ausdünstungen zur geeigneten Suchhilfe für die Polizei, die Bergwacht und den Katastrophenschutz. Dabei ist der Hund nicht zuletzt deshalb so erfolgreich, weil er dort noch sehr viel findet, wo wir gar nichts bemerken. Er kann in die Vergangenheit reisen, weil viele Ereignisse ihre Spuren hinterlassen haben, die für uns unsichtbar sind. Gerüche aber verschwinden nicht so schnell, wie die Menschen, die einen Ort durchqueren – zumindest für die Hunde.

Die technische Ausstattung

Das eigentliche Riechorgan ist die Riechschleimhaut im Naseninneren. Beim Hund ist sie mehrfach gefaltet und nimmt die Fläche von 150 Quadratzentimetern ein. Würde man sie auseinander breiten, könnte man sie als Decke über den ganzen Hund legen. Unsere eigene Riechschleimhaut würde mit drei Quadratzentimetern gerade mal einen Teil unserer Nase bedecken. Ähnlich ist auch das Verhältnis von den Riechzellen zueinander: 220 Millionen hat der Hund, nur fünf Millionen der Mensch.

Im Gehirn des Hundes ist im Riechzentrum viel mehr Platz, um die Gerüche zu analysieren, zu vergleichen und zu bewerten. Außerdem besitzt der Hund eine umfangreiche Datenbank für Gerüche. Zwar ist unser Gedächtnis für Gerüche auch nicht schlecht; an manche Gerüche können wir uns noch Jahrzehnte erinnern – aber nur wenn wir sie erneut wahrnehmen. Und unsere Datensammlung ist um ein Vielfaches ungenauer. Für den Hund sähen unsere Geruchserinnerungen so aus wie ein unscharfes verwackeltes Urlaubsfoto, auf dem gar nichts zu erkennen ist.

Sprechen wir noch kurz vom Bau der Nase. Ehe bei uns die Atemluft an den Riechzellen ankommt, hat sie einen langen und gewundenen Weg zurückgelegt. Da ist viel Geruchsinformation verloren gegangen. Nun hat der lange Weg für uns durchaus seinen Sinn, denn dadurch wird die Luft leicht angewärmt, was nicht zuletzt unseren Riechzellen zugute kommt. Beim Hund hingegen sind die Wege kurz. Direkt hinter den Nasenlöchern beginnt die Informationsverarbeitung. Dass die Nase immer feucht ist, erleichtert die Sache, denn die Gerüche sind in kleinen Partikeln gebunden, die in der Flüssigkeit schneller aufgelöst werden können.

Wie Hunde schnüffeln und Gerüche analysieren

Wenn wir einen Duft aufnehmen möchten, also beispielsweise an einem Glas Rotwein oder einem Flakon mit Parfum schnuppern, so ziehen wir langsam die Luft ein. Wir möchten das ganze Aroma in seiner ganzen Tiefe aufnehmen und brauchen dazu so viele Geruchsmoleküle wie möglich. Hunde riechen ganz anders: Wenn es etwas Interessantes aufzunehmen gibt, sind ihre einzelnen Schnupperphasen extrem kurz.

Bei intensivem Schnüffeln können Hunde bis zu 300 Mal pro Minute einatmen. Das Prinzip ist das gleiche wie bei der Fledermaus im Beuteanflug (s. S. 142). Möglichst viele einzelne „Geruchs-Schnappschüsse" erlauben eine sehr viel genauere, dynamischere Wahrnehmung; es entsteht fast so etwas wie ein „Geruchsfilm". Auf jeden Fall können Hunde auf diese Art und Weise Bewegungen und Veränderungen recht präzise erfassen.

Vor allem aber haben Hunde die Fähigkeit, analytisch zu riechen. Sie erfassen Einzelheiten und können sich darauf konzentrieren. Für uns gibt es nur einen Gesamteindruck, im besten Fall ein Gemisch, sagen wir von Parfum und kaltem Zigarettenrauch. Wir sind aber nicht in der Lage, diese Gerüche getrennt zu verfolgen. Genau das können jedoch Hunde. Sie sind fähig, eine noch so schwache Duftspur aus einer ganzen Symphonie von Gerüchen herauszufiltern. Sie erfassen den Geruch, den eine bestimmte Person hinterlassen hat, die sich vor Tagen an diesem Ort aufgehalten hat, und sind im Stande, diesem Geruch zu folgen.

Wie Hunde nach Hause finden

Nehmen Sie einen Hund, sperren ihn in ein blickdichtes Fahrzeug und setzen ihn viele Kilometer von seiner vertrauten Umgebung wieder aus, so wird er in den meisten Fällen nach Hause finden. Wie macht er das nur? Zunächst umkreist er in immer größeren Bögen die Stelle, an der Sie ihn abgesetzt haben. Dabei senkt er den Kopf zur Erde, nimmt dann wieder die Nase hoch, holt sich Wind, vergleicht die Gerüche und fängt an sich zu orientieren. Schließlich schlägt er eine bestimmte Richtung ein, läuft seiner Nase nach und erreicht ohne große Umwege sein Heim.

Ganz genau haben die Wissenschaftler diese Fähigkeit auch noch nicht enträtselt. Es gibt jedoch die Vermutung, dass der Hund schon während der Fahrt im abgedunkelten Auto die Gerüche seiner Umgebung aufgenommen hat. Wir riechen nichts, allenfalls die Autoabgase unseres Vorderautos. Doch der Hund erfasst den wechselnden Geruch der Orte, die Sie durchqueren. Und er ist in der Lage, diese Gerüche von anderen zu trennen. Es wird seine Fähigkeit also nicht beeinträchtigen, wenn Sie während der Fahrt eine Zigarette rauchen.

Setzen Sie den Hund ab, dann mag für Sie als Augenwesen der Ort völlig unbekannt erscheinen. Der Hund hat hingegen alle möglichen Gerüche als Ortmarken aufgenommen. Er muss sie jetzt „nur noch" zurückverfolgen. Auch wenn es anders funktionieren sollte: Der Hund nimmt seine Umgebung über den Geruch räumlich wahr.

Tipps für die Führungspraxis

Wie Sie mehr entdecken als andere

Hunde nehmen ständig Gerüche auf. Das ist die erste Voraussetzung, um fündig zu werden. Seien Sie offen für neue Spuren, sammeln Sie viele Eindrücke und vergleichen Sie sie. Aber auch die „Verarbeitungstiefe" ist entscheidend. Wenn Sie aus einem Eindruck sehr viel herausziehen können, dann sind Sie unbedingt im Vorteil. Dabei ist eine umfangreiche Datenbank, anders gesagt: ein Gedächtnis unabdingbar. Sie können einen Eindruck nicht zutreffend beurteilen, wenn Sie ihn nicht auf ein reiches Vorwissen beziehen können. Dieses Vorwissen müssen Sie aufbauen.

Sorgen Sie beim Informationsmanagement für kurze Wege

Wir haben es erwähnt, die Informationsverarbeitung beginnt beim Hund unmittelbar hinter dem Nasenloch. Aber auch der weitere Weg ins Gehirn ist ausgesprochen kurz. Vor allem gibt es eine Direktverbindung in die emotionalen Bereiche. Das ermöglicht eine unmittelbare Reaktion. Der Jagdhund etwa wittert ein Beutetier in der Nähe und sprintet auf und davon. In ähnlicher Weise können Sie bestimmte Verhaltensweisen sehr eng, geradezu automatisch an bestimmte Informationen koppeln. Das wirkt stark beschleunigend, hat aber auch seinen Preis. Sie sind nicht mehr in der Lage, ruhig über die Ereignisse nachzudenken und die Entscheidung abzuwägen.

Entwickeln Sie eine „analytische Nase"

Wie wir gesehen haben, ist das Erfolgsgeheimnis einer Hundenase ihre Fähigkeit, analytisch zu arbeiten. Auch für Führungskräfte ist eine „analytische Nase" sehr hilfreich. Und zwar ganz besonders dort, wo andere nur einen undifferenzierten Gesamteindruck mitnehmen. Wenn beispielsweise ein Projekt gescheitert ist, mag eine „gewöhnliche Nase“ nur „Gestank“ empfinden. Mit analytischer Fähigkeit werden Sie die Sache differenzierter betrachten und feststellen können, was positiv gelaufen ist und was vielleicht nur aus einem unglücklichen Zufall heraus gescheitert ist. Vielleicht „erschnüffeln“ Sie auch eine viel versprechende Spur, die Sie zu den wahren Ursachen des Scheiterns führt.

Lernen Sie, auch schwachen Spuren zu folgen

Hunde sind in der Lage, auch dort noch Spuren zu finden, wo sich nach unserem Ermessen gar nichts mehr finden dürfte. Als Führungskraft sind Sie öfters gefordert, eine Richtungsentscheidung zu treffen. Wenn Sie auch auf kleinste Signale und Indizien in Ihrer Umwelt achten, dann werden Sie eher auf die richtige Fährte kommen und haben gute Aussichten, eine angemessene Entscheidung zu treffen.

Mäusestrategie und Rattenroutine – Vorsicht vor der „Effizienzfalle“

Themen: Routine, Perfektionismus, Stabilität, Change Management, Strategie

Ratten und Mäuse sind sehr lernfähige Tiere. Setzt man sie in ein Labyrinth, finden sie recht schnell den Ausgang oder den Weg zum Futter. Sie halten sich nicht lange damit auf zu überlegen, was jetzt zu tun sei. Sie tasten sich auch nicht vorsichtig durch die unbekannten Gänge, wie wir es vielleicht tun würden, wie wir Menschen, die auf Neues generell abwartend bis misstrauisch reagieren.

Phase eins: Einfach mal loslaufen

Die Ratten und Mäuse rennen einfach los, beschnüffeln und durchmustern wenig zielgerichtet ihre Umgebung, laufen hierhin, dorthin und wieder zurück. Unbekümmerter Aktionismus, könnte man meinen, vielleicht ganz sympathisch, aber in den Augen vorausplanender Wesen nicht sehr effektiv. Viel zu viele überflüssige Wege bei hohem Tempo, Ressourcenverschwendung, „Kostenfresser“. Doch auch wenn die Tiere jeden Weg drei- oder viermal hin- und zurücklaufen, so hat das durchaus seinen Sinn. Denn dadurch erwerben sie genaue Kenntnisse über die lokalen Gegebenheiten. Sie nehmen ständig neue Informationen auf nach dem Prinzip „Umwege erhöhen die Ortskenntnis“. Wer nie in eine Sackgasse gelaufen ist, der merkt gar nicht, dass er sich in einem Labyrinth befindet. Man muss eben nur aus der Sackgasse wieder herauskommen. Dann spürt man irgendwann das Futter auf, auch wenn es in einem verborgenen Winkel versteckt sein mag.

Ratten und Mäuse sind flink, sie fangen sofort mit der Suche an. Und sie hören nicht eher damit auf, bis sie fündig geworden sind – oder verhungert. Aber dann können sie immerhin sicher sein: Es gibt nirgendwo Futter im Labyrinth.

Ein solches Verhalten hatte offenbar der Managementberater Spencer Johnson im Sinn, als er seinen Bestseller „Die Mäusestrategie“ schrieb: Niemals aufgeben, auch wenn die Umstände neu und beängstigend sind. Seine Energien nicht in fruchtlose Ursachenanalyse stecken, sondern die Vergangenheit abhaken. Änderungen nicht beklagen, sondern aktiv nach neuen Chancen suchen – ganz wie die wuseligen Nager.

Phase zwei: Lernen

Dabei ist die betriebsame Suche im unbekannten Gelände nur der viel versprechende Anfang der „Mäusestrategie“. Nicht weniger wichtig ist jedoch die Fähigkeit, aus den aufgenommenen Informationen zu lernen. Setzen Sie eine Maus oder eine Ratte ein zweites Mal in ein Labyrinth, so findet sie nun wesentlich schneller ihr Ziel. Wir könnten sogar sagen: Sie hat überhaupt erst so etwas wie ein Ziel, denn nun „weiß“ sie erst, dass es beispielsweise nach rechts zum Futter und nach links in eine Sackgasse geht. Je häufiger das Tier das Labyrinth durchstreift, umso besser kann es sich orientieren und navigieren. Und nun ist Schluss mit den Umwegen und der ärgerlichen Vergeudung der Ressourcen, die Tiere nehmen den kürzesten Weg. Auf dieser Grundlage ist es möglich, ihnen immer schwierigere Aufgaben zu stellen und Tricks beizubringen. Enttäuschen Sie niemals die Erwartungen einer Laborratte, bauen Sie vielmehr darauf auf. Bestätigen Sie ihre Erfahrungen, und sie wird mit atemberaubender Souveränität zum Ziel gelangen. Sie löst das Problem immer effizienter, immer kräfteschonender, immer ökonomischer.

Phase drei: Betriebsblindheit

Doch hat die Sache einen Haken: Denn die erfolgreichsten und routiniertesten Ratten machen die schlimmsten Fehler, sobald sich eine Kleinigkeit ändert. Das belegen Experimente, auf die der Harvardprofessor Marc D. Hauser hinweist. Stellen Sie sich ein Labyrinth vor und eine Gruppe intelligenter Laborratten, die wir darauf trainieren, in einem Seitengang ein kleines Stück Futter einzusammeln. Sobald die Ratten die Futtersuche perfekt beherrschen, teilen wir die Tiere in drei Gruppen. Für die erste Gruppe bauen wir in den Gang mit dem Futter eine Wand ein. Was geschieht? Die sonst so aufmerksamen Tiere laufen blindlings dagegen. Für die zweite Gruppe sägen wir den Gang, der zum Futter führt, einfach in der Mitte ab. Wenn die Ratten in diesen Gang einbiegen, rennen sie über die Kante hinweg und stürzen in die Tiefe. Vielleicht liegt es ja daran, dass die Tiere vom Hunger getrieben werden und da schon mal das eine oder andere Hindernis übersehen. Deshalb legen wir für die dritte Gruppe eine großen Futterhaufen mitten ins Labyrinth, und zwar an eine Stelle, die unsere Ratten passieren müssen, wenn sie zu ihrem kleinen Futterstückchen gelangen wollen. Das erstaunliche Ergebnis: Die Tiere steigen über den Futterhaufen hinweg, als sei er gar nicht vorhanden. Weil sie ihre Navigation so sehr auf den kleinen Happen ausgerichtet haben, entgeht ihnen der große Haufen.

Bleibt zuletzt die Frage: Warum rennen die intelligenten Ratten in der freien Natur nicht gegen Wände? Die Antwort ist einfach: In ihrer natürlichen Umwelt bleiben die Dinge niemals so unverändert wie in der künstlichen Laborsituation. In ihrer vertrauten Umgebung tauchen immer wieder Hindernisse auf, die dafür sorgen, dass die Ratte aufmerksam bleibt. Sie kann nicht so schnell, routiniert und „ökonomisch" navigieren wie im geschützten Raum des Labyrinths. Doch genau das bewahrt sie davor, mit offenen Augen gegen die nächste Wand zu laufen, wenn die sich ein bisschen verschoben hat.

Tipps für die Führungspraxis

Lassen Sie sich nicht von der Vergangenheit lähmen

Wenn es darum geht, aus einer schwierigen Situation herauszufinden und einen Neuanfang zu wagen, kann die beschriebene „Mäusestrategie" durchaus hilfreich sein: Die Vergangenheit abhaken, zügig beginnen und unvoreingenommen das Gelände erkunden. Sie wissen nicht, was auf Sie zukommt, also sollten Sie offen sein für alles und verschiedene Wege ausprobieren. In diesem Stadium ist es unvermeidlich, Umwege zu nehmen oder hin und wieder in eine Sackgasse zu geraten. Das ist durchaus nichts Negatives, sondern in gewissem Rahmen sogar wünschenswert. Sie sammeln Erfahrungen, die Ihnen später nützen werden. Und wenn Sie in dieser Phase nicht experimentieren, wann wollen Sie dann damit anfangen?

Bilden Sie nützliche Routinen

Irgendwann treten Sie ins zweite Stadium ein: Je besser Sie die Sachlage kennen lernen, umso sparsamer können Sie mit Ihren Ressourcen umgehen. Und das sollten Sie auch tun, denn irgendwann erhöhen die Umwege nicht mehr die Ortskenntnis, sondern nur noch die Kosten. Dann ist Zielstrebigkeit gefragt. Um im Bild der „Mäusestrategie“ zu bleiben: Wenn Sie wissen, wo der Käse im Labyrinth liegt, spricht nichts dagegen, schnurstracks dort hin zu marschieren.

Wenn alles gut läuft, ist das Fehlerrisiko am höchsten

Vorsicht vor der „Effizienzfalle“ in Phase drei: Gerade wenn die Sache so richtig rund läuft, wenn Sie alle Abläufe optimiert haben und auf einem sehr hohen Leistungsniveau arbeiten, sind Sie besonders fehleranfällig. Oft genügt schon eine kleine Abweichung, um das System entgleisen zu lassen.

Wie kleine Fehler Ihnen nützen

Es scheint fast eine Art Naturgesetz zu sein: Lösen wir eine Aufgabe zehn Mal auf die gleiche Weise erfolgreich, schauen wir beim elfen Mal schon nicht mehr richtig hin. Wir schonen unsere wertvolle Ressource Aufmerksamkeit – und vielleicht haben wir ja nochmals Erfolg. Kommt es dann aber beim zwölften Mal etwas anders, fliegen wir aus der Bahn. Daher brauchen wir sie eigentlich, die Abweichungen, die Störungen, die kleinen Fehler, die „suboptimalen“ Leistungen, um uns weiterhin anzustrengen und Kurs zu halten.

Durchbrechen Sie Routinen immer wieder

Das bedeutet natürlich nicht, dass Sie High Performer ausbremsen und Ihre Mitarbeiter durch gezielte Störungen daran hindern sollten, allzu effizient zu arbeiten. Vielmehr geht es darum, sich den Zusammenhang bewusst zu machen, den wir hier angesprochen haben: Unter sehr stabilen Bedingungen kann sich ein Höchstmaß an Effizienz entwickeln. Zugleich reagiert das System hochempfindlich, wenn es denn einmal anders kommt. Und darin liegt das eigentliche Paradox: Je stärker Sie ein System von Störungen abschirmen, desto anfälliger wird es dafür (s. Immunsystem, S. 47). Es kann also zweckmäßig sein, von Zeit zu Zeit planmäßig gegen die Routine anzuarbeiten, Erwartungen zu durchbrechen und die Aufmerksamkeit von erfahrenen Mitarbeitern herauszufordern.

Wie Schnecken lernen

Themen: Routine, Lernen, Erfahrung, Kreativität

Schnecken sind beliebte Studienobjekte der Hirnforschung, denn ihr Nervensystem ist bereits so komplex, dass es lernen, zugleich aber einfach genug, dass man es noch überblicken kann. Der Nobelpreisträger Eric Kandel etwa experimentierte mit der Meeresschnecke Aplysia, einem auch für Schneckenverhältnisse eher schlichten Geschöpf. Wie alle Organismen kommt auch Aplysia nicht als unbeschriebenes Blatt auf die Welt, sondern besitzt schon so etwas wie ein „Artgedächtnis". Darüber hinaus kann die Schnecke aber ihre ganz individuellen Erfahrungen sammeln und lernen. Dabei dürfen Sie nicht zu viel erwarten. Einer Meeresschnecke lässt sich nicht sehr viel beibringen.

Der Gewöhnungseffekt

Lernen beginnt mit Abstumpfung. Nehmen wir den denkbar einfachsten Fall: Eine Sinneszelle ist mit einer motorischen Zelle verbunden, also einer Zelle, die für Bewegung sorgt. Wird die Sinneszelle gereizt, überträgt sich diese Reizung auf die motorische Zelle und die Schnecke bewegt sich. Wird dieser Reiz häufig genug wiederholt, dann nimmt die Stärke der Reaktion ab. Es tritt ein

Gewöhnungseffekt ein. Der hat die Funktion, den Organismus für andere Sinnesreize zu öffnen, die dann umso stärker durchschlagen.

Sie können sich diesen Effekt an einem einfachen Beispiel klarmachen. Wenn Sie beim Lesen auf einem Stuhl sitzen, gehen in Ihrem Gehirn dauernd Signale ein, die melden, dass auf Oberschenkel, Hintern und Rücken Druck ausgeübt wird. Doch werden diese Reize immer schwächer. Irgendwann bemerken Sie sie gar nicht mehr. Sie beschäftigen sich ohnehin längst mit anderen Dingen, dem Inhalt des Buches zum Beispiel. Erst wenn Ihre Aufmerksamkeit wieder auf das Sitzen zurückgelenkt wird, so wie jetzt, werden Sie den Druck wieder empfinden.

Die „Hebb'sche Lernregel"

Zugleich gibt es ein zweites, ebenso fundamentales Prinzip, das dem zuerst genannten geradewegs zu widersprechen scheint. Es handelt sich um die „Hebb'sche Lernregel", die der Psychologe Donald Hebb formuliert hat. Vereinfacht lässt sie sich folgendermaßen auf den Punkt bringen: Nervenverbindungen, die Sie häufig nutzen, werden verstärkt. Wenn Sie sich als Schnekke zusammenrollen, nachdem Sie ein Salatblatt gegessen haben, dann wird sich dieses Verhalten umso stärker in Ihr Schneckenhirn einbrennen, je öfter Sie sich tatsächlich so verhalten. Mit andern Worten, es ist ein sich selbst verstärkender Prozess. Sie tun, was Sie vorher getan haben, und weil es sich bewährt hat, tun Sie es noch einmal.

Die Sache klingt trivial, doch hat sie weit reichende Konsequenzen. Vielleicht sind Sie durch Zufall zu einem bestimmten Verhalten veranlasst worden. Solange es keine Gründe gibt, davon abzuweichen, bleiben Sie dabei. Dadurch verstärkt sich diese Verhaltensweise. Sie sind immer weniger in der Lage, einen neuen Weg einzuschlagen.

Warum Schnecken aus Fehlern lernen

Erst wenn die Sache schief geht, die gebahnte Verbindung nicht funktioniert, muss die Schnecke etwas Neues versuchen. Dadurch entsteht gewissermaßen ein neuer Pfad in ihrem Gehirn. Zunächst ist er nur ganz schwach entwickelt. Und sie wird beim nächsten Mal erst an ihre bewährte Hauptverbindung denken. Doch wenn die neue Verhaltensweise erfolgreich war und sie immer mal wieder darauf zurückkommt, dann wird auch diese Verbindung stärker. Wenn immer mal wieder eine Sache schief geht und unsere Schnecke neue Verhaltensweisen ausprobiert, dann steht ihr bald ein vielfältiges Repertoire an Möglichkeiten zu Verfügung, aus dem sie dann auswählen können.

Gewöhnungseffekt + Hebb'sche Lernregel = BCM-Lernregel

Tatsächlich finden wir in der Natur beides: Den Gewöhnungseffekt, durch den das Vertraute ausgeblendet wird, und die Hebb'sche Lernregel, die uns dazu bringt, bewährte Verhaltensweisen beizubehalten. Alle lernfähigen Organismen von der Schnecke aufwärts werden darauf programmiert, neue Erfahrungen zu suchen (Gewöhnungseffekt) und gleichzeitig an dem Bewährten festzuhalten (Hebb). Beides zusammen ist in der so genannten BCM-Lernregel vereint (benannt nach den Urhebern Bienenstock, Cooper und Munro), die besagt: Bei einem eher schwachen Reiz greift der Gewöhnungseffekt, Sie werden also dazu veranlasst, neue Wege einzuschlagen. Bei einem starken Reiz gehen Sie auf Nummer sicher und klammern sich an das, was Sie schon kennen.

Zusätzlich ist in der BCM-Regel eine negative Rückkopplungsschleife eingebaut. Bei einer Nervenverbindung, die ständig stark gereizt wird, steigt die Reizschwelle kontinuierlich an, so dass schließlich der Gewöhnungseffekt eine Chance bekommt und sich der Organismus entschließt, mal etwas Neues auszuprobieren. Gleichzeitig sinkt die Schwelle bei schwacher Reizung ab, so dass Sie auch in einem Feld irgendwann auf das Bewährte setzen, auf dem Sie vorher immer herumexperimentiert haben, weil es Ihnen als nicht so ernst erschien.

Wie man Angst vor Schlangen bekommt

Schnecken machen ihre Lernerfahrungen stets „am eigenen Leib". Das ist der Grund dafür, dass sie nur über eingeschränkte Fähigkeiten verfügen. Wenn man auf die reine „Erlebnispädagogik" setzt wie die Schnecken, entgehen einem doch sehr wesentliche Einsichten. Dass zum Beispiel manche Schlangen hochgiftig sind, sollte man besser nicht nachprüfen müssen.

Und so hat die Natur eine Lernform entwickelt, die uns gefährliche Lernerlebnisse erspart. Bleiben wir beim Beispiel der Schlangen. Wie die Primatologin Susan Mineka gezeigt hat, kennen Affen, die in Gefangenschaft aufwachsen, keine Angst vor Schlangen. Sie haben keine Erfahrungen mit ihnen.

Wenn man ihnen Schlangen zeigt, dann nähern sie sich ihnen völlig unbefangen. Es gibt also kein genetisch festgelegtes Reaktionsmuster. Sobald die arglosen Affen aber beobachten können, wie ihre Eltern reagieren, die in freier Wildbahn aufgewachsen sind, ist es mit der Unbefangenheit vorbei. Die Eltern signalisieren Angst. Und dieses eine Mal genügt, um im Hirn der jungen Affen die Botschaft einzubrennen: Vorsicht vor Schlangen!

Nicht nur kleine Affen lernen so, sondern sehr viele Tiere. Einige Forscher haben sich ein etwas perfides Experiment ausgedacht und Vögel dazu gebracht, ausgestopfte Tiere und sogar eine Flasche Weichspüler als ihren Todfeind zu betrachten. Für die Vögel sah es nämlich so aus, als würden ihre Artgenossen angesichts des Weichspülers in Panik geraten. Dabei bekamen diese einen Raubvogel gezeigt und reagierten entsprechend.

Lernen mit den „Spiegelneuronen"

Grundlage für diese Art von Lernen sind vermutlich die so genannten „Spiegelneuronen", die der italienische Hirnforscher Giacomo Rizzolatti von der Universität Parma entdeckt hat. Spiegelneuronen sind Hirnzellen, die aktiv sind, wenn wir eine bestimmte Tätigkeit ausüben. Dieselben Hirnzellen sind aber auch aktiv, wenn wir die gleiche Tätigkeit bei anderen sehen. Oder wenn wir uns die Tätigkeit intensiv vorstellen. In der Konsequenz heißt das, wir können Erfahrungen in unser Hirn „einspeisen", die wir nicht selbst gemacht haben müssen. Das kann sehr hilfreich sein, etwa beim Erwerb neuer Fähigkeiten, aber auch sehr gefährlich. Psychologen kennen dieses Phänomen als „Bystander-Effekt" bei Traumatisierungen: Dem „Bystander" selbst ist gar nichts passiert, er hat nur „dabei gestanden" und das Unglück beobachtet. Er trägt jedoch die gleichen seelischen Verwundungen davon, als wäre es ihm selbst geschehen.

Tipps für die Führungspraxis

Abstumpfung ist der erste Schritt zum neuen Lernen

Aufgeschlossenheit und Lernbereitschaft sind individuell verschieden. Sie lassen sich aber fördern, indem Sie Ihre Mitarbeiter ermuntern, neue Fähigkeiten zu erwerben und einzusetzen. Doch bei alledem dürfen Sie den Bogen nicht überspannen. Wer seine Mitarbeiter zwingt ständig umzulernen, der macht sie nicht kreativer und leistungsfähiger, sondern er unterhöhlt ihre Lernfähigkeit. Erlernte Fähigkeiten müssen sich erst einmal bewähren, sie müssen sich setzen. Solange sie noch frisch sind, fordern sie unsere gesamte Aufmerksamkeit. Erst wenn eine gewisse „Abstumpfung“ einsetzt wie bei der Meeresschnecke, können wir souverän über die Fähigkeit verfügen und haben Kapazitäten frei, um neue Erfahrungen zu sammeln.

Probieren Sie beizeiten Alternativen aus

Die Hebb'sche Lernregel zeigt: Was einmal gut geht, das probieren wir ein zweites Mal aus. Machen wir erneut positive Erfahrungen, bleiben wir bei unserem Verhalten. Es ist ein sich selbst bestätigendes System, und es wird immer schwieriger, von dem gewohnten Vorgehen abzuweichen. Sogar wenn wir negative Erfahrungen machen, nehmen wir das in Kauf. Und zwar umso eher, je länger sich das Verhalten bereits eingeschliffen hat. Irgendwann sind wir nicht mehr in der Lage, uns um Alternativen zu kümmern. Vielleicht erkennen wir sogar, dass die bewährte Methode nicht mehr zum Erfolg führt, doch können wir nicht über unseren Schatten springen.

Deshalb empfiehlt es sich, frühzeitig auch andere Vorgehensweisen auszuprobieren. Dabei können Sie auch in Nuancen vom bewährten Pfad abweichen. Wesentlich ist nur, dass Sie Ihren Gestaltungsspielraum erweitern.

Wenn es brenzlig wird, bevorzugen wir bewährte Lösungen

Nach der BCM-Lernregel probieren wir am ehesten dann etwas aus, solange der „Nervenreiz“ in einem moderaten Bereich bleibt. Bei stärkerer Erregung wird nicht mehr experimentiert. Das bedeutet für Sie: Nutzen Sie die Phasen geringerer Belastung, um sich Alternativen zu erschließen. Wenn es wirklich brenzlig wird, bewegen wir uns meist auf stark eingefahrenen Gleisen. Gut, wenn man dann zumindest zwischen mehreren wählen kann.

Vorsicht, „Bystander“ lernen mit

Das Lernen über die „Spiegelneuronen“ eröffnet neue Möglichkeiten der Weiterbildung. Man könnte die Teilnehmer von Workshops intensiver an den Erfahrungen der anderen teilhaben lassen. Auf der anderen Seite sollten Sie sich vor Augen führen, dass der „Bystander"-Effekt auch dort wirkt, wo Sie ihn vielleicht gar nicht haben wollen, zum Beispiel wenn ein Konflikt eskaliert, oder wenn Sie einen neuen Mitarbeiter einweisen und ein Kollege bei Ihrem Erscheinen ein ähnliches Verhalten an den Tag legt wie die alten Affen in Gegenwart der Schlange. Dann können Sie sicher sein, dass der neue Mitarbeiter hinreichend vorgewarnt ist.

Wanderratten im Wasserkessel

Themen: Stress, Hoffnung, Motivation, positives Denken

Tierversuche sind nie ganz unproblematisch. Man muss abwägen zwischen dem ethischen Gebot, einer anderen Kreatur kein unnötiges Leid zuzufügen, und dem möglichen Erkenntnisgewinn, der unter Umständen auch dazu beiträgt, künftiges Leiden zu vermindern. Vor diesem Hintergrund müssen Tierversuche heute gerechtfertigt werden. Und niemand würde in Zweifel ziehen, dass man das Leiden der Tiere dabei so gering wie möglich halten sollte. Vor dreißig, vierzig Jahren war man da entschieden weniger zimperlich - auch in Deutschland und übrigens auch bei den Laborversuchen mit Menschen. Einige der wissenschaftlichen Studien, die man damals gemacht hat, erscheinen aus heutiger Sicht geradezu monströs, ja sadistisch. Da wirkt es fast ein wenig bizarr, wenn ausgerechnet so ein Experiment eindrucksvoll belegt, wie wichtig es ist, sich niemals unterkriegen zu lassen.

Ausweglosigkeit kann töten

Der Versuchsleiter, der Mainzer Professor Rudolf Bilz, nannte es hintersinnig „das Experiment mit der Hoffnung". Es zeigt, wie stark Lebewesen davon abhängig sind, dass sie für sich noch einen Ausweg sehen. Als Versuchstiere dienten wieder einmal Ratten, und zwar wilde Wanderratten, die man eingefangen hatte, um sie sogleich in einen großen Wasserkessel zu werfen. Dieser Wasserkessel hatte glatte Wände, an denen die Tiere nicht hochklettern konnten, sie rutschten immer wieder ab. Nun können sich Wanderratten durchaus eine nicht unbeträchtliche Zeit lang über Wasser halten, unter normalen Umständen bis zu 80 Stunden. In diesem Fall aber ertranken die Tiere bereits nach 15 Minuten. Sie gerieten in Panik und starben durch den extremen Stress (s. Stressbelastung, S. 123).

Ermutigende Erfahrungen machen stark

Am folgenden Tag wurde das Experiment wiederholt. Mit einer kleinen, aber bedeutsamen Veränderung: Nach fünf Minuten lehnten die Mainzer Wissenschaftler eine Holzstange an die Wand, sodass die Ratte herausklettern und sich in Sicherheit bringen konnte. Einige Zeit später wurde die gleiche Ratte wieder in den Kessel hineingeworfen. Diesmal gab es aber keine Holzstange. Was geschah? Das Tier geriet nicht in Panik, sondern paddelte relativ ruhig durch den Wasserkessel. Offenbar immer in der Hoffnung, früher oder später werde wieder so eine rettende Stange erscheinen. Achtzig Stunden hielten solche Ratten durch, 320 Mal länger als ohne die ermutigende Erfahrung mit der Holzstange.

Tipps für die Führungspraxis

Daraus können wir nur den Schluss ziehen: In schwierigen Situationen kommt es entscheidend darauf an, die Hoffnung nicht aufzugeben, dass man irgendwie unversehrt aus der Sache wieder herauskommt. Diese Zuversicht gibt uns die Energie und die Ausdauer, die wir brauchen, um solche Belastungen durchzustehen. Es ist eine Art von sich selbst erfüllender Prophezeiung: Wer nicht mehr an die Rettung glaubt, geht als Erster unter. Wohingegen unverwüstliche Optimisten, die bis zuletzt noch mit einer Wende zum Guten rechnen, ihre Erfolgschancen deutlich erhöhen. Wenn auch sie es nicht schaffen, dann hätte es ohnehin niemand geschafft. So gesehen lohnt es sich auf jeden Fall Optimist zu sein.

Verbreiten Sie Zuversicht

Es ist unbedingt zu empfehlen, in kritischen Situationen Zuversicht zu verbreiten und seinen Mitarbeitern Hoffnung zu machen, dass sich die Lage zum Guten wendet. Wenn möglich, sollten sie ermutigt werden, selbst etwas gegen die Bedrohung zu unternehmen. Auch wenn die Aussichten höchst ungewiss erscheinen mögen, lohnt es sich doch, alles zu unternehmen, was in der eigenen Macht steht, und sich im Übrigen auf sein Glück zu verlassen. Es kommt ja auch mal vor, dass einem der Zufall zu Hilfe eilt.

Setzen Sie nie Ihre Glaubwürdigkeit aufs Spiel

Das Problem ist nur, dass eine positive Grundeinstellung auch von positiven Erfahrungen getragen sein muss, wie das „Experiment mit der Hoffnung" zeigt. Wenn Sie selbst in vergleichbaren Situationen in Ihrem Betrieb immer „untergegangen" sind, dann werden Sie jetzt nicht im Ernst mit einer wundersamen Rettung rechnen, sondern nur allzu gut wissen, dass Sie sich etwas vormachen. Nun können Sie sich von diesen negativen Erfahrungen verabschieden und sich dazu zwingen, einfach „positiv" zu denken. Doch das ist ein riskantes Spiel. Zwar wirkt es zunächst stark mobilisierend, doch um den Preis eines mitunter dramatischen Realitätsverlusts, der letztlich wieder auf Sie zurückfällt: wenn Sie nämlich wirklich untergehen (wie es nach Ihren negativen Vorerfahrungen ja auch zu erwarten wäre). Außerdem setzen Sie als Führungskraft Ihr wichtigstes Kapital aufs Spiel: Ihre Glaubwürdigkeit.

Echte Zuversicht können Sie nur verbreiten, solange Sie glaubwürdig bleiben. Ansonsten könnte Ihr „Gut-Wetter-Machen" die Stimmung noch verschlechtern. Sie müssen die Situation auch keineswegs verharmlosen oder schönreden. Aber resignieren dürfen Sie in keinem Fall. Dann ist es schon sinnvoller, andere Aktivitäten auf die Tagesordnung zu setzen und sich auf diese Weise auf andere Gedanken zu bringen.

Ihre Mitarbeiter brauchen positive Erfahrungen

Aber auch wenn Sie persönlich positiv gestimmt sind, so folgt daraus noch nicht, dass sich Ihre Mitarbeiter davon anstecken lassen. Hier gilt die Lehre aus dem „Experiment mit der Hoffnung": Man benötigt zumindest eine positive Erfahrung, aus der man seine Zuversicht schöpfen kann. Wer hingegen erlebt, dass seine Anstrengungen regelmäßig irgendwo versanden, der lässt sich kaum einreden, dass ausgerechnet jetzt alles gut wird.

Ihre Mitarbeiter müssen selbst erleben, dass ihnen etwas gelingt und sie aus eigener Kraft Schwierigkeiten überwinden können. Das ist weit effektiver als alle Motivationsreden.

Tarnen und Täuschen

Im Kampf ums Überleben ist jedes Mittel recht. Und so lügen und betrügen, tarnen und täuschen Tiere wie Pflanzen. Von der harmlosen Schwebfliege, die sich als Wespe tarnt, über den peruanischen Baumfrosch *Hyla calcarata*, der so aussieht wie ein Blatt, bis hin zum Watvogel, der eine Verletzung vortäuscht, um sich scheinbar humpelnd in Sicherheit zu bringen. Es gibt keine Ehrlichkeit in der Natur, könnte man meinen, Betrug zahlt sich aus – wenigstens wird er von der Evolution begünstigt. Doch so ganz stimmt das nicht.

Tatsächlich gibt es eine natürliche Obergrenze für den Betrug. Zum einen ist die Fälschung darauf angewiesen, dass das Original seine beherrschende Stellung behält, sonst übernimmt die Fälschung die Stelle des Originals. Zum andern bricht jedes System zusammen, wenn es von einer erklecklichen Anzahl von „Falschspielern“ beherrscht wird. So sorgt schon die Natur dafür, dass die Ehrlichen nicht aussterben. Auf der anderen Seite ist auch nicht damit zu rechnen, dass die Betrüger verschwinden. Gerade in einem Meer von Ehrlichkeit lohnt sich die Lüge am meisten.

Mimikry-Methoden bei Wespen und Schmetterlingen

Themen: Image, Produktpiraterie, Markenprodukte, Me-too-Produkte

Der englische Naturforscher Henry Bates war der Erste, der auf das Phänomen aufmerksam wurde. Als er 1860 von einer elfjährigen Forschungsreise aus Brasilien zurückkehrte, brachte er etliche Schmetterlinge mit – übersichtlich im Sammleralbum aufgespießt. Unter diesen Schmetterlingen gab es etliche, die sich zum Verwechseln ähnlich sahen, jedoch völlig verschiedenen Arten angehörten. Die eine Art war giftig, die andere war es nicht. Diese Entdeckung brachte Bates zu der Vermutung, der harmlose Falter hätte den giftigen imitiert, um sich so gegen seine Fressfeinde zu schützen.

Der Vorteil giftig zu erscheinen

Natürlich handelt es sich nicht um eine bewusste Täuschung, sondern um eine evolutionäre Anpassung. Die Ähnlichkeit mit dem giftigen Vetter wurde von der Evolution belohnt, und der harmlose Falter glich sich immer stärker an. Seine Fressfeinde, vor allem Vögel, verschmähten ihn und hielten sich lieber an Exemplare, bei denen sie sicher sein konnten, durch den Verzehr keine Magenprobleme zu bekommen.

Der Harmlose gibt vor, gefährlich zu sein. Eine sehr beliebte Methode, die hilft, eine Menge Gift zu sparen. Nach seinem Entdecker nennt man diese Art der Imitation die „Bates'sche Mimikry". Es gibt noch eine ganze Reihe anderer Arten von Mimikry, die Sie in diesem und im folgenden Abschnitt kennen lernen.

Doch zurück zu unserem Schmetterling. Sein Überleben verdankt sich einer Verwechslung. Er profitiert umso stärker davon, je verbreiteter sein gefährliches Vorbild ist. Das begrenzt auch seinen eigenen Fortpflanzungserfolg. Denn nehmen wir an, die harmlose Variante wäre stärker vertreten als die giftige, so würden die Vögel wieder häufiger riskieren, nach dem Falter zu schnappen - zum Nachteil von beiden.

Die Kopie gefährdet das Original

Die Kopie zehrt vom Erfolg des Originals. Insoweit hat sie ein Interesse daran, dass der giftige Schmetterling seine starke Stellung behält. Zugleich aber bringt die harmlose Variante genau diesen Erfolg in Gefahr. Denn der giftige Schmetterling signalisiert durch seine auffällige Zeichnung den Vögeln: Wenn ihr mich fresst, bekommt ihr Bauchweh. Solange dieses Signal zuverlässig ist, werden sich die Vögel mit dem Verzehr zurückhalten. Nun tritt aber der Imitator auf den Plan. Der erste Vogel verdrückt irgendwann die harmlose Kopie, ohne die geringsten Unannehmlichkeiten. Das Signal ist entwertet, denn es steht nun nicht mehr dafür, sich mit Sicherheit Bauchweh einzuhandeln. Sondern es besteht dafür nur noch eine gewisse Wahrscheinlichkeit. Das erhöht allerdings den Druck auf beide Schmetterlingsarten. Wenn sich die harmlose Kopie mittlerweile stark vermehrt hätte, würde der ganze Schutz zusammenbrechen.

Wespensignale – die Müller'sche Mimikry

Für Organismen ist es nicht immer vorteilhaft, sich zu tarnen. Manchmal empfiehlt sich der entgegengesetzte Weg: Mache alle auf dich aufmerksam, damit sie dich in Ruhe lassen. Marienkäfer signalisieren mit ihrem auffälligen Design: Ich bin ungenießbar. Die hochgiftigen Pfeilgiftfrösche, deren Ausdünstungen auch für Menschen tödlich sind, haben eine leuchtend grüne Farbe, die sich nicht übersehen lässt. Auch die schwarzgelbe Ringelung der Wespen ist ein Warnsignal, sogar ein recht verbreitetes; mehrere Insektenarten nutzen es, um darauf hinzuweisen, dass sie mit einem Giftstachel bewaffnet sind.

Eigentlich geht die Sache völlig in Ordnung; es handelt sich um ein normiertes Signal, das immer für denselben Zweck genutzt wird. Dennoch hat man dieses Phänomen unter die Fälle von Mimikry eingeordnet, und zwar als „Müller'sche Mimikry". Dabei ist nicht klar, wer hier wen nachahmt, es handelt sich vielmehr um eine Interessengemeinschaft. Ebenso fehlt das Element der Täuschung, denn das Signal trifft ja zu. Und so ist die Müller'sche Mimikry vielleicht selbst ein Fall von Mimikry, nämlich die bloße Vortäuschung von Mimikry.

Gut getäuscht – wehrlose Männchen und Schwebfliegen

Aber es gibt auch Insekten, die vom Wespendesign unverdientermaßen profitieren. Da wären zunächst einmal die Wespen-Männchen zu nennen, denn der Giftstachel von Hautflüglern wie Bienen oder Wespen hat sich aus dem Ei-Legeapparat entwickelt. Anders gesagt, eine männliche Wespe ist völlig wehrlos. Und dann gibt es noch die gleichfalls harmlosen Schwebfliegen, die Bienen, Hummeln, Wespen, Hornissen oder alles zugleich imitieren. Ohne Zweifel ziehen sie ihren Nutzen aus der weiten Verbreitung der giftigen Wespen.

Allerdings genügt es nicht, nur so auszusehen wie das giftige Original. Um tatsächlich mit den Wespen verwechselt zu werden, müssen die Schwebfliegen auch die Lebensgewohnheiten ihrer Vorbilder annehmen. Und so finden wir Schwebfliegen auf den gleichen Blüten und in den gleichen Verbreitungsgebieten. Auch jahreszeitlich stimmen sich die Schwebfliegen auf die Wespen ab. Im Frühsommer halten sie sich eher zurück. Erstens gibt es zu der Zeit noch nicht so viele Wespen, und zweitens sind viele Jungvögel unterwegs, die erst noch ihre Erfahrungen sammeln müssen und nach der Methode von Versuch und Irrtum Insekten jagen. Im Sommer steigt die Zahl der Wespen und Hummeln explosionsartig an; aber auch dann ist noch nicht die Zeit der Schwebfliegen gekommen. Erst wenn die Jungvögel ihre schlechten Erfahrungen mit den Wespen gemacht haben, treten die Imitatoren auf den Plan.

Die Wespentarnung hat allerdings auch ihre Tücken. Denn es ist nicht immer vorteilhaft, mit einem gefährlichen Räuber verwechselt zu werden. Und so werden gerade im Herbst reihenweise völlig harmlose Schwebfliegen erlegt, aus dem einzigen Grund, weil Menschen sie für gefährliche Wespen gehalten haben.

Satyrmimikry – Stümper leben länger

Unter den Schwebfliegen gibt es Arten, die perfekt ihrem Vorbild gleichen. Andere erscheinen hingegen als stümperhafte Kopien – die Nachahmung ist alles andere als gelungen. Vögel, die darauf hereinfallen, können nicht sehr genau hingeschaut haben. Und dennoch ist es möglich, dass gerade die unvollkommene Kopie ihren Zweck erfüllt. Denn die betreffende Schwebfliege ist nicht auf ein bestimmtes Vorbild festgelegt. Das macht sie in ihrer Lebensgestaltung freier und selbstständiger. Außerdem geht ihr es nicht darum, mit einem Vorbild verwechselt zu werden, sondern den Fressfeind zu irritieren. Es dauert länger, bis der Vogel dieses seltsame Wesen eingeordnet hat oder es einem bestimmten Vorbild zuordnen kann. Diesen Zeitgewinn nutzt die schlecht angepasste Schwebfliege für die Flucht.

Die beiden britischen Biologen Howse und Allen haben diese Art von Täuschung „Satyrmimikry" genannt, in Anlehnung an die griechische Mythologie, in der ein Satyr als Mischwesen von Mensch und Pferd erscheint.

Tipps für die Führungspraxis

Erfolgreiche Produkte werden gerne kopiert

Beim Bates'schen Mimikry werden vor allem solche Vorbilder kopiert, die stark sind und über ein klares Image verfügen. An diesen Erfolg wollen sich andere gerne anhängen, nach Möglichkeit ohne hohe Kosten. Insoweit müssen auch Sie damit rechnen, dass Ihre Spitzenprodukte Nachahmer finden. Als Gegenmaßnahme empfiehlt es sich, das Produkt mit einem möglichst fälschungssicheren Zusatzsignal auszustatten. Das kann ein Qualitätssiegel sein oder der Schutz durch eine Marke. Zugleich sollten Sie Ihre Kunden in beidseitigem Interesse über die schlechten Kopien aufklären.

Das schlechte Image Ihres Nachahmers kann auf Sie abfärben

Wenn Ihr Produkt nicht eindeutig als Original zu identifizieren ist, kann die schlechte Qualität der Konkurrenz auf Ihr eigenes Angebot abfärben. Versuchen Sie sich daher im Bewusstsein Ihrer Kunden als „das Original“ zu etablieren.

Don’t imitate – irritate!

Als Kopie können Sie niemals aus dem Schatten des Originals heraustreten. Wenn Sie sich schon an erfolgreichen Vorbildern orientieren, dann machen Sie es wie beim Satyrmimikry. Lassen Sie sich anregen, aber bleiben Sie Ihrem eigenen Stil treu. Wenn Sie dann irgendwo auftreten, werden Sie vielleicht ebenso „irritierend“ wirken wie die Schwebfliege. Mit dem Vorteil, dass Sie so eher im Gedächtnis bleiben und nicht als Kopie irgendeines Erfolgsmusters sofort abgehakt werden.

Der Kuckuck und die Geierschildkröte

Themen: Outsourcing, Werbung, Produktpräsentation, Overengineering

Am Grunde des Meeres liegt die Geierschildkröte mit weit geöffnetem Maul und rührt sich nicht. Das 90 Kilo schwere Ungetüm ist mit Algen bewachsen und sieht aus wie ein graugrüner Felsen. Mitten in ihrem aufgerissenen Maul tanzt ihre rote Zungenspitze zuckend hin und her. Sie sieht aus wie ein Wurm und dient als Köder. Kommt ein hungriger Fisch angeschwommen, um den Wurm zu packen, schnappt die Falle zu, und der Fisch wird selbst gefressen.

Diese Tarnung nennt man Peckenham'sche Mimikry oder Lockmimikry. Im Unterschied zu den Täuschungsmanövern, von denen im vorhergehenden Abschnitt die Rede war, geht es darum, dass sich Organismen mit mehr oder minder unlauteren Absichten als harmlos tarnen. Da kein Fisch freiwillig der Schildkröte in den Rachen schwimmen würde, muss sie ihrem Glück ein wenig nachhelfen. Sie legt einen Köder aus und vermeidet im Übrigen alles, was auf irgendeine Gefährdung hindeuten könnte.

Harmlosigkeit lässt sich besonders gut als Stillleben inszenieren. Und so finden wir die Peckenham'sche Mimikry vor allem bei den Lauerjägern, die sich stundenlang in ihrem Tarnkleid an einen günstigen Ort legen und regungslos auf ihre Beute warten. Auch bei Pflanzen, etwa den Orchideen oder der Fleisch fressenden Venusfliegenfalle, ist die Lockmimikry verbreitet.

Dreistes Outsourcing – der Kuckuck

Aber es gibt auch eine ganz andere Variante der Peckenham'schen Mimikry, bei der es gar nicht um Beutefang geht, sondern um die unlautere Erschleichung einer Dienstleistung. Meister dieser Disziplin ist der Europäische Kuckuck. Er praktiziert die wohl dreisteste Form des Outsourcings, die wir in der Natur kennen: Die Brutpflege, eine der anspruchsvollsten und aufwändigsten Aufgaben, die Vögel zu bewältigen haben, wälzt er auf andere Arten ab.

Dabei geht er höchst professionell zur Sache: Das Kuckucksweibchen späht zunächst einen geeigneten Wirtsvogel aus, zum Beispiel ein Teichrohrsänger-Pärchen, das arglos sein Nest baut. Einige Tage später sind die Eier gelegt. Das Kuckucksweibchen wartet geduldig, bis die Teichrohrsänger das Nest verlassen, um sich auf Futtersuche zu begeben. Dann schlüpft es schnell zum Nest, nimmt ein fremdes Ei in den Schnabel, legt dafür ein eigenes hinein und flattert mit dem fremden Ei wieder weg. Die ganze Aktion dauert nicht einmal zehn Sekunden.

Der Rest der Geschichte ist bekannt: Der kleine Kuckuck schlüpft als erster aus dem Ei und wirft nach und nach alle anderen Eier aus dem Nest. Außerdem sperrt er dauernd seinen leuchtend roten Rachen auf und animiert auf diese Weise seine unfreiwilligen Zieheltern, ihn mit Futter zu versorgen. Dabei gelangen die Wirtsvögel bis an die Grenze der Erschöpfung. Der Kuckuck verlässt erst das Nest, wenn er flügge geworden ist. Manchmal ist er dann doppelt so groß wie seine Zieheltern.

In den Nestern von 180 Vogelarten zu Hause

Vögel sind aufmerksam, was ihr Gelege betrifft. Entdecken sie ein Ei, das nicht zu den anderen passt, werfen sie es aus dem Nest. Also nimmt der Kuckuck nicht nur ein Ei mit, sondern konzentriert sich auch auf das Design des Eis. Die Tatsache, dass der heranwachsende Vogel nicht die geringste Ähnlichkeit mit dem Wirt hat, kann er vernachlässigen, wie wir gleich sehen werden.

Kuckuckseier hat man in den Nestern von 180 Vogelarten gefunden. Dabei haben sich die Kuckucksfamilien jeweils auf bestimmte Wirtsvögel spezialisiert. Ein Weibchen, das von Teichrohrsängern aufgezogen wurde, bevorzugt für ihre eigene Eiablage ebenfalls Nester von Teichrohrsängern. Der Grund für dieses Traditionsbewusstsein liegt auf der Hand: Die jeweilige Kuckuckdynastie hat sich perfekt auf das Verhalten ihrer Wirtsvögel eingestellt. Die Weibchen legen Eier, die dem Aussehen ihrer Eier stark ähneln. Manche dieser Kuckuckseier sind derartig gelungene Kopien, dass selbst Wissenschaftler sie nur durch Nachwiegen vom Wirtsgelege unterscheiden können.

Nicht mehr Täuschung als nötig

Wenn ein unbefangene Beobachter den riesigen fetten Kuckuck heranwachsen sieht, in dessen Rachen die kleineren Zieheltern unentwegt Würmer und Insekten hineinstopfen, stellt er sich die Frage: Wieso merken sie nicht, dass sie da einen fremden Vogel heranziehen? Wieso hat die Evolution sie nicht mit einem kritischeren Blick für den eigenen Nachwuchs ausgestattet?

Dafür gibt es einen Grund: Die Vogeljungen verändern sich nämlich sehr rasch. Es wäre zu aufwändig, die Eltern mit Bildern für die verschiedenen Entwicklungsstadien ihrer Kleinen auszustatten. Dazu ist der „evolutionäre Druck“ des Kuckucks auch nicht groß genug. Und die Natur bevorzugt bekanntlich ökonomische Lösungen. Außerdem dürfen wir eines nicht vergessen: Nicht wir sind die Adressaten dieser Mimikry, sondern die Wirtsvögel. Die Strategie des Kuckucks ist genau auf sie und ihr Erkenntnisvermögen abgestimmt. Wollte ein Kuckuck uns ein Ei ins Nest legen, würde er eine ganz andere Strategie wählen.

Das Geschäft wird immer härter

Dem Kuckuck geht es wie den meisten Falschspielern. Auf lange Sicht macht er sich selbst das Leben schwer. Seine Strategie ist nämlich paradox. Sie geht nur auf, wenn sie nicht zu erfolgreich ist. Denn es können sich nur diejenigen Kuckucke fortpflanzen, denen es gelingt, ihren Wirtsvogel zu täuschen. Gleichzeitig aber mindern sie dessen Fortpflanzungserfolg. Dagegen haben diejenigen mehr Nachkommen, die nicht auf den Kuckuck hereingefallen sind. Das Geschäft wird also immer härter für den Kuckuck. Und so muss er sich immer etwas Neues „einfallen“ lassen, um in Zukunft auch diejenigen zu täuschen, deren Vorfahren dem Kuckuck noch entgangen sind.

Tipps für die Führungspraxis

Lassen Sie die „Schildkrötenzunge“ tanzen!

Nehmen wir an, Sie arbeiten für einen großen, etwas schwerfälligen Konzern, womöglich ein ehemaliges Staatsunternehmen, das auf dem Markt ähnlich behäbig reagiert wie eine große Geierschildkröte. Sie haben ein Imageproblem, denn Sie möchten Kunden ansprechen, die es nicht besonders attraktiv finden, bei einem großen schwerfälligen Konzern zu kaufen. Dann brauchen Sie eine bunte, flippige „Schildkrötenzunge“, eine selbstständige Geschäftseinheit, die nicht als Teil des Konzerns erscheint. Mit ihr sollten Sie die Kunden anlocken, die dem Konzern sonst entgangen wären.

Wie nimmt der Kunde Ihr Angebot wahr?

Der Kuckuck ist gewiss ein höchst problematisches Vorbild. Doch in einer Hinsicht ist er richtig gut: Er stimmt sein Vorgehen ganz auf seinen (unfreiwilligen) Partner ab. Allein maßgeblich ist, wie der die Angelegenheit wahrnimmt.

Es gibt aber etliche Unternehmen, die genau andersherum verfahren, das „Ei“ vernachlässigen und am Design des „Vogels“ feilen, weil sie nämlich überzeugt sind, ihre Kunden würden auf den komplizierten „Vogel“ achten und nicht auf die profanen „Eierschalen“.

Die Verpackung zählt

Kunden urteilen oft nach dem ersten Eindruck. Hier müssen Sie überzeugen. Sonst wird Ihr Produkt gar nicht erst gekauft. Kümmern Sie sich also um eine ansprechende Verpackung. Dann wird auch der Inhalt seine Chance bekommen.

Vermeiden Sie Outsourcing „à la Kuckuck“

Unternehmen, die einzelne Geschäftsbereiche ausgelagert haben, um sich auf das lukrative Kerngeschäft zu konzentrieren, müssen darauf achten, dass ihr Outsourcingpartner rentabel wirtschaften kann. Ein Outsourcing „à la Kuckuck“, bei dem Ihrem Partner alle Unannehmlichkeiten und Versorgungsansprüche aufgebürdet werden, treibt ihn in den Ruin. Das schadet auch Ihrem Unternehmen, denn es muss sich zu neuen Konditionen einen neuen Kooperationspartner suchen oder wieder zu einer Inhouse-Lösung zurückkehren.

Die Entwicklung der Stabheuschrecke

Themen: Konkurrenz, Strategie, Mitarbeiterführung

Starke, gefährliche Lebewesen erkennt man daran, dass sie häufig sehr auffällig sind. Sie brauchen sich nicht zu verstecken, sondern können sicher und selbstbewusst durch die Welt stolzieren. Manche machen sogar gezielt auf sich aufmerksam, auch wenn Beutetiere die Flucht ergreifen oder sich zumindest von ihnen fernhalten. Sie sind so stark, dass sie trotzdem auf ihre Kosten kommen – ganz ohne Tarnung und Täuschung.

Für die schwachen, harmlosen Tiere sieht die Rechnung ganz anders aus. Sie müssen sich verstecken, es ihren Fressfeinden zumindest so schwer wie möglich machen, sonst haben sie verspielt. Nun haben Sie eine Strategie der Beutetiere schon kennen gelernt, die Bates'sche Mimikry (s. S. 163), bei der sich die tiergewordene Harmlosigkeit als gefährlich maskiert. Noch beliebter ist allerdings eine zweite Methode: sich unsichtbar zu machen.

Am besten gelingt das, indem man durch entsprechende Fellzeichnung die Körperkonturen auflöst und so mit seinem Hintergrund verschmilzt. Tatsächlich lassen sich Rehe und Hasen im Unterholz kaum entdecken. Nur wenn sie sich bewegen, kann man sie „sehen“. Wegen dieser guten Tarnung sind die Jäger auch darauf aus, die Tiere bei der Jagd aufzuschrecken.

Manche Wesen gehen noch einen Schritt weiter. Sie brauchen sich nicht mehr zu verstecken, denn sie sind sozusagen ihr eigenes Versteck. Sie geben vor, etwas zu sein, was sie gar nicht sind. Mimese nennen die Biologen dieses Prinzip. Von der Mimikry unterscheidet sich die Mimese dadurch, dass sie weder anziehend noch abschreckend wirken soll. Mit ihr ist keine „Botschaft“ verbunden, sie ist reine Tarnung. Da gibt es Falter und Kröten, die aussehen wie Blätter, Raupen, die Blüten ähneln, und dann gibt es noch die Stabheuschrecke, die einen Zweig nachahmt.

Vögel als Designer

Wie ist es eigentlich zu solchen Anpassungen gekommen? Die Evolutionsbiologen halten sie für das Ergebnis der natürlichen Auslese (s. S. 58). Bei der Stabheuschrecke haben nur die Exemplare überlebt, die einem Zweig am ähnlichsten sahen. Am Anfang mag das nur eine entfernte Ähnlichkeit gewesen sein, aber über Hunderttausende von Generationen hat sich dieser Überlebensvorteil so stark aufsummiert, dass sich die Gestalt vollkommen in Richtung Zweig verändert hat. So gesehen waren die Vögel als Fressfeind Nummer eins die treibende Kraft hinter dem Stabdesign, behauptet der Evolutionsbiologe Richard Dawkins – sie haben die Heuschrecke „geformt".

Tipps für die Führungspraxis

Tragen Ihre Mitarbeiter alle „Tarnanzüge"?

Manche Führungskräfte beklagen sich, weil sie sich von lauter „Stabheuschrecken" umgeben sehen: von Mitarbeitern, die keine eigene Meinung, kein eigenes Profil haben, sondern sich ständig im „Tarnanzug" durch die Firma bewegen. Engagierte, kreative Mitarbeiter sehen gewiss anders aus. Also werden die „Stabheuschrecken" aufgefordert, sich in kreative Hornissen oder Ähnliches zu verwandeln und richtig frech aufzutreten. Das Resultat ist in der Regel ein völliges Fiasko. Allenfalls einige unerfahrene Kräfte werden die Aufforderung ernst nehmen und sich unendlich blamieren.

An so einer Situation tragen die Führungskräfte meist eine Mitverantwortung. Sie sind diejenigen, die die Mitarbeiter zur Tarnung gezwungen haben. Weil sie in der Vergangenheit nämlich – wie der Vogel die Stabheuschrecke – jeden Mitarbeiter ausgebremst haben, der ein eigenständiges Profil erkennen ließ. Nur wenn Sie Ihre Mitarbeiter tatsächlich unbequem und eigenständig sein lassen, können Sie erwarten, dass sie ihren Tarnanzug ablegen.

Das Schweigen der Rhesusaffen

Themen: Kooperation, Egoismus, Fairness

Auf der puerto-ricanischen Insel Cayo Santiago lebt eine große Kolonie von Rhesusaffen. Wenn ein Affe Futter gefunden hat, gibt er einen Ruf von sich. Interessanterweise gibt es zwei unterschiedliche Rufe. Einen für hochwertige Funde wie beispielsweise eine Kokosnuss und einen für weniger geschätzte Nahrung wie Fertigfutter. Manchmal schweigen die Rhesusaffen aber auch, um den Fund alleine zu genießen. Der Verhaltensforscher Peter Marler und der Neurowissenschaftler Marc D. Hauser wollten der Sache genauer auf den Grund gehen. Sie legten Affenfutter und Kokosnüsse aus und zogen sich mit einer Videokamera in sichere Entfernung zurück.

Erste Reaktion: Werde ich beobachtet?

War ein Affe auf das Futter gestoßen, so bestand seine erste Reaktion darin, sich in alle Richtungen umzusehen. Offenbar war ihm daran gelegen zu klären, ob er frei über seinen Fund verfügen konnte oder ob bereits Artgenossen im Anmarsch waren. Denn die Insel ist von Rhesusaffen dicht besiedelt, so dass früher oder später immer einer auftaucht. Doch in den getesteten Fällen war der Rhesusaffe zunächst stets allein. Wie Marc Hauser mitteilt, gab die Hälfte der Tiere ihren Ruf von sich, um die anderen über ihren Fund informierten.

Wie Sie vielleicht schon im Abschnitt über Konfliktmanagement gelesen haben (s. S. 108), sind Rhesusaffen von Haus aus keine übertrieben sozial eingestellten Tiere. So wird es Sie auch nicht weiter verwundern, dass auf den Ruf recht schnell die andern Affen herbeieilten, um sich ihren Anteil zu sichern. Dabei wurde dem ehrlichen Finder ein Teil seiner Beute abgenommen. Wenn er nichts abgeben wollte, wurde er sogar angegriffen. In einigen Fällen ließ man ihn auch in Ruhe fressen.

Wenn das so ist, könnte man meinen, dann lohnt es sich für die Rhesusaffen eigentlich gar nicht kooperativ zu sein. Der Ehrliche ist der Dumme, könnten die Rhesusaffen klagen und versuchen, sich das Futter in aller Stille einzuverleiben. Wenn zufällig doch jemand auftauchte, dann müsste man sich eben um das Futter balgen.

Ehrlichkeit geht vor Ranghöhe

Die andere Hälfte der getesteten Affen schwieg. Doch nur in wenigen Fällen konnten sie auch ungestört ihren Fund verdrücken, meist erschienen die Artgenossen. Und dann gab es Dresche.

Die Forscher hatten erwartet, dass Rangunterschiede darüber entscheiden, wer wen wie häufig angreift. Doch zu ihrer Überraschung war das nicht der Fall. Vielmehr war entscheidend, ob die Tiere ihren Fund preisgegeben hatten oder nicht. Die ehrlichen Finder mussten zwar auch ihr Futter teilen, doch sie wurden weit seltener angegriffen als die Schweiger. Außerdem bekamen sie einen größeren Anteil.

Moralisches Kalkül in Zeiten des Wettbewerbs

Die relativ gleichmäßige Verteilung in Schweiger und ehrliche Finder deutet darauf hin, dass es hier keine eindeutige Lösung gibt, die von den Rhesusaffen zu bevorzugen wäre. Kooperierst du, musst du dich mit deinen Leuten auseinandersetzen, die alle etwas abbekommen wollen. Kooperierst du nicht, besteht immerhin die Chance, dass du das ganz große Los ziehst. Interessanterweise „lohnt" es sich am ehesten für die Rangniederen, kooperativ zu sein, gibt Marc D. Hauser zu bedenken. Denn für die fällt der Unterschied zwischen Kooperation und Schweigen besonders ins Gewicht. Das ranghöhere Tier wird zwar ebenfalls häufiger angegriffen, wenn es unkooperativ ist, doch hat es dann mehr Aussicht sich zu behaupten. Leider macht Hauser keine Angaben darüber, ob die Rangniederen tatsächlich kooperativer gewesen sind.

Die Verpflichtungskraft sozialer Konventionen

Dafür weist Hauser auf einen interessanten Nebenaspekt hin. Einige Jahre später wiederholte er das Experiment nämlich mit „Junggesellen", das sind Rhesusaffen-Männchen, die noch keiner sozialen Gruppe angehören und von den anderen nicht weiter beachtet werden. Diese Tiere gaben niemals einen Laut von sich, wenn sie etwas zu fressen fanden. Interessanterweise wurden sie aber auch nie angegriffen, wenn sie von anderen Rhesusaffen überrascht wurden. Das bedeutet, wer nicht zur Horde gehört, der hat auch keine Verpflichtung, die anderen zu informieren. Mitglieder hingegen müssen kooperieren, sonst bekommen sie Ärger.

Tipps für die Führungspraxis

Kooperation muss sich lohnen

Ganz gleich, welche Werte offiziell hochgehalten werden – welche Geltung sie haben, zeigt sich erst in der täglichen Betriebspraxis. Wenn in Ihrem Unternehmen diejenigen die Benefits einstreichen, die nicht kooperieren, dann können Sie kaum erwarten, dass sich der viel beschworene Teamgeist ausbreitet. Dabei ist es nicht sehr empfehlenswert, mangelnde Kooperation zu „bestrafen". Es gibt nun mal notorische Einzelkämpfer und die sollten Sie in ihrem Elan gewiss nicht bremsen. Was Sie hingegen tun können: Fördern Sie die Kooperativen! Jemand, der andere informiert und an seinem Wissen teilhaben lässt, der sollte sicher gehen können, dass ihm kein anderer „die Kokosnuss" wegschnappt. Auch und gerade diejenigen, die grundsätzlich zur Kooperation bereit sind, müssen das Gefühl haben: Es lohnt zu kooperieren. Wobei ein nicht unerheblicher Teil des „Lohns" in der Aussicht besteht, dass die anderen dann ebenfalls mit einem kooperieren (s. S. 226).

Ihre Mitarbeiter richten ihr Verhalten danach aus, was üblich ist

Obwohl ja immerhin die Hälfte der Affen den stillen Genuss bevorzugt, gibt es keinen Zweifel daran, dass von einem Affen erwartet wird, die anderen über den Fund zu informieren.

Auch im Unternehmen ist es sehr wichtig, klare Verhaltensstandards zu schaffen. Jeder muss wissen, was üblich ist und was als ein schwerer Verstoß der Gruppennormen geahndet wird. Immerhin wäre ja auch vorstellbar, dass es in anderen Gruppen geradezu erwartet wird, die „Kokosnuss", die man gefunden hat, allein zu verspeisen.

Kleine Vögel, kleine Lügen

Themen: Kooperation, Sicherheit

In den Regenwäldern von Peru gibt es riesige Vogelschwärme, denen die unterschiedlichsten Arten angehören. Diese bunt gemischte Gesellschaft begibt sich gemeinsam auf Nahrungssuche. Eigentlich ist das höchst ungewöhnlich, denn die Vögel sind ja direkte Konkurrenten. Wenn Vögel kooperieren, dann doch eher als Angehörige einer einzigen Art und nicht als Verbundgruppe. Im Gegenteil, sie versuchen sich gegenüber den anderen durchzusetzen – und sei es auch nur dadurch, dass sie ihnen so viel Futter wie möglich wegfressen.

Der Nutzen der Arbeitsteilung

Es muss also einen tieferen Grund dafür geben, dass sich diese kolossalen Schwärme bilden. Für jeden Vogel muss die gemeinsame Jagd unterm Strich vorteilhafter sein als sich alleine oder im homogenen Schwarm der Artgenossen auf Nahrungssuche zu begeben. Und tatsächlich, nach Jahren intensiver Forschungsarbeit gelang es dem Biologen Charles Munn das Geheimnis zu lüften: Im Schwarm gibt es eine höchst effiziente Arbeitsteilung. Einige Arten haben sich darauf spezialisiert, Nahrung zu suchen, sie führen die Gruppe. Andere, kleinere Arten übernehmen die Aufgabe, Alarm zu schlagen, wenn Gefahr droht, etwa ein Raubvogel auftaucht.

Nun ist so ein gemischter Schwarm im Vergleich zu den Wunderwerken der Selbstorganisation, die wir bei den Heringsschwärmen kennen lernen (s. S. 295), ein eher lockeres Gebilde mit lokalen Unterstrukturen. Ein Warnruf versetzt nicht gleich die gesamte Truppe in Aufruhr, sondern erreicht nur die unmittelbaren Nachbarn.

Wer einmal lügt, dem glaubt man doch

Bei den Mitgliedern, die für das Alarm schlagen zuständig sind, handelt es sich um bunte Tropenvögel mit den malerischen Namen Tangaren und Ameisenwürger. Diese Vögel gehen mit ihrem verantwortungsvollen Amt zeitweilig recht liederlich um. Hin und wieder schlagen sie vorsätzlich falschen Alarm. Daraufhin blicken ihre Schwarmkollegen kurz hoch, und dieser kurze Moment genügt den Schelmen, um ihnen ein Insekt vor dem Schnabel wegzuschnappen.

Nun würde man erwarten, dass so ein Trick einmal und nie wieder funktioniert, jedenfalls beim selben Vogel. Doch das ist nicht so. Die Nahrungssucher lassen sich immer wieder von den Tangaren und Ameisenwürgern hereinlegen. Der Grund: Die Wächter geben häufig eben doch auch ehrliche Warnsignale von sich. Und kein Vogel kann es sich leisten, die zu ignorieren, mag er auch das eine oder andere Insekt dafür opfern. Darüber hinaus scheinen Tangaren und Ameisenwürger nur maßvoll zu betrügen, denn es ist für die übrigen Vögel immer noch lohnender, mit den beiden Schwindlern auf die Jagd zu gehen als allein. So gesehen sind die ergaunerten Insekten der faire Preis, den die Nahrungssucher den Wächtern bezahlen.

Tipps für die Führungspraxis

Warum es sich manchmal lohnt, mit Schwindlern zu kooperieren

Vertrauen ist die Basis jeder Zusammenarbeit. Insoweit ist jeder Vertrauensbruch eine schwere Belastung der Arbeitsbeziehung. Und doch gibt es Situationen, die mit denen im gemischten Schwarm vergleichbar sind. Sie haben keine Wahl, es gibt keine ehrlichen Kooperationspartner. Die Entscheidung heißt nur: Kooperieren oder nicht kooperieren? Unter diesen Umständen kann es zweckmäßig sein, sich illusionslos auf eine solche Verbindung einzulassen und entsprechenden „Schwund" mit einzukalkulieren. Eine solche Konstellation besteht immer dann, wenn auch Ihr unehrlicher Kooperationspartner ein Interesse daran hat, dass das gemeinschaftliche Ziel erreicht wird.

Schwindler arbeiten häufig rational

Die Kooperation mit einem Schwindler hat natürlich nur dann Aussicht auf Erfolg, wenn Sie einen beträchtlichen Nutzen daraus ziehen können und ein gegenseitiges Abhängigkeitsverhältnis besteht. Dann kann sich die Verbindung als durchaus tragfähig und stabil erweisen; denn „Schwindler" haben häufig ihre eigene Rationalität und würden eine gut funktionierende Beziehung nicht ohne weiteres aufs Spiel setzen.

Es kann kostspielig sein, auf Nummer sicher zu gehen

Das Beispiel der Tangaren und Ameisenwürger führt uns vor Augen, dass wir es uns in vielen Fällen nicht leisten können, ein Alarmsignal zu ignorieren, auch wenn Zweifel an seiner Zuverlässigkeit bestehen. Davon versuchen etliche zu profitieren, die Gerüchte streuen und unbewiesene Behauptungen in die Welt setzen. Daraufhin stürzen Börsenkurse ab oder Mitarbeiter, die in sensiblen Bereichen tätig sind, werden sicherheitshalber auf eine andere Position versetzt. In der Summe kann dadurch ein erheblicher Schaden entstehen, auch wenn man nur auf „Nummer sicher" gehen will. Deshalb kann es sinnvoll sein, die Zuverlässigkeit solcher Alarmsignale genauestens zu prüfen, auch wenn das erst einmal ziemlich kostspielig ist.

Mantelpaviane und Truthähne – wie man den Boss austrickst

Themen: Macht, Kontrolle, Kooperation, Statussymbol

Männliche Mantelpaviane pflegen einen ziemlich autoritären Führungsstil. Sie herrschen über einen Harem von drei bis acht Weibchen und kennen keine Gnade, wenn die exklusive Verfügungsgewalt über ihre Fortpflanzungspartnerinnen in Gefahr gerät. Wenn sie mit ihren Furcht erregenden Fangzähnen zubeißen, können sie ihre Artgenossen schwer verletzen oder sogar töten. Keine gute Ausgangsposition für Männchen, die in der Hierarchie der Affenhorde einen der unteren Ränge einnehmen. Es ist wie so oft im Tierreich: Wenige Gewinner, die ihren Erfolg noch weiter maximieren möchten, indem sie ihn in die Nachwelt verlängern und den Genpool der nächsten Generation unter sich aufteilen wollen, und viele Verlierer, die auch nicht ganz leer ausgehen wollen.

Doch wie sollen die Verlierer das anstellen? Als aufstrebendem Mantelpavian stehen einem nur zwei Wege offen: den Haremsbesitzer herausfordern und eine blutige Paviansnase riskieren oder den krummen, aber verheißungsvollen Weg des Betrugs gehen. Die Natur hat der zweiten Strategie eine breite Gasse gebahnt, um auch den Männchen eine Chance zu geben, die vielleicht keine großen Fangzähne haben, aber auch nicht auf den Kopf gefallen sind.

Je größer der Harem, desto schwieriger die Kontrolle

In der Gesellschaft der Mantelpaviane gilt der Grundsatz: Je mehr Weibchen ein Tier hat, desto höher steht es in der Hierarchie, desto mehr Macht und Einfluss hat es. Ein vielköpfiger Harem ist ein Statussymbol. Insoweit bedroht jeder, der sich an eines der Weibchen heranmacht, die Machtposition. Und das muss mit allen Kräften vermieden werden.

Nun hat aber ein rangniederes Männchen häufig gar nicht die Absicht, die herrschende Hierarchie in Frage zu stellen, es will nur seine Gene in die nächste Generation transferieren. Anstatt blutigem Kampf wählt es daher den stillen, simplen Betrug. Paradoxerweise ist der umso leichter möglich, je mehr Macht der Paschapavian hat. Je größer sein Harem ist, umso mehr Aufwand muss er treiben, um es zu kontrollieren. Mögliche Rivalen muss er im Auge behalten, und dann will er ja schließlich, sagen wir es einmal so: von den Vorteilen, die ein Harem bietet, auch Gebrauch machen.

Der Trickser muss also nüchtern kalkulieren: Betrüge ich einen mit einem großen Harem, sinkt das Risiko, dass ich auffliege. Gleichzeitig ist der mögliche Schaden, den ich erleide, wenn ich auffliege, viel höher, denn ein Pavian mit einem kleinen Harem wäre natürlich viel schwächer. Das Ergebnis der komplexen Risikoabwägung: Der ranghohe Pavian wird betrogen.

Die heimlichen Helfer

Das Risiko, entdeckt zu werden, lässt sich nämlich entscheidend minimieren, indem man mit verlässlichen Kooperationspartnern zusammenarbeitet. So geschieht es öfter, dass sich zwei Junggesellen zusammentun. Der eine lenkt den Haremshalter ab, während sich der andere an eines der Weibchen heranmacht. Anschließend tauschen die beiden die Rollen.

Und die Weibchen? Ihnen fällt bei diesem Manöver eigentlich die entscheidende Rolle zu, denn sie könnten ohne weiteres den ganzen Betrug auffliegen lassen. Doch sie tun nichts dergleichen. Im Gegenteil, sie wirken diskret daran mit, dass der Pascha nichts mitbekommt. In manchen Fällen sind es sogar die Weibchen, die den Junggesellen ein wenig auf die Sprünge helfen und sich vor dem Haremshalter verstecken. Ein junges Pavianweibchen etwa wurde dabei beobachtet, wie es zum Rendezvous immer wieder hinter einem Felsen verschwand und sich zwischendurch umso deutlicher beim nichts ahnenden Haremshalter sehen ließ.

Als „Beimännchen“ auf der Balz

Eine interessante Strategie verfolgen auch die so genannten „Beimännchen“, die einen wild lebenden Truthahn auf der Balz begleiten. Bei diesen Tieren ist es nämlich so, dass sich Weibchen von einem prächtigen Gefieder allein nicht beeindrucken lassen. Ein Männchen, das hier Chancen haben möchte, muss mit einem Hofstaat von „Beimännchen“ oder „Balzgehilfen“ aufmarschieren. Das lässt die Hennenherzen höher schlagen.

Nun achtet der „Chef“ darauf, dass seine „Männer“ ihm nicht die Schau stehlen oder gar das umgarnte Weibchen. Solange der Balzhahn persönlich anwesend ist, hat er in dieser Hinsicht auch nichts zu befürchten. Erst wenn er sich mit seiner Herzenshenne zurückgezogen hat, bekommen möglicherweise auch die „Beimännchen“ ihre Chance. Kommt nämlich eine zweite Henne des Weges, gelten andere Regeln: Jetzt können die Hähne auch ohne Hofstaat balzen – und werden erhört.

Tipps für die Führungspraxis

Im Tierreich gilt die Regel: Wenn jemand über zu viel Macht verfügt, so fordert das zum Betrug heraus. Begünstigt wird das Vorgehen durch den Umstand, dass die Kontrolle immer aufwändiger wird, je ausgedehnter der Einflussbereich ist.

In Unternehmen wird versucht, dieses „Paradox der abnehmenden Macht“ dadurch auszugleichen, dass immer feinere Feedback- und Controllinginstrumente auf die Mitarbeiter und Führungskräfte angesetzt werden. Doch dadurch verlagert sich eigentlich nur das Ziel: Nicht mehr der Vorgesetzte muss überlistet werden, sondern das Controllingverfahren.

Mit einem autoritären Führungsstil bringen Sie auch Ihre Verbündeten gegen sich auf

Das Beispiel der Pavianhorde zeigt: Wer sich anmaßt, über andere zu verfügen, wer seine Führung auf Einschüchterung und mehr oder minder offene Gewalt gründet, der darf sich nicht wundern, wenn ihm die die eigenen Mitarbeiter sofort die Gefolgschaft verweigern, sobald die autoritären Machtmittel nicht mehr zu Verfügung stehen.

Durchbrechen Sie den Teufelskreis des Misstrauens

Rigide Kontrolle ist nicht nur aufwändig, sie ist auch ein Zeichen des Misstrauens. Kontrolle fordert dazu heraus, sie zu unterlaufen. Dadurch verstärkt sich aber wiederum der Druck, die Kontrolle noch weiter zu verschärfen. Der Kontrollaufwand steigt immer weiter, ohne die Ergebnisse zu verbessern. Aus einem solchen „Teufelskreis des Misstrauens“ sollten Sie aussteigen; Ihre Mitarbeiter brauchen Vertrauen, um ihre Arbeit zu erledigen. Aber sie haben auch Anspruch auf eine angemessene Würdigung ihrer Leistung. Und die gibt es eben nur bei einem gewissen Maß von Kontrolle.

Geben Sie auch Ihren „Beimännchen“ eine Chance

Als Führungskraft sind Sie möglicherweise auch von dem einen oder anderen „Beimännchen“ umgeben, das Sie dabei unterstützt, Ihre Ziele zu erreichen. Dabei sollten Sie nicht übersehen, dass sich diese Mitarbeiter von ihrer Gefolgschaft etwas versprechen. Sie verfolgen legitimerweise auch eigene Interessen. Sofern diese Interessen nicht Ihren eigenen im Wege stehen, sollten Sie Ihre „Beimännchen“ dabei unterstützen. Dadurch sichern Sie sich auch ihre künftige Gefolgschaft.

Der Heuschreckenkrebs und die Kunst zu bluffen

Themen: Wettbewerb, Konflikte, Selbstbewusstsein, Karriere

Wenn Sie schon einmal einen Heuschreckenkrebs gesehen haben, dann vermutlich in Sushiform (japanischer Name: Shako) oder auf einem Teller mit mediterranen Meeresfrüchten. Denn der Heuschreckenkrebs gilt als Delikatesse. Doch von seinen kulinarischen Qualitäten soll hier nicht die Rede sein, sondern von seinen gefährlichen Fangbeinen. Mit seinen acht Thoraxbeinen kann der Heuschreckenkrebs blitzschnell zuschlagen und seine Beute wie in einem zuschlagenden Taschenmesser einklemmen. Bei einem ausgewachsenen Tier sind die Beine so stark, dass er Ihnen damit ohne weiteres den Finger brechen könnte.

Der Heuschreckenkrebs ist ein Raubtier, der den schlammigen Meeresgrund oder eine Felshöhle im Riff bewohnt. Hier sitzt er, lugt mit seinen Stielaugen heraus und wartet auf Beute. Der Heuschreckenkrebs verfügt über die besten

Augen aller Meeresbewohner. Er kann Farben sehen, für die wir nicht einmal eine Bezeichnung haben. Sein ausgezeichnetes Sehvermögen hilft ihm bei der Jagd nach kleinen Meerestieren.

Verdrängungswettbewerb im Felsenriff

Da die Anzahl der verfügbaren Spalten und Höhlen in einem Felsenriff begrenzt ist, konkurrieren zahlreiche Tiere darum. Wer eine Höhle in Besitz nehmen möchte, begibt sich vor deren Eingang. Nach kurzer Zeit erscheint dort der Bewohner. Ist er deutlich kleiner und dem Eindringling körperlich unterlegen, so räumt er freiwillig das Feld. Doch wenn die Kräfte gleich verteilt sind oder der Bewohner stärker erscheint, dann schwimmt der Eindringling in der Regel weiter. Dass es gar nicht erst zum Kampf kommt, liegt im Interesse beider Beteiligten. Hin und wieder kommt es aber doch zum Kampf. Zum Beispiel weil die Gegner ihre Kräfte sehr unterschiedlich einschätzen.

Verschärft wird die Konkurrenzsituation durch den Umstand, dass die Höhlenbewohner wachsen. Von Zeit zu Zeit brauchen sie eine neue, größere Wohnung. Und dazu müssen Sie in der Regel ein größeres Tier vertreiben.

Wie der Heuschreckenkrebs seine Höhle verteidigt

Doch der Heuschreckenkrebs weiß sich zu verteidigen. Will ein anderer Meeresbewohner seine Höhle besetzen, kann er sehr ungemütlich werden. Er geht auf den Eindringling zu und wagt sich nach und nach immer weiter aus seiner Behausung heraus. Schwimmt der Angreifer noch immer nicht davon, dann setzt es einen Schlag mit der großen Klaue. Dabei muss er den Angriff seines Gegners nicht fürchten, denn Krebse sind im Allgemeinen gut gepanzert (wie jeder weiß, der schon einmal versucht hat, sie mit einer Hummerzange aufzubrechen).

Nun gibt es aber eine kritische Phase im Leben eines Krebses: Wenn er so stark gewachsen ist, dass sein Panzer für ihn zu klein geworden ist. Dann wirft er nämlich den Panzer ab. Bis sich seine weiche Haut wieder zum Panzer verhärtet, dauert es eine Weile. In dieser Zeit ist der Krebs extrem empfindlich und verletzlich.

Eigentlich würde man erwarten, dass sich der Heuschreckenkrebs in dieser Zeit besonders zurückhält. Doch das Gegenteil ist der Fall, wie der Biologe

Roy Caldwell beobachtet hat. Bekommt der empfindliche Krebs ungebetenen Besuch, so tastet er sich nicht langsam an seinen Kontrahenten heran; vielmehr schießt er aus seiner Höhle heraus und demonstriert sofort höchste Kampfbereitschaft. Sein Gegenüber hat nur die Wahl zu kämpfen oder abzuziehen. Fast immer ergreift der Besucher die Flucht. Dabei ist der Krebs nie wieder so verletzlich – käme es wirklich zum Kampf, könnte er sich gar nicht verteidigen.

Wie der Bluff funktioniert

Es handelt sich um einen lupenreinen Bluff. Er funktioniert aus zwei Gründen:

- Für den Eindringling ist äußerlich nicht erkennbar, dass der Krebs gerade kampfunfähig ist. Er schätzt ihn nach den vertrauten Kriterien ein: Wie groß ist er und über welche Waffen verfügt er?
- Durch sein aggressives Auftreten treibt der Krebs die kalkulatorischen Kosten, die ein Kampf verursachen würde, nach oben. Das Signal heißt: Wenn du die Höhle in Besitz nehmen willst, musst du kämpfen.

Den zweiten Punkt müssen wir näher erklären: Ein gegenseitiges Taxieren und allmähliches Herantasten mit einem unverfänglichen Kräftemessen (wie wir es beim Hirsch noch kennen lernen werden, s. S. 214) ist nicht möglich. Es muss gleich zur Sache gehen. Dadurch wird es für den Eindringling schwierig, seine Kosten zu kalkulieren. Er hat ja keinen Anhaltspunkt, auf die tatsächliche Stärke des Krebses zu schließen. Also zieht er lieber ab, denn auch ein Meeresbewohner auf Höhlensuche scheut unkalkulierbare Kosten bei ungewissem Nutzen. Eine Höhle ist zwar viel wert, aber niemals so viel, das eigene Leben aufs Spiel zu setzen. Weil der Krebs sich diese natürliche Risiko-Kalkulation zunutze macht, kann sein Bluff funktionieren.

Tipps für die Führungspraxis

Lassen Sie sich nicht durch demonstratives Selbstbewusstsein täuschen

Im Allgemeinen ist ein selbstbewusstes Auftreten ein recht zuverlässiges Zeichen, um die Qualitäten seines Gegenübers einzuschätzen. Es entspricht unserem natürlichen Verhalten, dass wir dann Selbstbewusstsein zeigen, wenn wir unserer Sache sicher sind. Umgekehrt billigen wir unseren Mitmenschen eine hohe Kompetenz zu, wenn sie uns selbstbewusst gegenübertreten. Meist tun wir das vollkommen zu Recht, aber es gibt eben auch Menschen, von denen wir uns bluffen lassen. Sie haben nichts zu bieten, sind vollkommen inkompetent oder stehen finanziell vor dem Ruin – und treten mit einem ungeheuren Selbstbewusstsein auf. Und genau dieses Übermaß an Selbstbewusstsein, dieser „Tick zuviel" könnte ein Hinweis darauf sein, dass nichts dahinter steckt. Schauen Sie in einem solchen Fall also besonders genau hin.

Machen Sie die Kosten für einen Konflikt unkalkulierbar!

Natürlich können Sie sich die Taktik des Heuschreckenkrebses auch zunutze machen. Denn sie funktioniert auch im Geschäftsleben bestens. Nicht nur Meerestiere, sondern auch Menschen, zumal in Unternehmen, wägen Kosten und Nutzen ab, ehe sie sich auf eine Auseinandersetzung einlassen. Wenn gleich zu Beginn klar ist, dass Sie mit höchstem Einsatz Ihr Ziel verfolgen, wird sich ein möglicher Konkurrent davon abhalten lassen, Sie herauszufordern. Ihm geht es vielleicht nur um einen kleinen Vorteil, und für den wird er nur begrenzte Ressourcen investieren wollen. Wenn Sie ihm deutlich machen, dass seine Kosten unkalkulierbar sind, wird er sich nicht auf einen Konflikt mit Ihnen einlassen.

Ein guter Bluffer kann nicht verlieren

Vom Heuschreckenkrebs lernen heißt bluffen lernen. Wie jeder guter Bluffer spielt er in der Mehrzahl der Fälle ehrlich. Er ist ja kein Hochstapler, der seinen Vorteil daraus zieht, dass die anderen es niemals auf eine Konfrontation mit ihm ankommen lassen. Er ist ein gefährlicher Gegner mit einer furchtbaren Waffe. Niemand hat Grund an seinen Fähigkeiten zu zweifeln. Und unter normalen Umständen verläuft das Kräftemessen ja auch in geordneten Bahnen. Erst wenn der Heuschreckenkrebs alles zu verlieren, aber fast nichts zu gewinnen hat, fängt er an falsch zu spielen.

Lassen Sie den Bluff niemals auffliegen

Der Heuschreckenkrebs lässt sich niemals in die Karten schauen. Nur deshalb kann er so erfolgreich bluffen. Machen Sie es genauso. Wenn

Ihr Gegenüber jemals herausbekommt, dass Sie ihn getäuscht haben, setzen Sie sich in Zukunft immer dem Verdacht aus zu bluffen. Man wird Ihnen nicht trauen und Sie besonders aufmerksam unter die Lupe nehmen. Das kann eine kostspielige Angelegenheit werden, so dass der kurzfristige Nutzen den Schaden niemals aufwiegt. Außerdem sollten Sie keine Fähigkeiten vortäuschen, die Sie nicht tatsächlich haben. Müssten Sie sie einmal einsetzen, fliegen Sie auf und haben Ihren Ruf nachhaltig ruiniert. So etwas würde ein Heuschreckenkrebs niemals riskieren. Dass er sich in bestimmten Phasen gar nicht verteidigen kann, wissen nur die Meeresforscher und der Krebs selbst.

Werbung und Marketing

In der Natur findet ein ständiges Werben statt. Der Begriff der Werbung stammt sogar aus der Natur, denn ursprünglich war damit keineswegs das Anpreisen eines Konsumguts gemeint, sondern das Bemühen, einen geeigneten Fortpflanzungspartner auf sich aufmerksam zu machen. Insoweit hat Werbung an ihrem Ursprung sehr viel mit dem Balzverhalten zu tun. Und vom Balzverhalten soll in diesem Kapitel denn auch die Rede sein. Aber auch andere „Investoren“ müssen angelockt und überzeugt werden, Insekten zum Beispiel, die für die Bestäubung von Pflanzen sorgen sollen. Die Natur hat zu diesem Zweck duftende, prachtvolle Blüten entwickelt, eine wundervolle Werbemaßnahme, die den Pflanzen zwar einiges an Ressourcen abverlangt, die aber ungemein erfolgreich ist.

Ein weiteres Thema ist das „virale Marketing“. Zu Zeiten des Internet-Booms wurde es als neue Wunderwaffe gepriesen. Werbebotschaften sollten sich wie von selbst ausbreiten wie die Viren. Hier erfahren Sie, was es mit den biologischen Grundlagen dieses Konzepts auf sich hat und warum viele Versprechungen des viralen Marketings nicht aufgehen können. Und doch gibt es bei diesem Konzept auch einige Ansätze, die weiterführend sind. Vor allem wenn man bereit ist, von den Viren wirklich zu lernen. Zum Schluss erfahren Sie noch, was uns die Natur in Bezug auf ein schlechtes Image lehrt.

Die Federn des Pfaus – die Ökonomie des Luxus

Themen: Eventmarketing, Sponsoring, Karriere, Spezialisten

Ohne Zweifel gehört ein balzender Pfau zu den eindrucksvollsten Erscheinungen im Tierreich. Charles Darwin war so stark beeindruckt, dass er den leuchtenden Augenfleck auf dem Pfauenrad zu einem „der schönsten Objekte der Welt“ erklärte. Schön mag er ja sein, aber übertreibt er es nicht ein bisschen mit seiner Prachtentfaltung, der eitle Pfau? Sehen wir uns nur seine Proportionen ein wenig genauer an. Ein männlicher Blauer Pfau kann eine Gesamtlänge von mehr als zwei Metern erreichen, davon misst seine so genannte Prachtschleppe allein 120 bis 130 Zentimeter. Von einem rein praktischen Standpunkt aus betrachtet, sind diese 120 bis 130 Zentimeter pure Verschwendung von Ressourcen.

Für den Vogel hat die Schleppe keinen erkennbaren Nutzen, im Gegenteil, sie behindert ihn bei fast allen Tätigkeiten, denen ein männlicher Pfau tagaus, tagein nachgeht. Sie ist eine einzige „Bewegungsbremse“, wie es Matthias Uhl und Eckard Voland in ihrem anregenden Buch „Angeber haben mehr vom Leben“ formuliert haben. Ein Pfau kann weder schnell laufen, noch kann er fliegen. Außerdem ist er durch seine bunte Färbung extrem schlecht getarnt. Wie konnte sich so ein rundum unpraktisches Schmuckgefieder überhaupt entwickeln? Widerspricht es nicht den Gesetzen der natürlichen Auslese, nach denen alles ausgemerzt wird, was die Überlebensfähigkeit beeinträchtigt?

Weibchen mögen bunte Vögel

Doch in der Natur gelten nicht nur die Gesetze der natürlichen Auslese, sondern auch die von Angebot und Nachfrage. Und was das Wichtigste ist: Sie hängen unmittelbar miteinander zusammen. Dass die männlichen Pfauen ein überdimensioniertes Federkleid mit sich herumschleppen, das verdanken sie nämlich den grau-braunen Pfauenweibchen. Die unscheinbaren Hennen sind es nämlich, die unter den balzenden Hähnen auswählen und durch ihre Wahl das künftige Angebot beeinflussen. Wenn sie sich also für die unbeweglichen Prachtschleppenträger entscheiden, dann könnte ein windschnittiger Turbopfau noch so sehr mit halsbrecherischen Flugeinlagen glänzen, er hat kein beeindruckendes Rad zu bieten und ist damit aus dem Spiel. In die Sprache der Ökonomie übersetzt: Die Sache ist zwar der Wahnsinn, aber wir machen es trotzdem, denn die Kunden wollen es so.

Der Gewinner bekommt fast alle

Dabei müssen wir berücksichtigen, dass der Pfau zu den so genannten Arenabalzvögeln gehört. Mehrere Männchen stellen sich in einer größeren Balzarena auf, schlagen vor den kritisch prüfenden Weibchen ihre beeindruckenden Räder und warten auf deren Urteil. Um die Wirkung zu steigern, lassen sie ihr schillerndes Federkleid vibrieren, wodurch sich zusätzliche Farbeffekte ergeben. Eine beeindruckende Vorstellung, die angesichts der harten Konkurrenz wohl auch nötig ist. Der Paarungserfolg ist nämlich sehr ungleich verteilt. Der prächtigste Hahn wird außerordentlich stark nachgefragt, die Zweit- und Drittplatzierten haben auch noch Chancen, während die große Mehrzahl wenig Zuspruch findet. Die Balz der Pfauenhähne ist also ein hochgradig „hitgetriebenes“ Geschäft.

Worauf es dabei ankommt, das ist nicht nur eine überzeugende Präsentation des Gefieders. Das entscheidende Kriterium ist vielmehr die Anzahl der prächtigen Augenflecke. Das hat man experimentell überprüft und den begehrtesten Pfauenmännchen einige Punkte entfernt. Prompt stürzte ihr Marktwert ab, während nun Hähne begehrt waren, die vorher kaum Beachtung fanden, weil sie zu wenige Punkte hatten. Erfolg ist eben relativ.

Die Selbstläuferhypothese

Warum jedoch bevorzugen die Weibchen so sehr ein prächtiges Gefieder und im Speziellen die schimmernden Augenpunkte? Der britische Darwinist Ronald A. Fisher formulierte die so genannte „Selbstläuferhypothese". Demnach verdankt sich der eigenwillige Geschmack der Pfauenweibchen einem bloßen Zufall. Irgendwann hat ein Weibchen diesem Merkmal den Vorzug gegeben und aufgrund einer Verkettung zufälliger Umstände hat sich dieser Trend verstärkt und allgemein durchgesetzt, er wurde sozusagen zum Selbstläufer, der sich irgendwann nicht mehr zurückholen ließ. Die Schwanzfedern der Männchen wurden immer länger und die Augenpunkte immer prächtiger, weil immer nur die Hähne mit den jeweils prächtigsten Gefiedern eine Chance bekamen, sich fortzupflanzen. In Computersimulationen lässt sich dieser Effekt eindrucksvoll demonstrieren. Hätten die Weibchen Hähne mit langen dünnen Beinen bevorzugt, sähen diese heute aus wie Störche. Alles eine Frage des rational so schwer zu begreifenden „Kundengeschmacks".

Jenseits des Nützlichkeitsprinzips

Und doch vermag die Selbstläuferhypothese nicht restlos zu überzeugen. Sie gibt nämlich keinen Aufschluss darüber, warum die Weibchen überhaupt so extravagante Vorlieben entwickelt haben, Männchen mit Prachtschleppen von absurder Länge zu bevorzugen und deren Punkte auf dem Gefieder zu zählen. Alles Zufall? Eine schlüssigere Erklärung verspricht das so genannte „Handicap-Prinzip", das die beiden israelischen Biologen Amotz und Avishag Zahavi aufgestellt haben. Dass die Schwanzfedern des Pfaus außerhalb der Balz für den Vogel absolut nutzlos, ja, im hohen Maße hinderlich sind, ist für die Zahavis kein Zeichen dafür, dass die Weibchen irgendeinem grotesken Modetrend hinter laufen. Vielmehr ist die Prachtschleppe ein ausgezeichnetes Kriterium dafür, um festzustellen, wie gesund und fit der Pfau ist. Ein Hühnervogel, der mit dieser auffälligen Färbung und diesem sperrigen Federschmuck noch am Leben ist, der muss über außerordentliche Qualitäten verfügen. Denn sonst wäre er längst gefressen worden. Dass der Pfau trotz seines Handicaps eine derart passable Figur macht, ist ein sicheres Zeichen dafür, dass er eine gute Wahl darstellt. Ein Vogel mit den geringsten Entwicklungsstörungen oder mit Parasitenbefall kann da nicht mithalten, er ist sofort aus dem Rennen.

Die Rationalität der Pfauenweibchen

Biologisch betrachtet geht es für die Weibchen darum, in das Männchen mit den „besten" Genen zu investieren. Das erhöht nämlich die Überlebenschancen ihres Nachwuchses. Nun kann man „gute" und „schlechte" Gene aber nicht sehen. Also muss sich das Weibchen an Indizien orientieren, die leicht erkennbar und zuverlässig sind. Das schillernde Federkleid ist so ein Indiz. Tatsächlich leiden die Hähne, die fast alle ihre Ressourcen in puren Luxus investieren, nicht unter Parasitenbefall und gleichen ihre mangelnde Beweglichkeit durch überbordende Aggressivität aus. Im Zoo kann ein Grünes Pfauenmännchen nicht im Gehege mit anderen Vögeln gehalten werden.

Die Frage des Parasitenbefalls könnte sogar eine Schlüsselrolle spielen. Wie Sie an anderer Stelle lesen können (s. S. 323), nehmen Parasiten womöglich einen weit größeren Einfluss auf die Evolution, als man bislang gedacht hätte. Sie sind es, die die Evolution vorantreiben, indem sie die Organismen zwingen, sich ständig umzustellen. Wer signalisieren kann, dass er keine Parasiten hat, der bringt damit zum Ausdruck, dass er im evolutionären Wettlauf ziemlich weit vorne liegt. Er ist seinen parasitenbefallenen Artgenossen in der Entwicklung voraus. Und das ist für die Pfauenweibchen gewiss ein vollkommen rationales Argument, sich für den schillerndsten Pfau zu entscheiden.

Tipps für die Führungspraxis

Wirtschaftsleben nach dem Handicap-Prinzip

> Unter verschärften Konkurrenzbedingungen, unter denen ein Pfau antritt, heißt die Devise: Verschwendung rechnet sich. Sinnloser Aufwand ist Pflicht. Denn sie sind - nach dem Handicap-Prinzip – einigermaßen zuverlässige Indizien dafür, dass ein Unternehmen im Kern

gesund ist. Natürlich muss die Verschwendung öffentlichkeitswirksam in Szene gesetzt werden. Zum Beispiel auf aufwändigen Tagungen, pompösen Pressekonferenzen oder anderen Events, bei denen das zuvor erwirtschaftete Geld nicht zu knapp zum Fenster hinausgeworfen werden kann. Ihr Konkurrent hat einen Popstar als Werbepartner verpflichtet? Das ist ein Augenpunkt mehr auf seinem Federkleid – Sie müssen etwas tun: eine Popgruppe verpflichten und jedem einzelnen Musiker das Firmenlogo auf die Stirn tätowieren lassen. Zugleich lassen Sie alle Welt wissen, welche Schwindel erregenden Summen Sie dafür ausgegeben haben.

Treiben Sie die Kunst der souveränen Verschwendung

Die Verschwendung darf allerdings nie als Folge von Schwäche, Unvermögen oder gar Schlamperei erscheinen – etwa im Sinne der „Verschwendung öffentlicher Gelder", die der Bundesrechnungshof jedes Jahr beanstandet. So etwas muss unter allen Umständen vermieden werden. Denn was das eigentliche Geschäft angeht, da muss das Unternehmen stahlhart bleiben, Zulieferer im Preis drücken, Kosten reduzieren, Prozesse optimieren. Hier darf nicht das geringste Einsparpotenzial ungenutzt bleiben.

Zugleich muss das Unternehmen zum Ausdruck bringen, wie erfolgreich es wirtschaftet. Und das geht – so paradox es auf den ersten Blick wirken mag – nur auf dem Wege öffentlichkeitswirksamer Verschwendung. Es müssen kostspielige „Augenpunkte" vorgeführt werden, ob das nun die Architektur des Firmensitzes, aufwändige Werbekampagnen oder edle und teure Weihnachtsgeschenke sind. Die bereiten nicht nur ästhetischen Genuss, sie sind auch überzeugender als die nackten Zahlen, die natürlich ebenso glänzen müssen.

Das alles hat seinen Sinn, denn die Investition ins schicke Image ist selbst alles andere als nutzlos. Sie wirkt als kostspieliges Signal, das sich eben nur derjenige leisten kann, der nicht mit knapper Not über die Runden kommt. Gerade in einer Konkurrenzsituation wie bei den Pfauen, wo der Gewinner fast alles bekommt und die vielen Verlierer leer ausgehen, können solche Signale überlebenswichtig sein. Und weil das so ist, kommt es manchmal zu etwas bizarren Überbietungswettkämpfen mit einem gigantischen Einsatz von Ressourcen. Das

Entscheidende ist jedoch, dass diese Wettkämpfe einen völlig rationalen Kern besitzen.

Auf dem Gänsemarkt gelten die Gesetze der Gänse

Und doch gilt das Handicap-Prinzip nur mit Einschränkungen. Die erste ist, dass es nur in bestimmten Wettbewerbssituationen sinnvoll ist, solche Signale auszusenden. Wenn es nämlich darum geht, wie der Pfau in der Balzarena unbedingt die Nummer eins zu werden, um die gesamte Konkurrenz auszustechen. In einem fragmentierten Markt, in dem sich viele Anbieter behaupten, wäre eine solche Strategie ruinös. Darüber hinaus gibt es Branchen, in denen es traditionell darauf ankommt, Solidität und Bodenständigkeit auszustrahlen. Dort haben die grauen Gänse bessere Chancen als die bunten Vögel. Es dürfte Befremden auslösen, wenn Sie dort eine „Pfauenstrategie“ verfolgen. Auf einem Gänsemarkt gelten andere Regeln als in der Balzarena.

Teure Signale können ihren Wert verlieren

Die zweite, gewichtigere Einschränkung betrifft die Fälschungssicherheit des „Handicap-Signals“. Wenn ein Pfau Ihnen sein prächtiges Rad entgegenreckt, dann können Sie sicher sein, dass mit dem Vogel alles in Ordnung ist. Wenn hingegen ein Unternehmen öffentlichkeitswirksam im Luxus schwelgt, dann bestehen immer leise Zweifel, ob es sich dieses Signal überhaupt leisten kann.

Im Gegensatz zu einem Fasanenvogel, der sofort stirbt, wenn er seine lebenswichtigen Ressourcen angreift, um damit seinen Luxus zu finanzieren, kann das bei einem Unternehmen geradewegs umgekehrt sein. Der demonstrative Luxus soll dann dazu dienen, das nötige Vertrauen aufzubauen, um die lebenswichtigen Ressourcen zu erwirtschaften.

In vielen Fällen geht diese Rechnung nicht auf, und die Konstruktion bricht in sich zusammen. Damit ist aber auch das Signal entwertet. Es ist nur noch teuer, aber nicht mehr wirksam. Es baut kaum noch Vertrauen auf, sondern Argwohn: Sind das Blender? Konsequenterweise könnten Sie sich dann eigentlich so ein Signal sparen. Doch das ist schwierig. Denn wenn es fehlt, in einem Umfeld, in dem alle Wettbewerber solche Signale setzen, erregen Sie den Verdacht, dass Sie mit den anderen nicht mehr mithalten können. Sie müssen also weiterhin in kostspielige Signale investieren, auch wenn deren Wert immer weiter sinkt.

Machen Sie Eindruck mit Bildung, perfekten Manieren oder Starallüren

Es gibt aber noch eine Reihe anderer „Handicap-Signale", auf die Sie achten sollten, weil sie nämlich weniger leicht zu fälschen sind als alles, was man mit Geld erwerben kann. Das sind etwa die Bereiche Bildung und Umgangsformen. Klassisches Bildungsgut hat für die meisten Berufe keinerlei praktischen Nutzwert, es ist unnötiger Ballast, wie auch immer wieder beklagt wird. Doch wer souverän darüber verfügt, signalisiert, dass er es sich „geistig leisten" kann, auch mit so einer schwierigen Materie umzugehen. Sein Hirn gelangt durch sein berufliches Fachwissen noch nicht an die Grenzen seiner Auslastung.

Was die Umgangsformen betrifft, so gibt es hier gleich einen doppelten „Handicap"-Effekt. Auf der einen Seite signalisiert derjenige, der über perfekte Umgangsformen verfügt, dass er es sich leisten kann, so ausgefallene Dinge zu erlernen wie die korrekte Anrede eines Erzbischofs im Ruhestand. Auf der anderen Seite haben korrekte Umgangsformen einen außerordentlich hohen Nutzwert. Wer sich nicht benehmen kann, der muss schwere berufliche Nachteile befürchten.

Insofern kann aber auch ein echtes „Handicap"-Signal vorliegen, wenn Ihr Gegenüber sich unpassend anzieht, zu spät kommt, keine Tischmanieren zeigt und sich überhaupt ziemlich rüpelhaft aufführt. In diesem Fall sollen die schlechten Umgangsformen signalisieren: Ich bin so gut, dass ich mich so sehr daneben benehmen kann, ohne dass mir etwas passiert. Keine Frage, mit einem solchem Verhalten demonstriert man überbordendes Selbstbewusstsein. Und in einem Bereich, der schwer zu durchschauen ist, wo es aber darum geht, unbedingt die „Spitzenkraft" zu verpflichten, kann ein solches „Handicap-Signal" durchaus Wirkung zeigen. Auf der anderen Seite sind solche Starallüren sehr riskant. Der vermeintliche Star gerät nämlich sofort in Verruf, wenn sich herausstellt, dass er gar nicht so brillant ist.

Virales Marketing – die wundersame Selbstvermehrung von Informationen

Themen: Informationsmanagement, Online-Marketing, Internet, Sicherheit

Wenn von Viren die Rede ist, dann meist im Zusammenhang mit unangenehmen Dingen. Maul- und Klauenseuche, Kinderlähmung, Gelbfieber, Tollwut, Grippe, Aids, zahllose unerklärliche Krankheiten, Chaos und Katastrophen sind das Ergebnis von Virenbefall, ob im Körper oder in Computernetzen. Was die (biologischen) Viren zusätzlich so unheimlich macht, das ist die Schattenhaftigkeit ihrer Existenz. Sie sind keine echten Lebewesen; dazu fehlt ihnen der Stoffwechsel. Sie sind aber auch keine „tote Materie", denn sie vollbringen etwas, das sonst nur Lebewesen können: Sie vermehren sich. Und genau das macht sie so gefährlich.

Klein und gemein

„Ein Virus ist ein Stück Erbgut, das in eine Eiweißhülle verpackt ist", so lautet in den Worten des Biochemikers Ernst-Ludwig Winnacker die „strikt biologische Definition". Viren sind winzig, sie sind nur im Mikro- und Nanometer-Bereich zu messen. Im Vergleich zu ihnen sind Bakterien klobige Riesen. Bakterien lassen sich durch extrem feine Filter herausfischen, Viren nicht.

Viren dringen in die Zellen eines Organismus ein. Hier besetzen sie gleich die entscheidenden Schaltstellen: die Gene im Zellkern. Die werden so manipuliert, dass die Zelle nicht mehr den eigenen, sondern den Zielen des Virus dient. Genau genommen handelt es sich nur um ein einziges Ziel: die maximale Vermehrung. Mit der Folge, dass die infizierten Zelle geschädigt oder sogar vernichtet wird.

Eine fatale Bauanleitung

Die Viren verwenden die Bestandteile der infizierten Zellen, um eigene Nachkommen zu bilden, schreibt die Biologin Susanne Modrow. Sie sind „Zellparasiten", die nicht viel mehr mitbringen als eine Bauanleitung. Und zwar eine Bauanleitung zum Bau von weiteren Bauanleitungen. Nach diesem Prinzip arbeiten auch die gefürchteten Computerviren. Sie veranlassen das Programm, lauter Kopien eben dieses Befehls zu erstellen. Dadurch kommt es zu einer explosionsartigen Vermehrung und das ursprüngliche Programm wird lahm gelegt.

Eine Bauanleitung besteht aus Informationen. Insoweit geht es immer um diese Ebene: Informationen werden irgendwo eingeschleust und beeinflussen den geordneten Ablauf der Dinge. Ernst-Ludwig Winnacker: „Überall dort, wo Information existiert und gehandhabt wird, lauern Viren, und immer wirken sie dadurch, dass sie die befallenen Systeme mit deren eigenen Waffen schlagen."

Viren auf der Fahndungsliste des Immunsystems

Bevor die Viren ihr Werk beginnen können, müssen sie erst einmal zu der betreffenden Zelle (oder dem Softwareprogramm) gelangen. Und das ist ein langer Weg. Sie müssen eine Eintrittspforte überwinden, über Mund und Nase, offene Wunden oder offene Leitungen ins System eingespeist werden. Weil die Viren so ungeheuer klein sind, ist das häufig kein großes Problem. Es ist unmöglich, sie auszufiltern, außerdem können sie sich mit Leichtigkeit an größere, unverdächtige Einheiten anheften.

Doch nützt es ihnen zunächst einmal gar nicht so viel, die Eingangskontrolle überwunden zu haben. Im Körper fangen nämlich die Schwierigkeiten erst an. Hier treffen die Viren auf eine hochgerüstete Immunabwehr (s. S. 47). Wenn die Fresszellen und Antikörper den Virus schon auf der Fahndungsliste haben, dann kommt der Angriff der Viren bereits hier zum Stillstand. (Nach dem gleichen Prinzip arbeitet übrigens auch das Antivirenprogramm in Ihrem Computer; es durchforstet sämtliche Dateien nach bekannten Viren, es arbeitet also auch eine Art Fahndungsliste ab.) Nur wer nicht auf der Liste steht, hat eine Chance durchzukommen. Und das sind gar nicht so viele.

Auf der Suche nach einer geeigneten Zelle

Aber auch wenn der Virus der Immunabwehr unerkannt entkommen konnte, muss er noch eine geeignete Zelle finden, die sich für seine Zwecke einspannen lässt. An diese Zelle muss er sich anheften, Bindungen aufbauen, um schließlich zum Zellkern vorzudringen, in dem die ersehnten genetischen Informationen deponiert sind, die der Virus umschreiben will.

Die Suche nach so einer Zelle kann sich ausgesprochen langwierig gestalten. Denn ein Virus kann nur an eine Zelle andocken, wenn er den passenden Zellrezeptor findet. Er muss gewissermaßen den richtigen Schlüssel haben, um sie zu knacken. So hangelt sich der Virus von Zelle zu Zelle wie jemand, der im

Schwimmbad einen unnummerierten Schlüssel gefunden hat und sich nun von Schließfach zu Schließfach vorantastet in der Hoffnung, irgendwann werde der Schlüssel schon passen.

Doch die einzelnen Zellen lassen sich unterschiedlich leicht knacken. Und die Viren haben Schlüssel mit mehr oder weniger großer Breitenwirkung. Es gibt Viren, die haben eine Art Generalschlüssel, mit dem sie alle Zellen „öffnen“ können. Andere brauchen hingegen eine sehr spezielle Variante, die vielleicht in dem Organismus gar nicht vorhanden ist. Dann ist hier wieder Endstation.

Mit wenigen Genen zum Erfolg

Andockmanöver gelungen, Zelle infiziert. Und jetzt beginnt der eigentliche Teil der Arbeit. Der Virus dringt in den Zellkern vor, knackt die genetische Information der Zelle und veranlasst sie, lauter kleine Viren herzustellen. Ab einer bestimmten Anzahl bricht die Zelle auf und es ergießt sich ein Strom von Viren in die Blutbahn, um weitere Zellen zu infizieren. Aber nicht allen Viren gelingt es überhaupt, die genetische Information der Zelle in der gewünschten Weise umzuschreiben. Dann sitzt der Virus in der Zelle wie ein Safeknacker in einem Tresorraum voller Falschgeld.

Die Erfolgsformel für die Viren ist ihre extreme Beschränkung auf das Wesentliche. Sie knacken Zellen mit komplizierten genetischen Strukturen, sie selbst bestehen aber nur aus ganz wenigen Genen, also Informationen. Ihre Bauanleitung besteht im Wesentlichen nur aus drei Kapiteln:

1. Wie baue ich die Virushülle?
2. Wie vermehre ich mich selbst?
3. Welche Vorteile kann ich mir gegenüber meinem Gastgeber verschaffen und wie gehe ich dabei vor?

Der besondere Clou bei der Sache ist, dass die Informationen für das dritte Kapitel häufig aus dem Erbgut der infizierten Zellen stammen. Die Viren haben sie irgendwann „ausgebaut und mitgenommen“.

Immer schön flexibel bleiben

Jede Virusinfektion hinterlässt Spuren. Die Viren können die infizierten Zellen, sogar den gesamten Organismus töten, sie können die Zellen derart umbauen, dass sie immer mal wieder Viruspartikel ausstoßen, sie können es dabei belassen, ihre Erbinformation zu hinterlassen, oder sie können die Zellen als Tumorzellen unsterblich machen. Die meisten Infektionen bekommt der Körper früher oder später wieder in den Griff; nur die Viren haben sich eben mit seiner tätigen Mithilfe verbreitet und andere Organismen befallen. Ein zweites Mal kann derselbe Virus den Körper nur schwer wieder befallen. Die Immunabwehr ist entsprechend vorgewarnt.

Was aber geschehen kann – und auch laufend geschieht: Der Virus verändert ein wenig seine Gestalt. Weil er so unendlich oft kopiert wird, ist seine Mutationsrate (s. S. 60) ja auch entsprechend hoch. Und dann wird er von unserem Immunsystem nicht mehr erkannt. Das ist auch der Grund, warum wir uns jedes Jahr wieder eine Grippe zuziehen können. Die Erreger sind flexibel genug, um unser Immunsystem immer wieder aufs Neue zu „überraschen".

Tipps für die Führungspraxis

Das Konzept des viralen Marketings stammt aus den USA. „Wenn es darum geht, innerhalb kurzer Zeit eine Botschaft zu verbreiten, mit minimalem Aufwand und maximaler Wirkung, dann kann nichts auf der Welt einen Virus übertreffen", verkündete Jeffrey Rayport von der Harvard Business School. Besonders die neuen Möglichkeiten des Internets animierten zahlreiche Autoren, das Konzept des viralen Marketings weiter auszuarbeiten. Dabei ist virales Marketing nicht unbedingt an Online-Medien gebunden, wenngleich auf diesem Wege Viren aller Art besonders schnell verbreitet werden.

Regel Nummer 1: Der Virus ist die Botschaft

Im Grundsatz geht es beim viralen Marketing um die maximale Ausbreitung von Werbebotschaften. Diese Botschaften sollen sich in ähnlicher Weise vermehren wie Viren, nämlich explosionsartig unter Ausnutzung fremder Ressourcen, was die Sache besonders wirksam und vor allem kostengünstig macht. Nicht die Unternehmen verkünden ihre Werbebotschaften in milliardenschweren Kampagnen, die wirkungslos verpuffen, sondern die Angehörigen der Zielgruppe verbreiten die „viralen" Botschaften selbst.

Regel Nummer 2: Virale Botschaften infizieren die Hirne ihrer Zielgruppe

Die Frage, die sich sofort stellt, ist: Warum sollte die Zielgruppe die Botschaften weiterverbreiten? Hier gibt das virale Marketingkonzept zwei Antworten: Entweder weil die Botschaft so unwiderstehlich ist, dass die Angehörigen der Zielgruppe sie gerne weitererzählen. Oder weil sich die Werbebotschaft an eine andere Botschaft fest anheftet. Beispiel für eine unwiderstehliche Botschaft im Internet ist der so genannte „Bundesdance“, eine Aktion der Süddeutschen Zeitung: In der Onlineausgabe der Zeitung konnte man ein kleines Programm aktivieren, das es ermöglichte, prominente Politiker „tanzen“ zu lassen. Innerhalb kürzester Zeit verbreitete sich dieser nette Gag wie ein Lauffeuer; auch die Fernsehnachrichten berichteten darüber. Beispiel für eine fest angeheftete Botschaft sind die kostenlosen E-Mail-Dienste im Internet. Jedes Mal, wenn Sie eine E-Mail von einem Bekannten bekommen, der einen solchen Dienst nutzt, lesen Sie als letzten Satz eine Botschaft wie „Ihre kostenlose E-Mail bekommen Sie unter www.hotmail.com“. Auch diese Botschaft zeigte Wirkung.

Regel Nummer 3: Virale Botschaften sind kurz

Viren können sich nur deshalb so rasant verbreiten, weil sie auf das Wesentliche reduziert sind. So ist es auch mit den viralen Botschaften: Halten Sie Ihre Werbebotschaft kurz und knapp. Umständliche, komplizierte Botschaften werden nicht kopiert, sie versanden.

Regel Nummer 4: Virale Botschaften sind aus einem Guss

Ein Grundproblem des viralen Marketings: Das werbende Unternehmen verfolgt ein anderes Interesse als die Zielgruppe. Es möchte ein positives Image aufbauen und letztlich Produkte verkaufen. An solchen Botschaften hat die Zielgruppe jedoch kaum Interesse. Daher benutzen einige Unternehmen „virale Botschaften“ nur als attraktives Vehikel, um ihre Kernbotschaft loszuwerden und ihr Produkt zu loben oder wenigstens bekannt zu machen. Beide Botschaften stehen in keinem zwingenden Zusammenhang. Die Sache ist nicht mehr aus einem Guss. Die Wirkung: Die Zielgruppe verbreitet nur die Vehikelbotschaft und lässt die Werbeaussage völlig unter den Tisch fallen.

Die einzige Möglichkeit, diesen Widerspruch aufzulösen, besteht darin, die Botschaft so stark mit dem eigenen Unternehmen (oder dem Produkt) zu verknüpfen, dass eine Trennung kaum möglich ist. So ließ sich der erwähnte „Bundesdance" nur betrachten, wenn man die Website der Süddeutschen Zeitung aufrief. Wäre es möglich gewesen, die Software auf anderem Wege zu verbreiten, wäre die Verbindung zwischen Zeitung und „Dance" sofort verloren gegangen.

Regel Nummer 5: Virale Botschaften müssen „leicht übertragbar" sein

Eine Virusinfektion kann sich nur verbreiten, wenn sich immer wieder neue Organismen anstecken. Ebenso ist es mit den viralen Botschaften. Nur wenn sie innerhalb kurzer Zeit eine erkleckliche Anzahl von Personen erreichen, haben sie überhaupt eine nennenswerte Verbreitungschance. Die Übertragungswege sollten daher möglichst schnell sein. Deshalb gilt das Internet als ideales Medium für virales Marketing.

Regel Nummer 6: Virale Botschaften müssen das Immunsystem der Zielgruppe überwinden

„Wie ein Virus verbreiten sich Informationen über Internetdienste, ohne dass die betroffenen Unternehmen auch nur den kleinsten Betrag in entsprechende Marketingmaßnahmen investiert hätten", schwärmt Sascha Langner, einer der Apologeten des viralen Marketings in Deutschland. Ganz so einfach läuft die Sache selten. Denn die viralen Botschaften können sich nicht so ohne weiteres bei der Zielgruppe einnisten, die sich freudig an deren Weiterverbreitung macht. Wie die realen Viren müssen auch die viralen Botschaften erst eine Art „Immunsystem" überwinden. Die attraktiven Zielgruppen sind ständig irgendwelchen viralen Botschaften ausgesetzt: Songs, Klingeltöne, Spiele und Software zum Download, nette Geschichten, Gags und Gimmicks, die nur darauf warten weitererzählt zu werden. Die meisten dieser viralen Botschaften haben jedoch keine Chance. Der Verbraucher kennt sie bereits und lässt sie gar nicht erst weiter vordringen. Wer eine virale Botschaft platzieren will, der kann nicht mit alten Geschichten kommen, der muss das „Immunsystem" überraschen und punktgenau an der richtigen Zelle „andocken"; anders gesagt, er muss einen Volltreffer landen. Und dazu sollte er – wie der Virus seine Zellen – seine Zielgruppe genau kennen.

Regel Nummer 7: Virales Marketing lässt sich nicht steuern

Virales Marketing ist nicht planbar. Welche Botschaften ankommen, das lässt sich meist gar nicht voraussagen. Und es ist keineswegs sicher, was mit Ihrer viralen Botschaft geschieht. Vielleicht wird sie völlig verändert, in ihr Gegenteil verkehrt. Im viralen Marketing bezeichnet man das als „Mutation". Und mit solchen Mutationen müssen Sie rechnen. Das ist aber auch das Reizvolle am viralen Marketing. Es lebt von Überraschungen und kann überhaupt nur dann funktionieren, wenn das Unternehmen seine Kunden nicht als preisgünstige Kopiermaschine für die eigenen Werbebotschaften begreift, sondern deren virale Botschaften wiederum aufgreift und so mit ihnen in einen Dialog eintritt.

Balztänze für den Kunden

Themen: Rituale, Kundenservice, Konkurrenz, Eventmarketing

Stichlinge tun es, Auerhähne tun es, Haubentaucher tun es und Paradiesvögel tun es auch: Sie vollführen einen mehr oder weniger ausgiebigen, streng choreographierten Balztanz. Das Ziel ist klar: Geeignete Fortpflanzungspartner sollen zueinander finden. Das heißt, es wird vor allem dort gebalzt, wo sich die Partner noch nicht kennen, wo sozusagen noch Überzeugungsarbeit geleistet werden muss, dass man passable Qualitäten zum gemeinsamen Nachwuchs beisteuert.

Nun sind die Investitionen für den Nachwuchs unter den Geschlechtern in aller Regel ungleich verteilt: Weibchen investieren mehr als Männchen, deren Rolle sich oft genug auf eine einmalige Samenspende beschränkt. Dieser Umstand bringt es mit sich, dass es meist die Weibchen sind, die auswählen, und die Männchen, die überzeugen müssen. Auf den Balztanz bezogen heißt das: Männchen tanzen, Weibchen lassen sich überzeugen oder ergreifen die Flucht.

Der Klassiker: der Dreistachlige Stichling

Stichlinge sind fünf bis acht Zentimeter lange Fische, die sowohl im Meer als auch im Süßwasser leben können und die sich am liebsten entlang der Meeresküste aufhalten. Sie zählen zu den beliebtesten Studienobjekten der Verhaltensforschung, seit in den dreißiger Jahren der Nobelpreisträger Nikolaas Tinbergen seine bahnbrechenden Studien an eben diesen kleinen Fischen vornahm und damals schon dem Balztanz seine Aufmerksamkeit widmete.

Bei den Stichlingen ist die Aufgabenverteilung unter den Geschlechtern etwas anders gestaltet als bei den meisten landbewohnenden Wirbeltieren. Hier kümmert sich allein das Männchen um Nestbau und Brutpflege, wenn man bei Fischen davon sprechen möchte. Und doch ist es auch hier das Männchen, das den Balztanz vollführt. Ehe es so weit ist, muss es aber noch eine Menge Vorarbeit leisten: Ein Revier erobern und aus Pflanzenstängeln ein überdachtes Nest bauen, wobei es die Fasern mit einem Nierensekret noch verklebt. Hin und wieder tauchen Eindringlinge auf, die vertrieben werden müssen, bis endlich ein laichbereites Weibchen heranschwimmt.

Nun verfällt das Männchen in einen bemerkenswerten Zickzacktanz, der damit endet, dass es mit der Schnauze auf den Nesteingang weist. Der Zickzack-Tanz ist ein unmissverständliches Signal an das Weibchen: Hier können Sie ablaichen. Alles andere spielt beim Stichling keine Rolle. Das Weibchen lässt sich nicht lange bitten, schlüpft in das Nest, laicht ab, animiert von Schnauzenstößen des Männchens, und schwimmt dann wieder davon.

Das Birkhuhn sucht den Superhahn

Ganz anders verläuft der Balztanz bei den Birkhühnern. In der zweiten Märzhälfte versammeln sich die Hähne an bestimmten Balzplätzen. Ab Mitternacht beginnt der Balztanz. Die Hähne plustern sich auf, springen plötzlich in die Höhe, drücken ihren Kopf tief auf den Boden, vollführen Scheinkämpfe und lassen einen eigenartigen Gesang hören: zischende, fauchende und glucksende Laute, die weithin zu hören sind.

Das Besondere an diesem Ritual: Die Herren sind zunächst ganz unter sich. Sie tanzen sich in einen wahren Rausch hinein. Die aufgehende Sonne beendet die Veranstaltung, als hätte jemand eine kalte Dusche aufgedreht. Die Birkhühner erscheinen sehr viel später auf dem Balzplatz. Bis dahin hat sich offenbar eine gewisse Hierarchie unter den balzenden Hähnen herausgebildet, es ist schon so etwas wie eine Vorentscheidung gefallen. Auf der anderen Seite kann man sagen: Jetzt kommt es darauf an. Und so wird weitergebalzt. Wie beim Pfau (s. S. 186) haben die Hühner eine Schwäche für Siegertypen. Nach Möglichkeit wollen sie sich mit dem Haupthahn paaren, der seine Konkurrenten in Grund und Boden getanzt hat.

Paradiesvögel auf der Bühne

Besondere theatralische Qualitäten hat der Balztanz bei den Paradiesvögeln, vor allem beim so genannten Strahlenparadiesvogel: Bevor das Männchen mit seinem Tanz beginnt, räumt es auf dem Waldboden seine Bühne frei. Es pflückt Blätter ab, räumt Zweige und Streu beiseite, bis nur der nackte Erdboden übrig bleibt. Dabei geht es mit äußerster Sorgfalt vor. Ist die Bühne bereitet, läuft der Vogel mehrmals hin und her und stößt schrille Rufe aus: Die Vorstellung kann beginnen! Es dauert nicht lange, bis sich das Publikum einfindet, mehrere Weibchen. Unterdessen überprüft der Tänzer noch einmal demonstrativ die blank geputzte Bühne. Um die Aufmerksamkeit der Weibchen noch eigens auf die Reinlichkeit zu lenken, führt er eine kleine Pantomime auf: In Ermangelung real existierender Blätter pickt er unsichtbare Exemplare auf und wirft sie beiseite.

Dann beginnt der Tanz, eine beeindruckende Showveranstaltung, bei der das Männchen seine Schmuckfedern präsentiert, seine Brustfedern sträubt, sich hin und her wiegt, plötzlich erstarrt, um sodann seinen Kopf hin und her zu werfen, wodurch sich ein spektakulärer Farbeffekt ergibt. Der Tanz endet mit einem gewaltigen Luftsprung, der Paradiesvogel landet auf dem Rücken eines Weibchens und paart sich mit ihm. Dieser Akt gehört allerdings mit zur „Show“, denn die Weibchen besuchen eine ganze Reihe solcher Veranstaltungen und entscheiden sich dann für den Vogel mit der besten Performance.

Der Paartanz der Haubentaucher

Allerdings muss der Balztanz nicht immer eine einseitige Angelegenheit sein. Es gibt eine Reihe von Vogelarten, da tanzen die Paare gemeinsam und finden so zueinander. Dabei handelt es sich um Arten, bei denen sich Weibchen und Männchen stark ähneln. Bei den Kranichen etwa versammeln sich ein gutes Dutzend Vögel, die ihren Tanz mit Verbeugungen und Sprüngen beginnen, mit den Flügeln schlagen und einen kurzen Sprint einlegen. Haben die Pärchen zueinander gefunden, führen sie den Balztanz fort.

Einen exzessiven Tanz dieser Art vollführt der Haubentaucher. Genauer gesagt handelt es sich um eine lange Reihe streng ritualisierter Tänze. Zunächst schwimmen die Vögel aufeinander zu, bis sie aneinander stoßen, dann legen sie die Köpfe zusammen und schütteln sie schweigend. Der britische Tierfilmer David Attenborough hat die Zeremonien der Haubentaucher mit dem japanischen No-Theater verglichen, so stark ritualisiert und für Außenstehende schwer verständlich scheinen die Tänze zu sein, die sich über mehrere Tage hinziehen können. Von Tanz zu Tanz festigt sich die Beziehung, bis das Ritual im so genanten „Pinguintanz" seinen krönenden Abschluss findet: Die Partner schwimmen auseinander, tauchen langsam unter und schwimmen feierlich aufeinander zu, jeder mit etwas Pflanzenmaterial im Schnabel.

Unter allen Balztänzen ist dieser sicher der aufwändigste. Aber es geht auch um sehr viel, eine Entscheidung fürs Leben gewissermaßen, denn der Haubentaucher lebt, wie die Vogelforscher sagen, in „strikter Einehe".

Tipps für die Führungspraxis

Balztänze sind ein exzellentes Muster dafür, wie man Kundenbeziehungen aufbaut und pflegt. Die unterschiedlichen Varianten machen uns auch darauf aufmerksam, dass der Aufwand für solche Rituale abhängig ist von der Qualität der Kundenbeziehung.

„Stichlingskunden" wollen klare Signale, um Zeit zu sparen

Ebenso wie das Stichlingsweibchen, das keine Zeit zu verlieren hat, wollen „Stichlingskunden" keine aufwändigen Rituale, keine Demonstration, wie zuverlässig, innovativ oder sympathisch der Anbieter ist. Sie wissen, worum es geht und was sie wollen; alles andere lenkt ab. Geben Sie diesen Kunden nur ein einziges klares Signal – wie es das Stichlingsmännchen mit seinem Zickzacktanz setzt. Und ähnlich wie das Weibchen zum Nesteingang gestupst wird, genügt bei einem „Stichlingskunden" dann noch ein Hinweis: „Hier können Sie zahlen. Vielen Dank für Ihren Einkauf."

„Birkhühner“ kaufen nur beim „Marktführer“

In manchen Branchen geht es zu wie bei den Birkhühnern: Die Kunden sind äußerst anspruchsvoll – zumindest nach eigener Einschätzung. Sie wollen nur beste Qualität. Das Problem ist jedoch, dass man den meisten Produkten und Dienstleistungen nicht ansieht, ob sie die „beste Qualität“ haben. Dazu ist die Sache viel zu komplex.

Daher haben „Birkhuhn“-Branchen großen Bedarf an eindrucksvollen Balztänzen, bei denen der „Beste der Besten“ ermittelt werden soll: Messen, Kongresse, Produktpräsentationen, Wettbewerbe mit repräsentativen Preisverleihungen. Ähnlich wie beim Balztanz der Birkhähne sind hier durchaus gewisse Rückschlüsse auf die Produktqualität erlaubt. In einer „Birkhuhn-Branche“ gibt man sich selbstbewusst, plustert sich auf, weil das zum Geschäft gehört, liefert sich eindrucksvolle Scheinkämpfe mit seinen Konkurrenten, und manchmal gehen solche Balztänze auch in etwas Rauschhaftes über – ganz wie bei den Birkhähnen.

Der entscheidende Punkt ist: Gewinnen kann nur einer. Nicht unbedingt der mit den „besten Genen“ oder „besten Produkten“, sondern der Sieger des Balztanzes. Daher müssen sich alle Unternehmen der „Birkhuhn-Branchen“ darauf konzentrieren, den Balztanz zu gewinnen.

Rituale werten die Kundenbeziehung auf

Allgemein gilt: In hochwertigen Kundenbeziehungen sind Rituale außerordentlich nützlich. Sie schaffen etwas Vertrautes, Verlässliches und stabilisieren damit die Beziehung.

Rituale dürfen aber nicht beliebig sein. Sie müssen eine positive Botschaft transportieren. In der Regel geht es darum, die Beziehung zum Kunden demonstrativ aufzuwerten. Das kann durch kleine Gesten geschehen. Der Steuerberater, der zu Beginn jedes Beratungsgesprächs demonstrativ sein Telefon umleitet, gibt damit seinem Klienten zu verstehen: Ich will nicht gestört werden, das Gespräch mit Ihnen ist mir wichtig. Die feierliche Schlüsselübergabe beim Autokauf, das Essen am „Kapitänstisch“ bei einer Kreuzfahrt oder die persönliche Begrüßung der Gäste durch den Chef in einem Spezialitätenrestaurant sind Rituale, die ihre Wirkung nicht verfehlen.

Halten Sie Rituale immer ein!

Ehe Sie Ihre Kundenbeziehungen durch beeindruckende Rituale aufwerten, sollten Sie klarmachen: Kaum etwas verärgert Ihre Kunden mehr, als wenn Sie die einmal etablierten Rituale nicht einhalten. Das empfinden Kunden in der Regel als Missachtung. Sonst hatte der Inhaber des Autohauses immer Zeit, sich „persönlich“ davon zu überzeugen, ob mit dem Neuwagen „alles in Ordnung“ ist. Jetzt lässt er sich „nicht mal blicken“. Gelegentlich bekommt diese Verärgerung schon groteske Züge. Etwa wenn sich, wie in einem authentischen Fall, Hotelgäste darüber beschweren, dass sie diesmal ein Schokoladentäfelchen minderer Qualität auf ihrem Kopfkissen vorfanden. Eine solche Reaktion ist sicher die Ausnahme. Dennoch sollten Sie nur solche Rituale einführen, die Sie nicht nach kurzer Zeit aus Kostengründen wieder abschaffen müssen.

Sorgen Sie für einen spektakulären Abschluss

Am Anfang muss nicht immer alles perfekt laufen, solange nur der Abschluss stimmig ist – wie beim Balztanz. Verärgerte Kunden lassen sich halbwegs wieder versöhnen, wenn am Ende ein positives Erlebnis steht. Anders herum können Sie am Anfang noch so viele Punkte sammeln, wenn Sie gegen Ende abbauen, haben Sie verloren. Das ist vielen Unternehmen nicht klar, die sich auf den Anfang der Kundenkontakte konzentrieren und meinen, sie müssten bei der Akquise stark sein, um dann desto stärker nachzulassen. Dahinter steht die Vermutung, dass Kunden schwerer zu gewinnen als zu vergraulen sind. Das mag sogar so sein. Doch umso schlimmer ist es, wenn die verärgerten Kunden früher oder später wieder abspringen.

Warum Blumen duften

Themen: Werbekampagnen, Zielgruppen, Werbekosten, Image

Blumen brauchen Hilfe, sonst können sie sich den Luxus der geschlechtlichen Fortpflanzung gar nicht leisten. Sie sind darauf angewiesen, dass jemand kommt, ihnen die Pollen abnimmt, zu einem Artgenossen hinüberträgt und dort auf dem Fruchtknoten wieder ablegt. Diese Aufgabe erledigen fliegende Insekten wie Bienen, Wespen, Hummeln und Falter, aber auch kleine Vögel wie die südamerikanischen Kolibris. Ihren Dienst vollbringen sie allerdings nicht ganz uneigennützig, ja, es gibt keinerlei Hinweis darauf, dass sie überhaupt ahnen, welche Rolle ihnen von den Blumen zugedacht ist. Sie sind nur an einem interessiert: den süßen Nektar zu schlürfen.

Wie man Bienen anlockt

Wenn Sie es noch nicht gewusst haben: Die verschwenderische Blütenpracht und die betörenden Düfte der Blumen sind nicht dazu gemacht, um unsere Augen und Nasen zu erfreuen. Es handelt sich vielmehr um höchst aufwändige, aber durchaus effektive Werbemaßnahmen der Blumenwelt, um die Blütenbesucher anzulocken. Sie signalisieren: „Hier gibt es Nektar!" Dabei hat es die Natur so eingerichtet, dass die Besucher auf einer einzelnen Blüte nur einen winzigen Bruchteil des Nektars bekommen, den sie am Tag benötigen. Die Folge: Blütenbesucher sind fast den ganzen Tag damit beschäftigt, Tausende von Blüten anzufliegen und auszusaugen.

Blumen brauchen Kundenbindung

Den Blumen nützt es wenig, wenn ihre Pollen in der Natur breit gestreut werden. Sie können sich nur mit ihresgleichen fortpflanzen. Also sorgen sie für eine gewisse Kontinuität in ihren „Kundenbeziehungen". Etwa indem sie durch bestimme Düfte ganz gezielt eine Gruppe von Blütenbesuchern anlocken. In einer „Marktnische" strömen manche Blüten den Geruch von fauligem Fleisch aus; der Besuch von allen Schmeißfliegen der Umgebung ist ihnen sicher. Andere Pflanzen formen ihre Blüten so, dass nur die Vertreter einer bestimmten Art an den Nektar herankommen. An den Saft der afrikanischen wilden Minze etwa kommt nur der Goldschwingen-Nektarvogel mit seinem langen, stark gebogenen Schnabel.

Eine weitere Methode besteht darin, zu bestimmten Zeiten besonders viel Nektar bereitzuhalten. Blütenexperten wie die Honigbiene wissen im Allgemeinen sehr gut, welche Blüten aus dem aktuellen Angebot ihnen die meiste Nahrung bieten. Die fliegen sie gezielt an und tragen dazu bei, dass sich in dieser Phase die Pollen über riesige Gebiete verteilen können. Außerdem fliegen die Blütenbesucher eine Blume nicht zweimal kurz hintereinander an, was für eine Selbstbefruchtung sorgen würde, sondern sie warten im eigenen Interesse, bis die Nektarvorräte wieder aufgefüllt sind.

Die betrügerischen Orchideen

Nun können die Blütenbesucher den Blumen nicht ansehen, wie viel Nektar sie enthalten, also ob sich ein Besuch überhaupt lohnt. Selbstverständlich nutzen einige Pflanzen diesen Umstand aus, um großspurige Versprechen abzugeben, die sie nie einzulösen gedenken. So täuscht die Pflanze *Cleome monophylla* durch dicke Glanzkörper große Nektarmengen vor. Die großen Meister der grob irreführenden Werbung sind jedoch die Orchideen. Manche ahmen Aussehen und Geruch anderer Pflanzen nach, die reichlich Nektar enthalten. Doch die Orchideen hängen ihrem Besucher nur ein klebriges Pollenpäckche an – zu schlürfen gibt es nichts.

Andere Orchideen bilden Blüten aus, die aussehen wie Wespenweibchen. Sie werden bevorzugt von liebestollen Wespenmännchen angeflogen, die unverrichteter Dinge mit dicken Pollenpäckchen im Schlepptau wieder abfliegen. Nicht weniger abgefeimt verhält sich die Orchidee mit dem Namen Frauenschuh. Ihre Blüten duften, als seien sie randvoll mit Nektar gefüllt. Lässt sich eine Biene auf dem Frauenschuh nieder, klappt die Blüte unvermittelt zu. Die Biene ist eingeschlossen. Der einzige Weg nach draußen führt durch einen engen Gang, den die Biene nur passieren kann, indem sie reichlich Pollen aufnimmt.

Die Raffinesse der Orchideen mag uns beeindrucken, doch wird dieser „unlautere Wettbewerb“ in der Natur gnadenlos abgestraft. Orchideen gehören bekanntlich zu den Pflanzen, die sehr selten sind. Und das liegt ganz gewiss an ihren wenig feinen Methoden. Denn eine Biene wird nur selten ein zweites Mal auf einen Frauenschuh hereinfallen. Das ist sogar wissenschaftlich untersucht worden: Innerhalb von 15 Jahren sollen im Nationalpark von Maryland von tausend Frauenschuhen gerade einmal 23 befruchtet worden sein!

So „spammt“ die Natur

Bei einer solchen Erfolgsquote hätten die betrügerischen Orchideen eigentlich längst ausgestorben sein müssen. Doch dürfen wir nicht vergessen: Bestäuben ist die eine Sache, Vermehrung die andere. Und hier macht die Orchidee wieder Boden gut. Denn wenn sie einmal bestäubt wird, dann bringt sie gleich

Zehntausende oder sogar Hunderttausende von Samen hervor. Ähnlich gehen auch andere Pflanzen vor wie Ahorn, Birken, oder Disteln, die in großer Menge Flugsamen produzieren, die der Wind in alle Richtungen verstreut. Die meisten dieser Samen keimen nicht, aber es ist das Prinzip der großen Zahl, das hier schließlich für den nötigen Fortpflanzungserfolg sorgt. Die Natur hat also das „Spamming" erfunden; das massenhafte Versenden billiger Botschaften, die in 99,9 Prozent aller Fälle ungelesen im Papierkorb landen. Aber mit den 0,1 Prozent lassen sich gute Geschäfte machen. Der Meister des „Spammens" ist der Löwenzahn, jene anspruchslose gelbe Blume, die fast überall wächst, wo es ein Krümelchen Erde gibt. Jede Blüte entwickelt mehr als 200 Samen, die an kleinen gestielten Fallschirmen sitzen. Das sind die bekannten „Pusteblumen", die vom Frühjahr bis in den Spätherbst hinein für die flächendeckende Verbreitung der Löwenzahnsamen sorgen.

Tipps für die Führungspraxis

Von den Blumen können wir manches über erfolgreiche Werbung erfahren. Schließlich hängt ihr Überleben davon ab, dass sie Tag für Tag Besucher in möglichst großer Zahl anlocken.

Werbung muss auffallen und die Zielgruppe anlocken

Werbung für Unternehmen sollte so einfach funktionieren wie bei den Blumen: Ihr Produktangebot dürfen Sie nicht verstecken, Sie müssen darauf aufmerksam machen, mit klaren, attraktiven Signalen, die Ihre Zielgruppe unmittelbar versteht und anlockt.

Gute Werbung hat ihren Preis

Blütensignale sind überaus „kostspielig" für die Pflanzen. Aber diese Investition lohnt sich, denn ohne Blüten gibt es keine Besucher. Das Gleiche trifft für die Unternehmen zu: Es gibt keine erfolgreiche Werbung zum Nulltarif. Wirksame Werbung hat ihren Preis. Der Umkehrschluss gilt leider nicht: Kostspielige Werbung ist keinesfalls automatisch erfolgreich.

Nicht die dickste Blume gewinnt, sondern die mit dem meisten Nektar

Üppige Blüten, die viel Nektar versprechen, aber wenig enthalten, werden künftig gemieden. Für die Unternehmen heißt das: Letztlich entscheidet das Produkt. Eine noch so aufwändige Werbekampagne kann ein schlechtes Produkt nicht retten. Auf der andern Seite brauchen Produkte, die für ihre Qualität bekannt sind, keinen übermäßigen Werbeaufwand. Sie müssen nur dafür sorgen, dass sie wahrgenommen werden, indem Sie bewährte Signale setzen. Markenzeichen etwa sind wie nektarreiche Blüten, die Zuverlässigkeit und Qualität signalisieren.

Wollen Sie „Schmeißfliegen" anlocken, muss Ihre Blüte „stinken"

Es gibt Kundensegmente, die reagieren auf andere Hinweisreize als alle anderen. So wie die Schmeißfliegen durch Gerüche angelockt werden, die andere Insekten vertreiben. Wenn Sie mit so einer sehr speziellen Zielgruppe Geschäfte machen möchten, müssen Sie genau deren Vorlieben bedienen, auch auf die Gefahr hin, dass Sie alle anderen Kunden abschrecken. Aber in dieser Frage gibt es keinen Kompromiss.

Vermeiden Sie den Sättigungseffekt

Die Blumen machen es vor: Die Blütenbesucher werden zwar mit süßem Saft belohnt, doch erhalten sie nur so viel, dass sie ständig wiederkehren müssen. Ebenso kann es Ihr Geschäft verbessern, wenn Sie die Bedürfnisse Ihrer Kunden nicht gleich beim ersten Besuch sättigen, sondern ihm vielmehr Appetit auf mehr machen. Das heißt zum Beispiel: Lösen Sie nicht gleich alle Probleme auf einmal. Überhäufen Sie ihn nicht mit Ihren Produkten. Geben Sie ihm die Chance wiederzukommen.

Das Imageproblem der Tüpfelhyänen

Themen: Image, Öffentlichkeitsarbeit/PR, Kompetenzen, Teamarbeit

Hyänen haben einen miserablen Ruf. Sie gelten als hinterhältige, verschlagene Aasfresser. Im typischen Tierfilm tauchen sie immer dann auf, wenn die Kamera vom majestätischen Löwen, der sich gerade ein halbes Zebra einverleibt, in die nähere Umgebung schwenkt. Da hocken sie dann, die struppigen Tüpfelhyänen und warten darauf, dass der König der Wildnis sein Mahl beendet hat. Dann eilen sie herbei, um gierig über die Hinterlassenschaft herzufallen. Nicht gerade ein erhebender Anblick, wie diese kulinarischen Lumpensammler alles in sich hineinschlingen, bis nur noch ein Blutfleck am Boden übrig bleibt.

Leistungsstarke Raubtiere mit Teamgeist

Nein, Hyänen sind wirklich keine Sympathieträger. Und dennoch könnte das Bild, das wir von ihnen haben, kaum unzutreffender sein. Denn Hyänen sind phantastische Jäger. Von allen Fleischfressern haben sie das schärfste Gebiss. Dank ihres dichten Muskelgeflechts in Brust und Nacken sind sie in der Lage, den Schädel eines Büffels zu zerbeißen. Sie kooperieren bei der Jagd und bringen gemeinschaftlich Tiere zur Stecke, die sie an Größe und Körpergewicht um ein Vielfaches übertreffen. Ihre Hinterbeine sind zu kurz, um schnell zu laufen, doch das machen sie wett durch die ungeheure Ausdauer, mit der sie ihre Beute kilometerweit verfolgen. Mit ihrer Quote erfolgreich abgeschlossener Jagden liegen sie unter den Raubtieren ziemlich weit vorn, ungefähr gleichauf mit den Geparden – während der Löwe (S. 256) einen der letzten Plätze einnimmt.

Unbemerkt auf der Jagd

Wie aber kommt dann unser Bild von den feigen Hyänen zustande? Eine Erklärung erscheint geradezu banal. Die Hyänen jagen bevorzugt in der Nacht. Die Tierforscher haben die beeindruckenden Jagden lange Zeit schlicht und einfach nicht bemerkt – wegen Dunkelheit. Erst als sie mit Nachtsichtgeräten ausgestattet wurden, ging ihnen sozusagen ein Licht auf. Es verhielt sich genau anders herum, als es in den Tierfilmen immer gezeigt wurde: Hyänen waren die eigentlichen Meister der Jagd. Und der Löwe war es, der ihnen ihre nächtens erjagte Beute am Morgen wieder abnahm. Wenn sich die Hyänen also mit triefendem Speichel im Gebüsch herumdrücken, dann hat das nichts mit der verschlagenen Gier aufdringlicher Aasfresser zu tun, sondern mit dem gesunden Appetit des rechtmäßigen Besitzers.

Nun fressen Hyänen gelegentlich auch einmal Aas. Aber das tun eigentlich alle Raubtiere, mit Ausnahme des Gepards, denn es ist eine kostengünstige Möglichkeit, an Nahrung zu kommen – ohne aufreibende Verfolgungsjagden mit ungewissem Ausgang.

Das ungeliebte Mischwesen

Es gibt aber noch eine zweite Erklärung für das schlechte Image der Hyänen. Sie erscheinen uns als zweideutige Mischwesen. Früher glaubte man, sie wären eine Kreuzung aus Hund und Katze und sagte ihnen schlimme Dinge nach. Zum Beispiel, dass sie verstorbene Menschen ausgraben und auffressen. Der englische Entdecker Sir Walter Raleigh wollte die Hyänen von der Arche Noah verbannen. Gott, so meinte er, habe nur „reinrassige Tiere" errettet und keine „Bastarde". Tatsächlich haben Hyänen sowohl etwas Hundeartiges als auch etwas Katzenhaftes, wenngleich sie natürlich keine Kreuzung sind, sondern eine eigenständige, um nicht zu sagen „reinrassige" Art. Entwicklungsgeschichtlich stehen sie den Katzen etwas näher, aber sie jagen wie Wildhunde und Wölfe in Rudeln über große Distanzen und sie können nicht wie die Wildkatzen ihre Beute mit den Pfoten packen, sondern müssen zubeißen.

Zugleich sind bei den Hyänen die Geschlechterverhältnisse etwas durcheinander, wenigstens aus menschlicher Sicht. Die weiblichen und männlichen Geschlechtsorgane lassen sich äußerlich kaum unterscheiden. Und um die Verwirrung noch weiter zu treiben, haben die weiblichen Hyänen sogar noch einen falschen Hodensack, über dessen Funktion noch immer spekuliert wird.

Die Rudel werden von den Weibchen klar dominiert. An der Spitze steht die Oberhyäne und führt ein strenges Regiment. Nicht unbedingt ein geeignetes Vorbild für Frauen in Führungspositionen. Hyänen gehorchen einer starren Hierarchie, die über Generationen aufrechterhalten wird. Die Oberhyäne sorgt dafür, dass ihre Nachkommen eine hohe Position besetzen, während die Aufstiegschancen der unteren Ränge gering bleiben. Ganz unten befinden sich übrigens die Männchen, die – eine Seltenheit bei Säugetieren – etwas kleiner sind und wesentlich friedlicher. Es sind die Weibchen, die sich kampfeslustig und aggressiv gebärden. Aber auch die Babys sind alles andere als sanftmütig. Sie kommen bereits mit scharfen Zähnen zur Welt. Während die meisten Neugeborenen instinktiv nach den Zitzen der Mutter suchen, um zu trinken, tasten Hyänenjunge nach dem Nacken ihres Geschwisterchens, um es tot zu beißen.

Ungestört jagen gehen

Eine grausame Geschichte, aber die „Killerbabys" sind wohl kaum die Ursache für die niedrigen Sympathiewerte. Würden Löwenkinder so etwas tun, käme wohl niemand auf die Idee, die Raubkatze von seinem Wappen zu entfernen. Aber die Hyäne hat es noch auf kein Wappen geschafft, ja nicht einmal in das Firmenlogo einer ausgeflippten Ladenkette. Dabei hätte sie das viel eher verdient als beispielsweise die allgegenwärtigen Adler, die nicht einmal ihr Nest anständig sauber halten können. Die Hyäne ist eine ausgezeichnete Jägerin, wild, aggressiv, rücksichtslos und sie arbeitet hervorragend im Team. Außerdem ist ihr Frauenanteil in den Führungspositionen von keinem andern Tier zu schlagen (wir übergehen mal ihre rüden Machomethoden). Und so hässlich, wie immer behauptet wird, ist sie gar nicht. Die amerikanische Wissenschaftskolumnistin Natalie Augier nennt sie gar „eine Schönheit" und führt näher aus, dass sich in ihr „Züge des Braunbären mit einem Hauch von Schneeleopard und sogar einem Schimmer von Seelöwe" vereinen. Was die Autorin zum Schwärmen bringt, ist aber genau das Problem – das Imageproblem. Die Hyäne lässt sich nicht klar festlegen. In ihr „vereint" sich alles Mögliche. Sie steht zwischen den vertrauten Orientierungsmarken Hund oder Katze. Ja, nicht einmal die Grundpolarität männlich-weiblich ist bei ihr wieder zu erkennen. Menschen bevorzugen klare Verhältnisse. Deshalb können wir uns nicht so sehr mit der Hyäne anfreunden.

Nun muss man allerdings sagen, dass ihr Imageproblem der Hyäne nicht im Geringsten geschadet hat. Im Gegenteil, sie weiß es sicher zu schätzen, wenn man sie einfach in Ruhe lässt.

Tipps für die Führungspraxis

Nur ein klares Image ist ein gutes Image

Viele Unternehmen und ihre Beschäftigten in der Öffentlichkeitsarbeit kennen das: Man hat so viele gute Eigenschaften und keiner redet darüber. Woran liegt das nur? Eine Ursache mag sein, dass das Unternehmen kein klares Profil hat. Man weiß nicht recht, wie man es einordnen soll. Das verunsichert. Kunden bevorzugen Eindeutigkeit. Wenn Sie also an einem Image feilen, dann müssen Sie sich entscheiden: Hund oder Katze, männlich oder weiblich, Kraft oder Intelligenz. Mischwesen sind immer verdächtig.

Auch mit miserablem Image kann man erfolgreich sein

Imageproblem hin oder her, von den Hyänen lernen, heißt auf unspektakuläre Weise zum Erfolg zu kommen. Folgen Sie einfach den vier Regeln der Hyänen:

Regel 1: Jage dann, wenn andere nicht jagen

Hyänen jagen nachts. Bei Dunkelheit sind die Bedingungen zwar ungünstiger, aber das gilt für Jäger und Beute gleichermaßen. Dadurch, dass sie sich auf die Nachtjagd spezialisiert haben, wird der vermeintliche Nachteil für die Hyänen zum Vorteil: Tagsüber ist die Konkurrenz stärker und die Beutetiere sind aufmerksamer – und so wäre es selbst unter optimalen äußeren Bedingungen wesentlich schwieriger, die Beute zu erlegen. Daher suchen Hyänen im Verborgenen den Erfolg.

Eine Taktik, die Sie sich ebenfalls zu Eigen machen könnten: Überprüfen Sie vermeintlich nachteilige Bedingungen daraufhin, ob sich daraus nicht ein Vorteil ergeben könnte. Übernehmen Sie lästige Pflichten, um die sich niemand reißt, und machen Sie sich dadurch unentbehrlich. Oder konzentrieren Sie sich auf Kundensegmente, von denen behauptet wird, hier sei nichts zu holen. Treiben Sie Ihr Geschäft abseits der Boombranchen.

Regel 2: Arbeite im Team

Hyänen können durchaus als Einzelgänger unterwegs sein. Doch für die großen Projekte tun sie sich zusammen. Gemeinsam bringen sie große, kräftige Tiere zur Strecke, können sogar, ist die Gruppe ausreichend groß, Löwen angreifen, die ihnen die Beute wegnehmen wollen.

Ähnlich können Sie auch verfahren und Teamarbeit mit Einzelarbeit kombinieren. In den „Hyänenteams" gibt es übrigens eine klare Aufgabenverteilung. Das macht die Jagd effizienter.

Regel 3: Du musst nicht der Schnellste sein, wenn du einen langen Atem hast

Wir haben es angesprochen, der Jagderfolg der Hyänen ist ähnlich hoch wie der des Gepards. Dabei sind sie wesentlich langsamer als ihre Beutetiere; andere Jäger würden an dieser Stelle aufgeben, um ihre Ressourcen zu schonen. Doch die Hyänen setzen den Tieren nach; sie sind ausdauernd und vertrauen darauf, früher oder später ihre Beute einzuholen.

Machen Sie es ebenso. Bleiben Sie hartnäckig Ihren Zielen auf der Spur. Verpulvern Sie nicht Ihre ganze Energie am Anfang, sondern setzen Sie Ihre Ressourcen so ein, dass Sie möglichst lange durchhalten können.

Regel 4: Verwerte deine Beute so gründlich wie möglich

Kein Raubtier verputzt seine Beute so vollständig wie die Tüpfelhyäne. Fleisch, Knochen, Hufen, Zähne, Fell, alles landet in ihrem Magen und wird verwertet. Auch das ist ein bemerkenswertes Prinzip, das sich in die Führungspraxis übersetzen lässt: Bei allem, was Sie erreichen, versuchen Sie das Maximum für sich herauszuziehen. Schlachten Sie Ihre Erfolge gründlich aus, versuchen Sie, so viel wie möglich „mitzunehmen". Dabei sollten Sie im Auge behalten: Maximale Verwertung bedeutet nicht maßlose Erfolgsgier. Übermaß ist kein Erfolgsprinzip der Natur, ein Zuviel wird eher bestraft als belohnt (s. S. 262). Es gilt vielmehr das Gesetz der Ökonomie: Je gründlicher Sie einen Erfolg verwerten, desto weniger brauchen Sie davon. Das kann ein enormer Vorteil sein. Manche Führungskräfte erleiden schon einen Karriereknick, wenn sie im nächsten Monat keinen weiteren Volltreffer landen. Andere kommen bestens voran, obwohl sie nur von einem einzigen Erfolg aus der Vergangenheit zehren, dessen Bedeutung aber von Tag zu Tag auf unerklärliche Weise zunimmt.

Kooperation und Konkurrenz

In der Natur finden wir beides in erstaunlicher Vielfalt, Wettbewerb und Zusammenarbeit. Auf der einen Seite konkurriert jeder Organismus, sogar jede Zelle mit anderen, um ihr Überleben zu sichern. So gesehen herrscht ein allgegenwärtiger Wettbewerb: um Nahrung, um Lebensräume, um Fortpflanzungspartner, um Ruhestätten, um Nistplätze, um Gefolgschaft, um Jagdreviere, um Rechte, um Macht und Einfluss. Interessanterweise wird dabei nicht mit allen Mitteln gekämpft. Der Wettbewerb in der Natur ist oft erstaunlich begrenzt, ja reglementiert. Und das hat, wie Sie erfahren werden, durchaus seinen Sinn.

Auf der anderen Seite begegnen uns in der Natur die erstaunlichsten Allianzen: Da kooperieren nicht nur die Artgenossen miteinander, um gemeinsam zu überleben, da arbeiten auch Tiere zusammen, die einander völlig wesensfremd sind. Manche Bündnisse sind zweckbezogen und zeitlich begrenzt, andere bestehen ein Leben lang. Und es gibt Meister der flexiblen Teambildung wie den Delfin. Doch zu guter Letzt lernen Sie ein Wesen kennen, das sich weder von Konkurrenz noch von Kooperation sonderlich beeindrucken lässt – und das gerade deshalb wertvolle Anregungen geben kann, wie man im „Unternehmen Natur“ eben auch zurechtkommt.

Konkurrenzkampf mit dem Hirschgeweih

Themen: Wettbewerb, Karriere, Fairness, Unternehmensethik, Konfliktmanagement, Statussymbole

Es gibt kaum ein sinnfälligeres Symbol für den Konkurrenzkampf als das Hirschgeweih. Dabei müssen wir unterscheiden: Das Geweih ist eigentlich keine „Waffe“, so wie Reißzähne, Krallen, Stacheln oder Giftdrüsen, mit denen Tiere angreifen oder sich gegen einen Angriff zur Wehr setzen. Das Geweih existiert vielmehr zu keinem anderen Zweck, als sich gegenüber den Rivalen zu behaupten, Revier und Ressourcen zu verteidigen oder zu erobern. Hirsche sind friedliebende Pflanzenfresser, die niemanden jagen. Aber auch wenn sie selbst angegriffen werden, setzen sie nicht ihr Geweih ein, um sich zu verteidigen, sondern schlagen mit den Vorderläufen zu.

Die Lebenschancen eines männlichen Hirschs sind sehr stark von der Größe und Stärke seines Geweihs abhängig. Kein Wunder also, dass so viel in das Geweih investiert wird: Wie die Zoologen Wolfgang Wickler und Uta Seibt schreiben, erfordert das Geweih großer Hirsche fast so viel Knochensubstanz, wie im ganzen übrigen Skelett steckt – und das jedes Jahr aufs Neue, denn bekanntlich werfen die Hirsche ihre Geweihe im Herbst wieder ab.

Stabile Verhältnisse im Revier

Klassischerweise leben Hirsche in Revieren, die jeweils ein Hirsch kontrolliert. Dieser ist allen anderen Artgenossen seines Wohnraums weit überlegen. Wenn er auftaucht, müssen ihm die andern Platz machen. Ihm steht die beste Nahrung zu und in vielen Gebieten ist er das einzige Männchen, das an der Brunft teilnehmen und sich dadurch fortpflanzen kann. Der Nutzen für diese Platzhirsche liegt auf der Hand: geordnete, relativ komfortable Lebensverhältnisse.

Kein Platzhirsch würde sein Revier verlassen, um einen anderen anzugreifen. Das eigene Revier bietet ihm Sicherheit und Verlässlichkeit. Sofern seine Lebensverhältnisse gesichert sind, hätte eine Reviererweiterung also keinen ökonomischen Nutzen, sondern würde nur schlagartig den Aufwand erhöhen. Denn ein eigenes Revier aufrecht zu erhalten, verlangt vom Platzhirsch ein nicht unerhebliches Engagement: Er muss es ständig durchstreifen und „markieren". Zu diesem Zweck sondert er ein Sekret aus seiner Stirndrüse ab und verteilt es an geeigneter Stelle, damit jeder erschnüffeln kann, wer hier das Sagen hat. Und schließlich muss er sein Revier natürlich auch gegen jeden Herausforderer verteidigen.

Rivalen im Konkurrenzkampf sind ausschließlich junge, revierlose Männchen, die auch gerne in den privilegierten Status eines Platzhirsches aufrücken würden: ein möglichst attraktives Revier in Besitz nehmen und möglichst viele Nachkommen zeugen oder zumindest die eine oder andere Hirschkuh erobern wollen. Und dazu müssen sie einen anderen Hirsch herausfordern, möglichst einen, der nicht ganz so stark ist.

Wie Hirsche kämpfen

Nach landläufiger Vorstellung werden die Hirsche in der Brunftzeit vom „Männlichkeitswahn" überwältigt, was sie dazu veranlasst, mit ihren schweren Geweihen aufeinander loszugehen und zu kämpfen, bis das Gehörn splittert. Wie „Männer“ eben so sind. Doch in Wirklichkeit ist eher das Gegenteil zu beobachten: ein kontrolliertes Kräftemessen, das in seiner Rationalität und in seinem Bemühen um Schadensbegrenzung von der UNO hätte konzipiert sein können.

Die Auseinandersetzung beginnt aus sicherer Distanz, mit dem Röhren. Schon hier kann sich das Duell entscheiden: Hat einer der beiden Kontrahenten mehr Kraft in der Stimme, lässt das Rückschlüsse auf seine allgemeine körperliche Verfassung zu. Der weniger stimmgewaltige Hirsch sucht dann unter Umständen das Weite. Ansonsten nähern sich die beiden Rivalen bis auf Sichtweite, treten aufeinander zu und gehen dann im Parallelgang nebeneinander. Dabei vergleichen sie ihre Größe, vor allem auch die Größe ihrer Geweihe. Der unterlegene Hirsch kann sich jetzt immer noch zurückziehen und so den Kampf vermeiden. Bleiben beide am Platz, fahren sie mit ihren Geweihen aufeinander zu. Dabei verhaken sie sich ineinander und schieben sich hin und her.

Erst wenn auch dieses Kräftemessen keine Entscheidung bringt, kommt es zum Kampf, als allerletztes Mittel sozusagen. Dieser Kampf kann in der Tat blutig enden, denn dann muss eine Entscheidung herbeigeführt werden. Aber es gibt etliche Sicherungsmaßnahmen, damit genau das nicht passiert. Zunächst einmal ist das Geweih so konstruiert, dass es sich in dem des Gegners verhakt und ihm keine gefährlichen Verletzungen zufügt.

Wie Rivalen geschont werden

Hirsche halten sich bei ihren Konkurrenzkämpfen an die Regeln. Ziel ist es, den Rivalen zu besiegen, aber nicht, ihn maximal zu schädigen. Das lässt sich beobachten, wenn nach dem Parallelgang ein Hirsch zu früh eindreht und nun die Flanke seines Rivalen völlig ungeschützt ist. Anstatt zuzustoßen und sich auf bequeme Art und Weise einen Sieg zu verschaffen, drehen die Hirsche um und laufen hinter ihrem Gegner her, um den Kampf „nach den Regeln“ fortzusetzen.

Dieses Verhalten hat viele Forscher überrascht; immerhin hätte der unfaire Hirsch durch die Regelverletzung erhebliche Vorteile: den Kampf gewonnen und schnell beendet, die Ressourcen geschont, keine Verletzung riskiert. Doch liegt es im Gesamtinteresse aller Hirsche, wenn das Ritual von jedem eingehalten wird. Das Ritual hilft die Zahl der blutigen Auseinandersetzungen zu begrenzen, es wirkt deeskalierend. Auf längere Sicht profitiert davon auch der

Hirsch, der sich hier einen schnellen Vorteil verschaffen könnte. Denn er müsste bei seiner nächsten Auseinandersetzung damit rechnen, dass sein Rivale nicht anders handelt als er. Die Folge wäre, dass alle Konflikte viel schneller eskalieren würden.

Neun Mal aussteigen, ein Mal kämpfen

Es wäre eine ruinöse Strategie, immer bis zum Äußersten zu gehen und den direkten Kampf zu suchen – sofern man sich seiner körperlichen Überlegenheit nicht sicher sein kann. Doch auch als sicherer Gewinner kann der Hirsch Verletzungen davontragen, die ihn daran hindern, die nächste Auseinandersetzung zu führen – kein Tier ist so stark, dass es alle Kämpfe wirklich durchhalten könnte. Der Hirsch ist also darauf angewiesen, dass er die meisten seiner Rivalen so stark beeindruckt, dass sie aufgeben, bevor es zum Kampf kommt.

Am vorteilhaftesten für den Hirsch ist es, den Kampf zu gewinnen, ohne ihn zu führen. An zweiter Stelle folgt der Sieg im Kampf. Er kostet Kraft und birgt das Risiko von Verletzungen, aber immerhin: Gewonnen ist gewonnen. An dritter Position ist der Fall zu nennen, dass der Hirsch selbst vorzeitig aussteigt. Zwar hat er dann verloren, aber keine Verletzungen davongetragen. Am ungünstigsten und auf jeden Fall zu vermeiden ist die Niederlage im Kampf, die ihn sogar das Leben kosten kann.

Mathematiker haben einmal ausgerechnet, wie denn eine „optimale Strategie" für die Hirsche aussehen könnte. Demnach wäre eine gemischte Strategie am erfolgreichsten: Nur in 10 Prozent aller Fälle sollte man es tatsächlich zur Eskalation kommen lassen – und in den restlichen 90 Prozent vorher aussteigen. Zwar hätte kurzfristig derjenige den meisten Erfolg, der häufiger Bereitschaft zeigt, bis zum bitteren Ende zu gehen. Er gewinnt ja die 90 Prozent der Auseinandersetzungen, bei denen seine Gegner nicht kämpfen wollen. Doch verschiebt sich die Bilanz zu seinen Ungunsten, je mehr Hirsche seine kurzfristig erfolgreiche Strategie kopieren. Die „Kosten" steigen ständig, weil er immer mehr Kämpfe tatsächlich ausfechten muss.

Der kräftezehrende Wettbewerb

Der Konkurrenzkampf kostet Kraft. Tatsächlich ist es so, dass junge Hirsche erst im Alter von sechs Jahren in den Wettbewerb um Weibchen und Reviere einsteigen. Denn sobald sie mit dabei sind, verbrauchen sie alle Reserven, die sie vorher angelegt haben. Sie wachsen kaum noch. Je später sie in den Konkurrenzkampf einsteigen, desto mehr Kräfte können sie aufbauen und desto höher sind dann ihre Erfolgschancen. Allerdings muss es ihnen erst einmal gelingen, als revierlose Junghirsche durchzukommen. Deren Überlebenschancen sind nämlich am niedrigsten. Doch wenn sie durchkommen, dann haben sie bessere Chancen als die frühen Starter.

In dicht besiedelten Gebieten ist die Konkurrenz naturgemäß besonders stark. Die jungen Hirsche haben hier von vornherein keine Chance, sie sind gezwungen abzuwarten; einige schließen sich sogar wieder der Herde ihrer Mutter an. Nimmt der Konkurrenzdruck weiter zu, kann sich das auch auf die Größe der beanspruchten Reviere auswirken. In nahrungsreichen Gebieten können die Reviere ohnehin kleiner sein. Doch gibt es offenbar eine kritische Grenze, ab der das Revierverhalten überhaupt aufgegeben wird. Wenigstens bei den Rehen ist beobachtet worden, dass sie sich unter dem Druck der Verhältnisse zu Gruppen oder ganzen Herden zusammenrotten und gemeinsam die Landschaft durchstreifen.

Das Geweih als Symbol der Macht

Kehren wir zuletzt noch einmal zum Geweih zurück: Es dient ja nicht nur als Instrument, um den Kampf gegen den Rivalen zu führen. Fast noch wichtiger ist es als Instrument, diesen Kampf nicht führen zu müssen. Es ist ein gut sichtbares, eindeutiges Signal. Wer das größere mächtigere Geweih hat, der besiegt den anderen, ohne zu kämpfen. Davon profitieren beide, denn auch für den Verlierer ist es besser, auf einen aussichtslosen Kampf zu verzichten.

Tipps für die Führungspraxis

Wettbewerb in der Natur, das bedeutet keineswegs Kampf ohne Rücksicht auf Verluste. Im Gegenteil, wenn Artgenossen um Ressourcen konkurrieren, dann gibt es üblicherweise Vorkehrungen, die eine Eskalation verhindern. Dafür gibt es gute Gründe. Denn ein rücksichtsloser Wettbewerb schadet auf Dauer allen, die daran teilnehmen (müssen).

Vermeiden Sie den „unbegrenzten Wettbewerb"

Als Führungskraft in einem Unternehmen haben Sie nur geringen Einfluss darauf, nach welchen Regeln der Wettbewerb mit der Konkurrenz funktioniert. Möglicherweise werden Sie sich dazu gezwungen sehen, Entscheidungen zu treffen, die den Wettbewerb weiter verschärfen. Dadurch verschaffen Sie sich kurzfristig etwas Luft; doch tragen Sie langfristig dazu bei, dass sich die gesamte Situation für alle verschlechtert.

Sogar wenn Sie diesen fatalen Mechanismus durchschauen, können Sie nur wenig dagegen ausrichten, denn es kann ja eine Frage des Überlebens sein, beim Konkurrenzkampf zumindest gleichzuziehen. Auf der anderen Seite gibt es Grenzen, Grenzen der Belastbarkeit und Grenzen dafür, was sich gehört und was nicht. Diese Grenzen muss die Unternehmensethik ziehen. Werden sie überschritten, ist im Allgemeinen ein „Dammbruch" die Folge. Es gibt kein Halten mehr, alles ist möglich. Eine solche Situation kehrt sich früher oder später auch gegen denjenigen, der zunächst davon zu profitieren scheint. Insoweit gibt es ganz pragmatische Gründe, sich an gewisse ethische Standards zu halten.

Lassen Sie „schmutzige Tricks" nicht durchgehen

Dass der Wettbewerb verbindlichen Regeln folgen sollte, das gilt in besonderem Maße für den Konkurrenzkampf innerhalb des Unternehmens. Unfaires Verhalten, „schmutzige Tricks" von Mitarbeitern dürfen Sie als Führungskraft nicht durchgehen lassen. Sonst fördern Sie genau dieses Verhalten in Ihrem Unternehmen, auch bei denen, die sich sonst an die Regeln halten.

Kämpfen Sie nicht jeden Wettbewerb bis zum Ende durch

Es ist eine gern gehegte Illusion, ein erfolgreiches Unternehmen müsste in allen Belangen die Nummer eins sein (gleiches gilt auch für erfolgreiche Führungskräfte) und das auch jederzeit unter Beweis stellen. Nun hat es gewiss einen mobilisierenden Effekt, wenn man hohe Ansprüche an sich stellt und Gelegenheit bekommt, die eigenen Kräfte endlich einmal „unter Beweis" zu stellen. Nur führt es geradewegs in den Ruin, wenn man gewissermaßen jede Herausforderung annimmt und die Sache bis zum Ende durchkämpft. Das hat schon starke Persönlichkeiten und mächtige Organisationen zermürbt. Es kostet Ressourcen, an einem Wettbewerb teilzunehmen und den nötigenfalls bis zu Ende durchzustehen.

Lassen Sie Ihren Konkurrenten im Unklaren, wie weit Sie gehen

Bei einem Konkurrenzkampf sollten Sie den andern nicht erkennen lassen, wie weit Sie sich engagieren, welche Mittel Sie einsetzen und wann Sie aussteigen. Es kann verhängnisvoll sein, den Eindruck zu erwecken, man scheue eine Auseinandersetzung. Dann müssen Sie damit rechnen, auch von schwächeren Gegnern herausgefordert zu werden, die darauf spekulieren, dass Sie sich nicht ernsthaft auf eine Auseinandersetzung einlassen werden. Das ist sehr ungünstig, denn auch wenn Sie den Herausforderer bezwingen, wird Sie das viel Kraft kosten. Besser wäre es dann schon, wenn Sie in dem Ruf stehen, jede Auseinandersetzung bis zum Ende durchzustehen. Freilich dürften Sie dies dann nicht ernsthaft tun, denn eine solche Strategie führt, wie wir gesehen haben, in den Ruin.

Nun lässt sich ein Widerspruch zwischen glaubhaftem Image und tatsächlichem Verhalten nur schwer über einen längeren Zeitraum aufrechterhalten. Insoweit ist es am ratsamsten, wie die Hirsche eine gemischte Strategie zu verfolgen. Damit lassen Sie Ihre Wettbewerber darüber im Unklaren, ob Sie eine Herausforderung annehmen werden oder nicht. Jeder, der Sie herausfordert, muss zumindest damit rechnen, dass Sie sich ernsthaft zur Wehr setzen – auch auf einem Nebenkriegsschauplatz.

Es ist nie zu spät, aus einem ruinösen Konflikt auszusteigen

Eine hochgefährliche Situation: Man lässt sich in einen Konflikt hineinziehen, der allmählich eskaliert. Vielleicht wollte einen die Gegenseite nur provozieren, weil sie nicht daran geglaubt hat, dass man sich ernsthaft auf die Auseinandersetzung einlässt. Doch dann ist der Konflikt da, ohne dass eine Seite ihn ernsthaft gewollt hat. Es ist sehr schwierig und wird immer schwieriger, aus so einer Situation auszusteigen, „nach allem, was vorgefallen ist". Doch genau das ist das einzig Vernünftige. Unter Umständen sollten Sie sich an eine neutrale

Instanz wenden, eine Art „Mediator", der Ihnen hilft, aus einem verfahrenen Konflikt wieder herauszufinden.

Legen Sie sich ein eindrucksvolles „Hirschgeweih" zu

Wenn Sie über ein ähnlich überzeugendes Symbol der Stärke verfügen, wie es das Geweih für den Hirsch darstellt, so haben Sie ein geeignetes Mittel, um ruinöse Wettbewerbe zu verhindern. Niemand lässt sich ernsthaft auf eine Auseinandersetzung ein, wenn er damit rechnet, dass er mit hoher Wahrscheinlichkeit verliert. Zeigen Sie also Selbstbewusstsein und demonstrieren Sie mit Stärke. Vermeiden Sie Übertreibungen und „Showeffekte", sonst überzeugen Sie nicht. Denn nicht nur Schwäche provoziert die andern, Sie anzugreifen, sondern ebenso ein allzu selbstherrliches Auftreten.

Wenn der Konkurrenzdruck weiter steigt, ergeben sich neue Möglichkeiten zur Kooperation

Eine Situation, in der keiner der Konkurrenten mehr viel zu gewinnen hat, kann plötzlich umschlagen. Mit einem Mal ist es möglich, sich mit den Wettbewerbern zu verständigen und begrenzt zusammenzuarbeiten. Eine solche Gelegenheit sollten Sie nutzen, oder besser noch: Geben Sie selbst den ersten Anstoß dazu.

Sukzession – wie Pflanzen einen Lebensraum besiedeln

Themen: Konkurrenz, Unternehmensstrategie, Marktentwicklung, Markterschließung, Change Management, Kompetenzen

Hin und wieder räumt die Natur Lebensräume frei. Tiere und vor allem Pflanzen bekommen dann die Chance, noch einmal neu anzufangen. Im Allgemeinen geschieht dies nach Katastrophen, Waldbränden, Erdbeben, Überschwemmungen, aber auch wenn Waldflächen gerodet oder Äcker stillgelegt werden. Ja, sogar wenn Sie an der Meeresküste einen Felsen blank bürsten, schaffen Sie Platz für einen Neubeginn. Ein Lebensraum steht leer und wartet darauf, gefüllt zu werden.

Unkraut und Opportunisten zuerst

Betrachten wir eine brachliegende Fläche. Vor den Tieren erscheinen die ersten Pflanzen. Die Pioniere verfolgen eine klare Strategie: schnelle Ausbreitung, schnelles Wachstum und alle verfügbaren Ressourcen rasch verbrauchen. Es handelt sich um eine schlichte und kurzlebige Vegetation, Matten, Gräser und Wildkräuter, mit einem Wort: Als erstes macht sich das Unkraut breit.

Nach einiger Zeit wachsen die ersten langlebigeren Exemplare von Kräutern und Gräsern heran. Sie lassen sich mehr Zeit mit dem Wachstum und breiten sich auch langsamer aus. Wenn man so will, setzen sie mehr auf Gründlichkeit und Qualität. Sie bilden tiefere Wurzeln, rüsten gegen die Konkurrenz auf, legen Reserven an und investieren in die Zukunft. Sie drängen langsam, aber unverkennbar das „Unkraut der ersten Stunde" zurück. Dann folgen die ersten Büsche, die sich ihren Lebensraum auf Kosten der vorangegangenen Arten nehmen. Ein Teil von ihnen muss schließlich den Bäumen weichen. Und auch hier gibt es Arten, die vergleichsweise früh siedeln, und andere, die sich erst spät sehen lassen. Die frühen Bäume verfolgen im Vergleich zu den Spätentwicklern eine „Unkraut-Strategie": möglichst schnell wachsen, sich rasch ausbreiten und die Ressourcen maximal ausnutzen. Sie haben ein mehrschichtiges Blätterwerk, um viel Licht aufzunehmen – solange noch genügend davon da ist. Denn langsam wachsen die späten Bäume heran, mit nur einer Blattschicht, die nun effizienter ist, da es im Bereich der Baumkronen immer enger und dunkler wird. Sie überragen irgendwann die frühen Bäume und verdrängen sie.

Der Boden und die Tiere reden mit

So weit die natürliche Abfolge, die „Sukzession". Damit ist keineswegs gesagt, dass sie immer bis zum Ende durchlaufen muss, Lebensräume können immer wieder „auf Anfang" zurückgestellt werden. Auch kann sich die Sache hinziehen. Je nach Wachstumsbedingungen verläuft die Sukzession schneller oder langsamer. Auf nähstoffarmem Boden kann sich das „Unkrautstadium" über vierzig oder fünfzig Jahre erstrecken, ehe sich die ersten Büsche sehen lassen. Ein weiterer Faktor, mit dem zu rechnen ist, sind die Tiere. Sie folgen den Pflanzen und können großen Einfluss auf die weitere Entwicklung nehmen, etwa wenn sie bestimmte Pflanzen fressen, Wiesen abweiden oder Pfade in die zugewachsenen Büsche trampeln. Dadurch können sie die Entwicklung stark verzögern, vielleicht sogar zeitweilig zurückdrehen.

Doch auch wenn es nicht zu solchen Eingriffen kommt, dauert eine komplette Sukzession im Brachland zwischen hundert und dreihundert Jahren. Erst dann haben die „späten Bäume" die frühen verdrängt. Nun können sich wenige Lebensräume eine derart lange Zeit ungestört entfalten. Es genügt ein Waldbrand, die Invasion von Schädlingen oder ein Sturm, um wieder zu einem früheren Stadium zurückzukehren.

Erst wächst die Vielfalt, dann geht sie zurück

In fast allen diesen Lebensräumen steigt die natürliche Vielfalt zunächst an. Es kommen ja ständig neue Arten hinzu, auch wenn die „Pioniere" immer stärker an den Rand gedrängt werden. Schließlich verschwinden die ersten Pionierarten, weil sich durch die Sukzession der Lebensraum so stark verändert hat, dass sie nicht länger überlebensfähig sind. Aber dadurch, dass sie sich so schnell vermehren und ausbreiten, können sie häufig auf neue Brachflächen ausweichen, die in der Nachbarschaft entstanden sind.

Doch betrachten wir den begrenzten Lebensraum, um den es hier geht: Häufig sind nach einer gewissen Zeit sämtliche Pionierarten verschwunden und eine einzige Art hat sich als die dominante durchgesetzt. So ist es beispielsweise an der kalifornischen Felsküste. Auf einem blanken Stein siedeln erst kurzlebige Grünalgen, die Artenvielfalt steigt an, bis schließlich nach zwei bis drei Jahren die Art, die als eine der letzten erschienen ist, die Rotalge *Gigartina canaliculata*, bis zu 90 Prozent des Felsens einnimmt.

Gründerkontrollierte Lebensgemeinschaften

Es gibt jedoch nicht nur den harten Verdrängungswettbewerb der Sukzession. In einigen wenigen Lebensräumen können sich auch die „Gründer" halten, also jene Arten, die als erste auftauchen. In diesem Fall verfolgen sie keine kurzfristige „Unkraut-Strategie", sondern versuchen sich dauerhaft zu etablieren. Jede dieser Gründerarten hält ihren Platz besetzt, keine dominiert die anderen. Entsteht eine Lücke (z. B. weil ein Organismus stirbt), wird sie sofort von einer der Gründerarten geschlossen. Gemeinsam verteidigen sie ihren Lebensraum gegen Eindringlinge, die hier nicht Fuß fassen können. Die Ökologen nennen diese Konstellation „gründerkontrollierte Lebensgemeinschaften". Allerdings sind solche Lebensräume nicht sehr verbreitet. Als ein oft zitiertes Beispiel gelten die extrem artenreichen Lebensgemeinschaften von Fischen in tropischen Riffen. Am Great Barrier Riff vor der Ostküste Australiens sollen schätzungsweise 2.500 verschiedene Arten leben, die friedlich koexistieren – obwohl sie um die gleiche Nahrung konkurrieren. Warum sich hier diese Vielfalt erhalten hat, können die Wissenschaftler nicht erklären. Keine der angestammten Arten lässt sich von ihrem Platz verdrängen, keiner gelingt es, die anderen zu dominieren.

Tipps für die Führungspraxis

Ob es sich um die Erschließung eines neuen Marktsegments, die Entwicklung einer neuen Technologie oder um den Aufbau einer neuen Abteilung handelt, in vielen Bereichen lässt sich eine ähnliche Entwicklung beobachten, wie wir sie hier als Sukzession beschrieben haben. Am Anfang dominiert eine kurzfristige Orientierung. Erst wenn sich die Verhältnisse stabilisieren, treten langfristig angelegte, aufwändigere Konzeptionen in den Vordergrund.

In einem Umfeld, das sich ständig ändert, folgen Sie der „Unkraut-Strategie“

In der jüngeren Vergangenheit war viel vom Markt die Rede, der sich „immer rasanter“ verändert. Wenn das tatsächlich so ist, dann haben Organisationen, die sich langfristig orientieren, keine Chance. Denken Sie an ein Stück Erde, das ständig umgegraben wird. Hier können keine Pflanzen wachsen, die tiefe Wurzeln schlagen; Erfolg haben ausschließlich diejenigen, die auf die Strategie des schnellen Gewinns setzen. Es lohnt gar nicht, sich mit der Konkurrenz zu befassen. Machen Sie Ihr Geschäft, schöpfen Sie Gewinn ab und orientieren Sie sich immer wieder neu. Legen Sie keine Vorräte an, das ist nur Ballast. Ebenso wenig lohnt es sich, viel Zeit zu investieren, um bestimmte Kompetenzen zu erwerben. Diese Kompetenzen können in einem extrem veränderlichen Umfeld schon morgen völlig veraltet und damit überflüssig sein.

Warten Sie ab, bis sich der Markt beruhigt hat

Allem Gerede vom ständigen Wandel zum Trotz kommen auch innovative „Boombranchen“ irgendwann zur Ruhe. Dann sind nicht mehr die „intellektuellen Flachwurzler" gefragt, sondern diejenigen, die langfristig und strategisch denken. Wenn Sie die Zeit genutzt haben und behutsam in aller Unaufgeregtheit echte Kompetenz aufgebaut haben, dann wird Ihre Chance kommen – vorausgesetzt, dass Ihr Markt nicht vorzeitig erneut umgepflügt wird.

Die „Strategie des späten Baumes" ist riskant

Mit der Gründlichkeit und der langfristigen Orientierung können Sie es auch übertreiben. Denken Sie daran, dass unser Leben von Umbrüchen geprägt ist. Sie sollten sich daher nicht zu sehr darauf verlassen, dass Ihre Stunde noch kommen wird. Versuchen Sie einen Mittelweg zu finden zwischen der hektischen „Unkraut-Strategie" und der allzu bedächtigen „Strategie des späten Baumes".

Wenn Sie verdrängt werden, erschließen Sie einen neuen Markt

Auch das gehört zur „Unkraut-Strategie": Wenn Sie aus Ihrer Position, Ihrer Tätigkeit, Ihrem Kerngeschäft verdrängt werden, dann ist es leichter, andernorts Fuß zu fassen, wenn Sie noch nicht so tief „gewurzelt" haben. Wer sich stärker engagiert, Kompetenzen aufgebaut hat und langsam in seine Position hineingewachsen ist, für den ist eine Umorientierung schwieriger.

Gibt es eine Chance für eine gründerorientierte Überlebensstrategie?

In Einzelfällen wird es möglich sein, auch als Pionier zu überleben – womöglich sogar in Gesellschaft anderer Gründer. Dazu ist es nötig, sich von einer kurzfristigen „Unkraut-Strategie" zu verabschieden, den Markt dicht zu besetzen und zu verhindern, dass von außen neue übermächtige Wettbewerber hineindrängen. Eine solche Orientierung hat allerdings nur in ausgesprochenen Nischen eine Chance. Ansonsten werden die Pioniere früher oder später aus dem Markt gedrängt.

Die Blut spendenden Vampire – vom Nutzen des Altruismus

Themen: Kooperation, Vertrauen, Mitarbeiterführung

Sie gehören zur Familie der Fledermäuse und sind in Süd- und Mittelamerika beheimatet. Seit die spanischen Eroberer von ihnen berichteten, bevölkern sie die Schauergeschichten des alten Kontinents: die Vampire, die sich ausschließlich vom Blut anderer Tiere ernähren. Dabei sind sie alles andere als Furcht einflößende Ungeheuer. Ihr Biss ist kaum dramatischer als ein Mückenstich.

Vampire sind äußerst dezente Tiere. Um ihr Opfer nicht unnötig zu verschrecken, landen sie in gebührendem Abstand und rutschen langsam auf ihren samtweichen Sohlen zu ihm hin, ohne ein Geräusch zu verursachen. Ihr Biss ist winzig klein und nicht im Geringsten schmerzhaft, so dass das Opfer ihn überhaupt nicht spürt. Außerdem trinkt der Vampir bei jedem Biss nur wenige Tropfen. In der Natur gibt es kaum Beispiele für einen schonenderen Umgang mit „lebenden Ressourcen".

Die Vampirgesellschaft

Vampire bewohnen große Höhlen. Hier hängen sie zu Tausenden, ja Zehntausenden von der Decke und ruhen. Nachts fliegen sie aus, um sich eine Portion Blut zu besorgen. Das gelingt nicht immer. Auch vermuten die Fledermausforscher, dass nicht alle Vampire jede Nacht unterwegs sind, was Ressourcen spart. Doch damit gehen die Vampire ein Risiko ein. Denn sie können zwar zwei Nächte ohne Nahrung auskommen, aber nach 60 Stunden ohne Blutzufuhr verhungern sie.

Doch gibt es Rettung. Artgenossen mit blutgefülltem Magen können nämlich einen Teil des Inhalts wieder hoch würgen, um den Hungerleider damit zu versorgen. Was allerdings nicht unproblematisch ist, denn wenn er einen Teil der Nahrung wieder abgibt, verschlechtert der Spender seine eigene Überlebenschance. Was auch die Biologen verwundert – Nächstenliebe und Altruismus sind nämlich kein biologisches Programm; in der Natur zählt nur das Überleben.

Doch genau darum geht es letztlich. Denn der Spender verzichtet auf einen Teil seiner Nahrung, um sich den Empfänger für die Zukunft zu verpflichten.

Beim nächsten Mal soll es eben umgekehrt laufen. Der Empfänger von heute kann der Spender von morgen sein. Es handelt sich also um eine Art Versicherung auf Gegenseitigkeit, die die Fledermäuse da abschließen.

Solidarität unter Blutsaugern

Tatsächlich scheint es so zu sein, dass der Blutaustausch nach den Regeln der Fairness und nach dem Prinzip „Wie du mir, so ich dir" funktioniert, wie der Evolutionsbiologe Gerry Wilkinson festgestellt hat. Vampire versorgen am häufigsten Artgenossen, die ihnen in der Vergangenheit auch geholfen haben. Es ist daher sinnvoll, in Vorleistung zu gehen und abzuwarten, wie sich der andere beim nächsten Mal verhält. Revanchiert er sich, kann er im Bedarfsfall wieder mit einer Blutspende rechnen. Wer kooperiert, wird also belohnt. Wer sich nicht kooperativ verhält, der wird hingegen abgestraft, wie wir gleich sehen werden. In der Konsequenz bedeutet das: Die Kooperationswilligen müssen sich finden und einander helfen. Und wer mit seinem Verhalten erfolgreich ist, stärkt das ganze System.

Dieses Verhalten hat die Evolutionsbiologen etwas überrascht, denn es ist vom Grad der Verwandtschaft völlig unabhängig. Maßgebend ist einzig die Hilfsbereitschaft der Tiere. Und die ist in der Tat eindrucksvoll.

Trittbrettfahrer gehen leer aus

Was ist aber, wenn eine Fledermaus immer wieder die Dienste ihrer Artgenossen in Anspruch nimmt, ohne selbst von ihrer Beute etwas abzugeben? In diesem Fall würde sie die Hilfsbereitschaft der anderen ausnutzen und langfristig das System gefährden. Einen solchen Betrug bestrafen die Fledermäuse: Wer den anderen von seiner Beute nichts abgibt, der bekommt auch nichts mehr von ihnen.

Das klingt sehr einfach, erfordert jedoch ein ziemlich komplexes Sozialsystem. Stellen Sie sich vor, Sie wären Mitglied dieser riesigen Vampirgesellschaft. Als erstes müssten Sie Ihre Artgenossen überhaupt unterscheiden können, jeden einzelnen. Sie müssen wissen, wem Sie Blut gespendet haben und wer sich Ihnen erkenntlich gezeigt hat. Sie müssen sich merken, wer bislang nur als Schnorrer aufgefallen ist und wem Sie besonderen Dank schulden, weil er Ihnen gegenüber in Vorleistung gegangen ist. Sie brauchen nicht nur ein gutes Unterscheidungsvermögen, sondern auch ein exzellentes Gedächtnis. Beides haben die Vampire offenbar. Und, wie Wilkinson vermutet, Betrüger erkennen die Vampire, weil sie die Magengröße ihrer Artgenossen abschätzen können.

Tipps für die Führungspraxis

Kooperation braucht ein Mindestmaß an Stabilität

In vielen Unternehmen wird erwartet, dass Teams spontan zusammenarbeiten und ihre Mitglieder auf Anhieb miteinander harmonieren. Doch das ist häufig eine Illusion. Wer eine tiefe, vertrauensvolle Zusammenarbeit anstrebt, der braucht halbwegs stabile Verhältnisse. Und zwar aus zwei Gründen:

- Unsere Mitmenschen sind unterschiedlich vertrauenswürdig. Sie müssen herausfinden, wie viel Vertrauen Ihr Gegenüber verdient hat. Dazu müssen Sie Erfahrungen sammeln.
- Wenn jemand für Sie keine Gegenleistung erbringt oder Sie regelrecht hängen lässt, dann muss das Konsequenzen haben. Und zwar nicht in irgendeinem Bewertungsbogen, sondern im direkten persönlichen Umgang.

Sie können zu viel Vertrauen schenken, aber auch zu wenig

Das Problem vieler Führungskräfte ist nicht, dass sie zu vertrauensselig sind, sondern dass sie zu wenig Vertrauen aufbringen. Damit bleibt eine Kooperation aber hinter ihren Möglichkeiten zurück. Misstrauische Fledermäuse verhungern mit höherer Wahrscheinlichkeit als ihre kooperierenden Artgenossen, die es sich sogar leisten können, zeitweilig gar nicht auszufliegen, weil sich immer jemand findet, der sie versorgt. Wie sehr Sie sich auf die andern verlassen können, das müssen Sie jedoch erst herausfinden. Echtes Vertrauen muss allmählich aufgebaut werden.

Gehen Sie in Vorleistung – als Starthilfe

Es gehört offenbar zu unserem biologischen Grundprogramm, dass wir demjenigen einen Gefallen tun, der uns zuvor geholfen hat. Wie die Studien des Sozialpsychologen Robert Cialdini eindrucksvoll belegen, ist dieser Mechanismus so fest in uns eingebrannt, dass wir nur schwer dagegen verstoßen können. Sogar wenn wir selbst Nachteile erleiden, sind wir noch bemüht, uns beim andern zu revanchieren. Insoweit ist es meist eine lohnende Investition, jemandem zu helfen, von dem man sich in Zukunft Hilfe erhofft. Wenn Sie in Vorleistung gehen, wird sich der andere umso stärker verpflichtet fühlen, etwas für Sie zu tun. Und zwar oftmals weit mehr, als Sie für ihn getan haben.

Das Prinzip der Gegenseitigkeit und seine Tücken

Es ist die klassische „Win-win-Situation": Beide Partner helfen einander und profitieren davon. Ihre Zusammenarbeit wird immer besser und vertrauensvoller, sie entlasten sich und ihre Kompetenzen ergänzen sich. Und doch hat eine solche Zusammenarbeit auch ihre Kehrseite. Als Teil eines solchen Gespanns verlieren Sie nämlich an Souveränität. Sie sind in Ihren Entscheidungen nicht mehr frei, sondern in bestimmten Dingen einem anderen verpflichtet. Das kann sich durchaus auch einmal zu Ihrem Nachteil auswirken. Es müssen dabei nicht einmal Ihre eigenen Interessen berührt sein (schließlich kann niemand von Ihnen verlangen, dass Sie sich selbst Schaden zufügen). Gefahr droht vielmehr in einem Bereich, in dem sich die Gegenseite berechtigte Hoffnungen macht, dass ihre Interessen berücksichtigt werden. Plötzlich sehen Sie sich in ein Geflecht von „Kungelei" verstrickt. Das macht Sie angreifbar.

Der Fink und die Riesenschildkröte – das Erfolgsgeheimnis ungleicher Partner

Themen: Kooperation, Kommunikation, Vertrauen, strategische Allianz, interkulturelle Kommunikation, Crossmarketing

Auf der Galapagosinsel Isabela leben gigantische Riesenschildkröten, jede von ihnen über einen Meter lang und sechs Zentner schwer. Außerdem wird die Insel von kleinen Finken bewohnt, den Darwinfinken, die ihren Namen der Tatsache verdanken, dass Charles Darwin seine Theorie der natürlichen Auslese an ihrem Beispiel, vor allem an ihren Schnabelformen, erklärt hat. Eigentlich haben die federleichten Finken und die kolossalen Schildkröten nicht viel miteinander zu tun, sie konkurrieren nicht um Nahrung, nehmen sich nicht die Brutplätze weg und führen ein Leben, das unterschiedlicher kaum sein könnte. Die beiden Tiere leben in getrennten Welten, könnte man meinen. Aber in der Natur gibt es eigentlich keine getrennten Welten, sondern nur mehr oder weniger eng geknüpfte Verbindungen.

Vogelballett und Wagenheberstarre

Wenn sich Finkenschwarm und Riesenschildkröten begegnen, geschieht etwas Merkwürdiges: Einige Vögel landen auf dem Panzer der Riesenechse, andere dicht vor ihrem Kopf und vollführen kleine Luftsprünge. Dazu klatschen sie mit ihren Flügeln. Auf dieses seltsame Vogelballett reagiert die Schildkröte mit einer tiefen Verbeugung, ehe sie den Kopf steil nach oben reißt. Dann reckt sie sich und streckt Hals, Beine, Schwanz und Hintern so weit wie möglich aus dem Panzer und stemmt sich hoch. Stellen Sie sich eine Riesenschildkröte auf einem Wagenheber vor und Sie haben einen ungefähren Eindruck davon, wie bizarr es aussieht, wenn die vier Beine das Sechszentnergewicht in die Höhe stemmen. In dieser unbequemen Haltung verharrt die Riesenechse mehrere Minuten lang. Währenddessen beginnen die Finken auf Hals, Kopf, Beine und Hintern einzupicken, kurz gesagt, auf alle ungepanzerten Stellen, vor allem solche, die sonst nicht zugänglich sind. Denn hier befinden sich Hunderte von Zecken, Quälgeister für die Schildkröten, aber eine passable Nahrung für die Finken. Sobald der erste Fink davonfliegt, endet die Putzaktion, und der Vogelschwarm wendet sich einer anderen Schildkröte zu. Die frisch gesäuberte Schildkröte wartet noch einen Augenblick, fährt dann langsam Kopf und Beine wieder ein und setzt ihre unterbrochene Tätigkeit fort.

Es ist bemerkenswert, wie sehr sich die Schildkröten den kleinen Vögeln ausliefern. Sie kehren ihre empfindlichsten Stellen nach außen, die sonst von ihrem dicken Panzer geschützt werden oder in einer dicken Hautfalte verschwinden. Und sie sind äußerst duldsam. Obwohl sie am ganzen Körper von Schnäbeln behackt werden, bleiben sie völlig regungslos. Sie tun alles, um die empfindlichen Vögel nicht zu verschrecken, denn die fliegen sofort auf und davon, wenn sie die geringste Bewegung verspüren.

Eine exklusive Partnerschaft

Nun gibt es eine ganze Reihe solcher „Putzsymbiosen“, bei denen sich ein großes Tier von einem kleineren reinigen lässt. Das wohl bekannteste Beispiel ist der „Putzerfisch", der im Korallenriff lebt und den verschiedensten Fischarten Haut, Flossen, Kiemen und Zähne säubert. Man hat sein Reich schon als „Kosmetiksalon des Meeres" bezeichnet, denn hier herrscht ein reger Andrang: Ganze Fischschwärme kommen hierher und lassen sich – einer nach dem andern – putzen.

Die Gemeinschaft von Riesenschildkröte und Fink unterscheidet sich jedoch von diesem, fast möchte man sagen. professionellen Reinigungsservice. Denn die Putzerfische erledigen gewissermaßen ihren „Job", wenn sie die anderen Fische von Dreck und Parasiten befreien. Nicht so der Darwinfink, denn die Zecken sind nicht seine einzige Nahrung. Und er säubert, so weit wir wissen, keine anderen Tiere als die Riesenschildkröten. Es handelt sich um ein exklusives Gemeinschaftsprojekt, was nicht zuletzt auch deshalb so bemerkenswert ist, weil die beiden Tiere so extrem unterschiedlich sind. Sie haben keine gemeinsame Sprache, ja nicht einmal gemeinsame Gesten oder Signale, eigentlich fehlt ihnen jede Grundlage, um sich miteinander zu verständigen.

Ein doppeltes Missverständnis

Und doch tun sie es. Die Finken führen ihr merkwürdiges „Ballett" auf, um der Schildkröte zu signalisieren: Wir sind bereit, dich zu putzen. Ohne Ballett könnte die ganze Sache gar nicht angebahnt werden. Aber auch die Schildkröte muss den Finken zu verstehen geben, dass sie auf das Angebot eingeht. Daher die fast schon theatralische Übertreibung mit der tiefen Verbeugung, dem hochgeworfenen Kopf und der seltsamen Erstarrung. Die Finken fangen nicht eher an zu picken, ehe die Schildkröte nicht diesen Wink gibt.

Die Verständigung zwischen zwei Arten, die auf dem Baum der Evolution ziemlich weit voneinander getrennt sind, klappt also reibungslos. Jeder weiß das Signal des anderen richtig zu deuten. Da ist es überraschend, dass innerhalb ihrer eigenen Art das gleiche Signal eine völlig andere Bedeutung hat. Führen Finken ihr „Ballett" untereinander auf, kann man sicher sein, dass sie sich streiten. Das Herumhüpfen ist eine Drohgebärde. Und auch unter Riesenschildkröten wird die starre, hochbeinige Haltung nicht etwa als Aufforderung zum Putzen verstanden. Vielmehr nehmen die schwergewichtigen Echsen die Haltung ein, wenn sie in Streit geraten sind und ihren Gegner einschüchtern wollen. Wenn man so will, ist dieses einzigartige Verständnis zwischen Vogel und Reptil aus einem doppelten Missverständnis entstanden.

Tipps für die Führungspraxis

Die Natur macht es vor. Die unterschiedlichsten Partner können miteinander kooperieren, wenn bestimmte Bedingungen erfüllt sind:

- Beide Partner müssen von der Kooperation profitieren – und zwar so stark, dass andere Verhaltensweisen sich nicht lohnen. Gäbe es für die Finken eine bequemere Möglichkeit, an geeignete Nahrung zu kommen, würden sie die Schildkröte nicht säubern. Also muss ihnen die Schildkröte auch besonders günstige Bedingungen bieten. Und das tut sie ja auch: Selten ist Nahrung in so großer Anzahl für die Vögel direkt verfügbar.
- Die Partner dürfen nicht austauschbar sein. Sie müssen ein spezifisches Know-how in die Kooperation einbringen. Nur die Finken können die Schildkröte derart „kompetent" von den Zecken befreien. Umgekehrt gibt es kein anderes Tier, das die Finken so zuverlässig mit Zecken versorgt. Dabei müssen die Partner keineswegs optimal harmonieren. Es ist durchaus denkbar, dass es für einen der Partner bessere Möglichkeiten gäbe, sein Ziel zu erreichen. Entscheidend ist, dass solche Möglichkeiten nicht verfügbar sind (zum Beispiel auch weil sie nicht bekannt sind).
- Die Kooperation muss auf Dauer angelegt sein. Sie muss angebahnt werden und sich erst einspielen. Die ersten Reinigungsversuche der Finken dürften ziemlich chaotisch verlaufen sein; dennoch hat sich die einzigartige Putzsymbiose entwickeln können. Sie brauchen also ein gewisses Maß an Geduld, sagen wir: die Geduld einer Riesenschildkröte, wenn Sie zu einer ähnlich stabilen Symbiose kommen möchten.
- Die Kooperation lebt von Vertrauen und Verlässlichkeit. Echtes Vertrauen kann sich erst im Laufe der Partnerschaft bilden. Doch damit die Sache überhaupt in Gang kommt, braucht jede Kooperation einen gewissen Vorschuss an Vertrauen. Verlässlichkeit bestimmt die Qualität der Zusammenarbeit – und damit häufig auch deren Dauer.
- Gerade wenn sich zwei ungleiche Partner verbünden, brauchen sie klare, eindeutige Signale. Die Vereinbarungen zwischen den Part-

nern sollten so simpel und unmissverständlich wie möglich gehalten werden. Nach dem Muster: Wenn „Vogelballett", dann Angebot zum Putzen. Die Vereinbarungen sollten unbedingt eingehalten werden. Sonst ist das Risiko sehr hoch, dass die Kooperation zerbricht.

- Die Kooperation wird nicht durch Worte, nicht durch Absichtserklärungen und Verträge aufrechterhalten, sondern einzig und allein durch Taten.

Entscheidend für das Gelingen der Kooperation ist das Verhalten

Dass die Kooperation zwischen Fink und Riesenschildkröte möglicherweise über ein doppeltes Missverständnis zustande gekommen ist, unterstreicht noch einmal, dass es auf das konkrete Verhalten ankommt und nicht darauf, was die Partner möglicherweise damit gemeint haben. Es ist auch ein Beispiel dafür, wie interkulturelle Kommunikation funktionieren könnte. Natürlich ist es sinnvoll, sich mit den Eigenarten der fremden Kultur vertraut zu machen, denn in diesem Zusammenhang wird das Verhalten der anderen Seite oft erst verständlich und damit kalkulierbar. Dennoch sind es die Taten, die letztlich zählen. So gesehen kann es manchmal sehr klärend sein, den oftmals verworrenen Bedeutungshintergrund einfach auszublenden und schlicht die Fragen zu stellen: Was haben wir getan? Wie haben die anderen konkret gehandelt?

Haben Sie den Mut zu einer ungewöhnlichen Partnerschaft

Das Beispiel von Fink und Riesenschildkröte kann durchaus eine Ermutigung sein, bei der Suche nach einem geeigneten Kooperationspartner auch abgelegene Bereiche in Erwägung zu ziehen. Gerade hier sind am ehesten Kompetenzen zu vermuten, die dem eigenen Unternehmen fehlen. Und Sie dürfen davon ausgehen, dass Sie Ihrem möglichen Partner etwas anbieten können, das ihm nützt und das er anderswo nicht so bequem oder gar nicht bekommt. Dabei müssen Unternehmen keineswegs immer nur mit anderen Unternehmen kooperieren. Gerade ungewöhnliche Allianzen können zu überraschenden Ergebnissen führen – zumindest solange die Arbeitsteilung klar ist. Allianzen um ihrer selbst willen bringen wenig.

Ein weiterer Aspekt sollte nicht unerwähnt bleiben: Jede Kooperation bedeutet eine gewisse Abhängigkeit vom Partner. Das muss nicht immer nachteilig sein. Doch bevor Sie eine Kooperation eingehen, sollten Sie zumindest prüfen, mit wem Sie sich einlassen und wie eng Sie zusammenarbeiten wollen.

Wie Delfine Sardellen jagen

Themen: Teamarbeit, strategische Allianz, Kommunikation, Kooperation

Delfine sind ausgesprochene Sympathieträger. Sie gelten als sanft, einfühlsam, klug, kommunikativ, ja, sogar als humorvoll. Es gibt eine Delfintherapie, mit der offenbar sehr erfolgreich geistig behinderte Kinder behandelt werden. Und vor einigen Jahren machte im Bereich des Managements die so genannte Delfin-Strategie von sich reden, die allerdings mit dem real existierenden Meeressäuger kaum mehr zu tun hatte als das Märchen vom Rotkäppchen mit dem Jagdverhalten der Wölfe. Mittlerweile ist am allzu strahlenden Image des gar nicht immer so sanften Delfins gekratzt worden – zum Teil von Wissenschaftlern und Delfintrainern selbst, denen es gar nicht behagte, wie ihr Schützling im Umkreis von Esoterik und New Age in den Heiligenstand erhoben wurde.

Dabei ist der Delfin für uns gerade deshalb interessant, weil er kein höheres Wesen mit wundersamen Begabungen ist, sondern sich im Wesentlichen um die prosaischen Aspekte des Daseins kümmert, die fast alle Organismen beschäftigen: Wie finde ich Nahrung? Wie kann ich mich vor Feinden schützen? Wie finde ich einen geeigneten Fortpflanzungspartner?

Beim Delfin denken wir entweder an den zweieinhalb Meter langen „Gewöhnlichen Delfin“ oder an den „Großen Tümmler“. Dabei gehören noch knapp 30 andere Arten zu den Delfinen, darunter auch der berühmte Schwertwal (Orca), der neun Meter lang werden kann und dem kein Meerestier zu groß ist, um es nicht zu jagen.

Jeder Tümmler kennt seinen Namen

Delfine sind Kommunikationstalente. Untereinander verständigen sie sich mit höchst unterschiedlichen Lauten, Pfiffen, Geschnatter und Geschnalze. Die

Geheimnisse dieser Delfinsprache sind noch nicht gelüftet, doch meint man zu wissen, dass jeder Tümmler über sein eigenes Pfeifsignal verfügt. Dieser Ton ist ihm zugeordnet; er ist gewissermaßen sein „Name", den er ausstößt, um auf sich aufmerksam zu machen, mit dem man ihn aber auch rufen kann. Wie die Wale, die stundenlang singen, während sie die Ozeane durchqueren, so geben auch die Delfine viele Stunden lang Laute von sich, während sie nebeneinander vor sich hindümpeln. Die Wissenschaftler vermuten, dass hier eine Art Meinungsbildung stattfindet, die Delfine sich also aufeinander einstellen und abstimmen. Denn irgendwann stimmen alle in das gleiche „Lied" mit ein, das immer lauter wird – und dann schwimmen die Tiere los.

Cliquen, Gangs und Schulen

Delfine pflegen die vielfältigsten sozialen Beziehungen. Es gibt regelrechte „Männerfreundschaften", die ein Leben lang halten, „Frauengruppen", die sich gegen die männlichen Übergriffe zur Wehr setzen, Cliquen, die sich zusammenschließen, um zu jagen oder sich mit anderen Cliquen zu streiten, so genannte „Schulen", die mehrere hundert Tiere umfassen und die ebenfalls gemeinsam auf die Jagd gehen, wenn es die Situation erfordert. Was die Gestaltung ihrer persönlichen Beziehungen betrifft, sind Delfine äußerst flexibel. In dieser Hinsicht können selbst menschliche „Networker" und karrierebewusste Virtuosen sozialer Intelligenz von den Delfinen noch etwas lernen. Delfine gehen zeitlich befristete Bündnisse ein, wechseln mit ein paar Freunden auch schon mal die Seiten. Und sie tun etwas, was man bei keinem anderen Tier bislang beobachtet hat: Eine Gruppe – oder vielleicht sollte man treffender sagen: eine Gang – rekrutiert eine zweite, um eine dritte zu überfallen.

Die Sardellenjagd

Das überbordende taktische Geschick der Delfine zeigt sich auch bei der Jagd, namentlich bei der Jagd nach Sardellen, die zur Laichzeit in großen Schwärmen in den Meeren unterwegs sind. Eine Gruppe von vielleicht 15 Delfinen kreist die Sardellen langsam ein. Dabei stimmen sie ihre Bewegungen genau aufeinander ab. Die Sardellen sind gewiss keine einfache Beute: Sie schwimmen tief unter der Wasseroberfläche und koordinieren dank ihrer Schwarmintelligenz ihre Bewegungen wie die Heringe (s. S. 295), mit denen sie verwandt sind. Würde sich auch nur ein Angreifer falsch bewegen, könnte der ganze Sardellenschwarm durch eine gigantische Fluchtbewegung entkommen, meinen die Meeresbiologen.

Doch das Team der Delfine bewegt sich mit beeindruckender Präzision und zieht die Schlinge immer enger um die Sardellen. Ihre Pfeifsignale nutzen sie einerseits zur Verständigung, andererseits um die Sardellen durcheinander zu bringen. Schließlich schlagen sie von allen Seiten zu, treiben die Fische nach oben an die Meeresoberfläche und verschlingen sie. Von diesem Treiben werden Seevögel angelockt. Sie lassen sich diese Gelegenheit nicht entgehen und machen ebenfalls mit beim großen Sardellenfressen. Insofern servieren die Delfine ihnen die Sardellen geradezu. Denn sonst kommen diese Fische nie so dicht unter die Wasseroberfläche, dass ein Vogel sie fangen könnte.

Doch – und das ist der eigentliche Clou bei der Sardellenjagd – die Delfine treiben die Fische nicht aus Sympathie mit den Seevögeln so weit nach oben. Vielmehr brauchen sie die aufgeregt herumflatternden Vögel als weithin sichtbares Signal, um andere Delfine anzulocken. Der Schwarm ist groß genug, damit sich viele Tiere daran satt essen. Und jede Sardelle, die jetzt nicht verdrückt wird, die ist für die Delfine als Mahlzeit verloren.

Tipps für die Führungspraxis

Das Leben der klugen kooperativen Delfine bietet zahlreiche Anregungen für Führungskräfte. Man könnte gewiss ein eigenes Buch damit füllen, womöglich als die „echten Delfin-Strategien". Uns soll im Folgenden nur der Aspekt der Aspekt der Kooperation und der Teamarbeit beschäftigen.

Teambildung wie die Delfine: Mit Miniteams flexibel bleiben

Die Gruppen der Delfine ändern ihre Größe, ihre Zusammensetzung, ihre Ausrichtung. Das Interessante dabei ist, dass manche Tiere in diesen wechselnden Gruppen fast immer zusammen bleiben. Sie bilden gewissermaßen Miniteams im Team. Und die großen „Delfinschulen" bestehen aus zahlreichen kleineren Untergruppen. Auf ähnliche Weise lassen sich auch im Unternehmen wechselnde Teams organisieren, die effizient zusammenarbeiten: Sie bestehen aus kleineren Einheiten, die bereits eingespielt sind. Denken Sie auch daran, dass manche Delfine zu mehreren die Seiten wechseln und bereit sind, gegen ihre bisherigen „Kollegen" zu arbeiten. Das heißt, ihre „persönlichen" Verbindungen untereinander sind stärker als die Bindung zur Gruppe, der sie bis dahin angehört haben.

Befristen Sie Ihre Delfin-Teams

Wenn Sie Ihre Teamarbeit nach dem Vorbild der Delfine organisieren, so sollten Sie die Zusammenarbeit der Teams zeitlich befristen. Sonst kommt es möglicherweise zur Erstarrung. Sehen Sie zu, dass die Teams in Größe und Zusammensetzung variieren. Das schließt nicht aus, dass bewährte „Miniteams" zusammenbleiben.

Teams mögen herausfordernde Aufgaben

Es gibt wenig, was ein Team so gut zusammenhält, wie eine anspruchsvolle Aufgabe, die man nur gemeinsam bewältigen kann. So etwas wirkt disziplinierend und verbindet auch Mitarbeiter, die persönlich nicht so gut miteinander harmonieren. Wichtig ist nur, dass die Gruppe mit der Aufgabe nicht überfordert ist. Denn wenn sie scheitert, werden schnell Sündenböcke gesucht. Und das bedeutet eine schwere Belastung für die weitere Zusammenarbeit.

Eine Gruppe braucht einen Konsens

Noch bevor die eigentliche Arbeit beginnt, sollten sich die Teammitglieder zusammensetzen, um sich auf die Aufgabe und aufeinander einzustimmen und mögliche Unklarheiten aus dem Weg zu räumen. So viel Zeit sollte sich ein Team nehmen – wie die Delfine, die stundenlang schnatternd in einer stillen Bucht liegen, ehe sie sich entschließen, zu jagen. Dieser Einstimmungsprozess kann zwar dauern und wird häufig als reine Zeitverschwendung beklagt. Doch ist er notwendig, um die Aufgaben zu klären, Projekten den richtigen Dreh zu geben, die Kooperation zu stärken und zu verhindern, dass einzelne Teammitglieder desorientiert sind oder sich absetzen.

Koordination ist alles

Die Aktivitäten der einzelnen Teammitglieder müssen aufeinander abgestimmt sein. Am besten ist es natürlich, wenn sie sich blind verstehen. Da Sie das nicht voraussetzen können, müssen Sie klare Regelungen vereinbaren. Wie muss sich Teammitglied A verhalten, wenn Teammitglied B dieses oder jenes tut? Was geschieht, wenn ein Mitglied keinen Erfolg hat oder ausscheidet? Im Idealfall greifen die Tätigkeiten der Teammitglieder ineinander. Ob Sie die Sache nun planen oder auf die Selbstorganisation im Sinne der Schwarmintelligenz (s. S. 299) setzen, eines müssen Sie auf jeden Fall verhindern: Dass keiner weiß, was er jetzt eigentlich tun soll.

Seien Sie offen dafür, mit den unterschiedlichsten Kräften zu kooperieren

Das Verblüffendste an der Sardellenjagd ist die Einbeziehung der Seevögel, um aus einem großen Jagderfolg einen überwältigenden zu machen. Auch wenn wir nicht davon ausgehen können, dass dieses Verhalten der Delfine bewusstem Kalkül entspringt, weist es doch die Richtung, in der Sie weiterdenken können. Lässt sich nach einem Erfolg, den Sie erzielt haben, der Kreis derjenigen erweitern, die davon profitieren? Natürlich immer in Hinblick darauf, dass deren Erfolg auf Ihren eigenen zurückwirkt. Um eine wirklich große Sache zu bewegen, brauchen Sie viele Partner.

Die Faultier-Strategie – der Triumph der Trägheit

Themen: Wandel, Innovation, Konkurrenz, Karriere

Ein Buch über das Management in der Natur wäre nicht vollständig, würden wir über die Angehörigen der Familie der Bradypodidae einfach hinweg gehen: die Faultiere, die in Südamerika beheimatet sind und die zur zoologischen Ordnung der „Zahnarmen“ gehören. Wir sollten die „Zahnarmen“ nicht unterschätzen. Als die Dinosaurier vor 65 Millionen Jahren ausstarben, traten in Südamerika keineswegs die räuberischen Säugetiere an ihre Stelle wie bei uns, in der „alten Welt“. Vielmehr besetzten die friedfertigen „Zahnarmen“ die freigewordenen Lebensräume und wuchsen wie ihre aggressiven Verwandten, nämlich unsere Säugetiere, zu imposanter Größe heran. Noch vor rund 10.000 Jahren trotteten elefantengroße Erdfaultiere durch die Savannen. Und sogar als die Menschen schon viel zahnarme und zahnreiche Tiere von unserem Planeten vertilgt hatten, nämlich im Jahr 1789, wurde in der Nähe von Buenos Aires ein sieben Meter langes Riesenfaultier entdeckt.

Die Entdeckung der Langsamkeit

Von einer Laune oder gar einem „Fehltritt" der Natur kann also keine Rede sein. Die Geschichte der Faultiere ist vielmehr eine „Erfolgsstory", die nur leider häufig unerzählt bleibt. Faultiere sind Überlebenskünstler. Außerdem sind sie die unangefochtenen Meister in Sachen Trägheit. Sie verbringen nicht weniger als 15 Stunden am Tag im Schlaf. Daraus zu schließen, dass sie neun Stunden wach seien, nennt der holländische Biologe Midas Dekkers „übereilt" und erklärt, das Faultier werde eigentlich „nie richtig wach". Es hängt mit dem Kopf nach unten an irgendeinem Ast und tut nichts. Wenn es sich bewegt, dann hangelt es sich im Zeitlupentempo vorwärts, greift dann und wann nach einem Blatt, einer Blüte oder einer Frucht und verleibt sich diese vegetarische Kost ein. Die Kaubewegungen vollziehen sich in äußerster Langsamkeit, so dass sie sehr viel Zeit in Anspruch nehmen und man ohne Übertreibung sagen kann, dass die Faultiere ihren Tag hauptsächlich dem Kauen widmen.

Ein Nest bauen sie nicht. Körperpflege kennen sie nicht, ihr Fell ist mit Moos, grünen und blauen Algen überwachsen, Insekten legen hier gerne ihre Eier ab, Zecken und Milben tummeln sich ebenfalls im Faultierpelz, ohne hygienische Gegenmaßnahmen befürchten zu müssen. Wird ein Faultier angegriffen, dann flieht es nicht. Bricht der Ast ab, an den es sich klammert, verlässt es ebenfalls nicht seine stoische Ruhe. Sogar Stürze aus großer Höhe machen dem Faultier nicht wirklich etwas aus.

Schläfrigkeit als Waffe

In der Natur gilt im Allgemeinen die Regel: Je weniger ein Tier von Feinden gefährdet ist, desto mehr Schlaf kann es sich gönnen. Männliche Löwen können 20 Stunden am Tag verschlafen, während Rehe mit zwei Stunden am Tag auskommen müssen, die sie auf drei Raten verteilen, zwei in der Nacht, eine am Tag. In der Pavianhorde ist die Schlafdauer an die Rangordnung geknüpft. Je höher ein Affe steht, desto länger und fester kann er schlafen. Auch spielt es eine Rolle, wie schnell sich ein Tier hochrappeln kann, um im Falle eines Angriffs davonzulaufen. Giraffen brauchen dazu besonders lang. Also schlafen sie auch nur ganze sieben Minuten am Tag.

Nach dieser Logik dürfte man erwarten, dass keine Kreatur so wenig natürliche Feinde haben dürfte wie das träge Faultier. Doch genau das Gegenteil ist der Fall. Faultiere sind umgeben von Feinden. Haubenadler greifen sie aus der

Luft an, Jaguare und Riesenschlangen gelangen ohne Schwierigkeiten auf die Äste, an die sich die Faultiere klammern. Eigentlich gibt es in der Natur keine leichtere Beute als ein Faultier, könnte man meinen. Aber auch das ist ein Irrtum. Denn seine behäbige Gelassenheit ist im Überlebenskampf nicht etwa ein Nachteil, sie ist vielmehr seine wichtigste Waffe.

Ein Faultier hätte wenig Aussicht zu überleben, wenn es versuchen würde, vor einem Fressfeind davonzukriechen. Die sind nämlich alle meisterhafte Kletterer und Jäger. Also wählt das Faultier genau die entgegengesetzte Taktik und schaltet jeglichen Fluchtinstinkt ab (der für die meisten anderen Tiere überlebenswichtig ist). Darüber hinaus sind Faultiere meisterhaft getarnt. Dass in ihrem Fell das Moos sprießt und die Motten krabbeln, macht sie in den Bäumen nahezu unsichtbar. Ein Jaguar kann unmittelbar an ihnen vorbeischleichen, ohne dass sie in Unruhe geraten und dadurch auf sich aufmerksam machen.

Und zuletzt sind Faultiere auch nicht so wehrlos, wie es scheint. Denn geraten sie wirklich einmal in ernsthafte Gefahr, dann kann es passieren, dass aus dem schmuddeligen Fellbündel plötzlich ein langer Arm hervorschnellt und dem überraschten Angreifer eine ungeheure Ohrfeige verpasst.

Tipps für die Führungspraxis

Versuchen Sie es einmal in der Gegenrichtung

Die Faultier-Strategie macht Sie darauf aufmerksam, dass in der Natur viele Methoden zum Ziel, d.h. zum Überleben, führen können.
Es gibt nicht nur die eine „Spielregel für Gewinner“, vielmehr kann auch das glatte Gegenteil von dem, was gemeinhin als Erfolg versprechend gilt, Ihren Interessen dienen. Vor allem wenn die Sache mit faultierhafter Konsequenz betrieben wird. Prüfen Sie also bei allem, was Sie tun und beschließen, ob Sie nicht in der Gegenrichtung Ihrem Ziel näher kommen.

Bleiben Sie gelassen

Der Hinweis auf die Gegenrichtung ist zunächst einmal ein sehr allgemeiner Hinweis, doch zeichnet sich die Faultier-Strategie im Besonderen dadurch aus, dass sie eine radikale „Entschleunigung“ mit sich bringt.

Während andere sich täglich neu erfinden, Trends und Innovationen hinterher eilen, sich immer wieder neu orientieren und sich in einem Zustand hektischer Betriebsamkeit einrichten, verzichtet der Faultier-Stratege auf jede Umorientierung, bleibt unbeirrt an seinem alten Ast und kaut in aller Ruhe und Genügsamkeit seine Blätter. In der Beharrlichkeit liegt seine Kraft. Veränderungen werden sofort akzeptiert – sobald sie sich nicht mehr vermeiden lassen.

Dieses phlegmatische Verhalten liegt natürlich nicht jedem. Aber, und darauf kommt es uns hier an, eine solche Strategie kann durchaus funktionieren. Und zwar besser als der kräftezehrende Wettbewerb, bei dem Schnelligkeit, Stärke und Aufmerksamkeit entscheiden. Es kann tatsächlich zu „kostspielig" sein, sich darauf einzulassen. Wer immer nur der zweitschnellste Läufer ist, geht beim Beutefang leer aus – oder er wird selbst gefressen, wenn der Schnellste nämlich hinter ihm her ist. Dann könnte eine konsequente Faultier-Strategie eine lohnende Alternative sein. Jedoch ist ebenso klar, dass die Welt nicht nur aus Faultieren besteht, wie im Übrigen auch nicht nur aus Löwen, Ameisen oder Hyänen. Vielfalt ist das Erfolgsprinzip der Natur.

„Faultiere" machen unerkannt Karriere

Und damit sind wir beim letzten Punkt: Wir möchten nämlich Ihre Aufmerksamkeit schärfen für all jene Überlebenskünstler, die unter und über Ihnen in den Bäumen hängen, ohne dass Sie es merken. Nicht wenige, die in einer Organisation der Faultier-Strategie folgen, erreichen unauffällig eine erstaunliche Höhe. Zwar gelangen sie äußerst selten wirklich nach oben, aber wenn man Aufwand und Ertrag miteinander vergleicht, schneiden sie im Allgemeinen recht günstig ab. Nicht zuletzt auch, weil sie im Konkurrenzkampf regelmäßig übersehen werden.

Sollten Sie jedoch an ein veritables Karriere-Faultier geraten, dann sollten Sie es nicht unterschätzen. Denken Sie an die überraschende Ohrfeige. Viele Angreifer tragen schwere Verwundungen davon, versichern die Tierforscher. Denn an den zwei bis drei Fingern jeder Hand befinden sich scharfe Krallen.

Interview mit Professor Irenäus Eibl-Eibesfeldt: Wettbewerb braucht Regeln

Irenäus Eibl-Eibesfeldt, Professor für Zoologie und Humanethologie, gilt als Begründer der vergleichenden Verhaltensforschung und ist in Deutschland nach Konrad Lorenz der bekannteste Verhaltensforscher. In den ersten 15 Jahren seiner wissenschaftlichen Karriere widmete er sich dem Verhalten von Tieren, um sich dann ganz auf die Erforschung des Menschen zu konzentrieren und der Frage nachzuspüren, welche Verhaltensweisen bei Menschen angeboren und welche kulturell geprägt sind. Eibl-Eibesfeldt unternahm zahlreiche Expeditionen durch Afrika, Südamerika und Ostasien, studierte mit dem Taucher und Tierfilmer Hans Hass das Verhalten der Haie und bereiste die Galapagosinseln. Auf 260 Kilometern Filmmaterial hat er seine Forschungsreisen zu den unterschiedlichsten Naturvölkern in aller Welt dokumentiert, die den Grundstock des einzigartigen Filmarchivs für Humanethologie des Max-Planck-Instituts in Andechs bilden. Auch als sehr produktiver Autor hat sich Eibl-Eibesfeldt einen Namen gemacht.

Wie stark werden wir von unserem biologischen Erbe bestimmt?

Eibl-Eibesfeldt: „In unserem ganzen emotionalen Bereich, einschließlich der so genannten Gefühle, da gibt es kein Lernprogramm, mit dem man irgendeinem Menschen mitteilen könnte, wie er Liebe, Hass, Verärgerung, Angst oder so empfinden könnte. Wir gehen alle davon aus, dass unsere Mitmenschen ebenso empfinden wie wir. Und diese Hypothese hat sich im Umgang bewährt. Gelegentlich wird diese dumme Bemerkung gemacht, na ja, was ist der Stellenwert des Angeborenen? Das ist so, als würde man fragen: Was ist der Stellenwert eines Organs in einem System? Was ist der Stellenwert des Herzens? Des Hirns und so weiter? Das sind doch ganz dumme Fragen. Die Emotionen haben Einfluss bis in die höchsten Äußerungen der Kunst."

Wie können Führungskräfte darauf reagieren, dass wir Menschen so stark von unserem biologischen Erbe beeinflusst werden?

Eibl-Eibesfeldt: „Indem sie es zumindest in Rechnung stellen. Und indem sie wissen, dass der Mensch eben nicht nur Wachs in den Händen der Ideologen ist, sondern dass solche Dispositionen zu berücksichtigen sind, im Interesse des inneren Friedens zum Beispiel auch Sachen wie Xenophobie. Nicht umsonst zeigt jedes kleine Kind Fremdenscheu, mit der Bereitschaft auch zu kontaktieren. Es ist ambivalent, es gibt immer beide Seiten. Man kann die Kontaktbereitschaft durch Erziehung fördern und die Furcht vor dem Fremden durch Erziehung unter Kontrolle bringen.

Oder nehmen Sie unsere schreckliche Programmierung auf den Wettlauf im Jetzt, die ich in meinem letzten Buch diskutiert habe. Seit es überhaupt Konkurrenz gibt, um begrenzte Ressourcen, vielleicht seit drei Milliarden Jahren, gilt für alle Organismen: Wer schneller an den Ressourcen ist, im Jetzt, der macht das Rennen. Das galt auch bis zu unseren steinzeitlichen Vorfahren. Nur sind wir die ersten Wesen, die Handlungsfolgen über einen längeren Zeitraum abschätzen können. Dank unserer Wortsprache sind wir in der Lage, uns die Zukunft zu vergegenwärtigen.

Wir sind die ersten Wesen, die zwar programmiert sind von der Natur auf diesen Wettlauf im Jetzt. Das zeigt sich in schrecklicher Weise im Rahmen der Globalisierung, Ein rücksichtsloser Konkurrenzkampf hat sich breit gemacht. Aber wir sind die ersten eigentlich in die Verantwortung Entlassenen, die das unter Kontrolle bringen könnten."

Wie stehen denn da die Chancen, das unter Kontrolle zu bringen?

Eibl-Eibesfeldt: „Wir haben doch alles unter Kontrolle gebracht. Sogar die Sexualität, auch wenn wir jetzt alles versuchen, sie wieder außer Kontrolle zu bringen. Ich meine, wir leben doch davon. Kultur ist natürlich ein Korsett, wie Freud schon gesagt hat, aber es ist ein Korsett, das uns in anderer Weise Freiheit gibt. Außerdem haben wir die Freiheit des Spiels. Die teilen wir sogar mit den Tieren. Ich habe das in meinen Arbeiten über das Spiel der Säuger hervorgehoben. Das war in den Fünfziger Jahren. 1950, da habe ich einen kleinen Dachs aufgezogen und die Spiele erforscht. Da ist mir aufgefallen, dass der Dachs etwas macht, was er im Normalfall nie könnte. Er verfügt frei über sein Verhaltensrepertoire. Er kämpft, ohne ärgerlich zu sein, und flüchtet, ohne angstmotiviert zu sein. Er ist offenbar in der Lage, die Ernstaffekte abzukoppeln von seiner Motorik. Er kann daher experimentieren."

Welche Rolle spielt das Streben nach Dominanz?

Eibl-Eibesfeldt: „Das Streben nach Dominanz, das sich ja in ganz verschiedenen Formen der Aggression äußert, ist allgegenwärtig. Ob das jetzt die subtilen Dominanzstrategien sind, die gar keine physische Gewalt einsetzen. Oder auch physische Gewalt.

„Erfolgreiches Dominanzstreben verstärkt das weitere Dominanzstreben."

Dabei ist das System gegen Eskalation nicht abgesichert. Es spielt sich auf der Ebene von Hormonen ab: Nehmen Sie einen siegreichen Tennisspieler und messen Sie vor und nach dem Match seinen Testosteronspiegel. Dann merken Sie, der ist sehr steil angestiegen. Erfolgreiches Dominanzstreben verstärkt also das weitere Dominanzstreben. Das ist übrigens bei allen höheren Säugern der Fall. Und wenn der Spieler verliert, sinkt der Testosteronspiegel ab. Das gilt auch für Prüflinge: Wenn sie eine Prüfung gut bestehen, steigt er an. Und wenn sie durchfallen, sinkt er auch ab."

Das heißt dann, wer verliert, der wird immer schwächer.

Eibl-Eibesfeldt: „Nein, nicht unbedingt. Er wird vorübergehend schwach. Er kann sich ja erholen. Aber wenn er das zu oft erlebt, dann wird das so sein. Aber Sie können jetzt nicht sagen, dass die Aggression zu verdammen wäre. Es gibt auch den gerechten Zorn. Sie müssen bereit sein, sich zu verteidigen, gegen Tyrannen. Und Aggression ist zugleich auch ein Ansporn, Leistungen zu vollbringen. Nur wenn man glaubt, es bedürfe der Wettbewerb, etwa im Wirtschaftlichen, keiner Regeln, so ist das ein Irrtum. Man nimmt sich die Natur zum Vorbild, sagt man, aber man nimmt sich dabei den zwischenartlichen Wettbewerb zum Vorbild. Den gibt es natürlich auch in der Natur, etwa zwischen Raubtier- und Beutetier. Oder verschiedene Arten, die um die gleichen Ressourcen kämpfen, die kennen keine Rücksicht. Die verstehen sich gar nicht. Aber wenn Sie die Kämpfe innerhalb einer Art beobachten, von Arten, die einander beschädigen können, da entscheidet es sich auf der Ebene des Drohens und Imponierens. Und wenn es zu physischen Auseinandersetzungen kommt, wie ich es an den Meerechsenkämpfen dargestellt habe, dann folgen die immer bestimmten Regeln, die sie vor Verletzung schützen. Oder wenn Sie die ganzen Antilopenarten anschauen, mit ihren verschiedenen Gehörnen, dann stellen Sie fest, dass die genau an die Kampfesweisen angepasst sind und zwar so, dass man sich einander eben nicht beschädigt. Daran können Sie sehen, dass wir Regeln brauchen. Gerade wenn wir uns die Natur zum Vorbild nehmen."

Jäger und Gejagte

Der Konkurrenzkampf ist mörderisch. Im Unternehmen herrschen die „Gesetze des Dschungels". Karrieristen krallen sich rücksichtslos den „Löwenanteil", während andere ständig „auf der Lauer" liegen, um bei der nächsten Gelegenheit „zuzuschlagen". Oder auf Unternehmensebene, da „schlucken" die Großen die Kleinen und „fressen" die Schnellen die Langsamen . Und manchmal fühlen wir uns von „Raubtieren" umzingelt, vor allem wenn unsere Erfolgs-„Ausbeute" gering ist ...

Im Unternehmensalltag sind wir umgeben von Jagdmetaphern. Aber kennen Sie überhaupt die Gesetze des Dschungels? Wissen Sie, was sich in der Savanne abspielt, wie sich die Wildtiere hetzen und jagen, einzeln und in Rudeln, in Herden und in Schwärmen, warum es das Wichtigste ist, sich nicht überraschen zu lassen, und weshalb die besten Jäger keine Vielfraße sind? In diesem Kapitel erfahren Sie mehr davon.

Beutetiere brauchen Vorsprung

Themen: Konkurrenz, Ressourcenmanagement, Kundenakquise, Unternehmensstrategie

In der Natur herrscht das Prinzip Fressen und Gefressen Werden. Viele finden das beunruhigend, zeigt es doch, dass ein bestimmter Organismus immer nur auf Kosten eines anderen (über)leben kann und dass eine friedliche Welt, die wir gewiss bevorzugen würden, prinzipiell unmöglich scheint. Andere erschreckt diese Aussicht nicht im Mindesten. Im Gegenteil, es bestärkt sie in der eigenwilligen Auffassung, sie selbst müssten nur die rücksichtslosen Raubtiere spielen, um auf der Gewinnerseite zu stehen. Ihre weniger angriffslustigen Mitmenschen seien hingegen von der Natur dazu bestimmt, in ihrem Rachen zu verschwinden. Diese Ansicht mag sich zwar steigender Beliebtheit erfreuen, doch beruht sie auf einem Missverständnis.

Es geht um eine Mahlzeit oder ums Überleben

Natürlich gibt es eine ungleiche Rollenverteilung. Auf der einen Seite stehen die Jäger mit ihren Reißzähnen und auf der anderen ihre möglichen Opfer, die Gejagten mit wirbelnden Hufen. Wenn man es sich schon aussuchen kann, dann würde man sich gewiss nicht freiwillig auf die Seite der Beutetiere stellen, die alles zu verlieren, aber nichts zu gewinnen haben. Wenn Sie mich zehn Mal als Jäger verfolgen, und ich entkomme Ihnen neun Mal, dann haben Sie mich am Ende doch gefressen – auch wenn ich etwas länger am Leben geblieben bin. Hingegen die Jäger: Wenn sie bei ihrer Jagd einmal nicht erfolgreich sind, entgeht ihnen im schlimmsten Fall eine Mahlzeit.

Die Sache ist nur die: Als Raubtier können Sie es sich gar nicht leisten, zehn Mal hinter ein und demselben Beutetier herzuhetzen, ohne wenigstens zwischendurch die ein oder andere Zwischenmahlzeit erlegt zu haben. Was Sie betreiben müssen, ist ausgeklügeltes Ressourcenmanagement: Sie müssen Ihre Kräfte einteilen, Erfolgschancen kalkulieren und entscheiden, welchem Beutetier Sie hinterherlaufen oder vor welchem Mauseloch Sie in Stellung gehen. Wenn Sie sich verrechnen, bekommen Sie zu wenig Nahrung und verhungern. Dieses Schicksal trifft tatsächlich viele Raubtiere, während ihre flinkfüßige Beute gut getarnt auf der Wiese nebenan Gras kaut.

Lernen vom Fressfeind

Das Leben von Jäger und Beute ist eng miteinander verflochten. Sie entwickeln ihre Fähigkeiten nicht unabhängig voneinander. Je nachdem, wie „exklusiv" ihr Verhältnis ist, durchlaufen sie eine „Koevolution" (s. S. 81). Die Beutetiere verbessern ihre Fluchtstrategien. Sie laufen schneller, ausdauernder, lassen sich Giftstacheln oder Panzer wachsen oder verstecken sich besser. Darauf reagieren ihrerseits die Jäger mit einer Verfeinerung ihrer Jagdstrategien. Verbesserung zu beiden Seiten der Fresskette, könnte man meinen. Keine Seite darf zurückstehen und sich mit den vorhandenen Fähigkeiten zufrieden geben, sondern muss (nach dem Slogan eines Küchengeräteherstellers) „immer besser" werden, um die Position zu halten, oder, wie es die „Red Queen"-Hypothese (s. S. 78) ausdrückt: Wer sich nicht weiterentwickelt, geht unter.

So treibt der mörderische Konkurrenzkampf zwischen Jäger und Beute den evolutionären Fortschritt voran und wirkt gewissermaßen als biologisches Programm zur Innovationsförderung: Entwickelst du ein Gift, entwickle ich ein Gegengift. Da liegt es nahe, ähnliche Gesetzmäßigkeiten auch im menschlichen Zusammenleben anzunehmen, ganz gewiss aber beim wirtschaftlichen Wettbewerb. Es genügt nicht, auf einem hohen Standard zu bleiben; es muss alles „noch besser“ werden, technisch auf dem neusten Stand, in der Hälfte der Zeit abgewickelt, mit niedrigeren Kosten, interaktiv und mit der Hälfte des Personals. Der Haken bei der Sache ist nur, dass die „Immer-besser“-These auf das Jäger-Beute-Verhältnis so gar nicht zutrifft. Eine gegenseitige Adaption gibt es schon, doch ein „Wettrüsten“ findet nicht statt. Der Fall liegt komplizierter.

Kompromisslösungen leben länger

Einmal geht es für den Räuber nicht ausschließlich darum, eine bestimmte Beute zu fangen, ebenso wenig wie für den Gejagten, einem bestimmten Angreifer zu entkommen. Es gibt noch eine Reihe weiterer Aufgaben, die ein Organismus bewältigen muss, um zu überleben. Und es gibt eine Reihe weiterer Angreifer, die möglicherweise einen ebenso starken Appetit auf das Beutetier haben, jedoch ganz andere Jagdstrategien verfolgen. Der eine lauert, der andere hetzt, der eine greift aus der Luft an, der andere kriecht über den Boden. Im Ernstfall muss das Beutetier allen entkommen können.

Umgekehrt ist es auch für einen Räuber eine riskante Strategie, sich ganz und gar einem bestimmten Beutetier zu verschreiben und seine Fähigkeiten danach auszurichten, möglichst viele davon zu erlegen. Abwechslung im Speiseplan erfordert auch eine gewisse Flexibilität bei den Jagdmethoden.

Unter solchen Umständen kann niemand wirklich „wettrüsten“. Wie soll sich denn ein Organismus auf diese vielfältigen, manchmal widersprüchlichen Anforderungen einstellen? Rein technisch ist es ohnehin nicht möglich, ihn für jede seiner Aufgaben zu optimieren. Wer schwere Hörner hat, kann nicht auch noch schnell laufen, und wer schnell läuft, der strebt keineswegs aus innerem Zwang danach, diese Fähigkeit zu perfektionieren, schon gar nicht wenn dies auf Kosten anderer wichtiger Fähigkeiten geht. „Suboptimale“ Kompromisslösungen sind daher weit verbreitet, und sie erfüllen ihren Zweck oft besser als Spitzenleistungen, die einen hohen Preis haben, wie das Beispiel des Gepards (s. S. 251) zeigt.

Aber auch bei einem sehr engen Jäger-Beute-Verhältnis kommt es nicht zwangsläufig zum „Wettrüsten“. Unter Umständen ist es für ein Raubtier eine bessere Strategie, seine Jagdtechnik nicht zu verbessern, wenn ihm mit einem Mal mehr Beutetiere entwischen als zuvor. Es fängt dann zwar weniger Beute, aber was ist die Folge? Die Population der Beutetiere kann sich regenerieren. Es gibt wieder mehr davon. Mehr schnelle, aber auch mehr langsame. Seine Jagdchancen steigen wieder, ohne dass der Räuber dafür eine Pfote krümmen musste.

Die Überlegenheit der Beutetiere

Für die Beutetiere gilt diese Rechnung natürlich nicht. Der Paläontologe Robert Bakker hat dieses Phänomen im Laufe der Evolution untersucht und festgestellt, dass die Huftiere, also die klassischen Beutetiere wie Hirsche, Gazellen, Zebras, gegenüber ihren Verfolgern immer deutlich schneller waren. Sie konnten ihnen also im Normalfall immer entkommen.

Das heißt, die Beutetiere müssen den Jägern mit ihren Verteidigungsstrategien immer ein Stück voraus sein, sonst sterben sie aus. „Vorsprung durch Technik", dieser Slogan hätte von einem Hasen stammen können, dem es durch flinkes Hakenschlagen gelingt, eine Meute von Jagdhunden abzuschütteln. Die Überlegenheit der Beutetiere kann auch nur darin liegen, dass sie sich explosionsartig vermehren. Eine Strategie, die den Raubtieren kaum zur Verfügung steht, es sei denn, es kommt zu einer explosionsartigen Vermehrung der bejagten Art. Letztlich können die Raubtiere also nur erfolgreich sein, solange es ihre Beutetiere auch sind.

Perfekte Jäger sterben aus

Es ist für den Jäger gar nicht günstig, wenn seine Strategie zu effektiv ist. Wer alles abräumt, der beraubt sich seiner eigenen Lebensgrundlagen. Zumindest muss er sich ein neues Beutetier suchen, an das er sich erneut anpassen muss. Bei den klassischen Raubtieren tritt dieser Fall auch kaum auf, zumindest nicht in den angestammten Lebensräumen. Hier hat sich die Erfolgsquote im Laufe der Zeit auf relativ stabile Werte eingependelt. Vielleicht überrascht es Sie zu erfahren, dass diese Quote unter 50 Prozent liegt, bei der Mehrzahl der Jagden die Raubtiere also leer ausgehen. Um Beute zu machen, müssen sie sich häufig ganz schön anstrengen, viel Zeit und Energie investieren, die dann hin und wieder ohne die erhoffte Wirkung verpufft. Oft kommen sie nur deshalb zum Erfolg, weil sie ihr Opfer überraschen oder sich ein geschwächtes Tier erwischen lässt.

Bei einer so mageren Erfolgsbilanz stellen Sie sich vielleicht die Frage, ob die Raubtiere nicht in der falschen Branche arbeiten und zu den Vegetariern wechseln sollten. Doch eine niedrige Trefferquote ist kein Problem, solange die Treffer, die sie schließlich landen, groß genug sind, die aufgelaufenen Kosten zu decken. Und hier schneiden die Raubtiere gar nicht so schlecht ab. Ihr erbeutetes Fleisch ist nahrhaft und im Übrigen leichter und schneller zu verdauen als pflanzliche Kost, für die sie obendrein noch einen längeren Darm benötigen. Es lohnt sich, ein paar Mal erfolglos hinter einer Beute her zu rennen, solange es gelingt, in bestimmten Abständen einen dicken Brocken zu erlegen.

Es ist wie bei einem Unternehmen, das Unsummen in die Kundenakquise steckt, um an einen lukrativen Großauftrag zu kommen. Wenn es schließlich klappt, dann fallen die vielen Stunden des vergeblichen Bemühens nicht mehr ins Gewicht. Wer große Tiere jagen will, der muss sich darauf einstellen, dass er in der Mehrzahl der Fälle vergeblich hinter ihnen herläuft.

Tipps für die Führungspraxis

Beim Jäger-Beute-Verhältnis haben Sie es mit dem denkbar schärfsten Interessensgegensatz zu tun. Anders als bei einem gewöhnlichen Konkurrenzverhältnis, bei dem beide Seiten das Gleiche Ziel haben, geht es hier darum, genau das zu erreichen, was der andere mit aller Kraft vermeiden will. Es ist kein Ausgleich, kein Kompromiss möglich. Jeder Gewinn der einen Seite ist gleichbedeutend mit einer Niederlage für die andere.

Gerade deshalb sind beide Seiten stark aufeinander bezogen und greifen sich sozusagen ständig gegenseitig ins Steuer. Ein solches „Hyperkonkurrenz"-Verhältnis kann auf die Dauer sehr kraftraubend und belastend sein. Denn man kann nicht mehr souverän entscheiden, was man tun möchte, sondern ist gezwungen, sich immer neu auf das Verhalten seines Konkurrenten einzustellen, sich ständig zu „adaptieren".

Betrachten Sie Ihren Konkurrenten als Coach

Doch unter bestimmten Voraussetzungen kann in dieser „Adaption" auch ein Vorteil liegen. Dadurch dass Sie gezwungen sind, Gegenstrategien auszubilden, erwerben Sie Fähigkeiten, die Ihnen helfen können, auch andere Situationen zu bestehen. Evolutionsbiologisch gesprochen erhöhen Sie Ihre „Fitness". Allerdings nur – und das gilt es zu bedenken – in Hinblick auf die Fähigkeiten, die Ihnen abverlangt werden. Sind plötzlich ganz andere Qualitäten gefragt, hat Sie Ihr Konkurrent in eine evolutionäre Sackgasse getrieben, in der er allerdings ebenfalls festsitzt.

Konkret heißt das: Überlegen Sie, welchen Nutzen Sie aus einem solchen besonderen Verhältnis ziehen können. Suchen Sie sich Ihre „Fressfeinde" danach aus, was Sie von Ihnen lernen können. Lassen Sie sich jedoch niemals in ein unsinniges „Wettrüsten" hineinziehen. Alle „Waffen" haben ihren Preis, hochgerüstete Lebewesen haben allgemein schlechte Überlebenschancen.

Ein letzter Punkt zu diesem Thema: Obwohl beide Seiten genau darauf hinarbeiten, so wäre es doch für sie ein schwerer Nachteil, wenn sie sich gegenüber der Gegenseite ein für allemal durchsetzen. Das erscheint vielleicht nicht unmittelbar einleuchtend, immerhin ist man seinen schärfsten Konkurrenten los. Doch die Auseinandersetzung mit ihm hat nicht nur Kraft gekostet, sie hat die eigene Energie auch in eine bestimmte Richtung gelenkt. Das sorgt für eine gewisse Sicherheit und Stabilität. Ist die Auseinandersetzung plötzlich beendet, geht es einem ähnlich wie einem Raubtier, das alle Beutetiere gefangen hat. Es muss sich ein neues Beutetier suchen und hat zunächst keine Ahnung, wie es das erlegen soll. Geben Sie Ihrer „Beute" also eine Chance.

Welche Kunden wollen Sie „erbeuten"?

Es gibt noch einen zweiten Bereich, den wir kurz angesprochen haben und den wir unter dem Blickwinkel von Jäger- und Beuteverhalten betrachten wollen: die Kundenakquise. Dabei geht es natürlich nicht darum, Kunden aufzulauern, sie zu verfolgen und bei verzweifelter Gegenwehr zu erbeuten. Aber jedes Unternehmen steht vor der Frage, welche Kunden es mit welchen Mitteln akquirieren soll.

In der Regel ist der der Kundenkreis von vornherein eingeschränkt durch das Produkt, das angeboten wird. Auf der andern Seite lassen sich viele Produkte auf besonders attraktive Kunden zuschneiden. Das Problem ist nur: Diese besonders attraktiven Kunden ähneln stark bejagten Tieren: Alle sind hinter ihnen her. Das trübt die Erfolgsaussichten und treibt den Aufwand in die Höhe.

Im Prinzip sind die unterschiedlichsten „Jagdstrategien“ denkbar: Sie können sich auf eine einzelne Zielgruppe konzentrieren und ganz gezielt die Fähigkeiten aufbauen, die Sie benötigen, speziell diesen Markt abzuschöpfen. Bei kleineren Kundengruppen kann das jedoch eine riskante Strategie sein.

Gemischte Strategien sind robuster. Wenn Sie unterschiedliche Kundengruppen anvisieren, dann verringern Sie Ihre Abhängigkeit von den natürlichen Schwankungen innerhalb einer „Kundenspezies“. Auf der anderen Seite steigt Ihr Aufwand. Und wenn Sie sich allzu disparate Kundengruppen vornehmen, kommen Sie womöglich bei keiner richtig zum Erfolg.

Auch die erwähnte „Trefferquote“ spielt eine wichtige Rolle. Wer lukrative Aufträge anwerben will, muss mit einer höheren Zahl von gescheiterten Akquisitionen rechnen. Auf der andern Seite dient häufig die „Jagd nach den ganz großen Tieren“ dazu, eine anhaltende Erfolglosigkeit zu rechtfertigen. Ohnehin ist die „Großwildjagd“ riskant. Nicht selten stellt man nämlich fest, dass an den vermeintlichen Riesen sehr wenig „Fleisch“ dran ist.

Geparden – oder warum der Schnelle nicht immer den Langsamen frisst

Themen: Konkurrenz, Spezialisierung, Schnelligkeit, Optimierung

Wenn Sie ein Tier suchen, das die Natur für einen bestimmten Zweck optimiert hat, dann schauen Sie sich einen Gepard an. Er ist das schnellste Säugetier der Welt und fegt mit einer Spitzengeschwindigkeit von 110 km/h über die Savanne. Das ist so schnell, dass Fotografen Schwierigkeiten haben, das Tier auf seinem Extrem-Spurt auf einem Bild festzuhalten. Zumal wenn der Boden trocken ist, bekommt man nicht viel mehr als eine rasende Staubwolke zu sehen. Für Gazellen, seine bevorzugten Beutetiere, ist das ein äußerst beunruhigender Anblick.

Geparden haben ein sehr windschnittiges Design. Ihr Kopf ist relativ klein und aerodynamisch geformt, die Beine sind lang und dünn, an den Pfoten haben sie harte Trittballen. Im Unterschied zu allen anderen Katzen können sie im Erwachsenenalter ihre Krallen nicht mehr einziehen, sie laufen daher wie auf Spikes. Sie haben eine elastische Wirbelsäule und gleitende Schulterknochen, die eine größere Schrittlänge zulassen und dadurch die Geschwindigkeit erhöhen. Ihre Nase ist sehr ausgeprägt, so dass sie viel Sauerstoff aufnehmen können. Das müssen sie auch, sonst würden sie bei ihrer Jagd tot umfallen.

Der hohe Preis der Höchstgeschwindigkeit

Ein Gepard jagt allein. Bevor er seiner Beute mit einem Prankengriff die Luft abdrückt, bringt er sie mit seinen Vorderpfoten zu Fall. Er stößt sie in vollem Lauf um. Die Beutetiere müssen nicht lange leiden. Durch die mörderische Hetzjagd im maximalen Tempo sind sie ohnehin schon halb ohnmächtig. Aber auch der Gepard kann nicht einfach so zur Tagesordnung übergehen und mit dem Fressen beginnen. Sein überhitzter Körper muss zunächst abkühlen. Und das kann dauern. Erst nach 15 bis 20 Minuten ist der Gepard in der Lage, seine Beute zu verspeisen. In dieser Zeit kann viel passieren. Vor allem können andere Fleischfresser auftauchen, Löwen, Hyänen, aber auch Geier. Unglücklicherweise ist der erschöpfte Gepard nicht im Stande, seine Beute gegen diese Konkurrenz zu verteidigen, nicht einmal gegen die Geier. Deshalb zieht er sich einfach zurück und überlässt das Fleisch kampflos den andern, die zwar nicht so schnell sind wie er, aber im entscheidenden Moment mehr Kraft haben.

Sehr oft darf sich ein Gepard natürlich nicht die Beute abnehmen lassen. Die vielen Kalorien, die ihn die Jagd gekostet haben, muss er an anderer Stelle wieder hereinholen.

Trotz seiner einzigartigen Fähigkeiten lebt der Gepard also in einer ungünstigen Wettbewerbssituation. Er investiert viel, um ein schneller, effektiver Jäger zu sein, und profitiert doch nicht in vollem Umfang von seinen Jagderfolgen. Andere schöpfen bei ihm ab; er aber muss seine ganze Beute persönlich erjagen. Das trübt seine Bilanz und verbessert die seiner Fleisch fressenden Rivalen.

Die exzellente Jagdtechnik eines Perfektionisten

Darin liegt eine gewisse Tragik, denn der Gepard ist keineswegs nur eine „lebende Laufmaschine", die ausschließlich auf Hochgeschwindigkeit ausgelegt ist. Auf seine Art ist er der perfekte Jäger mit herausragenden Fähigkeiten. Er verfügt über sehr scharfe Augen. Auch über große Distanzen vermag er das Gelände zu sondieren und seine Erfolgschancen einzuschätzen. Ist die Gazellenherde nah genug oder muss ich mich noch ein bisschen näher heranpirschen? Dabei ist der Gepard kein Jäger, der sich anschleicht wie andere Wildkatzen. Hundert Meter Entfernung sind für ihn eine gute Distanz, um zu starten. Besonders günstig ist der Moment, wenn sich die Herde gerade abgewandt hat und in eine andere Richtung schaut. Dann spurtet der Gepard los und erreicht innerhalb kürzester Zeit seine Höchstgeschwindigkeit. Stellt er fest, dass sein Beutetier entkommen wird, dann bricht er umgehend die Jagd ab, um seine Kräfte zu schonen.

Gazellen können bei weitem nicht so schnell laufen wie der Gepard. Jedoch können sie blitzschnell scharfe Wendungen einschlagen und ihre Richtung ändern. Das rettet ihnen gegenüber anderen Jägern häufig das Leben. Der Gepard hingegen ist in der Lage, seinen Schwanz als Lenkruder einzusetzen und so in vollem Lauf enge Kurven zu nehmen. Allerdings muss er diese Fähigkeit lange und ausgiebig trainieren, doch beherrscht er sie, lässt er sich kaum noch abschütteln.

Bestleistungen werden nicht belohnt

Eigentlich müsste dieser hoch qualifizierte Gepard doch ganz gut zurechtkommen, könnte man meinen. Und doch ist er vom Aussterben bedroht – so stark, dass ihm kaum Chancen eingeräumt werden, das 21. Jahrhundert zu überleben. Das liegt gar nicht mal so sehr daran, dass ihm die Löwen und die Geier seine schwer verdiente Beute abnehmen. Mehr als alles andere soll sein Mangel an genetischer Vielfalt daran schuld sein. Und die wiederum soll auf den Menschen zurückgehen, der am Ende der letzten Eiszeit, vor zehntausend Jahren, die Geparden fast überall ausgerottet hat – neunzig Prozent der genetischen Variabilität sollen damals verloren gegangen sein. Nur die Schnellsten überlebten, in einigen afrikanischen Nischen. So können wir es uns zumindest vorstellen. Schnelle Tiere konnten sich nur mit anderen schnellen Tieren paaren, ihre Nachkommen waren noch schneller. Bis die Geparden allen anderen Tieren davonliefen. Es sind ja gerade die kleinen Populationen mit einem überschaubaren Genpool, die sich rasch verändern, spezialisieren und neue Fähigkeiten ausbilden, die ihnen das Überleben sichern.

Langsame Geparden gesucht

So gesehen waren die Geparden ihren Konkurrenten um einiges voraus. Ihre Anpassung verlief schneller und durchgreifender. Doch Schnelligkeit und Spezialisierung haben ihren Preis. Geparden sind sehr empfindlich und anfällig für alle möglichen Krankheiten, ähnlich wie hochgezüchtete Rennpferde. Doch während man den Genpool der Rennpferde durch Rückkreuzung mit einigen robusteren Brauereigäulen wieder auffrischen kann, ist das bei den Geparden nicht möglich. Denn sie können sich ja nur mit anderen Geparden, paaren. Um ihre Vitalität wiederzuerlangen, bräuchten sie einige entferntere Vettern und Basen, die etwas schwerfälliger sind. Aber die sind längst ausgestorben.

Wenn das Szenario stimmt, führt uns das zu einem interessanten Befund: Der Gepard verdankt seine außerordentlichen Fähigkeiten einer radikalen Auslese. Weil nur wenige Exemplare die Verfolgung durch den Menschen überlebten, durchlief er eine beschleunigte Entwicklung. Gleichzeitig ist dieses radikale Optimierungsprogramm aber auch zum Problem geworden, denn es hat zu einer Vereinheitlichung geführt, die für Lebewesen oftmals tödlich endet.

Tipps für die Führungspraxis

Zu Zeiten des Internetbooms war häufig die Losung zu hören, dass nun nicht mehr der Große den Kleinen fresse, sondern der Schnelle den Langsamen. Nun ist die afrikanische Savanne ein Ort, an dem gewiss nicht weniger gefressen wird als in der freien Wildbahn der Wirtschaft. Natürlich ist es dort wichtig, schnell zu sein, schneller als der Konkurrent, schneller als das Beutetier, aber Schnelligkeit ist bei weitem nicht alles.

Schnelligkeit hat ihren Preis – in der Savanne und in der New Economy. Wer schnell sein möchte, muss auf anderes verzichten, den größten Teil der Beute beispielsweise. Zwar haben die Schnellsten einen Startvorteil, sie sind sozusagen die Ersten, doch müssen sie rasch das

Feld räumen, wenn die wahren Champions, sagen wir: die Löwen, die Szenerie betreten.

Was möchten Sie sein – schnell oder stark?

Wer eine Strategie der Schnelligkeit verfolgt, kann nicht gleichzeitig auf Stärke setzen. Denn Schnelligkeit erfordert eine konsequente Ausrichtung auf Leichtigkeit und Beweglichkeit. Man kann es sich einfach nicht leisten, noch in Stärke und Aggressivität zu investieren, denn Geschwindigkeit ist schon teuer genug. Jede Investition in Stärke würde auch die Kosten für die Schnelligkeit weiter in die Höhe treiben. Das sollten Sie sich überlegen, bevor Sie einseitig darauf setzen, der Schnellste zu werden.

Sichern Sie Ihre Beute!

Wer schnell ist wie der Gepard, betreibt sein Kerngeschäft mit hoher Professionalität. Und doch hilft das nicht viel, wenn man nicht in der Lage ist, seinen Vorteil konsequent auszunutzen. Ein Schicksal, das viele schnelle, innovative und kreative Köpfe kennen. Sie haben die Ideen – und andere profitieren davon, weil sie die Rücksichtslosigkeit haben, sie ihnen abzunehmen und gewinnträchtig auszuschlachten.

Solche „Geparden" müssen lernen, dass es darauf ankommt, die Beute nicht nur zu erjagen, sondern sie auch zu verwerten, und zwar zügig. Es genügt nicht, zukunftsweisende Ideen auszubrüten, hervorragende Produkte zu entwickeln und sie dann erst einmal liegen zu lassen. Also sollten Sie, anders als der Gepard, Ihre Ideen schützen, verteidigen und zeitnah umsetzen, oder sich mit anderen zusammentun, die diesen Teil der Arbeit für sie übernehmen, auch wenn Sie dafür einen Teil des Gewinns einstreichen.

Es kann Sie in den Ruin führen, der Beste zu sein

Der Gepard macht uns auch darauf aufmerksam, dass eine einseitige Optimierungsstrategie riskant sein kann. Ein Teil seiner Schwierigkeiten resultiert ja aus der Tatsache, dass er so ein perfekter Jäger ist, der bis zur Erschöpfung jagt. Sein Energieverbrauch ist enorm, er jagt gewissermaßen ohne Rücksicht auf Verluste. Doch gerade die konsequente Ausrichtung auf die Höchstleistung hat ihn entwicklungsgeschichtlich in eine Sackgasse geführt.

Ebenso kann es Unternehmen gehen, die sich darauf konzentrieren, eine bestimmte Fähigkeit über alle Maßen zu perfektionieren. Sie müssen im Auge behalten, dass solche Optimierungsprozesse hohe Kosten verursachen und dass sie eine Eigendynamik entwickeln können, die den Nachteil mit sich bringen, dass im Unternehmen andere wichtige Fähigkeiten vernachlässigt werden, die für das Überleben unabdingbar sind.

Der König der Tiere – der fette faule Löwe

Themen: Delegieren, Führungspersönlichkeit, Macht, Durchsetzungsfähigkeit, Karriere

Falls Sie es noch nicht gewusst haben: Ein männlicher Löwe schläft länger als ein Faultier, nämlich bis zu zwanzig Stunden am Tag. Sein entspannter Lebenswandel beruht auf der konsequenten Anwendung von drei einfachen Erfolgsregeln, mit denen sich viele Führungskräfte ihr Dasein erleichtern könnten:

1. Tue möglichst wenig selbst.
2. Lasse nur ausgesprochene Profis für dich arbeiten.
3. Wenn es darauf ankommt, zeige Stärke.

Die hohe Kunst des Selbstmanagements

Vor allem die dritte Regel unterscheidet den Löwen von anderen Geschöpfen im Tierreich, die einfach nur träge sind. Ja, die dritte Regel macht wohl den eigentlichen Kern seines Erfolges aus. Faul sein allein genügt nicht. Aber wer wollte hier überhaupt von Faulheit sprechen? Reden wir lieber von Effizienz und der hohen Kunst des Selbstmanagements. Und damit sind wir bei Regel 1. Der Löwe ist ein Meister des schonenden Umgangs mit seinen Ressourcen. Denn er beherrscht die Kunst des Delegierens. Das Ergebnis würde alle Berater in Sachen Zeitmanagement begeistern: In seinem Zeitplaner wären fast alle Stunden des Tages blau markiert für ausgedehnte Rekreationsphasen.

Womit wir bei Regel 2 wären: Er verschwendet seine Zeit nicht mit Aufgaben, die andere Tiere für ihn weit kostengünstiger übernehmen können, denn die Arbeitskraft eines majestätischen Löwenmännchens ist zu teuer, um sie mit Jagen, Futtersuche oder Kindererziehung zu vergeuden. Dafür steht kompetentes Fachpersonal zur Verfügung, die Löwenweibchen etwa, die sich um die Jagd kümmern. Und weil mehr Weibchen auch mehr Beute heimbringen, beschäftigt ein Löwenmännchen gleich mehrere Löwinnen in seinem Rudel, die im Team besser jagen und größeres Wild zur Strecke bringen.

Management by walking around

Was aber tut nun ein männlicher Löwe? Er praktiziert eine Form des „Managements by walking around", lässt sich mal hier, mal dort blicken, um nachzuschauen, ob noch alles planmäßig läuft oder sein Eingreifen gefragt ist. So ist das nämlich beim erfolgreichen Delegieren – ohne ergebnisorientierte Kontrolle geht es nicht. Und so lässt sich der männliche Löwe hinter einem Buschwerk nieder und überwacht zum Beispiel, wie seine Löwinnen mit der Verfolgung eines Zebrafohlens zurechtkommen. Gibt es Probleme, was häufig vorkommt, dann greift er ebenso wenig ein, wie sich der Vorstandsvorsitzende eines Großunternehmens bei einem firmenweiten Netzwerkabsturz einmischen würde. Die Lage ist ernst, aber Jagen ist Frauensache, wenigstens bei den Löwen.

Wie man sich den Löwenanteil sichert

In der Savanne gibt es noch viele andere ausgezeichnete Jäger: Leoparden etwa, Geparden oder auch Hyänen. Was Sie sicher noch nicht gewusst haben: Der Löwe lässt auch diese Spezialisten für sich arbeiten, die sogar weit effektiver als das eigene „Personal" sind. Unfreundlich formuliert könnte man sagen, er nimmt ihnen ihre Beute weg, während der eigentliche Jäger erst einmal am Rande Platz nehmen muss. Legt man strenge Maßstäbe an, würde man den Löwen sogar für den gierigsten Aasfresser der ganzen Savanne halten – der „Löwenanteil" trägt seinen Namen zu Recht. Kein anderes Geschöpf in der Savanne konsumiert so viel Fleisch von Beutetieren wie der majestätische Löwe. Nach einer Studie im südafrikanischen Kruger National Park räumte er allein knapp die Hälfte davon ab. Unterm Strich zahlt sich das etwas rücksichtslose Verhalten des Löwen also aus.

Im Ernstfall Krallen zeigen

Aber vergessen wir die dritte Regel nicht. Löwen zeigen immer dann Stärke, wenn es darauf ankommt. Ein Rudel besteht meist aus vier bis sieben Weibchen und zwei bis drei Männchen. Wird es angegriffen, dann übernehmen die sonst so entspannten Männchen die Verteidigung und kämpfen bis zum Äußersten. Der sprichwörtliche Löwenmut, hier kommt er zum Tragen. In solchen kritischen Momenten setzt der König der Tiere seine ganze Kraft ein und erbringt damit den Nachweis, dass er kein fauler Kostgänger, sondern dass er wichtig, überlebenswichtig ist. Die Sache ist nur: Die Angreifer sind meist – andere Löwen, männliche Löwen.

Harter Verdrängungswettbewerb

Das Leben eines Löwenmännchens könnte wesentlich friedlicher sein, wenn die anderen Löwenmännchen nicht wären, die außerhalb seines Rudels leben. So aber herrscht ein mörderischer Konkurrenzkampf, bei dem viele Männchen samt Nachwuchs auf der Strecke bleiben. Der Verdrängungswettbewerb herrscht nicht zwischen benachbarten Rudeln, die sich gegenseitig eher in Ruhe lassen; es sind vielmehr vagabundierende Gruppen von drei bis vier meist jüngeren Löwenmännchen, die noch kein eigenes Revier haben. Diese „Bruderschaften" suchen nach einer Gelegenheit, ein Revier samt Weibchen zu übernehmen. Für junge Löwen gibt es sonst kaum eine Möglichkeit, sich zu etablieren. Hat ihre feindliche Übernahme Erfolg, töten sie den bestehenden Nachwuchs, um eigene Nachkommen in die Welt zu setzen, die sie ihrerseits vor anderen „Bruderschaften" schützen müssen.

Von einem höheren Standpunkt aus betrachtet bedeutet das eine ungeheure Vergeudung von Ressourcen. Doch vielleicht ist das der Preis dafür, dass ein Löwenmännchen seine Umgebung so stark dominiert.

Tipps für die Führungspraxis

Natürlich, Löwen leiten kein Unternehmen, ja nicht einmal in ihrem Rudel übernehmen sie so etwas wie Führungsverantwortung. Dazu sind sie zu stark auf ihren eigenen Vorteil bedacht. Wenn Sie das beiseite lassen, dann lassen sich einige brauchbare Hinweise aus dem Verhalten der Löwen ableiten.

Lassen Sie die besten Jäger für sich jagen

Die grundlegende Einsicht ist klar: Als Führungskraft müssen Sie nicht das können, was in Ihrer Abteilung erarbeitet werden soll, sondern Sie müssen dafür sorgen, dass andere diese Leistung optimal erbringen können. Deren Aktivitäten müssen Sie koordinieren, unterstützen und zusammenführen – nicht gerade in Ihrem Magen, wie das Löwe in der Savanne tut, sondern als stimmiges Gesamtergebnis.

Es kommt also nicht darauf an, der beste Jäger zu sein, wenn man die besten Ergebnisse erzielen möchte. Sondern man muss die besten „Jäger" aus der eigenen Belegschaft beschäftigen, aber auch externe Fachleute engagieren. Von ihnen muss man alles fordern. Natürlich muss man sie als menschlicher „Löwe" auch bezahlen, motivieren und an das Unternehmen binden.

Die Qualität einer Führungskraft zeigt sich in schwierigen Situationen

Die Entlastung von allen zweit- und drittrangigen Aufgaben ist ein weiterer Aspekt, den Sie von der „Löwenstrategie" übernehmen können. Der Löwe ist zu wichtig, um sich mit dem Alltagsgeschäft herumzuschlagen und seine Kräfte dort zu verausgaben. Er darf sich nicht verzetteln, er wird für andere Aufgaben gebraucht.

Hier kommt die dritte Regel ins Spiel: Sie sollten wissen, wann Sie einschreiten und Stärke zeigen müssen. Vielleicht ist das gar nicht einmal so oft der Fall. Aber wenn es nötig ist, dann zögern Sie keinen Augenblick, all Ihre Stärke einzusetzen. Denn die Qualität eines „Löwen" zeigt sich in den kritischen Momenten, in denen viel auf dem Spiel steht.

Um „Löwenpositionen" wird hart gekämpft

Und schließlich mag es noch eine weitere Entsprechung geben: Die privilegierte Stellung des Löwen bringt es mit sich, dass solche Positionen hart umkämpft sind. Der Wettbewerb darum ist erbarmungslos, was Sie vielleicht davon abhalten könnte, eine solch exponierte Stelle anzustreben, bei der Sie schnell in alle möglichen Machtkämpfe verwickelt sind. Aber auch das mittlere Management kann von solchen Auseinandersetzungen in der Chefetage betroffen sein. Rücken neue

Führungskräfte in eine „Löwenposition" auf, dann haben die „Nachkommen" des „alten Löwen", sprich: seine altgedienten, loyalen Mitarbeiter, häufig nichts zu lachen. Ein machtbewusster Löwe dürfte versuchen, seine eigenen Leute auf die besten Positionen zu setzen.

Wie die klugen Piranhas vorsorgen

Themen: Erfolg, Ressourcenmanagement, Zielmanagement, Prinzip der Maximierung, Vorsorge, Teamarbeit

Piranhas stehen in dem Ruf, besonders gefräßige Monster zu sein. Werfen Sie einen ausgewachsenen Ochsen in ein Gewässer mit Piranhas, dann lassen die Raubfische nach wenigen Minuten nur noch das blanke Skelett übrig, wird behauptet. Wenn Sie also verkünden, demnächst den Prinzipien der Piranhas zu folgen, werden Sie vermutlich blankes Entsetzen auslösen. Zu Unrecht allerdings, denn Piranhas sind keine entfesselten Killermaschinen, sondern äußerst effiziente Jäger, die gerade nicht den rücksichtslosen Kahlfraß betreiben, wie ihnen angedichtet wird, sondern maßvoll mit ihren Ressourcen umgehen. Das heißt jetzt nicht, dass Sie nun unbesorgt in das nächste Piranha-Becken steigen sollten. Denn es gibt keinen Süßwasserfisch, der ein so scharfes Gebiss hat wie ein Piranha. Und davon macht er natürlich auch Gebrauch.

Die nützlichen Killer

Beim Angriff schlägt der Piranha seine Zähne, die spitz sind wie Dolche, in sein Opfer hinein, wirft sich blitzschnell hin und her und schneidet mit der Wucht seines massigen Körpers ein Stück heraus. Kurzes Schlucken, dann beißt er wieder zu. Auf diese Weise kann ein Schwarm hungriger Piranhas tatsächlich ein großes Säugetier bis auf die Knochen blank nagen. Allerdings handelt es sich dabei im Regelfall um Tiere, die bereits tot sind, Kadaver, die im Amazonas treiben und die nun von den Raubfischen, sagen wir: verwertet werden. Die vermeintlichen Killerfische sorgen also für Hygiene. Ohne sie würden sich rasch Seuchen ausbreiten, denn vor allem nach Überschwemmungen treiben nicht wenige tote Wildtiere im Fluss.

Einkreisen und zuschnappen

Piranhas leben in Schwärmen von mehreren Dutzend Fischen. Es gibt eine klar erkennbare Hierarchie. Die dominanten Fische schwimmen oben und bekommen die schmackhaftesten Stücke, denn die Fische, die sie jagen, versuchen meist nach oben zu fliehen. Für einen Raubfisch sind die Piranhas ziemlich rundlich, sie sehen aus wie dicke Diskusscheiben und schwimmen nicht besonders schnell. Das gleichen sie jedoch durch Teamwork aus. Sie jagen im Schwarm und kreisen ihre Beutetiere geschickt ein, die meist viel flinker sind, was ihnen aber nicht viel nützt, wenn sie von lauter geöffneten Rachen umgeben sind. Und auch beim Verzehr der größeren Happen brauchen die rundlichen Räuber keine Eile, die toten Tiere schwimmen ihnen ja nicht davon.

Was ihnen jedoch zugute kommt, das ist ihr ungemein empfindlicher Geruchssinn. Ähnlich wie Haie können sie Blut noch in einer Verdünnung von 1:1,5 Millionen erspüren, was auf sie außerordentlich appetitanregend wirkt. Außerdem hören sie ausgezeichnet und sind in der Lage, sich untereinander zu verständigen. Über die vordere Kammer ihrer zweigeteilten Schwimmblase geben sie Trommelsignale von sich, deren Bedeutung die Biologen aber noch nicht entschlüsselt haben. Durchaus möglich, dass wir da noch eine Überraschung erleben und sich die vermeintliche Bestie als Intelligenzbestie entpuppt.

Goldfische im Überfluss

Eines aber ist sicher: Piranhas sind weit weniger gefräßig, als man lange Zeit angenommen hat (und die meisten noch immer glauben). Dies belegt eindrucksvoll ein Experiment, das der Verhaltensforscher Richard M. Fox durchgeführt hat. Er hielt in einem Aquarium zwei zehn Zentimeter lange Piranhas. Auf einen Schlag gab er fünfundzwanzig lebende Goldfische hinzu. (Wobei man wissen muss, dass diese friedlichen Zierfische auch in erdrückender Überzahl nie die geringste Chance gegen einen wilden Piranha haben, der sich eine so leichte Beute nicht entgehen lässt.) Was würde geschehen? Würden die Piranhas kurzen Prozess machen und nach einer wüsten Fressorgie mit kugelrunden Bäuchen durch das Becken eiern? Überraschenderweise hielten die Piranhas Maß. Sie verspeisten jeden Tag einen Goldfisch, den sie auch noch brüderlich unter sich aufteilten. Diese Menge entsprach nicht nur der kleinstmöglichen „Nahrungseinheit“, sondern auch ihrem ganz normalen Tagesbedarf. Den übrigen Goldfischen hingegen bissen die Piranhas gleich zu

Beginn die Flossen ab. So blieben diese zwar noch lebendig und frisch, konnten aber nicht mehr wegschwimmen, sondern standen bewegungsunfähig kopfüber im Wasser – ein bequemes Vorratslager sozusagen. Nun ja, wir haben nie behauptet, dass Piranhas besonders liebenswerte Fische sind.

Aber es geht ja auch um etwas anderes: Auch in einer Situation, die von beispiellosem Überfluss gekennzeichnet ist, fressen die Piranhas nicht mehr, als sie brauchen. Sie teilen sich ihre Nahrung ein, sichern sich sehr effektiv ihre „Zugriffsrechte" und sorgen dadurch vor. Keine Völlerei, kein Wohlstandspölsterchen, immer nur am täglichen Bedarf orientiert.

Verdauungsarbeit richtig einteilen

Für dieses Verhalten gibt es einen Grund: Wer übermäßig frisst, der beeinträchtigt seine Beweglichkeit. Er wird langsam und müde. Nahrung muss ja nicht nur verspeist, sie muss auch verdaut werden, was Energie kostet. Nach einer reichhaltigen Mahlzeit außer Gefecht gesetzt zu sein, können sich die meisten Tiere einfach nicht leisten (eine seltene Ausnahme ist der „fette faule Löwe, s. S. 256). Dadurch würden sie Gefahr laufen, von ihren Feinden angegriffen zu werden und sich nicht angemessen verteidigen zu können. Das ist übrigens auch der Grund, warum Pythonschlangen lieber kleine als große Tiere verschlingen: Vor die Wahl gestellt, sich entweder eine Ratte oder ein Schwein einzuverleiben, entscheiden sie sich fast immer für die leichtere Mahlzeit. Mit der Verdauung eines Schweins sind sie mehrere Wochen beschäftigt. Das ist kein Vergnügen. Werden sie in dieser Zeit angegriffen, würgen sie den unverdauten Rest wieder aus und suchen schnell das Weite.

Doch zurück zu den Piranhas: Dass sie überhaupt als gefräßige Ungeheuer gelten, liegt nicht an dem einzelnen Fisch, der ja einen höchst gezügelten Appetit an den Tag liegt, sondern an ihrer großen Anzahl, also an ihrem Fortpflanzungs- und Überlebenserfolg. Der ist aber gerade darauf zurückzuführen, dass sie sich trotz ihrer unvergleichlichen Beißwerkzeuge niemals überfressen.

Tipps für die Führungspraxis

Das Verhalten der Piranhas verweist auf ein sehr verbreitetes Prinzip in der Natur: Übermaß ist schädlich. In einer Hinsicht besonders: Wer zu viel frisst, den bestraft das Leben. Denn er wird müde, behäbig, unaufmerksam – eine leichte Beute für seine Fressfeinde, denen er sonst ohne Schwierigkeiten entkommt. Das gilt auch für das berufliche Leben.

Sie müssen Ihre Erfolge auch „verdauen"

Wer über seinen „natürlichen Bedarf" hinaus „Beute macht", Erfolge einheimst, der verbessert nicht seine Situation, er verschlechtert sie. Maßloses Streben nach Erfolg wird nicht belohnt, sondern bringt unangenehme Folgen mit sich: Es setzt Ausgleichsmechanismen und Gegenreaktionen in Gang, die Sie irgendwann einholen werden und die regelrecht lebensbedrohend sein können. Wenn nämlich ein Konkurrent seine Kräfte neu sammelt und zurückschlägt. Die überaus erfolgreichen Piranhas, denen kein Beutetier zu groß ist, sollten Sie daran erinnern: Erfolge müssen nicht nur erworben, sie müssen auch „verdaut" werden.

Betreiben Sie Zielmanagement mit Maß

Das bedeutet keineswegs, ehrgeizige Ziele herunterzuschrauben oder sich mit dem einzurichten, was man hat. Es geht vielmehr um ein vernünftiges Zielmanagement. Der „Tagesbedarf" des Piranhas entspricht einem realistischen Teilziel, das innerhalb einer bestimmten Frist erreicht sein sollte, und das Sie mit einem Höchstmaß an Energie und Konzentration verfolgen.

Ist dieses Ziel erreicht, werden zunächst keine weiteren Ressourcen eingesetzt, um für den Augenblick mehr herauszuholen, als es dem Tagesbedarf entspricht. Das klingt ungewöhnlich, aber denken Sie daran: Erfolge können uns auch überfordern, sie können uns für lange Zeit lahm legen, ja, sie können uns ruinieren. Und zwar bemerkenswerter Weise gerade dort, wo wir es mit starker Konkurrenz zu tun haben, wir also eigentlich besonders stark triumphieren sollten. Es mag paradox erscheinen, aber sofern wir den Erfolg nicht auf Kosten unseres Wettbewerbers erzielt haben, profitiert er von unserem „übermäßigen" Erfolg, den wir erst einmal verarbeiten müssen. Daher sollten wir ein Interesse an „bedarfsgerechten" und nicht möglichst großen Erfolgen haben.

Legen Sie Ihren aktuellen „Erfolgsbedarf" fest

Nun ist es gar nicht so einfach, seinen persönlichen „Erfolgsbedarf" oder gar den Bedarf der eigenen Abteilung zu bestimmen. Es gibt keine verbindlichen Richtwerte. Es hängt davon ab, über wie viel Energie und über welche Ressourcen Sie verfügen, was Sie im gegenwärtigen Stadium als angemessen empfinden und wo Ihrer subjektiven Einschätzung nach die „Sättigungsgrenze" liegt. Das kann individuell sehr unterschiedlich sein und sich auch im Laufe der Zeit ändern. Es scheint aber einen Korridor zu geben, innerhalb dessen wir uns einigermaßen wohl fühlen: Wo wir einerseits gefordert sind, andererseits aber auch nicht überfordert.

Teilen Sie sich die großen Brocken ein

Was aber ist zu tun, wenn ein überdimensionierter Erfolg winkt, wenn sich viel versprechende Möglichkeiten ergeben, wenn man weit mehr erreichen kann, als man sich vorgenommen hat? Soll man dann allen Ernstes diese Chance ausschlagen? Eine Chance, die so schnell nicht wiederkommt? Bremsen ist gefährlich und dürfte in einem Unternehmen auch nicht so leicht toleriert werden. Eine günstige Gelegenheit sollten Sie schon nutzen. Aber dann müssen Sie sich auch darüber im Klaren sein, dass eine Nachbereitung oder Folgearbeiten auf Sie warten.

Optimal wäre es, wenn Sie es so machen könnten wie die Piranhas mit den überzähligen Goldfischen: Anstatt für den Moment ein überwältigendes Ergebnis einzufahren, sorgen Sie vor und sichern sich bereits den Zugriff auf die künftigen „dicken Fische".

Netzkunst – so jagen Spinnen

Themen: Zielgruppen, Kundenakquise, Personalrekrutierung, Standortanalyse, Marketing, Verkauf

Spinnen haben keine einheitliche Jagdmethode: Manche verfolgen ihre Opfer, andere lauern ihnen auf, eine dritte Gruppe fängt ihre Beute in Netzen. Von dieser dritten Gruppe soll hier die Rede sein, auch wenn wir einräumen, dass die Mehrzahl der Spinnen keine raffinierten Netze webt, sondern auf dem Boden herumläuft und ihre Opfer nach der klassischen Raubtier-Methode erlegt: zupacken und tot beißen. Die netzwebenden Spinnen hingegen haben sich auf Beutetiere spezialisiert, die für sie auf diesem Wege unerreichbar wären, nämlich Fluginsekten. Anstatt hinter der flinken Beute herzuhetzen, spannen die Spinnen lieber ihre kunstreichen Netze auf und warten ab, dass ihre Opfer von selbst hineinfliegen, um sie dann ganz bequem zu fressen. Wer einmal im Spinnennetz hängt, hat kaum eine Chance, wieder lebend hinauszukommen. Bei jedem Befreiungsversuch verstrickt sich das gefangene Tier immer tiefer in den klebrigen Netzfäden. Nur Wespen gelingt es hin und wieder sich loszureißen, aber die gehören ohnehin nicht zu den anvisierten Beutetieren. Wenn sie es nicht von alleine schaffen, dann holt die Spinne sie selbst aus dem Netz und wahrt dabei einen ausreichenden Abstand zum Giftstachel.

Spinnen überwachen ihre Netze

Viele Spinnen hocken genau im Zentrum ihres Netzes, wo es nicht klebrig ist. Auch die Speichen des Netzes, an denen sich die Spinnen entlang hangeln, sind nicht mit Leim bestrichen. Das erleichtert die Navigation. Außerdem haben sie unmittelbar neben dem Zentrum die Maschen etwas weiter geknüpft, was es erlaubt, schnell von der einen Seite des Netzes auf die andere zu gelangen. So richtig klebrig sind die Netze in den Randbereichen, dort, wo dann auch die meisten Fliegen hängen bleiben.

Eine zweite Methode besteht darin, das Netz aufzuspannen und sich selbst in einen Schlupfwinkel zurückzuziehen, der durch einen Signalfaden mit dem Zentrum verbunden ist. Die Spinne spürt über diesen Faden alle Vibrationen, die von den ins Netz gegangenen Insekten ausgehen.

Standortanalyse

Interessanterweise stimmen einige Spinnen das Erscheinungsbild ihrer Netze auf die örtlichen Lichtverhältnisse ab. Sie verändern die Farbe und den Reflexionsgrad ihrer Seide so, dass sie möglichst viele Insekten anlocken. Je nach Umgebung können die Netze goldgelb leuchten oder auch farblos sein. Überhaupt steht und fällt der Erfolg dieser Jagdmethode mit der Wahl des richtigen Standorts. Das Netz kann noch so kunstreich geknüpft sein, wenn sich keine Fliege sehen lässt, bleibt es leer. Wo hingegen viele Insekten herumschwirren, da winkt reiche Beute. Gleichzeitig steigt aber auch die Gefahr, dass das Netz zerrissen wird, weil ein anderer Insektenjäger, ein Vogel etwa, hindurch fliegt. Um das zu verhindern, geben einige Spinnen, die besonders großflächige Netze geknüpft haben, Schrecksignale ab. Manche Spinnen betreiben eine regelrechte Standortanalyse und hängen erst einmal ein paar Probefäden auf, um die Beutedichte zu erfassen, ehe sie sich daran machen, ein richtiges Netz zu weben.

Der Verschleiß der Netze ist ziemlich hoch, weil sich einmal alles Mögliche darin verfängt und zum Zweiten die Witterung dem sensiblen Gebilde stark zusetzt. Gartenkreuzspinnen etwa erneuern ihr Netz jeden Tag, wobei sie aber oft den alten Stützrahmen wieder verwenden. Überhaupt sind Spinnen sehr ökonomisch veranlagte Tiere. Die Spinnseide alter Netze fressen sie auf und können bereits eine halbe Stunde später ein neues Netz daraus knüpfen. Im Prinzip sind Spinnen relativ flexibel mit ihrem Netzbau, doch einen ergiebigen Standort geben sie nicht so ohne weiteres auf.

Tipps für die Führungspraxis

Im Großen und Ganzen sind Spinnen fragwürdige Vorbilder für Führungskräfte. Sie sind Einzelgänger und höchst aggressiv, vor allem gegenüber ihren Artgenossen. Wenn Sie Spinnen halten wollen, dann halten Sie niemals zwei davon im selben Terrarium. Und doch kann ihre Methode, mit Netzen Beute zu machen, sehr anregend sein. Zum Beispiel für Ihre Akquisition von Kunden oder Mitarbeitern. In diesem Sinne präsentieren wir Ihnen unsere vier Spinnenregeln:

Regel 1: Auch Beute, die dir unerreichbar scheint, kannst du fangen

Eigentlich hätten Spinnen kaum eine Chance, eine Fliege zu erwischen, doch weil sie ein Netz bauen, werden sie zu Fliegenjägern. Richten Sie daher Ihre Akquisitionsmethode danach aus, welche Kunden Sie ansprechen oder welches Personal Sie rekrutieren möchten. Denken Sie über neue Wege nach, wie Sie Ihre Zielgruppe erreichen. Ihre „Fangmethode“ entscheidet darüber, welche Beute Sie machen.

Regel 2: Spann dein Netz dort auf, wo deine Beute ist.

Begeben Sie sich dorthin, wo Ihre Kunden schon sind. Das erspart Ihnen den Aufwand, sie anzulocken. Je kürzer die Wege, die Ihre Kunden nehmen müssen, umso höher die Chance, dass sie Ihnen ins Netz gehen. Lernen Sie von den Spinnen, dass es auf den Standort ankommt. Und es ist gewiss ein Vorteil, wenn Sie ihn ohne großen Aufwand wechseln können.

Regel 3: Halte dich im Hintergrund

Ob sie nun im Zentrum ihres Netzes oder am Rand sitzt und mit dem Signalfaden alles unter Kontrolle hat, die Spinne ist gut getarnt und kann sich ganz auf ihr Netz verlassen. Machen Sie es ebenso und lassen Sie Ihr Angebot für sich selbst sprechen. Lassen Sie es auf Ihre Kunden wirken. Es muss so attraktiv sein, dass sie förmlich daran festkleben. Profiverkäufer wissen, dass es kaum ein besseres Argument gibt, als den Kunden selbst „machen zu lassen". Und dass man Kunden am wirksamsten abschreckt, indem man auf sie zustürmt. Halten Sie sich also diskret im Hintergrund und überlassen Sie dem Kunden die Initiative. Erst wenn er sich selbst „eingewickelt" hat, kommen Sie zügig auf ihn zu und machen die Sache klar.

Regel 4: Sorge dafür, dass dir nur Beute ins Netz geht, die du auch fressen kannst

Kommt ein Vogel in die Nähe des Netzes, stößt die Spinne Schrecksignale aus, damit er nicht hinein fliegt. Denn diese Beute kann sie nicht gebrauchen, ebenso wenig wie die Wespen. Nun gibt es auch Kunden (oder Mitarbeiter), die Ihnen ins Netz gehen könnten, an denen Sie aber wenig Freude haben werden. Weil sie „ein paar Nummern zu groß" sind, kein ernsthaftes Interesse haben oder zu viel Aufwand verursachen.

Als „Spinnenmanager" sollten Sie solche ungenießbare Beute entweder regelrecht „abschrecken" – wie das geht, können Sie zum Beispiel von den Läden für Computerspiele lernen, in die sich kein Erwachsener über 20 Jahre allein hineintraut –, oder Sie sorgen dafür, dass ungebetene Kundschaft möglichst schnell wieder freikommt, ehe sich für Sie die Sache in die Länge zieht und Sie keine Zeit haben, sich um die wirklich attraktive „Beute“ zu kümmern. Dabei sollten Sie auch nicht allzu wählerisch sein, die Spinnen sind es auch nicht: Was in ihrem Netz hängt und sich fressen lässt, das fressen sie – ohne Ansehung der Person. Die Weibchen der Gattung *Portia schultzi* schonen sogar die Männchen der eigenen Art nicht, sondern verspeisen sie. Und zwar nicht nach der Paarung (wie das die Schwarzen Witwen tun), sondern einfach so.

Der Nasenbiss – wie ein Wolf einen Bullen erlegt

Themen: Konkurrenz, Taktik, Schwächen

In unserer Galerie der erfolgreichen Jäger fehlen noch die Wölfe. Sie sind sehr versierte „Beutegreifer“, wie die Zoologen sagen. Das ist auch der Grund, warum sie aus Mitteleuropa fast verschwunden sind, denn die menschlichen Jäger schätzten die Konkurrenz auf vier Pfoten nicht sehr und wollten das Wild in den Wäldern lieber alleine jagen. Seitdem lebt in unseren Breiten der Wolf vor allem im Zoo und in einzelnen Wildparks. Doch mittlerweile scheint sich ein zaghaftes Comeback anzubahnen; von Osten, Süden und Südosten wandern einzelne Wölfe wieder ein, sehr zur Freude der hierzulande immer zahlreicher werdenden Wolfsfreunde.

Wo die Wölfe allerdings noch weitgehend ungestört Jagd machen können, das ist im hohen Norden, in Kanada, Alaska, Sibirien, in der Nähe des Polarkreises, wo im Winter die Sonne gar nicht mehr aufgeht und die Temperaturen zwischen minus 30°C und minus 40°C schwanken. Dort jagen die Wölfe zum Beispiel Moschusochsen. Diese beeindruckenden Tiere haben nicht nur ein langes zottiges Fell, das sie vor der extremen Kälte schützt, sondern vor allem auch starke spitze Hörner, die hakenförmig nach vorne zulaufen – eine furchtbare Waffe. Die Hörner sind miteinander verbunden und bilden eine Art Hornhelm, der so stabil ist, dass ihn nicht einmal eine Gewehrkugel durchschlagen kann.

Die Zermürbungstaktik der Wölfe

Greift ein Wolfsrudel eine Herde von Moschusochsen an, dann bilden die Ochsen nach dem Prinzip der Wagenburg einen Kreis; die Kälber werden in die

Mitte genommen und die Hörner nach außen gekehrt. Diese Stellung ist für eine gewisse Zeit ein wirkungsvoller Schutz vor den Attacken der Wölfe. Doch die Wölfe setzen auf Zermürbung: Durch Scheinangriffe versuchen sie, den Verteidigungskreis zu durchbrechen. Vor allem jüngere Herdenmitglieder verlieren irgendwann die Nerven und rennen davon. Damit ist der Weg frei zu den Kälbern, dem bevorzugten Ziel der Wölfe – denn mit einem ausgewachsenen Bullen, der fünfmal so schwer ist wie ein Wolf, haben es die Angreifer schwer.

Und doch gelingt es erfahrenen Wölfen, einen solchen Koloss zu reißen, und das sogar allein. Dabei nähert sich der Wolf dem Bullen tief geduckt von vorn, so dass er immer außer Reichweite der Hornspitzen bleibt. Nun kann der Bulle natürlich den Kopf senken und versuchen zuzustoßen. Das Problem ist nur, dass er dabei auch seine empfindliche Nase in Reichweite des Wolfs strecken muss. Und genau auf diese Nase hat es der Wolf abgesehen. Das weiß natürlich auch der Moschusochse. Er hebt und senkt ständig den Kopf, immer zwischen der Hoffnung, den Wolf mit den Hörnern zu erwischen, und der Furcht, der Wolf könnte seine Nase packen. Eine solche Auseinandersetzung kann über eine Stunde dauern. Und die Zeit arbeitet für den Wolf. Denn der Moschusochse, der ständig ins Leere stößt, ermüdet schneller als sein flinker Gegner. Der Bulle braucht nur einen Moment lang unaufmerksam sein, und der Wolf verbeißt sich regelrecht in dessen Nase. Der Biss ist so schmerzhaft, dass sich der riesige Bulle von dem viel kleineren Tier hin- und herschieben lässt. Erst wenn der Ochse völlig am Ende ist, lässt der Wolf los, um seinen tödlichen Biss an der Kehle zu landen.

Natürlich gelingt ein solch spektakulärer Erfolg nicht alle Tage und nur sehr erfahrenen Tieren. Doch dass es für einen einzelnen Wolf überhaupt möglich ist, ein solches Kraftpaket in die Knie zu zwingen, ist das Erstaunliche. Es zeigt, was alles möglich ist, wenn man nur den Schwachpunkt seines Gegenübers kennt und ihn dort hartnäckig attackiert.

Tipps für die Führungspraxis

> Der Wolf macht es vor: Nicht der Stärkere gewinnt, sondern oft derjenige, der sich ganz auf die empfindlichste Stelle seines Gegners konzentriert und seine Angriffe mit äußerster Hartnäckigkeit gegen dieses eine Ziel richtet.

Konzentrieren Sie sich auf die Schwachpunkte Ihres Konkurrenten

Jeder Gigant hat seinen kleinen Schwachpunkt, seine Achillesferse oder „Moschusochsennase“, an der er sich packen lässt. Das Problem ist häufig nur, dass Sie diese Stelle erst entdecken müssen, bevor Sie Ihre Kräfte verausgaben. Sonst nimmt Sie Ihr Konkurrent ganz leicht auf die Hörner und es war nichts mit Ihrem David-gegen-Goliath-Triumph.

Wo der Gegner stark ist, müssen Sie ihm ausweichen. Aber nur, um sofort wieder gegen die sensible Stelle anzugehen. Das erfordert eine gewisse Wendigkeit und Ausdauer. Doch mit dieser Zermürbungstaktik lassen sich auch vermeintlich überlegene Gegner bezwingen.

Knacken Sie einen Schwachpunkt nach dem andern

Beachten Sie weiterhin, dass der Wolf im Grunde mehrstufig verfährt und zwei Schwachpunkte angeht, zunächst die Nase, dann die Kehle als sein eigentliches Ziel. An die Kehle kommt er jedoch lange Zeit nicht heran, sie ist zu gut geschützt.

So mag es sich manchmal auch bei den offensichtlichen Schwachpunkten Ihres Konkurrenten verhalten. Um ihn dort zu packen, wo Sie ihn packen möchten, müssen Sie zunächst ganz woanders zupacken. Passen Sie nur auf, dass Sie den Überblick behalten.

Rechnen Sie mit der Unfairness eines unterlegenen Konkurrenten

Aber die Perspektive lässt sich natürlich auch umdrehen. Aus Sicht des Größeren können Sie fragen, wie Sie sich gegen solche Attacken von kleinen Angreifern schützen können, die ja irgendwie auch ziemlich unsauber sind.

Die einzige Chance Ihres Gegners liegt darin, Sie zu überlisten. „Lean and mean“, nannte man bis vor einigen Jahren diese Strategie, „klein und gemein“ sollte man sein, um zum Erfolg zu kommen. So recht funktioniert hat sie dann doch nicht. Und darin liegt vielleicht doch wieder ein Trost. So hilflos sind Sie nicht, wenn Sie Ihre Schwachstellen schützen. Außerdem ist Gegenwehr möglich. Und es könnte sein, dass Sie schon frühzeitig etwas ausrichten, wenn Sie jeden besonders scharf im Auge behalten, der in stark „geduckter“ Haltung auf Sie zukommt.

Das Gnu und das Prinzip der großen Zahl

Themen: Sicherheit, Kontrolle, Zusatzqualifikation, Produktpalette

Zum Glück gibt es die Gnus. Sie kennen doch sicher diese rinderartigen Verwandten der Antilopen mit den seitwärts geschwungenen Hörnern, die ein bisschen an einen Fahrradlenker erinnern. Diese Tiere durchstreifen zu Millionen den afrikanischen Busch und die Savanne und legen auf der Suche nach neuen Weidegründen Tausende von Kilometern zurück. Sie wandern in riesigen Herden, aufmerksam verfolgt von allen Fleischfressern der näheren und ferneren Umgebung: Löwen, Wildhunde, Hyänen, ja, sogar Krokodile – sie alle mögen Gnus zum Fressen gern, denn Gnus sind die perfekten Beutetiere: eine reichhaltige Mahlzeit und ziemlich wehrlos.

Gnus haben nur zwei Mittel, dem Angriff eines Raubtiers zu entgehen: auf ihren vier schlanken Antilopenbeinen weglaufen oder sich hinter anderen Tieren der Herde verstecken. Letzteres kann dem Angreifer eigentlich nur recht sein, denn er hat es ja nicht auf ein spezielles Gnu abgesehen, sondern für ihn kommt im Prinzip jedes Gnu in Frage. Die Gnus machen es ihren Fressfeinden wirklich sehr einfach, könnte man denken.

Durch Unauffälligkeit Verwirrung stiften

Doch jetzt wird es interessant. Für das einzelne Gnu sieht die Welt nämlich ganz anders aus. Im Pulk von tausend Tieren ist es vor dem Angriff eines Jägers einigermaßen sicher. Das Risiko, dass ein bestimmtes Gnu das nächste Opfer wird, ist relativ klein. Und so bleiben die Gnus auch erstaunlich gelassen, wenn sich ein Raubtier, sagen wir: eine hungrige Löwin heranpirscht. Für sie ist das kaum ein Grund, das Grasen zu unterbrechen. Erst wenn ein Angriff unmittelbar bevorsteht, setzen sie sich in Bewegung. Und nun tritt das ein, was der britische Zoologe Christopher McGowan den „Konfusionseffekt" genannt hat: Eine große Anzahl laufender Tiere verwirrt den Räuber. Er hat Schwierigkeiten, sich für ein bestimmtes Tier zu entscheiden, denn alle sind mehr oder minder gleich. Mal ist das eine, mal das andere in seiner Reichweite. Und so kann es geschehen, dass ihm alle durch die Lappen gehen.

Deshalb halten sich viele Räuber bevorzugt an diejenigen Tiere, die sich in irgendeiner Weise unterscheiden. Oft sind das die kranken, schwachen Tiere. Doch der Effekt lässt sich auch beobachten, wenn es um ein neutrales Merkmal geht. Den Nachweis erbrachte ein Forscher, der einem Gnu die Hörner weiß färbte. Nach kurzer Zeit war das Tier aus der Herde verschwunden. Für das einzelne Gnu heißt daher die Devise: Nur nicht auffallen.

Warum sich Gnus niemals wehren

Das prägnanteste Merkmal der Gnus sind ihre Hörner. Mit dieser Waffe könnten sie sich eigentlich gegen ihre Angreifer verteidigen, so wie die Büffel es tun, die mit ihrem Gehörn schon mal einen Löwen durchbohren können. Doch die Gnus versuchen es erst gar nicht, nicht einmal in extremen Notlagen, etwa wenn sich ein Löwe an einem Jungtier vergreift. Der Grund ist nicht so leicht zu verstehen: Die Hörner des Gnus dienen ausschließlich den ritualisierten Wettkämpfen zwischen den Männchen. In der Verteidigungsstrategie ist das Gehörn nicht vorgesehen. Ganz schön dumm von dem Gnu, denken Sie vielleicht, hat zwei Hörner auf dem Kopf und nutzt sie nicht. Aber das hat durchaus seinen Sinn. Die Natur verfährt hier nämlich wieder einmal sehr ökonomisch. Für das Gnu ist es vorteilhafter, in seine Fluchtstrategie zu investieren, anstatt Ressourcen zu binden, um eine Verteidigung mit den Hörnern aufzubauen und von Fall zu Fall entscheiden zu müssen: Nehme ich den jetzt auf die Hörner oder lauf ich weg? Das Gnu läuft in jedem Fall weg, wenn es sich bedroht fühlt. Die Sache bleibt ganz einfach (und damit die Kosten gering). Entscheidend aber ist: Das Gnu ist ein recht guter Läufer. Es ist schneller als viele Raubtiere und kann vor allem lange Distanzen durchstehen. Wildkatzen wie die Löwen hingegen können wegen ihrer kräftigen Gliedmaßen besser beschleunigen. Sie müssen das Gnu also gleich am Anfang zu fassen bekommen, sonst holen sie es nicht mehr ein. Rechtzeitig weglaufen ist für das Gnu also eine vergleichsweise gute Strategie. Damit können wir auch die Frage beantworten, warum der Büffel den Löwen hin und wieder auf die Hörner nimmt. Er ist wesentlich schwerer, muskulöser, kein so behänder Läufer wie das Gnu. Für ihn lohnt es sich, in bedrohlichen Situationen von seinen Hörnern Gebrauch zu machen. Nicht aber für das Gnu.

Tipps für die Führungspraxis

Die „Gnutaktik" bietet für Führungskräfte einige Anregungen. An erster Stelle steht die Einsicht, dass es eine erstaunlich effektive und „kostengünstige" Schutzmaßnahme sein kann, sich in der Masse zu verstecken.

Seien Sie so wie all die andern

Die Grundmaxime heißt: Nur nicht auffallen, einer von ganz vielen sein, dem „Angreifer" nicht das kleinste Erkennungsmerkmal zeigen. Und im Übrigen vorbereitet sein, sofort loszustürmen, wenn die Wahl auf einen gefallen ist.

Diese Taktik ist bei Kontrollen, insbesondere wenn stichprobenartig geprüft wird, sehr verbreitet. Und sie lässt sich nur schwer aushebeln. Denn wir brauchen einen „Haken", an dem wir unsere Wahrnehmung festmachen können. Wir wählen instinktiv eine Möglichkeit aus, die sich von den anderen abhebt, die wir irgendwie von ihnen unterscheiden können. Und auch die alte Lehrertaktik, diejenigen an die Tafel zu rufen, die sich „auffällig unauffällig" benehmen, kann daran wenig ändern.

Die „Gnutaktik" funktioniert allerdings nur, wenn die Anzahl der Alternativen groß ist. Dann stehen Ihre Chancen am besten, sich in der Masse zu verstecken. Sogar wenn der „angreifende Löwe" oder Kontrolleur mit der Gnutaktik vertraut ist und bewusst gegensteuert, muss er Sie erst mal aus dem Pulk herausfischen. Und weil Sie sich in nichts von Ihren Nachbarn unterscheiden, kann es die natürlich ebenso treffen.

Picken Sie sich Ihr Gnu heraus

Das Gegengift heißt konsequenterweise: für Unterscheidbarkeit sorgen. Profile bilden, auf individuelle Merkmale achten, sortieren. Oder die große Herde auflösen und in lauter kleine Einheiten einteilen.

Verbergen Sie Ihre Organisation hinter einer gleichförmigen Fassade

Sie können von der „Gnutaktik" nicht nur als „Einzeltier" profitieren. Auch wenn Sie das gesamte System vor gezielten Angriffen schützen wollen, kann Ihnen diese Taktik den Weg weisen. Konkret geht es darum, dass der Angreifer keine Information darüber bekommt, wo das System am verletzlichsten ist, anders gesagt, wo er angreifen sollte, um den maximalen Effekt zu erzielen. Er sieht kein wohl strukturiertes System vor sich, mit einem Kern und Randbereichen, mit Hierarchien, die klar erkennen lassen, wer an der Spitze steht und wer wofür zuständig ist. Er sieht nur Tausende von „Gnus“ vor sich, die ihm alle gleich erscheinen. Über die Strukturen, die sich dahinter verbergen, weiß er nichts. Daher weiß er auch nicht, wohin er seinen Angriff lenken soll.

Darüber hinaus können Sie Ihre Abwehr durch einen „Konfusionseffekt“ ergänzen, indem Sie dem Angreifer vorgaukeln, dass mal das eine, mal das andere „Gnu“ eine lohnende Beute wäre.

Stehen Sie auf der anderen Seite, gilt es für Sie, den „Konfusionseffekt“ zu vermeiden. Wenn eine Vielzahl von Alternativen auf Sie „zustürmt“, dann ist es oftmals die beste Strategie, sich auf zwei oder drei zu konzentrieren, anstatt der vermeintlich besten Lösung hinterherzulaufen, die mal hier, mal dort zu sein scheint.

Vorsicht vor dem Erwerb von überflüssigen Zusatzkompetenzen

Zuletzt soll noch ein ganz anderer Aspekt zur Sprache kommen, eine Anregung, die wir ebenfalls dem Gnu verdanken, das zwar Hörner auf dem Kopf hat, aber lieber wegläuft als diese Waffe gegen den Angreifer zu richten.

Es hat wenig Sinn, eine Zusatzqualifikation auszubilden, wenn dadurch wichtigere Fähigkeiten wie Ihre Kernkompetenz eher behindert werden. Auch wenn im Unternehmen schon viel versprechende Ansätze vorhanden sind, müssen Sie doch Ressourcen einsetzen, die Ihnen dann im Kerngeschäft fehlen. Der Ausbau von Zusatzqualifikationen verführt dazu, dass man seine Aktivitäten in die falsche Richtung lenkt. Man möchte die Voraussetzungen nutzen, wenn sie schon einmal da sind, und unterschätzt den damit verbundenen Aufwand. Sich eine Zusatzqualifikation anzueignen lohnt sich nur dann, wenn sie eine sinnvolle Ergänzung darstellt, sich einfügen lässt in die Gesamtstrategie oder wenn sie zu einer realistischen Alternative führt.

Ähnliches gilt auch für die Produktpalette. Wie oft bringen Firmen Produkte auf den Markt oder bieten Dienstleistungen an, die eigentlich gar nicht zu ihrem Sortiment passen, sondern nur Kosten verursachen. Ursache ist nicht selten irgendein „Gnuhorn“, das jemand in diesem Unternehmen entdeckt hat: ein viel versprechender Ansatz oder eine Kompetenz, die sich auch in einem anderem Bereich nutzen lässt – wobei dieser andere Bereich aber erst einmal erschlossen werden muss, was sich meist als kostspieliger erweist, als man zunächst angenommen hat.

Der Prellsprung der Gazelle – ein Schutzschild mit Tücken

Themen: Sicherheit, Industriespionage, Konkurrenz, Konkurrenzanalyse, Selbstbewusstsein, Führungspersönlichkeit

Stellen Sie sich vor, Sie wären eine Gazelle. Sie grasen friedlich inmitten Ihrer Herde, als Sie plötzlich bemerken, wie sich ein Wolf nähert. Was würden Sie tun? Sich tiefer in das Gras ducken, um nicht entdeckt zu werden? Sofort davonstürzen? Oder Rufe ausstoßen und mit den Vorderhufen auf den Boden stampfen, so dass alle anderen Gazellen es hören? Als soziales Wesen würden Sie alle anderen vor dem Jäger warnen. Gut so. Doch dann, wenn der Jäger weiter herankommt, wie würden Sie sich dann verhalten? Weglaufen? Stehen bleiben und abwarten, was passiert? Oder unvermittelt damit anfangen, hohe Sprünge zu vollführen, bei denen Sie sich mit allen Vieren vom Boden abstoßen?

Tatsächlich standen die Wissenschaftler lange Zeit vor einem Rätsel, warum viele Gazellen diese merkwürdigen „Prellsprünge“ machen. Wieso laufen sie nicht weg, sondern verschleudern wertvolle Ressourcen, die sie dringend brauchen, um sich vor dem Raubtier in Sicherheit zu bringen? Gazellen sind doch sonst so ökonomisch denkende Wesen, die mit ihren Ressourcen sorgsam umgehen.

Selbstbewusst auftreten lohnt sich

Eine überzeugende Antwort fanden die israelischen Biologen Amotz und Avishag Zahavi. Die Zahavis entdeckten das „Handicap“-Prinzip, das noch in anderem Zusammenhang eine Rolle spielt (s. S. 188). Dabei geht es kurz gesagt um „kostspielige“ Signale, die eine verborgene Eigenschaft enthüllen sollen. Bezogen auf die springende Gazelle heißt das: Durch ihre akrobatische Einlage senden sie ein Signal an den Wolf (das durchaus „kostspielig“ ist, denn es verbraucht wertvolle Zeit und Kraft). Die „verborgene Eigenschaft“, die damit enthüllt werden soll, ist die exzellente körperliche Verfassung der Gazelle. Ihre Botschaft lautet: „Schau her, ich bin so fit, dass ich noch akrobatisch herumspringe, wenn du dich anschleichst. Vergiss es also mit dem Angriff auf mich.“

Dazu muss man wissen, dass Gazellen in der Tat gute Chancen haben, einem Wolf zu entkommen. Sie sind schnell, wendig und können blitzartig die Richtung ändern. Eine gesunde Gazelle, die sich nicht überrumpeln lässt, hängt einen Wolf locker ab. Das weiß natürlich auch der Angreifer. Was würden Sie an seiner Stelle tun? Trotzdem angreifen? Keine gute Idee, die Gazellen haben es gar nicht nötig zu bluffen (im Unterschied zu solchen Schelmen wie der Heuschreckenkrebs, s. S. 181). Der Jäger verlässt sich also auf die Botschaft und greift eine Gazelle, die gesprungen ist, in aller Regel nicht an.

Eine unbeabsichtigte Serviceleistung für den Wolf

So ein Prellsprung ist also ein wirksamer Schutz für die Gazellen. Eine nützliche Erfindung der Natur, könnte man meinen. Die Opfer sind nicht wehrlos. Doch die Geschichte hat für die Gazellen auch eine Kehrseite: Der Wolf hält sich nun nämlich an die Tiere, die nicht gesprungen sind. Und das erhöht nun nicht gerade deren Chance davonzukommen. Die Gazellen hätten für den Wolf auch ein Hinweis-Schild aufstellen können: „Dies sind die Mitglieder unserer Horde, die nicht so gut zu Fuß sind. Nutze deine Chance.“

Wenn Sie eine etwas entkräftete Gazelle wären, was würden Sie tun? Würden Sie Ihre letzte Kraft zusammennehmen und ebenfalls springen, um so zu versuchen, unter den Schutzschild zu schlüpfen? Das ist riskant. Man könnte es Ihrem Sprung nur allzu deutlich ansehen, dass Sie gesundheitlich nicht ganz auf der Höhe sind. Und damit würden Sie sich dem Wolf freiwillig ausliefern. Keine gute Wahl. Also springen die geschwächten Gazellen nicht, sondern konzentrieren sich stattdessen ganz auf ihre Flucht. Sie können es sich nicht leisten, Ressourcen für ein Signal zu vergeuden, das ihnen im Ernstfall doch nicht hilft – zumal der Wolf, wenn alle Gazellen ihr Abwehr-Ballett aufführen würden, eine von ihnen dennoch angreifen würde – vermutlich die, die am schlechtesten springt.

Besonders interessant sind die Fälle im Grenzbereich: Gazellen, die nicht in Topform sind, die aber noch einen passablen Sprung hinbekommen würden, aber ebenso gute Chancen hätten, dem Wolf zu entkommen. Wenn sie auch springen (und sich dadurch retten), bleiben nur noch die Tiere übrig, die für den Jäger sozusagen eine „sichere Bank" sind. So ergibt sich die etwas paradoxe Situation, dass eine wirksame Schutzmaßnahme der Opfer die Chancen des Angreifers erhöht, zum Erfolg zu kommen. Je zuverlässiger das System funktioniert, desto sicherer die Beute.

Starke Tiere werden geschützt

Doch damit sind wir noch nicht am Ende. Denn wir müssen unterscheiden zwischen dem Interesse der einzelnen Gazelle, vom Wolf nicht angegriffen zu werden, und dem Interesse der gesamten Herde, dass möglichst wenige, im Idealfall kein Tier dem Jäger zum Opfer fällt. In diesem Fall sollten die Gazellen doch eher dafür sorgen, dass der Wolf die falsche Gazelle verfolgt, nämlich eine, die ihm locker davon trabt. Der Haken dabei ist nur, dass der Wolf auf ein solches Signal kein zweites Mal hereinfällt. Auch er lernt ja dazu und passt sein Verhalten dem der Gazellen an.

Nun könnten die Gazellen anfangen, den Wolf zu verwirren, und widersprüchliche Signale aussenden. Damit landen sie aber bei der Gnu Strategie (s. S. 271), denn Signale, die mal dieses, mal jenes bedeuten, werden schlicht ignoriert, weil sie keine Bedeutung mehr haben. Die Botschaft an den Wolf wäre: „Jedes Tier ein mögliches Opfer. Sieh zu, wie du klar kommst."

Welchen Sinn haben dann die Prellsprünge? Ganz gewiss profitieren die gesunden Gazellen davon, weil sie nicht mehr angegriffen werden. Sie schonen ihre Ressourcen und bleiben fit. Für die Herde als Ganze ist die Bilanz gemischt. Einerseits wird der Wolf tatsächlich häufiger zum Zuge kommen, als wenn er rein nach dem Zufallsprinzip sein Opfer auswählte. Andererseits liegt ein gewisser Nutzen darin, die besonders gesunden Tiere wirksam zu schützen. Zwar haben sie die besten Chancen zu entkommen, aber so eine Flucht kostet sie viel Kraft und eine erschöpfte Gazelle könnte der nächsten Attacke zum Opfer fallen. Wenn der Wolf ein gesundes Tier reißt, ist der Schaden für die Herde besonders groß. Mit andern Worten, die Herde als „lebendes System" (s. S. 14) riskiert nicht ihre stärksten Teile, um ihre schwächsten zu retten.

Tipps für die Führungspraxis

Zeigen Sie nicht, wo Sie verwundbar sind

Der „Schutzschild“ der Gazellen zeigt deutlich: Wenn Sie an einer Stelle effektive Sicherheitsvorkehrungen treffen, erhöhen Sie dadurch häufig die Gefahren an anderer Stelle. Denn Sie lenken die Angriffe auf die Bereiche, die noch nicht so gut geschützt sind oder sich gar nicht schützen lassen. So gesehen können diese Maßnahmen durchaus im Interesse desjenigen liegen, der Ihnen schaden will, weil Sie ihm damit Informationen über Ihre Schwachstellen liefern.

Führen Sie zum Beispiel eine Videoüberwachung in bestimmten sensiblen Bereichen ein, so verlagern sich die unerwünschten Aktivitäten in die Räume, in denen keine Kameras installiert sind. Diesen Effekt können Sie auch bei der Terrorismusbekämpfung beobachten: Je wirksamer die gefährdeten Objekte geschützt werden, desto höher wird das Risiko für alle nicht gefährdeten Objekte, Opfer des nächsten Anschlags zu werden.

Kontrolle ist teuer. Und Sie können nicht alle Bereiche wirksam schützen, zumal sich die Angriffe immer Ihrem Sicherheitssystem anpassen. Wenn Sie zu horrenden Kosten tatsächlich alle Bereiche kontrollieren ließen, dann müsste Ihr Angreifer eben versuchen, einen Kontrolleur zu bestechen. Egal, was Sie tun, Sie weisen ihm den Weg, wo Ihre Schwachpunkte sind. Die einzig wirksame Gegenstrategie heißt daher: Lassen Sie Ihren Angreifer völlig im Unklaren darüber, wo Sie stark und wo Sie verwundbar sind.

Konkurrenzanalyse à la Prellsprung

Ähnliches gilt auch für das Auftreten gegenüber der Konkurrenz. Wenn Sie in bestimmten Bereichen überbordendes Selbstbewusstsein demonstrieren, dann geben Sie indirekt zu erkennen, wo Ihre Schwächen liegen. Das Ganze lässt sich natürlich auch aus der Perspektive des Wolfs betrachten und zur Konkurrenzanalyse einsetzen. Schauen Sie einfach aufmerksam hin: Wo tritt Ihr Konkurrent wenig selbstbewusst auf, wo investiert er kaum etwas, um auf sich aufmerksam zu machen?

Treten Sie selbstbewusst und gelassen auf

Doch reden wir nicht nur von den Schwächen und Gefahren. Auch als einzelne Führungskraft können Sie von der „Taktik des Prellsprungs" profitieren. In brenzligen Situationen gelassen und selbstbewusst bleiben, das ist ein unverkennbares Zeichen von Stärke. Gerade wenn sich eine Gefahr erst langsam anbahnt (wie ein anschleichender Wolf), ist es sinnvoll, dem beherzt entgegenzutreten und nicht darauf zu hoffen, dass ein anderer eingreift. Denken Sie an die rufende und stampfende Gazelle. Einige Verhaltensforscher sind überzeugt, dass sie damit gar nicht so sehr ihre Artgenossen vor dem Jäger warnen will, sondern dass sich ihr Signal direkt an den Wolf richtet und so viel bedeutet wie: „Ich habe dich gesehen. Ich habe keine Angst." Eine solche Gazelle ist stark. Und was fast noch wichtiger ist: Sie wird stark bleiben, weil sich nicht einmal der Wolf auf eine kraftraubende Auseinandersetzung mit ihr einlassen will.

Management im Termitenhügel – die Geheimnisse der Schwarmintelligenz

In diesem abschließenden Kapitel soll es um die kleinen Tiere gehen, die ganz erstaunliche Dinge vollbringen: die Bienen, Termiten und Ameisen. In ihren Staaten meistern sie mit atemberaubender Effizienz hochkomplexe Aufgaben – ohne jede Planung und zentrale Steuerung. Damit sind sie die Vorbilder für das Managementkonzept der „Schwarmintelligenz", wenigstens wie es der Strategieberater und Autor Eric Bonabeau versteht. (Ein Interview mit dem Wissenschaftler finden Sie gleich am Anfang des Kapitels). Von den sozialen Insekten zu lernen heißt, auf die Kraft der Selbstorganisation zu bauen und mit Hilfe von einfachen, robusten Regeln zum Erfolg zu kommen. Wie das konkret funktionieren kann und wo Unternehmen „Schwarmintelligenz" schon erfolgreich einsetzen, erfahren Sie im nachstehenden Interview und im Abschnitt über die Duftspuren der Ameisen.

Es gibt aber noch einen weiteren Ansatz, sich an den biologischen Schwärmen zu orientieren. Dabei geben nicht die sozialen Insekten das Vorbild ab, sondern die Tiere, die sich spontan zu einer Gruppe, einem Schwarm organisieren – wie die Vogel- oder die Fischschwärme. Auch von ihnen und ihren Organisationsprinzipien wird die Rede sein. Mit einem kurzen Seitenblick auf einen Organismus, der von manchen Unternehmen ebenfalls stark als Vorbild geschätzt wird: die Amöbe, die ständig ihre Form verändert und sich fast beliebig mit anderen zu einem Superorganismus zusammenschließen kann.

Zu guter Letzt wenden wir uns den Parasiten zu, einer hochinteressanten Lebensform, die zwar keine Schwärme bildet, aber doch mit den hier vorstellten Organismen einige Gemeinsamkeiten hat. Als extrem einfach strukturierte Wesen vollbringen sie äußerst komplexe Aufgaben; zum Beispiel überlisten sie die intelligentesten Wesen der Welt. Ein Parasit weiß mehr über die Funktionsweise des Gehirns als ein Professor für Neurologie, schreibt Robert Sapolsky, der selbst als Professor für Neurologie an der renommierten Stanford Universität lehrt. Parasiten sind vermutlich weit einflussreicher, als wir geglaubt haben.

Interview mit Eric Bonabeau: Lernen von den Ameisen

Der Franzose Eric Bonabeau gilt weltweit als einer der führenden Experten für komplexe Systeme. Promoviert in theoretischer Physik und Fellow am Santa Fe Institute, hat Bonabeau zahlreiche europäische und amerikanische Unternehmen beraten. Mit seinem Namen verbindet sich das Konzept von der „Schwarmintelligenz", das er in mehreren Publikationen näher beschrieben hat: Unternehmen sollen sich an Staaten bildenden Insekten ein Vorbild nehmen, um mit komplexen Problemen in einem dynamischen Umfeld besser umzugehen. Bonabeau ist wissenschaftlicher Leiter der Icosystem Corporation, einer Strategieberatung mit Sitz in Boston und Paris (Übersetzung aus dem Englischen: Matthias Nöllke).

Was ist Schwarmintelligenz?

Bonabeau: „Schwarmintelligenz bedeutet eine Veränderung in unserer Einstellung: Weg von der zentralisierten Kontrolle hin zu einer dezentralisierten Form mit verteilter Intelligenz. Weg von vorgegebenen Lösungen, die in sich zusammenbrechen, wenn etwas Unvorhergesehenes geschieht, hin zu emergenten, sich selbst organisierenden Strategien und Taktiken. Weg von starren, nicht adaptiven Befehls- und Kontrollsystemen hin zu flexiblen, robusten Reaktionsweisen.

Das Konzept der Schwarmintelligenz geht darauf zurück, wie biologische Systeme, insbesondere Kolonien sozialer Insekten, aber auch andere Gemeinschaften von Tieren, Probleme lösen, nämlich in dezentralen Strukturen, auf eine robuste, flexible Art und Weise. Die Effektivität von Ameisenkolonien zum Beispiel ist das Ergebnis von 60 Millionen Jahren Evolution: Warum sollten wir daraus nicht unseren Vorteil ziehen?

Nun stammt zwar die Anregung aus der Biologie, doch geht es für uns darum, für menschliche Organisationen Probleme zu lösen und nicht biologisch stringent zu argumentieren. Mein Ansatz bei der Schwarmintelligenz ist pragmatisch und lösungsorientiert. Ich möchte Lösungen entwickeln, die funktionieren, und ich glaube, dass die Konzepte der Schwarmintelligenz sehr wirksam sind, wenn man mit großen komplexen Systemen zu tun hat, die aus vielen interagierenden Einheiten bestehen. Ob das Kommunikationsnetzwerke sind oder militärische Einheiten oder Teams von unbemannten Flugobjekten (UAVs) oder komplexe Fertigungsketten oder Logistik-Netzwerke."

Was kann ein Unternehmen oder eine Organisation von Ameisen, Bienen oder Termiten lernen?

Bonabeau: „Das Erstaunlichste an den Kolonien sozialer Insekten ist, dass es kein leitendes Individuum gibt. Wenn Sie sich eine einzelne Ameise anschauen, haben Sie vielleicht den Eindruck, dass sie sich zufällig oder zumindest nicht in Übereinstimmung mit dem Rest der Kolonie bewegt. Sie meinen, sie kümmert sich um ihre eigenen Dinge und achtet nicht darauf, was die andern tun. Aber manchmal können Sie regelrechte „Ameisen-Schnellstraßen" sehen, beeindruckende Reihen von Ameisen, die sich über hundert Meter hinziehen können. Diese riesigen Ameisenstraßen sind hochgradig koordinierte Formen von kollektivem Verhalten.

> ***„Bei den Insekten sind Irrtümer und Zufälle keine Defekte, sondern tragen zu ihrem Erfolg bei."***

Menschen leiden unter einer ‚zentralisierten Einstellung'. Sie würden die Koordination der Aktivitäten einer zentralen Instanz überlassen. Aber die Art, wie soziale Insekten Straßen oder andere erstaunliche Strukturen wie Brücken, Ketten oder Nester bilden und wie sie komplexe Aufgaben erledigen (Nestbau, Verteidigung, Reinigung, Brutpflege, Nahrungssuche etc.) ist ganz anders: Sie organisieren sich selbst durch direkte und indirekte Interaktionen. Bei den sozialen Insekten sind Irrtümer und Zufälle keine ‚Defekte', vielmehr tragen sie sehr stark zu ihrem Erfolg bei, weil sie ihnen ermöglichen, zu entdecken und zu erkunden und nicht nur zu ernten. Selbstorganisation ernährt sich selbst durch Irrtümer, um die Kolonie flexibel zu halten (die Kolonie kann sich auf eine wechselnde Umwelt einstellen) und robust (sogar wenn mehrere Individuen ausfallen, kann die Gruppe noch ihre Aufgabe erfüllen). Durch Selbstorganisation ist das Verhalten der Gruppe häufig nicht vorhersagbar, es entsteht durch die Interaktionen aller Individuen. Die einfachen Regeln, denen die Individuen folgen, können ein komplexes Gruppenverhalten erzeugen. In der Tat ist die Entstehung eines solchen Gruppenverhaltens aus ganz einfachen Regeln eine der wichtigsten Erkenntnisse der Schwarmintelligenz."

Wie kann ein Unternehmen Schwärme bilden? Und was können die Aufgaben eines solchen Schwarms sein?

Bonabeau: „Es hat schon viele kommerzielle Anwendungen von Schwarmintelligenz in der Fertigung und in der Logistik gegeben. Zum Beispiel hat sie der Konsumgüterriese Unilever eingesetzt, um die Produktionspläne in seinen Fabriken zu optimieren. Dabei hat man entdeckt, dass das Vorgehen der Ameise nicht nur die beste Methode war, um den optimalen Plan aufzustellen, sondern dass dieser Plan auch robust ist: Wenn eine Maschine ausfällt oder wenn ein unvorhergesehenes Ereignis eintritt, das die Planung durcheinander bringt, dann kann der Schwarm-Ansatz mit diesen Ausfällen in Echtzeit fertig werden und für die gesamte Fabrik sofort einen neuen Plan entwickeln. In vielen Situationen werden Pläne durch Zufälle oder bei militärischen Auseinandersetzungen durch Aktivitäten des Gegners über den Haufen geworfen. Ein System, das mit solchen Unwägbarkeiten in Echtzeit umgehen kann, ist unschätzbar.

Andere kommerzielle Anwendungen gibt es bei der Logistik. So setzt etwa ein Gaslieferant Schwarmintelligenz ein, um die Routen seiner Lieferwagen festzulegen. Southwest Airlines hat seine Frachtgeschäft auf diese Weise optimiert, Air Liquide seine Energieproduktion in vielen Kraftwerken in Nordamerika. Procter and Gamble benutzt einen vergleichbaren Ansatz, um seine weit verstreuten Fertigungsstätten zu koordinieren. Andere viel versprechende Anwendungen finden sich bei Kommunikationsnetzwerken. Routing-Systeme, die auf Schwarmintelligenz basieren, haben den Durchsatz verbessert, beim Internet beispielsweise auf bis zu 95 Prozent."

Wie kann ein Unternehmen die „einfachen Regeln" entwickeln, die zu einer erfolgreichen Selbstorganisation führen? Und wer sollte diese Regeln festlegen?

Bonabeau: „Das ist die Schlüsselfrage bei der Schwarmintelligenz: Wie kann man die Verhaltensregeln für jeden Einzelnen so festlegen, dass das gewünschte Verhalten des gesamten Systems dabei entsteht? Die neuen Methoden der Schwarmintelligenz können im gesamten System zu einem unerwarteten, nicht vorhersehbaren Verhalten führen – das Phänomen der Emergenz. Während Dezentralisation und Machtverteilung klare Vorteile gegenüber den traditionellen Ansätzen mit Befehl und Kontrolle besitzen, stellen sie hohe

Anforderungen, wenn es darum geht, die Verhaltensregeln zu entwickeln, denen die einzelnen Einheiten folgen müssen. Da gibt es keine einfache Antwort auf diese Frage. Eine Möglichkeit besteht darin, sich von Mustern in der Natur anregen zu lassen, zum Beispiel wie Ameisen bestimmte gemeinschaftliche Aufgaben erledigen, und dann zu versuchen, diese Mechanismen und Prinzipien nachzubauen. Dieser Ansatz ist offensichtlich beschränkt, denn Sie können im Prinzip nur das tun, was Insekten auch tun. Ein anderer Ansatz, den wir bei Icosystem entwickeln, besteht darin, mit dem Computer eine Art von künstlicher Evolution zu schaffen, wir nennen das eine ‚evolutionäre Computation', um daraus die Verhaltensregeln abzuleiten. Aber das ist noch im Versuchsstadium. Auf die Frage, wer die Regeln festsetzen soll, würde ich sagen, das sollte das Management tun."

Welche Konsequenzen ergeben sich daraus für Führungskräfte? Was ändert sich, wenn jemand ein selbstorganisiertes System „führt" oder „kontrolliert"?

Bonabeau: „Die große Frage ist: Wenn ich zum Beispiel mein Computer- Netzwerk als dezentralisiertes, sich selbst organisierendes System einrichte, wie soll ich die individuellen virtuellen Ameisen programmieren, so dass sich das Netzwerk auf der Ebene des gesamten Systems angemessen verhält? Ich sage ja dem Netzwerk nicht, was es tun soll, ich beauftrage kleine Agenten, kleine Veränderungen im ganzen Netzwerk durchzuführen. Das ist also die Hauptidee dabei: Lösungen sind emergent und nicht so sehr vorab definiert und vorprogrammiert. Das Problem ist natürlich, dass man im Voraus nicht weiß, welche emergente Lösung kommen wird, weil emergentes Verhalten eben nicht vorhersagbar ist. Wenn sie gut angepasst ist, wird die Selbstorganisation Ihren Schwarm mit Fähigkeiten ausstatten, die es ihm erlauben, sich an Situationen anzupassen, an die Sie nie gedacht haben. Dieser Ansatz hat sich in einer Vielzahl von Situationen bewährt, von denen ich einige erwähnt habe. Aber es erfordert eine einschneidende Veränderung in der Einstellung."

> ***„Manager leben lieber mit Problemen, die sie kennen, als mit Lösungen, die sie nicht ganz verstehen."***

Welche Zukunftschancen sehen Sie für die Schwarmintelligenz in den Unternehmen?

Bonabeau: „Meine Erfahrung beim ‚Verkauf' von Konzepten der Schwarmintelligenz an Wirtschaftsunternehmen ist, dass die Manager lieber mit den Problemen leben, die sie kennen, als mit einer Lösung, die sie nicht ganz verstehen und/oder kontrollieren können. Also, die innere Einstellung ist das Haupthindernis.

Aber wir sind dabei, in der Technologie einen Zustand zu erreichen, wo Sie keine Wahl mehr haben: Entweder verändern Sie Ihre Einstellung oder Sie bekommen Probleme. Es ist nicht länger möglich, traditionelle hierarchische Strukturen mit ihren Befehls- und Kontrollmechanismen aufrechtzuerhalten, wenn Sie es mit Tausenden oder sogar Millionen von Einheiten zu tun haben, die völlig unterschiedlich sind, die miteinander kommunizieren und sich dynamisch verändern.

Ich glaube, dass die Art von Lösung, die die Schwarmintelligenz anbietet, als einzige wirklich weiterführt. Um die Akzeptanz dieser Ideen zu erhöhen, ist es für mich erforderlich zu erklären, wie die Dinge funktionieren und warum Sie nicht wirklich die Kontrolle verlieren. Ich muss Sie überzeugen, dass die Systeme, die ich vorschlage, in einer bestimmten, unvorhergesehenen Situation nicht zusammenbrechen. Dagegen würde ich behaupten, dass die traditionelle Software ganz gewiss unter solchen Bedingungen zusammenbrechen wird. Ich glaube, die beste Methode, die Annahme dieser Konzepte zu beschleunigen, sind ein paar überzeugende Erfolgsstorys – und genau daran arbeiten wir."

Kleine Schritte, klare Ziele — der Termitenmanager

Themen: Organisation, Führung, Führungsstil, Strategie, Motivation, Kommunikation

Besondere Sympathie bringen wir ihnen gewiss nicht entgegen, den wimmelnden, krabbelnden Termiten, die Holz fressen, Tische, Stühle, Schränke durchlöchern und ganze Häuser zum Einsturz bringen. Aber so ist es nun einmal bei einer Tierart, die weder Knopfaugen besitzt (viele Termiten haben gar keine Augen), noch vom Aussterben bedroht ist, sondern zu den erfolgreichsten Lebensformen der Schöpfung gezählt werden muss – zusammen mit den

Ameisen (s. S. 292), mit denen sie gern in einen Topf geworfen werden, weil sie ebenfalls zu den Staaten bildenden „sozialen Insekten" gehören. Daher ist es nicht verwunderlich, dass man Termiten auch die „weißen Ameisen" nennt. Dabei gehören sie zur Ordnung der „Schabenartigen", zu der auch die Kakerlake und die Gottesanbeterin zählen. Mit den Ameisen sind die Termiten damit stammesgeschichtlich in etwa so eng verwandt wie wir Menschen mit den Fledermäusen.

Die ersten Staatengründer der Naturgeschichte

Termiten und Ameisen bilden Staaten, die in ihrer komplexen Organisation durchaus vergleichbar sind. Evolutionsgeschichtlich betrachtet haben sich diese Insektenstaaten jedoch unabhängig voneinander entwickelt. Die Termiten sind es jedenfalls gewesen, die mit dem Staatengründen angefangen haben, vor 150 bis 200 Millionen Jahren, zu einer Zeit, als unsere Vorfahren noch so groß wie Mäuse waren. Die Ameisen sollten erst gut 50 Millionen Jahre später auftauchen. Mit einigem Recht können wir also sagen: Das erste soziale System, die erste Organisation der Naturgeschichte wurde von Termiten gegründet.

Im Laufe der Jahrmillionen wurde die Sache immer weiter verfeinert. Dabei blieben die einzelnen Termiten jedoch recht einfach strukturierte Geschöpfe mit einer Minimalausstattung an informationsverarbeitender Masse, sprich: Gehirn. Umso erstaunlicher erscheint es vor diesem Hintergrund, wie komplex eine Termitenkolonie organisiert ist und welche Leistungen sie vollbringt.

Die Organisation der Termiten

Bei den Termiten unterscheiden wir vier „Kasten", die jeweils unterschiedliche Aufgaben erfüllen. Da gibt es zunächst das Königspaar, das die Kolonie begründet. Königin und König, die so genannten primären Geschlechtstiere, setzen den gesamten Termitenstaat in die Welt, haben also einige Millionen Nachkommen. Darüber hinaus stehen noch sekundäre Geschlechtstiere zu Verfügung, die zur Not Königin oder König ersetzen können oder die ab einem gewissen Alter in die dritte Kaste überwechseln, die geschlechtslosen Arbeiterinnen. Zusätzlich haben die Termiten noch eine „Soldatenkaste". Diese Tiere sind größer, stärker gepanzert und verfügen über besondere „Waffen": kräftige Kiefer oder spezielle Stirndrüsen, aus denen sie betäubende Abwehrstoffe auf ihre Feinde spritzen. Zugleich wird dieses Sekret aber auch als eine Art Zement beim Bau der Nester benutzt.

Meisterwerke der Baukunst

Diese Nester gehören zu den ausgeklügeltsten Architekturleistungen, die wir kennen: riesige, gut belüftete Bauten, in denen ein optimales Raumklima herrscht, mit konstanter Innentemperatur und Luftfeuchtigkeit. Die Termiten legen unzählige Gänge und Kammern an, graben Luftschächte, bohren Tunnel und Brunnen bis zum Grundwasser hinab. Allerdings vollbringen nicht alle Termiten solche Wunderwerke. Wir dürfen nämlich nicht vergessen, es gibt 1900 verschiedene Arten von Termiten, die höchst unterschiedliche Nester anlegen: Die einen vergraben sich tief in der Erde, die anderen leben im Inneren alter Baumstämme, eine dritte Art hängt ihre Nester, die sie aus einem kartonähnlichen Holzstoff gefertigt hat, hoch in die Bäume. Am beeindruckendsten sind jedoch die tropischen Hügelnester, gigantische Gebilde, an denen die Termiten etliche Jahre bauen.

Eine Millionenstadt im Erdhügel

Dabei fängt alles ganz unspektakulär an, mit zwei Termiten. Das Königspaar sucht sich eine kleine Höhle in der Erde oder nagt sich ein Kämmerchen ins Holz. Einige Wochen später legt die Königin die ersten Eier in das weiter ausgebaute Nest. Es vergehen Monate, ehe die ersten Arbeiter daran gehen, den eigentlichen Bau zu errichten. Sie bewegen eher zufällig kleine Erdklümpchen hin und her, Holzteile kommen hinzu. Die Termiten sind nicht wählerisch, sondern greifen zu dem Material, das gerade verfügbar ist. Nach und nach entstehen kleine Erdhügel. An diesen Stellen verstärken sie ihre Bauaktivität. Die Erdhügel wachsen zu Türmchen heran. Dabei folgt die Verteilung der Türmchen keinem Muster. Wo sie entstehen und mit welchem Abstand zueinander, das scheint eine Sache des Zufalls zu sein. Die Türme werden immer höher gebaut, bis zu einer bestimmten Höhe, dann hören die Termiten wie auf stille Verabredung mit dem Bauen auf. Stehen zwei Türme nahe genug beieinander, werden sie durch einen runden Bogen miteinander verbunden.

So entsteht ein immer komplexeres, verschachteltes Gebilde, in dem Millionen Termiten leben und das immer stabil, gut belüftet und feuchtigkeitskontrolliert bleibt. Die Nester werden bis zu vier Meter hoch und können einen Durchmesser von dreißig Metern erreichen. Umgerechnet auf menschliche

Maßstäbe entspricht das einem Bauwerk von mehreren tausend Metern Höhe, einem veritablen Turm zu Babel, dessen Spitze hoch in den Wolken verschwinden würde.

Die drei Geheimnisse des Termitenhügels

Insektenkundler, Biologen und Organisationstheoretiker haben sich gefragt: Wie schaffen die das nur? Wie gelingt es diesen höchst beschränkten Kreaturen, solche hochkomplexen Gebilde zustande zu bringen? Ehrlicherweise muss die Antwort lauten: So genau wissen wir das nicht. Es gibt keine Planung, kein Controlling und niemanden, der die Millionen von Aktivitäten, die zeitgleich stattfinden, irgendwie aufeinander abstimmt. Zwar scheint das Königspärchen für die Termiten der zentrale Bezugspunkt zu sein, die Königskammer befindet sich in der Mitte des Baus, und wenn ein Insektenforscher das königliche Pärchen ausgräbt und von den Seinen entfernt, dann wird kurz darauf die Bautätigkeit eingestellt. Und doch wäre es abwegig zu behaupten, die beiden würden die Aktivitäten der anderen irgendwie steuern oder „managen“. Eine solche Aufgabe würde sie hoffnungslos überfordern.

Stattdessen spielen drei andere Faktoren eine Schlüsselrolle, die uns beim „Management der Natur“ immer wieder begegnen:

- das Prinzip der Selbstorganisation,
- die Verlagerung von Komplexität in die Umwelt,
- der unablässige Fluss von Informationen.

Selbstorganisation im Termitenhügel

Die einzelne Termite hat keine Ahnung, was sie tut und warum sie es tut. Niemand im Termitenhügel hat einen Überblick, was geschieht und was als nächstes getan werden muss. Das ist auch gar nicht nötig. Denn der Bau entsteht aus Milliarden von einzelnen Aktivitäten, die regelhaft aufeinander folgen. Für sich genommen sind diese Aktivitäten sehr einfach, in der Summe sind sie erstaunlich komplex. Die „Intelligenz“, die hier am Werk ist und das architektonische Wunderwerk in die Welt setzt, steckt nicht in den Köpfen einer Führungsschicht oder gar im Hirn irgendeiner Obertermite, sie steckt einzig und allein im System, das heißt im gesamten Termitenhügel. Das ist nicht ganz leicht zu verstehen, doch vielleicht hilft Ihnen der folgende Vergleich weiter: Die einzelne Nervenzelle in Ihrem Gehirn „weiß“ auch nicht, welche komplizierten Gedanken Sie gerade denken, auch wenn die betreffende Nervenzelle gerade aktiviert ist.

Verlagerung von Komplexität in die Umwelt

Wir haben es bereits angesprochen, Termiten sind höchst einfach strukturierte Wesen, „zelluläre Automaten", wie sie von Erforschern der Künstlichen Intelligenz auch genannt werden. Das scheint nicht zu der immensen Vielfalt und Komplexität der Bauten zu passen. Wenn die Termiten schon wie kleine Automaten sind, dann würde man erwarten, dass sie stereotyp immer wieder die gleiche Standardbehausung bauen. Genau das ist aber nicht der Fall – vielmehr gleicht kein Termitenbau dem andern. Dies liegt aber nicht daran, dass die Termiten so ungemein flexibel wären, wie etwa ein menschlicher Baumeister, der bei der Gestaltung seiner Häuser hin und wieder etwas abwechselt. Im Gegenteil, bei ihren Aktivitäten haben die Termiten nicht den geringsten Ermessensspielraum, sie halten sich vielmehr stur an bestimmte Regeln. Nun sind diese Regeln jedoch hervorragend an die Umwelt angepasst. Sie sind weder zu strikt, noch zu diffus, sondern genau darauf abgestimmt, einen Teil der Lebenswelt in einen Termitenhügel zu verwandeln. Und so ergibt sich die Vielfalt und Komplexität der Bauten aus der Komplexität der Umwelt. Anders gesagt, wäre die Welt der Termiten so gleichförmig wie eine Reihenhaussiedlung, dann würden die Termitenbauten ebenfalls wie Reihenhäuser aussehen.

Der stille Strom der Information

Das System kann nur funktionieren, weil es ein ausgeklügeltes Kommunikationssystem gibt. Ganz haben wir es noch nicht durchschaut, aber was sich uns auf den ersten Blick als unübersichtliches Gewimmel von Insekten darstellt, das ist ein ununterbrochener Austausch von Informationen. Termiten nehmen ständig Informationen auf, verarbeiten sie und geben sie an ihre Artgenossen weiter. Dafür stehen ihnen vier Kanäle zur Verfügung: Sie verständigen sich über direkten Körperkontakt, vor allem mit den Fühlern, über sichtbare Signale, auch wenn bei manchen Arten Arbeiterinnen und/oder Soldaten blind sind, über Vibrationen, wobei sie mit Kopf und Beinen herumtrommeln, und über chemische Signale, Duftstoffe, die so genannten Pheromone, mit denen sie beispielsweise ihre Pfade markieren, auf Futterquellen hinweisen oder Alarm auslösen.

Ein wichtiger Punkt dabei ist: Alle Signale haben eine relativ begrenzte Reichweite und sind anderen Tieren, der Konkurrenz sozusagen, nur schwer zugänglich. Termiten wollen unentdeckt bleiben. Deshalb verzichten sie auch auf akustische Signale, es könnte ja jemand mithören und auf sie aufmerksam werden. Alle Termiten sind vollständig taub.

Tipps für die Führungspraxis

Die emsig bauenden Insekten haben den Organisationstheoretiker Gareth Morgan dazu angeregt, einen originellen Management-Typus zu entwerfen. Er nennt ihn die „strategische Termite".

Das Zielmanagement eines „Termitenmanagers"

„Termitenmanager" haben eine klare Vorstellung davon, was sie erreichen wollen. Sie verfolgen ein ähnlich anspruchsvolles Ziel wie die Termiten mit dem Bau ihres Hügelnests. Doch wie dieses „Nest" im Einzelnen beschaffen sein wird, das wissen sie nicht.

Einfach mal anfangen!

„Termitenmanager" sind offen für Veränderungen und sehr pragmatisch orientiert. Keine großen Pläne aushecken, keine detaillierten Vorgaben und Meilensteine festlegen, lasst uns einfach mal anfangen mit dem, was wir haben, und sehen, was geschieht. So könnte man ihre Einstellung charakterisieren. Sie betreiben eine Politik der kleinen Schritte. Ihren Erfolg bauen sie auf kumulierenden kleinen Gewinnen auf. Der große Sprung nach vorn ist ihre Sache nicht.

Offen für Neues

Ein Termitenmanager versucht Entwicklungen anzustoßen, seine Mitarbeiter ermuntert er zu eigenen Initiativen. Neue Ideen greift ein Termitenmanager gerne auf und überlegt, inwieweit sie sich für sein Ziel nutzen lassen – ähnlich wie eine Termite beherzt die nächstliegende Tannennadel schnappt, die zufällig auf ihrem Weg liegt, und in ihr Nest schleppt, wo das Fundstück an geeigneter Stelle eingebaut wird. Überhaupt ist ein Termitenmanager dem Zufall gegenüber sehr aufgeschlossen. Er empfindet ihn nicht als Bedrohung, sondern er versucht, gewissermaßen damit zu arbeiten. Dabei verliert er sein Ziel niemals aus den Augen. Er hat auch durchaus Pläne, wie das Ziel zu erreichen ist, doch er klebt nicht an ihnen.

Termitenmanager halten sich im Hintergrund

Wie die Termite, so arbeitet auch der Termitenmanager bevorzugt „lautlos" und unauffällig im Verborgenen. Er vermeidet es nach Möglichkeit, Aufmerksamkeit auf sich zu lenken. Er ahnt, dass es seinen Erfolg gefährden könnte, wenn er zu früh die Blicke von andern auf sich zieht. Seine Devise ist: Unsichtbar bleiben und sich auf die Beweglichkeit der Gruppe verlassen.

Ein Termitenmanager sucht den Konsens

Den Kommunikationsstil spricht Morgan nicht eigens an, aber auch hier lässt sich leicht eine Verbindung herstellen. Termitenmanager setzen auf den direkten, unmittelbaren Kontakt. Sie suchen das persönliche Gespräch und sind an Rückmeldungen sehr interessiert. Sie holen die Meinung von anderen ein und sind bereit, den eigenen Standpunkt zu revidieren. Sie setzen auf Konsens.

Was gut läuft, wird verstärkt

Ähnlich wie beim Termitenbau die Türme genau dort entstehen, wo sich die ersten Erhebungen zeigen, so fördert der Termitenmanager alle Vorhaben, bei denen erste Erfolge sichtbar werden. Ebenso werden Maßnahmen, die erfolgreich verlaufen sind, wiederholt oder auch verstärkt, während Fehlschläge dazu führen, dass nach anderen Optionen gesucht wird.

Ein „Aktivitätswall" aus lauter kleinen Erfolgen

Der Termitenmanager baut seine Aktivitäten immer auf einer Vielzahl von Erfolgen auf. Er errichtet „Aktivitätswälle", um seine Tätigkeit zu schützen und die Energien seiner Mitarbeiter in die richtige Richtung zu lenken. Einen solchen „Aktivitätswall" müssen wir uns als eine Art Rahmen vorstellen, den der Manager setzt und der auch nicht so leicht verschoben werden kann. Ein „Aktivitätswall“ strukturiert und stabilisiert die Arbeit in der „Termitenkolonie“. Letztlich sorgen diese „Aktivitätswälle“ dafür, dass die „Kolonie“ ihrem Ziel immer näher kommt. Dabei gilt für den Termitenmanager wie für die real existierende Termitenkolonie, dass der Bau noch nicht vollständig abgeschlossen ist, solange er bewohnt wird, also noch Leben in ihm steckt.

Verborgene Ordnung – das Geheimnis der hundertsten Ameise

Themen: Selbstorganisation, Planung, Ordnung, Teamorganisation

Es gibt ungefähr zehntausend Billionen Ameisen auf der Welt. Auf jeden der sechs Milliarden Menschen kommen also mehr als 1,5 Millionen dieser fleißigen Krabbler. Wie jemand einmal ausgerechnet hat, wären sämtliche Ameisen ungefähr so schwer wie die gesamte Erdbevölkerung. Und auch sonst gibt es einen gewissen Gleichstand zwischen Mensch und Ameise: Beide leben nahezu überall auf der Erde, auf jedem Kontinent. Ameisenfreie Zonen sind fast ebenso selten wie die vom Menschen unberührte Natur. Der überwältigende evolutionäre Erfolg der Ameisen verdankt sich wie beim Menschen dem Prinzip der sozialen Kooperation.

Eine einzelne Ameise lernt nichts dazu

Bei so vielen Gemeinsamkeiten gibt es natürlich auch Unterschiede. Vielleicht der hervorstechendste: Sie können einer Ameise nicht das Geringste beibringen. Lassen Sie eine Ameise immer den gleichen Weg krabbeln. Dabei kommt sie an eine Weggabelung. Sie kann sich nach links oder nach rechts wenden. Stets deponieren Sie Futter an der gleichen Stelle, sagen wir: kurz nach der linken Abzweigung. Sie lassen die Ameise hundert Mal krabbeln, Sie lassen die Ameise tausend Mal krabbeln oder zehntausend Mal, immer wenn sie an die Weggabelung kommt, trifft sie die gleiche Zufallswahl. Mal nach links, mal nach rechts. Egal, wie oft sie den Weg entlang krabbelt, die Chance, dass die Ameise auf etwas Essbares trifft, bleibt konstant bei 50:50. Was immer man Ihnen über die erstaunlichen Fähigkeiten dieser sozialen Insekten erzählt, dass sie Werkzeuge gebrauchen, unterirdische Pilzgärten anlegen, Blattläuse melken und als Haustiere halten – ein einzelne Ameise wirkt auf uns so dumm wie ein Stein.

Krabbelnde Hirnzellen

Und doch – wenn sie schon nichts von uns lernen wollen, wir Menschen können von den Ameisen allerhand erfahren. Zum Beispiel, dass es einen fundamentalen Unterschied gibt zwischen einer einzelnen Ameise und einer Handvoll davon. Der kanadische Biologe Brian Goodwin vergleicht die Einzelameise mit einer einzelnen Hirnzelle, die auf sich alleine gestellt relativ ahnungslos ist, im Verbund mit andern jedoch so erstaunliche Dinge zu leisten vermag wie diesen Text hier zu lesen und zu verstehen.

Der amerikanische Ameisenforscher Blaine Cole ging der Sache auf den Grund und beobachtete, wie verschiedene Exemplare der Gattung Leptothorax in einem Glasbehälter herumkrabbelten. Er zeichnete alle Bewegungen mit einer Videokamera auf und wertete die umfangreichen Daten per Computer aus. Das Ergebnis ist bemerkenswert: Eine Ameise bewegt sich nach einem chaotischen Muster. Kommt eine zweite hinzu, bewegen sich die beiden nicht anders. Sie krabbeln herum, halten irgendwann inne, verharren eine Zeitlang regungslos und setzen sich dann wieder in Bewegung. Man kann beim besten Willen nicht voraussagen, wann sie sich wie verhalten.

Rhythmus und Ringe

Als Cole nach und nach immer mehr Ameisen in den Behälter füllte, geschah mit einem Mal etwas Merkwürdiges. Ab einer bestimmten Dichte verfielen die Ameisen in ein regelmäßiges Verhaltensmuster. Ihre Krabbel- und Ruhephasen folgten nun einem bestimmten Rhythmus. Je stärker die Dichte zunahm, umso geordneter verhielten sich die Tiere – bis zu einer gewissen Grenze. Doch das ist noch nicht alles, auch die räumliche Aufteilung erschien plötzlich geordnet, in einem Muster von konzentrischen Ringen. Ein solches Muster findet sich auch in der Brutkammer der Königin, dem Zentrum jeder Ameisenkolonie. In der Mitte sitzt die Königin, und um sie herum finden sich in konzentrischen Kreisen die Larven.

Ob das nun Zufall ist oder auf ein universelles Organisationsprinzip bei den Ameisen hindeutet, wissen wir nicht. Worauf es ankommt, ist die Tatsache, dass aus einem ungeordneten Verhalten von Einzeltieren ab einer bestimmten Dichte Ordnung hervorgeht. Sie tritt unvermittelt auf, als hätte jemand einen Schalter umgelegt. Sie müssen sich das in etwa so vorstellen, dass in einem (relativ großen) Glasbehälter 99 Ameisen durcheinander krabbeln. Sie fügen noch eine Ameise hinzu – und es entsteht Ordnung. Die Anwesenheit der hundertsten Ameise führt dazu, dass sich nun ein Ordnungsmuster bildet.

Chaos schlägt in Ordnung um

Dieses Prinzip nennt man „Emergenz". Das Verhalten der Gruppe kann nicht aus dem Verhalten der einzelnen Bestandteile vorhergesagt werden. Das ist das eine. Das noch viel Erstaunlichere ist der unvermittelte Umschlag von Chaos in eine geordnete Struktur. Die einzelne Ameise ist ein wirr umherlaufendes Insekt, dessen Verhalten wir gar nicht verstehen. Tausende von Ameisen verhalten sich planvoll, komplex, ja bis zu einem gewissen Grad auch rational.

Das widerspricht unserer intuitiven Auffassung, dass sich der Einzelne nachvollziehbar und vernünftig verhält und das Chaos eher dann ausbricht, wenn zu viele zusammenkommen und sich eine ungeahnte Gruppendynamik Bahn bricht. Aber so ist das bei den komplexen adaptiven Systemen, wie es Ameisenhaufen und Unternehmen sind – sie stecken voller Überraschungen.

Tipps für die Führungspraxis

Schärfen Sie Ihre Aufmerksamkeit für kritische Schwellen

Führungskräfte haben es immer wieder mit Schwellenwerten zu tun. Sie verändern eine Kleinigkeit und sind plötzlich mit ganz unerwarteten Folgen konfrontiert. Sie nehmen einen Mitarbeiter ins Team, von dem Sie annehmen, dass er sich hervorragend einfügen wird, und erleben, dass sich die ganze Gruppe verändert, vielleicht sogar auseinander bricht. Daran muss nicht einmal der spezielle Mitarbeiter schuld sein, es ist die besondere Konstellation, die dazu geführt hat, dass das ganze Team eine Schwelle überschritten hat und nun keiner mehr zur Zusammenarbeit zu bewegen ist. Natürlich ist auch der umgekehrte Fall denkbar, dass ein einziger Mitarbeiter die schlummernden Energien einer ganzen Abteilung entfesselt, weil plötzlich ein anderes Klima herrscht. Keiner weiß so recht, wie es dazu gekommen ist (aber vermutlich kann es jeder erklären).

Sorgen Sie für Ordnung, indem Sie die Unordnung erhöhen

Auch gibt es den paradoxen Effekt, dass Sie in einem System, das ziemlich durcheinander geraten ist, ausgerechnet dadurch für Ordnung sorgen, dass Sie immer mehr Unordnung hinzufügen. Denken Sie an die krabbelnden Ameisen, jede einzelne ein Sinnbild für Wirrwarr und Planlosigkeit. Fügen Sie gewissermaßen stetig eine neue chaotische Ameise hinzu, kann das System plötzlich in einen geordneten Zustand umschlagen. Kann, muss aber nicht. Aus der Komplexitätswissenschaft wissen wir, dass ein solches System entweder völlig auseinander bricht oder aber in einen Zustand höherer Ordnung übergeht.

Manche Probleme können Sie nicht von außen lösen

Unsere Ameisen erinnern Sie aber noch an einen weiteren wichtigen Aspekt. Die Tiere können sich austauschen, interagieren, sie bleiben sich vollkommen selbst überlassen, eine steuernde oder kontrollierende Instanz gibt es nicht. Das geordnete Zusammenwirken der Insekten entsteht von ganz allein, ohne ordnenden Eingriff von außen. Nun kann man sich als verantwortliche Führungskraft natürlich nicht entspannt zurücklehnen und einfach abwarten, was passiert. Dennoch sollte der Effekt der „hundertsten Ameise" Ihre Aufmerksamkeit dafür schärfen, dass sich manche Probleme gerade dadurch lösen, dass man nicht von außen eingreift, sondern allenfalls die fehlende „Ameise" hinzufügt.

Die Schwarmintelligenz der Heringe

Themen: Führung, Team, Selbstorganisation, Logistik

Im Heringsschwarm gibt es keinen Leitfisch, keine Hierarchien, keine festen Positionen. Hunderttausende, ja Millionen Fische schwimmen synchron nebeneinander her und prallen niemals aufeinander. Ein Schwarm bewegt sich wie einziger riesiger Organismus. Alle Fische richten dabei ihren Körper so aus, als würden sie von einer geheimnisvollen Kraft gesteuert. Wie Eisenspäne, die in ein magnetisches Feld geraten sind.

Die Kunst des Formationsschwimmens

Dabei ist das Ausmaß der Ordnung von der Situation abhängig. Bei der Futtersuche bilden die Fische lockere Gruppen, deren Mitglieder in verschiedene Richtungen schwärmen. Das hat seinen Grund. Denn je weiter die Münder der Fische voneinander entfernt sind, umso mehr Plankton können sie aufnehmen. Ziehen die Heringe hingegen fort, richten sie sich parallel zueinander aus, um in dieselbe Richtung zu schwimmen. Bei Gefahr schließen sie sich dichter zusammen. Außerdem geschieht etwas ganz und gar Rätselhaftes. Stößt ein Raubfisch auf die Heringe zu, so weicht der gesamte Schwarm aus. Mit einem einzigen Schlag der Schwanzflosse beschleunigt jeder Fisch innerhalb einer fünfzigstel Sekunde auf eine Geschwindigkeit von zehn bis zwanzig Körperlängen pro Sekunde – und der Schwarm explodiert förmlich in alle Richtungen wie eine Sylvesterrakete. Der ganze Vorgang dauert nur eine halbe Sekunde.

Es gibt noch ein zweites Ausweichmanöver, den so genannten „Springbrunneneffekt", mit dem sich kleine langsame Fische wie die Zwergheringe gegen einen schnellen Angreifer verteidigen. Der Schwarm teilt sich augenblicklich in zwei Hälften und schwimmt um den Angreifer herum. Hinter ihm schließen sich die Fische wieder zu einem Schwarm zusammen. Wie der Meeresbiologe Brian L. Partridge berichtet, sind bei diesen blitzschnellen Manövern noch nie Zusammenstöße beobachtet worden.

Ein Superorganismus, den niemand überblickt

Was die Heringe da vollbringen, das können Sie erahnen, wenn Sie menschliche Synchronschwimmer zum Vergleich heranziehen. Unter Wasser fällt es uns extrem schwer, unser Verhalten aufeinander abzustimmen. Es erfordert hartes Training und ungeheure Präzision, auch nur zwei Schwimmer zu halbwegs koordinierten Bewegungen zu bringen. Bei den Heringen hingegen schwimmen schon bei den kleinsten Schwärmen etliche Hundert im Takt, gar nicht zu reden von den Riesenschwärmen mit Millionen Fischen, Superorganismen, die Sie von einem Hubschrauber aus beobachten können. Kein

Schwarmmitglied kann diesen Superorganismus wahrnehmen, niemand hat den Überblick. Der Horizont jedes einzelnen Fischs beschränkt sich auf seine unmittelbaren Nachbarn.

Wie sind die Heringe dann zu einem so komplexen, präzise abgestimmten Verhalten in der Lage? Verantwortlich dafür sind zwei Dinge: Das Prinzip der Selbstorganisation und ein spezielles Wahrnehmungsorgan.

Jeder orientiert sich an seinem Nachbarn

Zunächst zum Wahrnehmungsorgan: Es handelt sich um das Seitenlinienorgan, mit dem der Fisch Druckschwankungen registriert, die andere Fische durch die momentane Wasserverdrängung beim Schwimmen erzeugen. Dadurch weiß der Fisch genau, wie weit er von seinen Nachbarn entfernt ist und mit welcher Geschwindigkeit sie sich fortbewegen. Ohne diese Informationen könnte er sein Verhalten gar nicht so präzise an den andern ausrichten.

Drei simple Regeln zur Selbstorganisation

Aber die Informationen allein genügen nicht. Sie müssen mit einem bestimmten Verhalten verknüpft sein. Und hier kommt die Selbstorganisation ins Spiel. Fischschwärme schwimmen nicht in starr geordneten Formationen, wie man lange Zeit glaubte. Vielmehr ist die Struktur variabel. Sie ähnelt weniger einem Kristallgitter als einem atmenden Organismus. Wie Meeresbiologen herausgefunden haben, ergibt sich diese anpassungsfähige Struktur aus drei einfachen Verhaltensregeln der Fische. Jedes Tier beansprucht einen bestimmten „Freiraum" um sich herum. Es gibt einen gewissen Mindestabstand, der nicht unterschritten werden darf. Im Allgemeinen beträgt er ein Drittel der Körperlänge. Der durchschnittliche Abstand, den die Fische zueinander einnehmen, entspricht hingegen etwa einer Körperlänge. Der Meeresbiologe Partridge hat ihn den „bevorzugten" Abstand genannt, weil die Fische um diesen Wert herum pendeln. Bei Abweichungen gleichen sie den Abstand immer in Richtung des Durchschnittswerts aus. Außerdem passen sich die Fische ständig in Richtung und Geschwindigkeit ihren Nachbarn an. Es genügen also zunächst diese drei simplen Regeln:

- Unterschreite nie den Mindestabstand von einem Drittel Länge.
- Gleiche deinen Abstand immer so aus, dass du im Durchschnitt eine Länge von deinem Nachbarn entfernt bist.

- Orientiere dich in Richtung und Geschwindigkeit an deinen unmittelbaren Nachbarn.

Wenn man es genau nimmt, ergibt sich die dritte Regel aus den beiden ersten. Zur Verdeutlichung haben wir sie dennoch eigens aufgeführt, denn es gibt zwei Zusatzregeln, die Regel Nummer 3 zeitweise außer Kraft setzen.

- Wenn du Nahrung entdeckst, schwimme darauf zu.
- Wenn du Gefahr entdeckst, schwimme davon weg.

Das Besondere an der Schwarmintelligenz der Heringe besteht darin, dass im Prinzip jeder einzelne Fisch die Steuerung des gesamten Schwarms übernehmen kann. Sobald er aus der vorgegebenen Ordnung ausbricht, ist das ein Signal für seine Schwarmgenossen, ihm zu folgen. Dann schießt er durch den Schwarm hindurch und ändert dadurch das Verhalten der gesamten Gruppe. Für dieses Verhalten kann es nur zwei Gründe geben: Nahrung (nichts wie hin!) oder Gefahr (nichts wie weg!). Eine „Explosion" oder den „Springbrunnen" löst also offenbar ein einziges Tier aus.

Wenn „Outlaws" die Kontrolle übernehmen

Das System funktioniert verblüffend einfach und effektiv. In den Fünfziger Jahren, der goldenen Zeit für grausame Experimente (s. S: 159), wollte man der Sache genauer auf den Grund gehen und schaltete bei einem Hering eine Hirnregion aus, mit der die Fische ihr Verhalten auf das ihrer Schwarmgenossen abstimmen. Erschüttert stellten die Wissenschaftler fest, dass der ganze Schwarm diesem hirnverletzten asozialen Außenseiter folgte, der sich als Einziger überhaupt nicht um seine Nachbarn und die Navigationsregeln 1 bis 3 kümmerte. Der populäre Verhaltensforscher Vitus B. Dröscher zog sogar eine Parallele zwischen dem „hirnrissigen Fisch" und „vernunftbeschränkten Führerpersönlichkeiten in Gesellschaften des Homo sapiens". Das ist sicher ungerecht. Immerhin steuert sich der Fischschwarm im Normalfall selbst und unterwirft sich gerade nicht einem „Führer". Fehlgeleitet wurde der Schwarm ja nur dadurch, dass sich einer nicht an die Spielregeln hielt. Fische, die sich derart extrem daneben benehmen, sind vom System nicht vorgesehen.

Damit sind wir bei einem anderen interessanten Vergleich gelandet: Auch jede menschliche Organisation lebt davon, dass ihre Mitglieder bestimmten Regeln folgen. Diese Regeln müssen uns gar nicht bewusst sein; die Heringe kennen ihre Regeln ja auch nicht, sondern wenden sie nur an. Aber wenn jemand diesen Regeln nicht mehr folgt, dann kann das ganze System in Schwierigkeiten geraten. Häufig gibt es deshalb Zusatzregeln, die dafür sorgen, dass solche „Outlaws“ aus dem Verkehr gezogen werden. Und vielleicht gibt es so etwas in der freien Wildbahn sogar bei den Heringen. Denn man hat noch nie davon gehört, dass ein Heringsschwarm außerhalb des Forschungslabors einem hirnverletzten Fisch gefolgt wäre.

Tipps für die Führungspraxis

Schwarmintelligenz im Beruf

Was ist das überhaupt im beruflichen Zusammenhang, ein „Schwarm“? Hier gibt es verschiedene Vorstellungen. Vor allem müssen wir zwei Schwarmkonzepte unterscheiden: Einmal erscheint der Schwarm als spontan sich formierende Arbeitsgruppe mit wechselnden Mitgliedern, die sich ganz nach Bedarf zusammentun, um zeitlich befristet zu kooperieren. Das Vorbild in der Natur sind Vogel- und Fischschwärme.

Etwas anders liegt der Schwerpunkt im Schwarmkonzept von Eric Bonabeau, der sich vor allem an Ameisen- und Bienenstaaten orientiert (s S. 311). Hier ist der Schwarm ein komplexes System von unzähligen Einzelorganismen, die miteinander in Wechselwirkung stehen und von einer zentralen Instanz nicht gesteuert werden können. Nach diesem Verständnis könnte auch ein großes Unternehmen ein Schwarm sein.

Im Zusammenhang mit dem Heringsschwarm können wir sagen, eine Gruppe von gleich gearteten Mitarbeitern, die gemeinsam eine klar umrissene Aufgabe erfüllen sollen, das ist ein „Schwarm“: Es gibt keine Rangunterschiede, kein unterschiedliches Fachwissen, und in Hinblick auf die anstehende Aufgabe sind alle Mitarbeiter gleichartig.

Jeder kann mitmachen, der die Regeln kennt

Der Vorteil des Schwarms liegt gerade darin, dass jeder, der die Regeln kennt, gleich mitschwimmen kann. Und umgekehrt bricht der Schwarm nicht gleich zusammen, wenn zwei, drei Mitglieder für andere Aufgaben abgezogen werden. Unentbehrliche Leitfische gibt es nicht. Ein Schwarm ist ein lockerer Verbund und keine verschworene Gemeinschaft. Seine Mitglieder sind im Prinzip austauschbar. Das klingt negativ, doch das ist es gar nicht, auch für die Mitglieder nicht. Denn bei einem Schwarm wird gerade nicht ein Gemeinschaftsgefühl aufgebaut (und dann möglicherweise enttäuscht). Es ist von vornherein klar, worum es geht. Feste Strukturen wie bei anderen Teams werden möglichst vermieden, besondere Loyalität zum eigenen Schwarm wird nicht verlangt, sie wäre sogar störend. Das alles bedeutet auch eine Entlastung für den einzelnen Schwarm-Mitarbeiter, der sich ganz seiner Aufgabe widmen und im Übrigen sehr wohl in andere Gruppen, Teams oder Abteilungen fest eingebunden sein kann (wo es dann stärker auf seine Loyalität ankommt). Im Schwarm aber haben solche Bindungen nichts zu suchen.

Schwärme eignen sich für standardisierte Aufgaben

Das heißt dann aber auch, dass sich der Schwarm nur für bestimmte Aufgaben eignet. Er ist ganz gewiss keine Allzweckwaffe, sondern kann nur dort seine Vorteile ausspielen, wo die Abläufe so weit standardisiert sind, dass die Mitglieder ohne großen Abstimmungsbedarf zusammenarbeiten können.

- Zum Beispiel ließe sich ein Reinigungsservice als Schwarm gestalten, mit Teams von variabler Größe und Zusammensetzung. Und mit einem Set von Regeln, die es den Teams gestatten, das unterschiedliche Arbeitstempo der Reinigungskräfte auszugleichen.
- Der Mitarbeiterstab eines Freizeitparks könnte ebenfalls ein Schwarm sein, weil er mit einem wechselnden Besucherandrang zurechtkommen muss, zahlreiche Saisonkräfte umfasst und seine unterschiedlichen Aktivitäten aufeinander abstimmen muss.
- Ein Recherche-Team könnte seine Tätigkeit nach dem Muster des Heringsschwarms organisieren und eine Regel vereinbaren wie: „Wenn Sie viel versprechendes Material finden, benachrichtigen Sie den nächsten Mitarbeiter." Dieser Mitarbeiter wird dann ebenfalls auf diese Spur angesetzt. Wird auch er fündig, informiert er seinen nächsten Mitarbeiter. So ist es möglich, innerhalb kurzer Zeit die ganze Gruppe zu einer ergiebigen Quelle zu lenken.

Ein Schwarm ist nur so intelligent wie seine Regeln

Ein Team zusammenstellen, drei, vier einfache Regeln vereinbaren und dann die Sache laufen lassen. Das wäre die Idealvorstellung von einem sich selbst organisierenden Schwarm. In der Praxis laufen die Dinge nicht so einfach, denn die „Intelligenz" des Schwarms steht und fällt mit der Qualität der geltenden Regeln. Und die lassen sich nicht aus dem Ärmel schütteln. Die Heringe haben immerhin einige Millionen Jahre gebraucht, um ihre „Schwarmregeln" auszubilden.

Schwarmregeln können Sie nicht am grünen Tisch planen

Wenn Sie auf die Selbstorganisation eines Schwarms setzen wollen, dann braucht die Sache etwas Zeit, um sich zu entwickeln. Auch wenn zunächst alles ganz einfach scheint. Sie können die Regeln nicht am grünen Tisch planen, Ihren Mitarbeitern mitteilen und sich dann entspannt zurücklehnen. Nebenbei bemerkt wäre das auch das Gegenteil von Selbstorganisation. Ein ganz einfacher Grund spricht gegen dieses Vorgehen: Auch die simpelsten Regeln haben oftmals völlig überraschende Folgen. Das liegt in der Natur der Sache. Sie können einer Regel nicht ansehen, welche Folgen sie für das System hat. Das zeigt sich erst im praktischen Einsatz.

Testen Sie Regeln in einem Probelauf

Sie kommen also nicht drum herum: Sie müssen die Regeln ausprobieren. Legen Sie drei, vier Regeln versuchsweise fest und warten Sie ab, was geschieht. Oder lassen Sie die Gruppenmitglieder die Regeln selbst entwickeln, denen sie folgen wollen, um ihre Aufgabe zu erfüllen. Der entscheidende Punkt ist: Die Sache muss erst einmal ins Rollen kommen. Dann erst lässt sich beurteilen, wie tauglich die Regeln sind.

Kleben Sie nicht an den Regeln, auch wenn die ersten Ergebnisse gar nicht so schlecht sind. Seien Sie bereit, mit ihnen zu experimentieren. Ändern Sie Regeln verbindlich ab. Oder lassen Sie den „Schwarm" die Regeln selbst ändern. In diesem Fall müssen Sie aber dafür Sorge tragen, dass die Gruppe ihre Aufgabe nicht aus den Augen verliert. Sonst kann es geschehen, dass sich Ihre Mitarbeiter vor lauter Selbstorganisation nur noch mit sich beschäftigen. Im Vordergrund muss immer die optimale Erfüllung der Aufgabe stehen.

Wie Schwarmregeln beschaffen sein sollten

Die Mitglieder eines Schwarms können noch so gut sein, wenn ihre Regeln nicht passen, hakt die ganze Sache. Daher lohnt es sich, bei der Aufstellung der Regeln sorgfältig vorzugehen und die folgenden Hinweise zu beherzigen.

- So wenig Regeln wie möglich, so viele wie nötig.
- Jede Regel muss für die, die damit arbeiten, unmissverständlich sein.
- Jede Regeln muss konkret und handlungsleitend sein. Jeder muss wissen, wann er sie anwenden soll und was er zu tun hat.
- Die Regeln sollten zugleich weder zu detailliert noch zu starr sein. Ein gewisser Gestaltungsspielraum für die Ausführenden ist sinnvoll.
- Die Regeln müssen auf alle Situationen passen, in die der Schwarm geraten kann. Die lassen sich aber schlecht voraussehen. Sinnvoll ist daher eine „Notknopf-Regel“, die es erlaubt, aus der Eigendynamik des Schwarms wieder auszusteigen.

Prüfen Sie: Was geschieht, wenn sich jemand nicht an die Regeln hält?

In den folgenden Abschnitten werden noch weitere Aspekte unterschiedlicher Schwarmbildung zur Sprache kommen. Was die Heringsschwärme betrifft, so können wir aus dem grausigen Laborversuch mit dem „gehirnamputierten Fisch“ eine nützliche Lehre ziehen: Achten Sie darauf, dass das gesamte System nicht kollabiert, wenn jemand sich nicht an die Regeln hält.

Dazu brauchen Sie eine Kontrollregel, die den Regelbrecher isoliert oder sogar aus der Gruppe entfernt. Bei den Heringen hätte das etwa die Regel sein können: Wenn ein Mitglied drei Mal hintereinander die Führung übernommen hat, ohne dass Futter gefunden oder einer Gefahr ausgewichen wurde, ignoriere das Mitglied. Dabei sollten Sie allerdings auch daran denken, dass die Einführung solcher Regeln den Aufwand für das System beträchtlich erhöht.

Schwänzeltänze – die Sprache der Bienen

Themen: Informationsmanagement, Kommunikation, Standortanalyse, Präsentation, Entscheidungen, Logistik

Wie die Ameisen und Termiten gehören die Bienen zu den Staaten bildenden Insekten und sind damit ein beliebtes Studienobjekt für die Organisationsbionik. Im Unterschied zu den beiden krabbelnden Kerbtierarten, die viele als Ungeziefer abqualifizieren, vor allem wenn sie in der Speisekammer auftauchen, erfreuen sich die fliegenden Bienen allgemeiner Wertschätzung. Das liegt sicher auch daran, dass sie Spitzenprodukte herstellen wie Honig, Gelée royale und Wachs, die so gut sind, dass die Menschen sie nicht besser machen könnten und die Bienen deshalb als Nutztiere beschäftigen.

Im Innern des Bienenstocks herrscht Sauberkeit

Weniger bekannt ist, dass Bienen auch im Facility Management Erstaunliches leisten. In einem Bienenstock herrscht ein ständiges Kommen und Gehen. Ununterbrochen schwirren von draußen Arbeitsbienen herein mit Pollen und verunreinigten Füßen. Unter normalen Umständen müsste der Bienenstock innen völlig verdreckt sein. Stattdessen herrschen äußerst hygienische Zustände. Der Grund ist ein wahres Wundermittel, das die Bienen herstellen: Propolis, eine antibakterielle Substanz, mit der die Waben stabilisiert werden und die als eine Art Teppich vor dem Einflugsloch ausgebreitet liegt, über den alle Bienen hinwegkrabbeln müssen, ein antibakterieller Fußabtreter sozusagen.

Das Geheimnis der Körpersprache

Am faszinierendsten ist jedoch die Verständigung unter den Bienen. Den Forschern ist es gelungen, ihre Signale relativ präzise zu entschlüsseln, woran bei Tieren, die uns biologisch wesentlich näher stehen, noch lange nicht zu denken ist. Dabei beziehen wir uns auf den so genannten „Schwänzeltanz", mit dem die Arbeitsbienen ihre Kolleginnen auf die genaue Lage von Nahrungsquellen hinweisen. Über die Signale, die die Bienen sonst noch austauschen, wissen wir nicht so gut Bescheid.

Honigbienen kennen ihr Sammelgebiet relativ gut. Sie durchforsten es immer wieder auf ihren Erkundungsflügen, schon weil das Angebot an Pollen saisonal schwankt. Ist eine Biene auf ein ergiebiges Gebiet gestoßen, begibt sie sich nach Hause, und zwar immer auf dem kürzesten Weg. Im Bienenstock befinden sich üblicherweise zahlreiche Kolleginnen, denen sie die genaue Lage der Nahrungsquelle durch ihren Tanz übermittelt.

Bienenfüßchen geben Feedback

Die Kolleginnen nehmen die Information auf. Für jede von ihnen gibt es zwei Reaktionsmöglichkeiten: Entweder brechen sie zu der verheißenen Nahrungsquelle auf, sammeln Pollen, kehren zum Bienenstock zurück und stimmen ihrerseits in den Schwänzeltanz mit ein. Oder sie rühren sich nicht vom Fleck. Dies ist immer dann der Fall, wenn noch genügend Nahrung vorhanden ist oder keine neue mehr eingelagert werden kann. Oder auch – und das ist der interessanteste Fall – wenn die Information unglaubwürdig ist! Doch Bienen lügen eigentlich nicht, schon gar nicht gegenüber ihren Schwestern. Wie also bringt man eine Biene dazu, eine unglaubwürdige Information an ihre Kollegin zu übermitteln?

Man ist auf einen äußerst raffinierten Trick verfallen. Der Bienenforscher Jim Gould beobachtete ein Volk, das schon länger in der Nähe eines Sees wohnte. Er trainierte eine Gruppe von Sammlerinnen darauf, ein mit Nektar gefülltes Boot anzufliegen, das er am Ufer des Sees festgemacht hatte. Gould verhinderte, dass die Bienen zu ihrem Stock zurückkehren konnten, entfernte aber nach und nach das Boot vom Ufer. Als es sich mitten auf dem See befand, ließ er die Sammlerinnen nach Hause fliegen. Dort vollführten sie ihren Tanz. Aber keine der anwesenden Kolleginnen machte sich auf den Weg. Der Grund: Nach ihrer Erfahrung war es ausgeschlossen, dass es mitten auf dem See Nektar gab.

Ein Schwarm auf Wohnungssuche

Ein weiteres Glanzstück in der Unternehmenskommunikation der Bienen hat der Forscher Martin Lindauer dokumentiert. Aus einem bestehenden Bienenvolk geht gewissermaßen als „spin-off" ein neues hervor. Eine neue Königin sammelt ihre Getreuen um sich und verlässt den Bienenstock, um eine neue Unterkunft zu suchen. Das Bienenvolk fängt an zu „schwärmen", wie es heißt. Nun hängt von der Wahl einer geeigneten Behausung sehr viel ab. Es geht um nichts Geringeres als darum, ob das Bienenvolk durch den Winter kommt. Der

Winter ist eine außerordentlich harte Überlebensprobe. Über Monate können keine Pollen und kein Nektar gesammelt werden. Erst bei einer Außentemperatur von 10°C können die Bienen überhaupt ausfliegen. In einer guten Behausung kann ein Bienenvolk mehrere Jahre überleben; in einer weniger geeigneten ist schon nach dem ersten Winter Schluss.

Die Kundschafterinnen auf Standortsuche

In dieser Situation treten die Kundschafterinnen auf den Plan. Dabei handelt es sich um die ältesten, erfahrensten Sammlerinnen, also um jene, die am besten mit der Umgebung vertraut sind. Jede von ihnen begibt sich unabhängig von den anderen auf die Suche. Hat eine Kundschafterin eine viel versprechende Unterkunft entdeckt, sagen wir ein Baumloch, so kehrt sie zu ihrem Schwarm zurück, der als Schwarmtraube irgendwo herumhängt und auf die ersten Vorschläge wartet.

Jede Kundschafterin führt einen Tanz vor, eine Art Präsentation des Standorts, den sie entdeckt hat. Manche dieser Tänze sind ausgesprochen enthusiastisch und ausdauernd, andere werden fast lustlos vorgetragen. Die mangelnde Begeisterungsfähigkeit hat ihren Grund jedoch nicht in den fehlenden „Verkäuferqualitäten" der betreffenden Biene, sondern spiegelt einigermaßen zuverlässig die Qualität der möglichen Behausung wider.

Abstimmungsprozesse unter Bienen

Trifft eine „müde" Tänzerin auf eine enthusiastischere Kollegin, so nimmt sie deren Hinweis gerne auf und begibt sich selbst zu dem betreffenden Standort. Wenn sie von dessen Qualität überzeugt ist, kehrt sie zurück und beginnt nun selbst für den Standort zu werben. Auf diese Weise ermitteln die Kundschafterinnen nach und nach den besten Standort. Diese Prozedur kann mehrere Tage dauern, was im Leben einer Biene eine ungeheure Zeitspanne ist. Das Bemerkenswerte an diesem „ausgetanzten" Abstimmungsprozess ist jedoch, dass sich niemand einmischt, bevor sich die Spezialistinnen geeinigt haben. Erst wenn alle einträchtig für das gleiche Ziel werben, geben sie das Signal zum gemeinschaftlichen Aufbruch.

Dabei folgen alle Kundschafterinnen einem relativ einheitlichen Bewertungsschema, wie der Bienenforscher Thomas Seeley in aufwändigen Experimenten herausgefunden hat. Es gibt klare Qualitätskriterien wie die Höhe des

Fluglochs, das sich mindestens zwei Meter über dem Erdboden befinden sollte, oder den optimalen Rauminhalt der Behausung. Wie in einem Gremium anerkannter Fachleute, die sich nichts mehr beweisen müssen, zählt unter den Kundschafterinnen die Kraft des besseren Arguments. Die Kundschafterin, die den Nistplatz aufgespürt hat, wird auch in keiner Weise dafür belohnt. Letztlich zählt nur das eine: Dass das Bienenvolk über den Winter kommt. Ist der erste Winter überstanden, bestehen gute Chancen, dass auch die kommenden überstanden werden.

Tipps für die Führungspraxis

Halten Sie „den Laden sauber“

Die Bienen machen es vor: In einer Organisation, in der viel produktive Unruhe herrscht, muss auf Ordnung und Sauberkeit, im weitesten Sinn auf Hygiene, größten Wert gelegt werden. Sonst versinkt die Organisation schnell im Chaos. Und zwar nicht im produktiven Chaos der Komplexitätstheorie (s. S. 39), sondern im puren Durcheinander. Denken Sie an den zweiten Hauptsatz der Thermodynamik (s. S.53) und schaffen Sie immer wieder Ordnung.

Lassen Sie Ihre „Sammlerinnen“ nur die Pollen, nicht die Keime ins Unternehmen bringen

Der Propolis-Teppich an der Schwelle zum Bienenstock kann Sie auch dazu anregen, eine ähnliche Schleuse vor Ihrer Organisation anzubringen, natürlich nur im übertragenen Sinn. Die „Keime“ wären dann private Sorgen und Belastungen, die Ihren Mitarbeitern noch „an den Füßen kleben“, wenn sie ihre Arbeit antreten. Reinigend wie ein Propolis-Teppich könnte eine Art Einstimmungsritual wirken, das die Mitarbeiter dazu bringt, ihre privaten Sorgen hinter sich zu lassen und auf ihre Arbeit umzuschalten.

Sorgen Sie dafür, dass wichtige Informationen schnell in die Organisation gelangen

Je schneller und unkomplizierter Nachrichten ins Unternehmen gelangen, umso eher können die anderen mit der Arbeit beginnen (oder eine Entscheidung darüber treffen, ob sie es tun sollen). Dabei ist es wichtig, gute Kriterien für die Relevanz und Glaubwürdigkeit der Information zu entwickeln. Arbeiten Sie mit zuverlässigen und erfahrenen Informanten zusammen (Mitarbeiter, Berater, Marktforscher, etc.). Sorgen Sie dafür, dass Mitarbeiter Informationen von außen (etwa Kundenwünsche und -beschwerden) in ein gut funktionierendes Informationssystem einarbeiten können.

Prüfen Sie Informationen nach, ehe Sie sie weiterverbreiten

Eine Biene stimmt nicht einfach so in den Schwänzeltanz mit ein; sie begibt sich selbst an den bezeichneten Ort. Erst wenn sie wirklich fündig wird, trägt sie die Information an ihre Artgenossinnen weiter. Das geschieht nicht etwa aus Misstrauen, sondern weil die Information bereits veraltet sein kann, wenn die Biene am Sammelort eintrifft.

Achten auch Sie darauf, nur Informationen zu trauen, die eine hohe Qualität haben, verlässlich und aktuell sind und aus erster Hand stammen. Lassen Sie Informationen zur Not nachprüfen. Allerdings ist das in der Regel aufwändig – wie das Verfahren der Bienen. Es lohnt sich nur bei Informationen, die einen ähnlich hohen Stellenwert haben wie die Lage der Sammelplätze für die Bienen.

Wissensmanagement à la Bienenschwarm

Neue Methoden, hilfreiche Kniffs oder auch wichtige Hinweise können sich in einer Organisation auf ähnliche Weise verbreiten. Jemand entdeckt eine neue Lösung oder macht eine Erfahrung, die für die anderen nützlich sein könnte. Er macht sie seinen Kollegen zugänglich, z.B. im Firmenintranet. Die andern können die Information aufgreifen oder es bleiben lassen, weil sie wie bei den Bienen irrelevant oder nicht glaubwürdig ist. Ansonsten können sie die Methode übernehmen bzw. die Information nachprüfen. Ihre Erfahrungen veröffentlichen sie dann wiederum im Intranet. Auf diese Weise kann man besonders relevante und bewährte Hinweise schnell identifizieren. Sie werden sich rasch im „Schwarm" ausbreiten.

Je weit reichender die Entscheidung, desto aufwändiger das Verfahren

Ein verbreiteter Managementfehler, der sehr viel Geld kostet und schon etliche Unternehmen in die Pleite geführt hat: Eine Entscheidung, von der sehr viel abhängt, wird überstürzt getroffen, ohne kompetente Fachleute zu konsultieren und ohne Abstimmung mit den Beteiligten. Dabei verbessert sich die Entscheidung nicht zwangsläufig mit der Erhöhung des Aufwands. In manchen Organisationen beraten hochkarätig besetzte Expertengremien jahrelang, ohne zu einer guten Entscheidung zu gelangen. Die Entscheidungskriterien sind nicht klar, die Zuständigkeiten ebenso wenig, und am Ende trifft dann jemand aus dem oberen Management letztlich die Entscheidung. Machen Sie es wie die Bienen, wenn sie eine Unterkunft suchen: Der Entscheidungsprozess sollte umso klarer strukturiert und durchdachter sein, je wichtiger die Entscheidung ist.

Lassen Sie Experten und kompetente Mitarbeiter eine Entscheidung vorbereiten

Wie beim Bienenschwarm auf Wohnungssuche verbessert sich eine Entscheidung häufig dadurch, dass sie von kompetenten Leuten vorbereitet wird. Im Unterschied zum Bienenschwarm können Organisationen allerdings sehr leicht in die „Expertenfalle" tappen. Sie verlassen sich bei ihren Entscheidungen auf den Sachverstand von Fachleuten, die bei ihren Empfehlungen allerdings immer auch ein Eigeninteresse verfolgen. Das sollten Sie immer im Auge behalten. Doch zugleich ist es riskant, den Rat der Fachleute vollkommen zu ignorieren. Gerade in einer wichtigen Frage können Sie nicht einfach darüber hinwegsehen.

Am vernünftigsten ist daher wohl ein ganz pragmatischer Zugang: Nutzen Sie die Kompetenz Ihrer Mitarbeiter, sorgen Sie dafür, dass kontroverse Meinungen gehört werden und lassen Sie sich im Übrigen alles genau erklären, bevor Sie eine Entscheidung treffen, die weit reichende Folgen hat, die Sie verantworten müssen.

Die Spur der Düfte – wie Ameisen ihre Straßen anlegen

Themen: Strategie, Selbstorganisation, Logistik, Best Practices, Wissensmanagement, Lean-Management

Es handelt sich geradezu um das Paradebeispiel für Schwarmintelligenz: Ameisen wimmeln scheinbar ungeordnet umher – und doch gelingt es ihnen, den kürzesten Weg zu einer Nahrungsquelle zu finden und in atemberaubender Geschwindigkeit eine Ameisenstraße dorthin anzulegen. Die Wissenschaftler haben versucht, diese verblüffende Fähigkeit zu erklären, und sind dabei auf einen relativ einfachen Mechanismus gestoßen.

Auf der Futtersuche sondert jede Ameise körpereigene Duftstoffe ab, während sie vor sich hinkrabbelt, die Pheromone. Stößt sie nun auf eine Nahrungsquelle, ergreift sie so viel, wie sie tragen kann, und krabbelt wieder zurück zu ihrem Nest. Dabei folgt sie ihrer eigenen Duftspur und hinterlässt nochmals ihre Pheromone. Gelangt sie zum Nest, so hat sich ihre Duftspur verdoppelt. Die Spur von Ameisen hingegen, die nur in eine Richtung unterwegs sind, wird immer schwächer, je länger sie unterwegs sind, da sich die Duftmarken verflüchtigen.

Nun orientieren sich die übrigen Ameisen an den Duftspuren. Wo es intensiv nach dem Pheromon für Futtersuche riecht, dort krabbeln sie hin – und hinterlassen ihrerseits eine Duftspur, die weitere Ameisen anlockt. Auf diese Art und Weise gelangen immer mehr Krabbler auf die Erfolgsspur. Denjenigen, die unnötig lange unterwegs sind, folgt niemand mehr.

Das Vorgehen lässt sich in drei Phasen zusammenfassen:

- Phase 1: Erkundung aller Möglichkeiten. Ausschwärmen in alle Richtungen
- Phase 2: Rückmeldung im Erfolgsfall. Zurückführen auf den Ausgangspunkt
- Phase 3: Verstärkung kurzer, erfolgreicher Pfade, Abschwächung langer Pfade

Ganz im Sinne der Schwarmintelligenz ergibt sich die beste Lösung aus dem Handeln der gesamten Kolonie. Eine einzelne Ameise wäre zu diesem „intelligenten“ Verhalten nicht in der Lage.

Das Brückenexperiment und die Computerameisen

Wie Eric Bonabeau berichtet, hat man die Sache experimentell überprüft. Dazu trennten die Forscher eine Nahrungsquelle durch zwei Brücken unterschiedlicher Länge vom Nest. Zunächst krabbelten ungefähr gleich viele Ameisen auf beiden Brücken herum, doch mit zunehmender Dauer verstärkte sich der Verkehrsstrom auf der kürzeren Brücke, während auf der längeren immer weniger Tiere unterwegs waren. Kein Zweifel, durch Signalverstärkung hatten die Ameisen den kürzeren Pfad immer attraktiver gemacht.

Dieses einfache und doch effektive Prinzip der Navigation hat einige Computerexperten angeregt, die Nahrungssuche der Ameisen in mathematische Modelle zu übersetzen, sie also im Computer zu simulieren. Ihr Ziel: Das Verhalten der Ameisen zu erklären, nachzubilden und für andere, auch kommerzielle Zwecke nutzbar zu machen. Die Logik dahinter: Wenn sich die Computerameisen genauso verhalten wie die eine reale Kolonie, dann liegt der Verdacht nahe, dass man ihre Funktionsweise „geknackt" hat und sie tatsächlich nachbauen kann.

Nun gibt es in der Tat schon kommerzielle Anwendungen, bei denen die Ameisenalgorithmen Pate gestanden haben. Die amerikanische Fluglinie Southwest Airlines etwa hat ihren Frachtverkehr nach dem Vorbild der Futter suchenden Ameisen optimiert. Doch bei aller Euphorie muss man sagen, dass sich die Computerameisen nur „im Prinzip" so verhalten wie die realen Insekten. Es sind nämlich eine ganze Reihe von Schwierigkeiten zu überwinden: Nehmen wir beispielsweise die Wahl des richtigen „Verdunstungsgrads" der Duftspur: Wie schnell die Ameisenkolonie eine Nahrungsquelle erschließt, das ist auch abhängig davon, wie schnell oder langsam die alten Spuren verschwinden. In einer Umgebung, die sich relativ schnell ändert, ist es vorteilhaft, einen hohen Verdunstungsgrad zu haben, weil man dann weniger leicht auf veralteten Erfolgsspuren herumwandert. Auf der anderen Seite birgt eine zu schnelle Verdunstung die Gefahr, dass komplexere, längere Wege nicht gefunden werden. Zuletzt gibt es noch das Problem mit den Sackgassen: Gerät eine Ameise in eine Sackgasse, krabbelt sie wieder zurück und lockt auf diese Weise allmählich die gesamte Kolonie hinein. Dieses Problem lässt sich etwa dadurch beheben, dass ein bestimmter Duftstoff erst ausgesondert wird, wenn die Ameise Futter gefunden hat, damit die anderen gar nicht erst einer Spur folgen, die ins Nichts führt.

Das Navigationssystem der Wüstenameisen

So einfach und zwingend die Logik der Nahrungssuche auch zu sein scheint, wenn die Wüstenameise diesem Muster folgen würde, wäre sie innerhalb weniger Stunden tot. Diese Art kann nämlich höchstens zweieinhalb Stunden in der Sonnenglut überleben. Da wäre es höchst riskant, einfach so drauflos zu krabbeln, auf dass sich allmählich der beste Pfad herausbildet. Wie der Biologe Rüdiger Wehner beobachtet hat, krabbelt die Wüstenameise aus ihrem pfenniggroßen Loch, schlägt zur Futtersuche einen chaotisch anmutenden Zickzack-Kurs ein, legt mehrere hundert Meter zurück und wenn sie auf etwas Essbares gestoßen ist, dann folgt sie nicht etwa ihrer Pheromonspur (die in der Wüstensonne ohnehin längst verdunstet ist). Vielmehr läuft sie auf schnurgeradem Weg nach Hause.

Wie macht sie denn das? In der Landschaft gibt es nicht die kleinste Wegmarke, sondern nur Sand. Wie die Forscher herausgefunden haben, orientiert sich die Wüstenameise ausschließlich am Stand der Sonne. Wenn sie ihren Bau verlässt, erfasst sie anhand des Sonnenstands ihre Position. Jede Bewegung, die sie vollführt, wird sozusagen aufgezeichnet und in eine Art kognitive Landkarte eingetragen. Auf diese Weise kann sie den kürzesten Weg zum Nest ausrechnen und geradezu blind die betreffende Richtung einschlagen. Für die Umwelt der Wüstenameise ist dieses Navigationssystem nahezu perfekt. Ansonsten hat es schon seine Nachteile: Nehmen Sie eine Ameise kurz hoch und setzen Sie sie einige Meter weiter wieder ab, so findet sie sich nicht mehr zurecht. Die Wüstenameise braucht, wie der Neurowissenschaftler Marc D. Hauser schreibt, „die direkte Auseinandersetzung mit ihrer Route, um die relevanten Informationen über Ortswechsel, Geschwindigkeit, Entfernung und Zeit aufzunehmen“.

Tipps für die Führungspraxis

Was einen effizienten „Schwarm“ auszeichnet

Die Ameisenkolonie, die den kürzesten Weg findet, indem ihre Mitglieder nach „Lösungen stöbern“ und „Spuren hinterlassen“, illustriert vielleicht am besten, was Eric Bonabeau unter der „Schwarmintelligenz“ versteht. Im Kern zeichnet sich sein Schwarm durch drei Eigenschaften aus:

- Flexibilität: Der Schwarm kann sich einem veränderlichen Umfeld schnell anpassen. Die Ameisenkolonie findet den kürzesten Weg zur Nahrungsquelle auch dann noch, wenn diese verschoben wird.
- Robustheit: Selbst wenn einige Mitglieder ausfallen, kann der Schwarm seine Aufgabe fortsetzen. Die Ameisenkolonie bleibt intakt, auch wenn Sie eine Anzahl von Arbeiterinnen entfernen.
- Selbstorganisation: Der Schwarm erhält während seiner Arbeit keine Anweisungen. Es gibt niemanden, der die Ameisen laufend instruiert oder sie überwacht. Die Lösung ergibt sich von selbst.

Diese drei Kernelemente haben mehr den Charakter von Orientierungsmarken, denn ein solcher Schwarm lässt sich nicht ohne weiteres in die Welt setzen. Und schon gar nicht kann man ihn am grünen Tisch konzipieren und dann seine Mitarbeiter damit beauftragen, die Sache mal „umzusetzen“.

Schwärme sind in der Natur das Ergebnis eines langen Evolutionsprozesses, entstanden durch Anpassungen an eine ganz spezifische Umwelt und an ganz spezifische Aufgaben. Insoweit kann auch ein „menschlicher Schwarm“ gar nicht anders entstehen als in einem Prozess von Anpassung und Auslese. Auf das Unternehmen übertragen bedeutet das ganz einfach, Sie müssen verschiedene Formen ausprobieren und bis zu einem gewissen Grade die Leute einfach „machen lassen“.

Wie „robust“ ist Ihre Organisation?

Flexibilität und Selbstorganisation sind für viele Führungskräfte relativ vertraute Leitvorstellungen. Weniger prominent ist hingegen die Idee der „Robustheit“. Zu Unrecht, denn sie ist für jede Form von Schwarmintelligenz zwingende Voraussetzung.

Wie ist Robustheit zu verstehen? Die Schwärme in der Natur sind deshalb so flexibel und wenig störungsanfällig, weil viele Positionen doppelt und dreifach besetzt sind, weil Aufgaben ohne Probleme verschoben werden können und weil es einfach immer freie Kapazitäten gibt. Das organisatorische Wunderwerk der Nahrungssuche der Bienen ist nur möglich, weil sich immer etliche unbeschäftigte Bienen im Stock aufhalten.

Doch in vielen Organisationen findet eine Entwicklung in die entgegengesetzte Richtung statt: Die Personaldecke wird immer dünner, und wer noch zur Stammbelegschaft zählt, der ist derart unverzichtbar, dass die Organisation sofort ins Schlingern gerät, wenn einer kurzzeitig ausfällt. Dafür mag es zwingende ökonomische Gründe geben, nur mit „Robustheit" hat das gewiss nichts zu tun.

Bevor Sie einwenden, dass „Robustheit" für ein Unternehmen einfach unökonomisch sei, sollten Sie daran denken: Für das Bienenvolk ist es die ökonomischste Lösung. Wäre es anders, so hätte sich die „verschlankte" Version des Bienenvolks unweigerlich durchgesetzt. Doch bei den Bienen gibt es kein Lean-Management.

Sorgen Sie dafür, dass erfolgreiche Lösungen Spuren hinterlassen

Eine Organisation wird erfolgreicher agieren, wenn ihre Mitarbeiter bei dem, was sie leisten, für alle anderen „Spuren" hinterlassen. Sogar Lösungen, die auf den ersten Blick nicht optimal erscheinen, können hilfreich sein. Und zwar aus zwei Gründen: Entweder stellt sich heraus, dass es für das gleiche Problem eine bessere Lösung, eine Abkürzung gibt. Oder aber die Aufgabe wird von der Organisation einfach unterschätzt und es ist wesentlich mühsamer zu einem Ergebnis zu kommen. Auch das sollten die Mitarbeiter wissen.

Lassen Sie alte Spuren „verdampfen"

Wenn Sie Ihre Best Practices dokumentieren, dann können Sie sich noch in anderer Weise von den Duftspuren der Ameisen anregen lassen. Sie entdecken den kürzesten Weg zur Nahrungsquelle nämlich nur, wenn veraltete Duftmarken verdampfen. Gerade in einem Umfeld, das sich stark wandelt, sollten Sie nicht unbegrenzt veraltete Informationen mitschleppen. Sie können das Problem lösen, indem Sie entweder alle dokumentierten Praktiken nach einer vorher festgelegten Zeit löschen. Versehen Sie außerdem alle „Spuren" mit einem Datum, um zu erkennen, welche Lösung die aktuellste ist.

Ihre Mitarbeiter müssen zu Beginn in alle Richtungen ausschwärmen

Wie die Ameisen anfangs in alle Richtungen ausschwärmen, sollten auch Ihre Mitarbeiter zu Beginn einen möglichst großen Raum erfassen und „nach Lösungen durchstöbern", wie Eric Bonabeau schreibt. Erst während der Suche werden die Mitarbeiter allmählich auf eine viel versprechende Lösung hingelenkt. Aber: Achten Sie darauf, dass dies nicht zu rasch geschieht. Vielleicht ist ein Mitarbeiter ja einer noch viel besseren Lösung auf der Spur.

Nichts ersetzt die eigene Erfahrung

Das Navigationssystem der Wüstenameise ist völlig anders aufgebaut. Sie braucht keinen Schwarm, um den richtigen Weg zu finden; sie erwirbt das Wissen über ihre Umgebung, indem sie sich nach der Sonne richtet und im Übrigen jede ihrer Bewegungen berücksichtigt.

Ein ähnliches Modell finden wir auch bei der Bearbeitung komplexer Probleme durch hoch qualifizierte Mitarbeiter. Häufig müssen sie sich ebenfalls in einer konturlosen Umgebung zurechtfinden, die wenig Anhaltspunkte dafür bietet, wo die Lösung zu finden ist. Das Problem strukturiert sich erst durch die Bearbeitung. Der Mitarbeiter sammelt mehr und mehr Erfahrung, erwirbt Wissen über seinen Gegenstand, das er nicht so ohne weiteres an andere weitergeben kann. Denn dieses Wissen hat er durch seine „Bewegungen" erworben, die nur er in einem vorgegebenen Rahmen richtig zu deuten versteht. Wollte er es anderen mitteilen, wäre es so ähnlich, wie wenn man eine Wüstenameise der Nahrungsquelle ein paar Schritte entgegen trägt. Sie kann mit der Information nichts anfangen und findet sich nicht mehr zurecht. Bei individuellen Aufgaben muss daher jeder seinen individuellen Weg zur Lösung finden.

Der zellige Schleimpilz – wie Amöben zusammenarbeiten

Themen: Organisation, Unternehmenskultur, Hierarchien, Flexibilität

Ihre Bewegungen sind so wundersam fließend, dass die Amöbe seit mehr als hundert Jahren die Wissenschaftler fasziniert – und seit neuestem auch das Management. Es gibt Unternehmen, die sich in ihrer Firmenphilosophie ganz bewusst auf den formlosen Einzeller berufen. Und ohne Zweifel ist die Amöbe die Idealbesetzung, wenn es darum geht, Einfachheit bei gleichzeitiger Komplexität, Wandlungsfähigkeit und Abwesenheit von Hierarchien sinnfällig zu verkörpern.

Bei allen Amöben gibt es kein oben und kein unten, es gibt keine Augen, keine Ohren, ja nicht einmal einen Mund. Ihre Gestalt ist extrem variabel. Die meisten Amöben bewegen sich fort, indem sie an einer Stelle ein Scheinfüßchen ausbilden, sagen wir: einen „Schritt" machen, das Scheinfüßchen wieder einziehen und „vorne" ein neues Scheinfüßchen ausfahren. Bei anderen Amöben dreht sich die Außenhaut um die Zelle, nach dem Prinzip, wie sich die Kette eines Bulldozers bewegt. Wenn sich die Amöbe vorwärts bewegt, dann bleiben einzelne Partikel an ihrer Zelloberfläche hängen. Manche davon sind für die Amöbe essbar. Die umschließt sie und verleibt sie sich auf diese Weise ein. Ungenießbare Teilchen werden wieder nach außen abgegeben. Auf diese verblüffend einfache Art und Weise kommt eine einzelne Amöbe durchs Leben.

Nahrungsmangel? Amöben bauen einen Superorganismus

Nun gibt es aber immer wieder Phasen, in denen die Nahrung für die Amöbe knapp wird. Und dann geschieht etwas Verblüffendes. Sie sendet chemische Signale aus, die von ihren Nachbaramöben aufgenommen werden. Die Amöben fangen an, sich zu einem einzigen Organismus zusammenzuballen. Dazu wandern sie in die Richtung, aus der sie das Signal empfangen haben, und geben ihrerseits Signale ab. Durch diese zeitgleiche Bewegung von Tausenden von Einzellern entstehen konzentrische Ringe, die auf einen Mittelpunkt zukriechen, „Wellen aus Amöben", wie der kanadische Biologe Brian Goodwin schreibt. Es gibt viele solcher Zentren, mit einer „Gründerzelle" im Kern, von der aus die gesamten Aktivitäten über chemische Signale gesteuert werden.

Doch die Vereinigung ist erst der Anfang einer Entwicklung, die immer komplexere Formen hervorbringt. Zunächst entsteht ein sternförmiges Gebilde, aus dem nach und nach ein Stängel herauswächst, der umkippt und eine Art Schneckenkörper bildet. Diese winzige Amöbenschnecke fängt an zu wandern und hinterlässt eine Schleimspur wie eine richtige Schnecke. Dann entwickelt sich das Gebilde zu einem Pilz weiter. Die Amöben – als seine Zellen – verändern sich entsprechend ihrer Position im Verband: Die Tiere am vorderen Ende entwickeln sich zum Stängel, die dahinter liegenden bilden nach und nach den „Fruchtkörper" des Amöbenpilzes, seinen „Hut" sozusagen. Dieser

Superorganismus kann einige Zeit ohne Wasser und Nahrung überleben. Wenn die Bedingungen wieder günstiger werden, setzt der Fruchtkörper Sporen frei; aus jeder Spore erwächst eine Amöbe, die wieder Nahrung zu sich nimmt – der Lebenszyklus kann von neuem beginnen.

Die Intelligenz sitzt in den Beziehungen

Die Biologen haben diesen eindrucksvollen Prozess der Selbstorganisation eingehend untersucht und vor allem die chemischen Signale unter die Lupe genommen. Die Zusammenhänge sind derart komplex, dass sie hier nicht näher ausgeführt werden können. Entscheidend ist auch etwas anderes. Es ist nicht die einzelne Amöbe, die für die Komplexität sorgt. Es ist der übergeordnete Prozess, der durch den Austausch der Signale in Gang gesetzt wird. In den Beziehungen steckt sozusagen die ganze Intelligenz, während die Amöben selbst ganz schlichte Wesen bleiben. Woher diese Muster kommen und wie man sie beeinflussen kann, darüber kann eifrig spekuliert werden.

Tipps für die Führungspraxis

Die Amöben haben bereits Unternehmen wie die amerikanische Firma Gore angeregt, die durch die Wasser abweisenden Textilien GoreTex bekannt geworden ist. Aber die Metapher vom „zelligen Schleimpilz" hat auch andere inspiriert, sich über neue Formen der Organisation Gedanken zu machen. Im Folgenden sollen einige dieser Ideen vorgestellt werden.

In der Amöbenorganisation gibt es keine Hierarchien

„No ranks, no titles" heißt der oberste Grundsatz bei Gore. In der „Amöbenorganisation" haben sich gleichberechtigte (und gleichartige) „Organismen" zusammengeschlossen. Es gibt keine gesonderte Weisungsbefugnis, es gibt keine klar definierten Stellen und Zuständigkeitsbereiche. Jeder in der Organisation ist für sich selbst verantwortlich und kann im Prinzip jede Aufgabe übernehmen.

Die Mitarbeiter organisieren sich spontan durch Kommunikation

Wie bei den Amöben einzelne Tiere unvermittelt zu „Kernen" gemeinsamer Aktivität werden, so schließen sich auch in einer Amöbenorganisation Mitarbeiter spontan zu Teams zusammen. Jemand sendet Signale aus, dass er für eine Aufgabe oder ein Projekt diese und jene Unterstützung braucht. Die anderen Mitarbeiter werden daraufhin aktiv und schließen sich ihm an – oder lassen es bleiben.

Amöbenorganisationen bleiben überschaubar

Ihr Organisationsprinzip setzt der Amöbenorganisation eine natürliche Obergrenze, was die Anzahl ihrer Mitarbeiter anbelangt. Sonst verlieren die „Amöben“ die Übersicht und die Kolonie zerfällt. Die Firma Gore hat festgesetzt, dass in keinem ihrer Werke mehr als 200 Leute arbeiten dürfen. Wenn es mehr werden, wird ein neues Werk gegründet – ähnlich wie aus einer Amöbenkolonie durch Abspaltung oder „Sporenbildung“ eine neue entstehen kann.

Amöbenorganisationen ändern permanent ihre Gestalt

Die Amöbe hat keine feste Form und auch die Amöbenkolonie verändert ständig ihre Struktur, von Stern über die Schnecke zum Schleimpilz. So verhält es sich auch mit der Amöbenorganisation. Es gibt keine festen Strukturen, alles ist fließend, passt sich den jeweiligen Erfordernissen an.

Betriebsamöben arbeiten selbstständig

Im Prinzip können sich einzelne Mitarbeiter oder Teams aus der Organisation zeitweilig herauslösen. Sie können mit anderen „Betriebsamöben“ projektbezogen kooperieren, können sich zeitweilig in alle Richtungen verstreuen und später wieder zusammenfinden. Die Organisationsstruktur ergibt sich aus der jeweiligen Situation. Dabei spielt die Art der Aufgabe eine Rolle, aber auch die Verfügbarkeit der „Betriebsamöben“.

Betriebsamöben sind hochgradig flexibel und vielseitig

In einer Amöbenorganisation ist es nicht nur so, dass jeder Mitarbeiter im Prinzip jede Aufgabe erledigen „darf“. Vielmehr sollte er das auch „wollen“ und „können“. Denn das macht ja die Stärke einer Amöbenorganisation aus. Jeder kann im Prinzip alles – wenn es auch

Unterschiede in den Begabungen gibt. Jemand, der sich stark spezialisiert hat, ist in einer Amöbenorganisation hingegen nicht so gut aufgehoben. Vielseitigkeit ist gefragt und die Bereitschaft, immer wieder etwas Neues auszuprobieren.

Amöbenorganisationen haben eine starke Firmenkultur

Auf den ersten Blick scheint es ein Widerspruch zu sein: Gerade die lockere, extrem flexible, ja „gestaltlose" Organisation fordert von ihren Mitarbeitern eine bestimmte innere Einstellung, ein „Bekenntnis" zu bestimmten Werten wie Flexibilität, Selbstständigkeit, Eigenverantwortung. Auf der einen Seite sind Mitarbeiter, die sich diesen Werten verbunden fühlen, besonders stark motiviert, sich für das Unternehmen zu engagieren. Auf der anderen Seite ist dieses besondere Engagement auch erforderlich, damit die Organisation überhaupt funktioniert. Viele konventionell orientierte Mitarbeiter werden sich in einer solchen Organisation nicht wohl fühlen.

In schwierigen Situationen schließen sich „Amöben" enger zusammen

In mageren Zeiten, wenn sich die Auftragslage verschlechtert und die Gewinnmargen schrumpfen, sollten die einzelnen Betriebsteile, aber auch kleinere Unternehmen enger miteinander kooperieren, um gemeinsam die Krise durchzustehen. Wie bei den Amöben soll die Kooperation aus gleichberechtigten Partnern bestehen, die sich jederzeit wieder voneinander lösen können – nämlich dann, wenn die schwierige Situation vorüber ist.

Die wundersame Welt der Parasiten

Themen: Organisation, Strategie, Führung, Industriespionage, Zielmanagement, Karriere

Parasiten gelten als Auswuchs, als eine Art Betriebsstörung im sonst so geordneten Ablauf der Natur. Doch das ist eine kolossale Fehleinschätzung. Parasiten sind allgegenwärtig. Es gibt kaum ein „frei lebendes" Wesen, das nicht von Parasiten befallen ist. Und auch Parasiten selbst haben oft noch Parasiten. Wie viele Arten es von ihnen gibt, das weiß man bis heute nicht. Nur eines lässt sich mit Gewissheit sagen: Die Parasiten stellen die Mehrheit der Arten auf der Erde. Nach einer Schätzung beträgt das Verhältnis zwischen ihnen und ihren Wirten, den frei lebenden Arten, vier zu eins.

Parasitismus – eine beispiellose Erfolgsgeschichte

Ob es uns gefällt oder nicht, Parasit zu sein stellt in der Natur nicht den Ausnahmefall dar, sondern eher schon die Regel. Kein Wunder, denn in der streng ökonomisch wirtschaftenden Natur gehören Parasiten zu den großen Gewinnern. Sie nehmen erheblich mehr Einfluss auf die Entwicklung der äußeren Natur, als man lange Zeit gedacht hatte. Und wenn wir einmal unvoreingenommen die parasitische Lebensform betrachten, dann müssen wir einräumen, dass sie gegenüber dem selbständigen Leben in der freien Natur wesentliche Vorteile bietet.

- Nutzung fremder Ressourcen. Ein Hauptargument für die parasitische Lebensform: Ein Parasit hat freien Zugang zu wertvollen Ressourcen, die er als frei lebendes Wesen mühsam selbst aufbauen müsste. Das spart Zeit und schont die eigenen Ressourcen.
- Geringes Startkapital. Als Parasit können Sie mit ganz geringen Mitteln anfangen – auf dem Niveau der Einzeller oder der Plattwürmer –, und sind in der Lage, einen Effekt zu erzielen, der um ein Vielfaches den Einsatz Ihrer Mittel übersteigt. Häufig benötigen Sie nicht einmal einen eigenen Fortbewegungsapparat. Und die meisten Sinnesorgane können Sie sich ebenfalls sparen.
- Relativ geschütztes Umfeld. Während frei lebende Arten von zahllosen Gefahren bedroht werden, leben Parasiten in vergleichsweise sicheren und überschaubaren Verhältnissen. Sie haben nur einen Feind: das Immunsystem ihres Wirts. Und das zu überlisten, gehört zu den Grundfertigkeiten eines Parasiten. Ein Parasit, der hier versagt, gleicht einem Vogel, der nicht fliegen kann.
- Hohe Autonomie. Natürlich müssen sich Parasiten an ihren Wirtsorganismus anpassen. Doch kann nie der geringste Zweifel darüber bestehen, wer hier das Sagen hat. Parasiten können mit ihrem Wirt fast beliebig verfahren, während umgekehrt der Wirt so gut wie keinen Einfluss auf sie hat.

> Manchmal verlassen sie ihren Wirt, oder wenn es ihren Interessen dient, dann bringen sie ihn einfach um.

Die Kehrseite der Erfolgsgeschichte ist natürlich bekannt: Parasiten leben ausschließlich auf Kosten ihrer Wirte. Sie schöpfen zwar deren Gewinne ab, doch sind sie selbst nicht im geringsten produktiv. Sie sind nur dazu gemacht, von den Leistungen und Ressourcen der anderen zu profitieren. Damit sie das aber überhaupt tun können, müssen erst einmal die Wirtsorganismen leben und gedeihen. Sie müssen so stark werden, dass sie die Parasiten ernähren können und wenigstens zeitweise selbst noch am Leben bleiben. Das begrenzt den Erfolg der Parasiten. Denn erstens können nicht alle Organismen das Leben eines Parasiten führen. Und zweitens dürfen die Parasiten ihren Zugriff auf die Ressourcen ihres Wirts niemals so sehr ausdehnen, dass der allzu sehr geschwächt wird oder ihnen vorzeitig wegstirbt. Obwohl das hin und wieder auch billigend in Kauf genommen wird.

Die schrecklichen Schlupfwespen

Vor rund 150 Jahren sorgten die unscheinbaren Schlupfwespen für einen ungeheuren Skandal. Sie rüttelten an den Grundfesten der damaligen Naturvorstellung und ließen Naturforscher und Theologen erbitterte Debatten darüber führen, ob es in der Schöpfung überhaupt mit rechten Dingen zugehen kann, wenn solche Monstrositäten möglich sind. Konkret ging es um die unkonventionelle Art der Brutpflege, welche die Schlupfwespen betreiben. Die Weibchen stechen ihre Legeröhre in die Larven anderer Insekten und befördern auf diese Weise ihre Eier in den fremden Organismus, etwa in eine Raupe, eine Käferlarve oder die Larve einer Blattlaus. Zuerst ernähren sich die winzigen Schlupfwespenlarven vom Fett und Blut der Wirte, was denen nicht sehr viel ausmacht. Sie müssen nur mehr Nahrung zu sich nehmen als ihre nicht angestochenen Artgenossen. Doch nach und nach werden die Tiere von innen aufgefressen. Ganz zuletzt brechen die fertigen Wespen durch die Haut ihrer Opfer, die von Anfang an nicht die Spur einer Chance hatten.

Die Strategie der Schlupfwespen ist riskant. Sie kann nur deshalb funktionieren, weil potenzielle Opfer in Hülle und Fülle zu Verfügung stehen. Ökologisch kann ihr Wirken übrigens durchaus segensreich sein. Denn die Wespen greifen regulierend ein und sorgen mit ihrer Eiablage dafür, dass eine bestimmte Population nicht überhand nimmt. Und auch die Schlupfwespen können das Opfer von anderen Schlupfwespen werden.

Der Parasit manipuliert das Immunsystem

Parasiten sind Virtuosen, die souverän auf der Klaviatur des gegnerischen Immunsystems spielen. Blutegel etwa benutzen eine Art Tarnmantel, der zum Teil aus den Blutkörperchen ihres Wirts zusammengesetzt ist. Wie der Autor Carl Zimmer schreibt, fühlen sich die Egel deshalb „in unseren Venen so zu Hause wie die Venen selbst".

Andere Parasiten wechseln ständig ihre Hülle. Oder sie starten einen Großangriff, der vom Immunsystem niedergekämpft wird. Doch dieser Kampf ist nur eine Art Ablenkungsmanöver, um einen Organismus in den Körper zu schmuggeln, der dann nicht angegriffen wird, weil er nämlich etwas anders aussieht als die gerade niedergerungenen Eindringlinge. Das führt dann dazu, dass der Parasit erst richtig Fuß fassen kann, wenn wir den Eindruck haben, der Angriff sei überstanden.

Der Parasit Toxoplasma, mit dem etwa ein Drittel der Erdbevölkerung infiziert ist, wechselt zwischen Katzen und anderen Organismen hin und her. Weil er möchte, dass sein Zwischenwirt am Leben bleibt, benutzt er das Immunsystem des Wirts, um sich selbst im Zaum zu halten. Er setzt ein Molekül frei, ein Signal für das Immunsystem, mehr Fresszellen herzustellen. Die vertilgen neben zahlreichen Krankheitserregern auch sämtliche Toxoplasmen, die in den Blutbahnen unterwegs sind. Doch bleiben jene Parasiten verschont, die sich verkapselt haben und darauf warten, irgendwann wieder in eine Katze zu gelangen. Eine Aussicht, die nicht sehr realistisch ist, wenn die Toxoplasmen einen Menschen befallen haben.

Besonders abgefeimt agiert ein Parasit mit dem Namen Leishmania, der entsetzliche Krankheiten verursachen kann. Dieser Parasit dringt über den Biss einer Sandmücke in den Körper ein. Dann verhält er sich in den Worten von Carl Zimmer „wie eine feindliche Spionin, die bei der Polizei anklopft und bittet, festgenommen zu werden". Er lässt sich von den Fresszellen verschlingen, wird aber nicht von ihnen unschädlich gemacht, sondern nutzt wiederum die Fresszellen für seine Zwecke.

Die feindliche Übernahme des Gehirns

Aber es ist nicht nur das Immunsystem, an dem die Parasiten herummanipulieren. Im Prinzip können sie jedes Organ beeinflussen – einschließlich des Gehirns. Ein parasitischer Wurm lässt eine Maus hyperaktiv werden, damit sie die Aufmerksamkeit eines Raubvogels erregt, der sie fressen soll. So gelangt der Wurm in den Vogel, wo er sein Parasitenleben planmäßig fortsetzen kann. Auf noch beeindruckendere Art und Weise übernehmen einige Parasitenlarven die Kommandozentrale einer kleinen Schnecke. Anstatt sich wie gewöhnlich im Schutz von Blättern verborgen zu halten, kriecht die „gekaperte" Schnecke plötzlich an die Spitze eines Grashalms. Hier präsentiert sie ihre Fühler, die von den Parasiten zu leuchtenden Attrappen einer Raupe umgebaut worden sind. Die Parasiten sitzen in den Fühlern und warten darauf, dass ein Vogel sich an der vermeintlichen Raupe vergreift. Über diese Leistung urteilte der Neurologe Robert Sapolsky, sie wäre ähnlich beeindruckend, wie wenn uns jemand das unstillbare Bedürfnis einpflanzen könnte, in den nächsten Zoo zu gehen, die Absperrung zum Eisbärengehege zu übersteigen und den nächstbesten Eisbären zu küssen.

Wer sich gegen Parasiten wehrt, riskiert sein Leben

Es ist schwierig, sich gegen Parasiten zur Wehr zu setzen. Nicht selten schadet sich der Wirt nämlich selbst, wenn er gegen den Parasiten erfolgreich vorgeht. Der Bandwurm *Taenia solium* etwa ernährt sich von den vergeblichen Versuchen des Immunsystems, mit ihm fertig zu werden. Doch gerät die Sache außer Kontrolle, sobald das Immunsystem Zellen produziert, die genau auf den Bandwurm zugeschnitten sind und ihm langsam, aber sicher das Handwerk legen. Angesichts des riesigen Fremdkörpers im eigenen Körper „rastet" das Immunsystem aus und mobilisiert riesige Armeen von Fresszellen. Die Attacken sind so heftig, dass das Gewebe rings um den friedlichen Bandwurm anschwillt. Daran kann ein Mensch sterben. Nicht der Parasit tötet seinen Wirt, sondern der Wirt bringt sich mit dem Parasiten selbst um.

Andere Parasiten wie die Medinawürmer töten ihren Wirt in dem Augenblick, in dem sie selbst zu Tode kommen. Daher konnten sie immer nur lebend aus dem Körper herausgezogen werden, was für die Opfer kein Vergnügen war. Im Altertum wickelte man die Medinawürmer um einen Stab; und es gibt einige Wissenschaftler, die behaupten, der berühmte Äskulapstab mit der Schlange, das Wahrzeichen der Ärzte, sei ursprünglich der Stab gewesen, mit dem man den Medinawurm herausgedreht habe.

Die Lenker der Evolution

Bekanntlich ist die natürliche Auslese die Triebkraft der Evolution (s S. 57). Doch sind die Parasiten in erstaunlichem Ausmaß an diesem Prozess beteiligt. Sie beeinflussen die „Fitness“ und Überlebensfähigkeit ihrer Wirte. Ein Bandwurm macht den Elch, in dem er steckt, schwächer und langsamer. So fällt er den Wölfen leichter zum Opfer, die im Übrigen als nächste Gastgeber des Bandwurms vorgesehen sind. Es ist also nicht nur der Jäger, der darauf Einfluss hat, wie sich seine Beute weiterentwickelt (indem nur die Schnellen und die Starken ihre Gene weitergeben). In mindestens ebensolchem Maße prägt der Parasit, wer durchkommt und seine Gene weitergibt.

Den entscheidenden Einfluss aber üben die Parasiten als Förderer der Vielfalt aus. Denn sie treiben die Organismen an, sich voneinander zu unterscheiden. Sind sie sich zu ähnlich, fallen sie den Parasiten leichter zum Opfer. Tatsächlich gilt die sexuelle Fortpflanzung (s S. 65) als Reaktion auf den Angriff der Parasiten. Denn je konstanter die Bedingungen sind, die ein Parasit bei seinen Wirten vorfindet, umso besser kann er sich darauf einstellen. Es sind die Parasiten, die ihre Wirte dazu zwingen, sich fortlaufend zu verändern. Weit stärker als der „Rüstungswettlauf“ zwischen Jäger und Beute (s S. 246), der die Tendenz hat, sich auf einem bestimmten Niveau zu stabilisieren, fordert der Parasit die ständige Innovation. Denn ihm gelingt es, auch das erfolgreichste System irgendwann zu knacken.

Was Parasiten wissen müssen

Die Wissenschaftler haben sich gefragt, wie es die Parasiten schaffen, auch und gerade komplexe Organismen auszutricksen, wie sie deren Körper durchwandern, sich durch Zellwände fressen und sich an der richtigen Stelle, im richtigen Organ einnisten. Ihr Verhalten scheint manchmal geradezu teuflisch intelligent zu sein. Da überrascht es vielleicht zu erfahren, dass die Parasiten nicht das Geringste über ihre Umgebung „wissen“. Sie navigieren nicht wie frei lebende Organismen, die eine gewisse Ortskenntnis brauchen, sondern sie folgen stur einprogrammierten Regeln. Sie brauchen nicht einmal zu wissen, wo oben und unten ist, um ihren Zielort im Körper zu finden. Wie kann das sein? Parasiten sind nichts anderes als erfolgreiche Anpassungen an die jeweiligen Lebensbedingungen in ihren Wirtsorganismen. Sie sind dazu gemacht, diesen Organismus zu ihrem Vorteil zu nutzen. Und dazu müssen sie keineswegs „intelligenter" sein. Im Gegenteil, echte „Intelligenz" würde sie vermutlich nur daran hindern, immer das Richtige zu tun.

Der Parasit als Partner

Der Parasit zieht aus dem Wirtsorganismus seinen Vorteil. Das bedeutet nicht notwendigerweise, dass der Wirt immer darunter leiden muss. In einigen wenigen Fällen kann dieser sogar von seinem Parasiten profitieren. Formulieren wir es einmal so: Der Parasit hat nichts „persönlich" gegen seinen Wirt, er „will" ihm nicht unbedingt schaden; er sucht nur seinen eigenen Vorteil (genau genommen „sucht" er den natürlich nicht, sondern es überleben halt die Parasiten in großer Zahl, denen dies in beeindruckender Weise gelingt). Daraus ergibt sich eine etwas paradox anmutende Empfehlung: Wenn man einen Parasiten nicht loswerden kann, dann sollte man versuchen, seine Ziele zu unterstützen – und zwar so, dass er einem nicht schaden kann.

Dass eine solche Partnerschaft funktioniert, können wir an jeder Körperzelle ablesen: Die Mitochondrien, die unsere Zellen mit Energie versorgen, sind ursprünglich Parasiten gewesen. Vor rund drei Milliarden Jahren, als unsere Vorfahren noch Einzeller waren, sind die Mitochondrien in den Zellkörper eingedrungen und sind zum Glück geblieben. Ohne Mitochondrien hätten sich keine komplexeren Organismen entwickeln können – und wir alle würden noch immer als stupide Einzeller in der Ursuppe schwimmen.

Tipps für die Führungspraxis

Legen Sie alle Vorbehalte gegenüber den Parasiten einmal beiseite. Vergessen Sie, dass sie Krankheiten übertragen oder auslösen, den Organismus schwächen oder töten, mühsam angesparte Ressourcen abschöpfen. Betrachten wir die Parasiten auf einer abstrakteren Ebene, dann können wir tatsächlich von ihnen lernen. Bis zu einem gewissen Grade sind wir nämlich alle „Parasiten", denn auch wir freilebenden Organismen nutzen „fremde Ressourcen", die unseres Ökosystems nämlich (unser „Wirtsorganismus", der uns nährt). Und nebenbei bemerkt gehen wir Menschen nicht unbedingt schonender damit um als ein Bandwurm mit den Ressourcen seines Wirtsorganismus. In diesem Sinne wollen wir einen „Parasiten" definieren als einen Organismus, der in einem Wirtsorganismus lebt, den er für seine eigenen Zwecke nutzbar macht.

Jedes komplexe System ist das Ziel von „Parasiten“

Gleichgültig, ob es sich um ein Unternehmen, ein Computernetzwerk oder ein Rechtssystem handelt, wo immer komplexe Einheiten erscheinen, tauchen zuverlässig auch „Parasiten“ auf, die versuchen, aus dem System ihren Vorteil zu ziehen. Sei es, dass sie Informationen abschöpfen, Daten umleiten oder dass sie Gesetzeslücken aufspüren, um davon zu profitieren. Daran ist nicht immer etwas Verwerfliches; es ist im Übrigen auch gar nicht zu vermeiden. Dennoch sollte das System bestrebt sein, seine eigenen Interessen gegenüber den „Parasiten“ zu behaupten. Deren Taktiken werden im Laufe der Zeit immer raffinierter. Auf der anderen Seite lernt das System gerade dadurch ständig dazu und ist in der Lage, sich immer besser gegen unerwünschte Zugriffe zu schützen.

Auch Karrieristen können „Parasiten“ sein

Wir finden Parasiten unsympathisch, weil sie die legitimen Interessen ihres Wirtsorganismus völlig ignorieren. Doch ist das eine Frage der Perspektive, denn aus Sicht der Parasiten sieht die Sache ganz anders aus. Für sie ist der Wirt ja ausschließlich dazu da, ihren Interessen zu dienen. Und wenn der Wirt kein Lebewesen, sondern ein anderes komplexes System ist, bringen wir schon etwas mehr Verständnis auf. Nehmen wir etwa einen ehrgeizigen Mitarbeiter, der sein Unternehmen ausschließlich als Mittel ansieht, um persönlich Karriere zu machen. Wer wollte es ihm verübeln? Schließlich ist das sein Antrieb, sich für das Unternehmen übermäßig stark zu engagieren. Das Unternehmen „lebt“ bis zu einem gewissen Grade von solchen „Parasiten“. Aber Achtung: Immer wenn die persönlichen Karriereinteressen mit den Interessen des Unternehmens kollidieren, wird der Mitarbeiter nicht zögern, gegen die Unternehmensinteressen zu handeln. Erlaubt ist, was ihn weiterbringt – und wenn das Unternehmen dabei zugrunde geht. So weit darf es natürlich nicht kommen. Jede Organisation braucht daher Kontrollmechanismen, die verhindern, dass persönliche Motive derart bestimmend werden können.

„Parasiten" treiben das System voran

Wir haben es angesprochen, es sind nicht die Jäger, es sind die Parasiten, die das System dazu zwingen, nicht stehen zu bleiben, sondern sich ständig zu erneuern, denn die „Parasiten" greifen von innen an. Die „Parasiten" sind der tiefere Grund, warum kein erfolgreiches System über längere Zeit unverändert bleiben kann. Wenn es stehen bleibt, wird es früher oder später von den „Parasiten" geknackt. Verfolgen Sie also aufmerksam die Aktivitäten von denjenigen, die aus dem System ihren Vorteil ziehen wollen. Und reagieren Sie entsprechend. Verändern Sie immer wieder Ihre Sicherheits- und Kontrollmaßnahmen.

Den „Parasiten" ist der „Wirtsorganismus" zunächst einmal egal

Wer aus einem System seinen persönlichen Vorteil zu ziehen versucht, der denkt nicht über das Wohlergehen des Systems nach. Möglicherweise leben viele andere auch auf Kosten des Systems und richten es zugrunde. Das ist dem Parasiten vollkommen gleichgültig, solange er davon profitiert und Aussicht hat, vom nächsten „Wirtsorganismus" ebenso zu profitieren. Die Situation ändert sich jedoch grundlegend, sobald der „Parasit" vom Fortbestand des Systems profitiert und etwas gegen die anderen Kostgänger unternehmen kann. In diesem Fall ist es in der Natur und im Wirtschaftsleben häufig so, dass der „Parasit" seinen „Wirt" in Schutz nimmt und gegen alle Angriffe verteidigt – und zwar je stärker er von ihm profitiert hat.

Verbünden Sie sich mit den „Parasiten"

In einigen Fällen ist es tatsächlich möglich, einen vorher gänzlich illoyalen „Parasiten" auf die eigene Seite zu bringen und von seinem Wissen zu profitieren. Dazu ist es natürlich erforderlich, dass er erkennt, dass er seinerseits Vorteile davon hat, wenn der „Wirtsorganismus" gesund bleibt oder gar erstarkt.

Als „Parasit" sollten Sie zum Erfolg Ihres Wirts beitragen

Um es noch einmal deutlich zu sagen: An der Existenz von „Parasiten" ist gar nichts auszusetzen. Sie versuchen das System in ihrem Sinne auszunutzen, den größtmöglichen Nutzen für sich herauszuholen. In beschränktem Rahmen tun wir das ja wohl vermutlich alle, sobald wir für ein Unternehmen tätig werden. Nur versuchen wir zum Erfolg des Unternehmens beizutragen und es nicht auszuplündern, wie es einige Parasiten tun. Doch ist das vermutlich etwas zu kurz gedacht. Denn auch die versierten Parasiten aus dem Tierreich kümmern sich um das Wohlergehen ihrer Wirte, solange sie davon profitieren. Wenn jedoch ein „Wirtswechsel" ansteht, schwindet naturgemäß die Loyalität. Ähnliches gilt wohl für alle Beschäftigten des Unternehmens: Solange sie etwas zu erhoffen haben, sind sie bereit, sich für ihr Unternehmen zu engagieren. Sobald diese Aussicht nicht mehr besteht, treten die Interessen des Unternehmens in den Hintergrund. Und das ist wohl auch eine vollkommen rationale Einstellung.

Epilog

Auf den vorangegangenen Seiten sind Ihnen Spinnen und Geparden begegnet, Heringsschwärme und Wolfsrudel, Meerschweinchen und Delfine, Darmbakterien, Geierschildkröten, Parasiten, Paviane und viele andere mehr oder weniger angenehme Wesen. Sie haben das Konzept der Schwarmintelligenz kennen gelernt und einiges über die Evolution und den zweiten Hauptsatz der Thermodynamik erfahren. Angesichts dieser schlaraffischen Vielfalt haben Sie sich vielleicht die Frage gestellt, ob es nicht einige plakative Kernaussagen, die man sozusagen als Essenz des Ganzen nach Hause tragen kann, im Sinne unseres Buchtitels: So managt die Natur!

Auf den ersten Blick widerspricht das eigentlich der Grundidee des Buches, nämlich im Sinne der Bionik möglichst viele, breit gestreute Anregungen zu geben, die Sie als Führungskraft aufgreifen können. Von dieser Idee wollen wir auch nicht abrücken: In der Vielfalt liegt eine Kraft ganz eigener Art, das zeigt ja nicht zuletzt das „Management" der Natur. Und doch wollen wir am Ende zehn Thesen zusammentragen. Denn wenn Sie gleich das Buch zu Ende gelesen haben und Ihren Mitmenschen die Lektüre empfehlen, müssen Sie mit der Frage rechnen: „Was stand denn drin?" Oder etwas ungeduldiger: „Was ist die Kernaussage?" Nun, hier sind zehn davon, über die Sie hoffentlich in ein angeregtes Gespräch kommen.

1. Die Natur kennt keinen Perfektionismus. Alle Organismen sind mehr oder minder gelungene Kompromisslösungen, austariert zwischen widerstreitenden Anforderungen wie etwa Schnelligkeit und Stärke. Die Organismen sind überlebensfähig. Das ist das einzige, was zählt.
2. Die Natur setzt auf Vielfalt und wehrt sich gegen Standardisierung. Kein Organismus gleicht vollkommen dem andern. Auf diese Weise können die unterschiedlichsten Eigenschaften und Fähigkeiten bewahrt werden.
3. Es gibt nicht die eine „Strategie der Sieger". Es gibt auch kein absolutes „Falsch" oder „Richtig" in der Natur. Vielmehr existiert eine ungeheure Fülle an Möglichkeiten zurechtzukommen. Jeder Organismus ist gefordert, seine eigene Überlebensstrategie zu entwickeln – angepasst an seine Möglichkeiten und an seinen Lebensraum.

4. Es gibt kein naturgegebenes „Recht des Stärkeren". Raubtiere sind gewiss nicht die „erfolgreichere" Lebensform im Vergleich zu ihren Beutetieren. Nicht zufällig gibt es weit mehr harmlose Singvögel als Raubvögel.

5. In der Natur herrscht nicht nur das Prinzip der Konkurrenz, sondern ebenso das Prinzip der Kooperation. Die „erfolgreichsten" Lebensformen wie die sozialen Insekten sind gerade dadurch konkurrenzfähig, dass sie hervorragend kooperieren.

6. Jeder lebensfähige Organismus stellt eine erfolgreiche Anpassung an seine spezifischen Lebensbedingungen dar. Ändern sich seine Lebensbedingungen, muss er alles, was bisher gegolten hat, in Frage stellen und sich neu adaptieren.

7. In Phasen des Wandels sind die Generalisten im Vorteil, die über ein breites Spektrum von Fähigkeiten verfügen und sich schnell adaptieren können; von stabilen Lebensverhältnissen profitieren die Spezialisten.

8. In der Natur gibt es keine zentrale Macht- und Kontrollinstanz. Jeder Versuch, natürliche Systeme von dieser Position zu steuern, ist von vornherein zum Scheitern verurteilt. Die Organismen reagieren nach ihren eigenen Regeln und kümmern sich nicht um die guten Absichten desjenigen, der sie beeinflussen will.

9. In der Natur verkehrt sich eine Entwicklung oftmals in ihr Gegenteil. Allzu erfolgreiche „Betrüger" richten sich langfristig ebenso zugrunde wie allzu erfolgreiche Jäger oder allzu „gierige" Parasiten. Auf der anderen Seite braucht ein Organismus Krisen, Belastungen, Rückschläge, um immer wieder neu zu erstarken. Ein zentrales Führungsprinzip der Natur heißt daher: Beobachten und abwarten können.

10. In der Natur kommt es letztlich nicht darauf an, maximale „Rendite" zu erwirtschaften, über möglichst viele Ressourcen zu verfügen, Konkurrenten auszuschalten oder für die maximale Verbreitung der eigenen Lebensform zu sorgen. An diesen Zielen ist noch jeder Organismus gescheitert. Der einzige Wert, auf den es ankommt, das ist ganz schlicht gesagt das Leben. Hier und jetzt.

Literatur

Angier, Natalie: Schön scheußlich. Neue Ansichten von der Natur – von brutalen Delfinen, zärtlichen Schaben und hinterhältigen Orchideen, München 2001.

Attenborough, David: Das geheime Leben der Vögel, Bern/München/Wien 1999.

Biologie des Sozialverhaltens. Kommunikation, Kooperation und Konflikt, Heidelberg 1988.

Bezzel, Einhard: Paschas, Paare, Partnerschaften. Strategien der Geschlechter im Tierreich, München 1993.

Blech, Jörg: Leben auf dem Menschen. Die Geschichte unserer Besiedler, Reinbek 2000.

Bloom, Howard: Global Brain. Die Evolution sozialer Intelligenz, Stuttgart 1999.

Bonabeau, Eric/ Dorigo, Marco/ Theraulaz, Guy: Swarm Intelligence. From Natural to Artificial Systems, Oxford 1999.

Budiansky, Stephen: Wenn ein Löwe sprechen könnte. Die Intelligenz der Tiere, Reinbek 2003.

Cruse, Holk/ Dean, Jeffrey/ Ritter, Helge: Die Entdeckung der Intelligenz, oder: Können Ameisen denken? München 2001.

Dawkins, Richard: Der blinde Uhrmacher. Ein neues Plädoyer für den Darwinismus, München 1990.

Dawkins, Richard: Der entzauberte Regenbogen. Wissenschaft, Aberglaube und die Kraft der Phantasie, Reinbek 2002.

Dekkers, Midas: Das Gnu und du. Tierische Geschichten, München 2002.

Dennett, Daniel: Darwins gefährliches Erbe, Hamburg 1997.

Dröscher, Vitus B.: Überlebensformel. Wie Tiere Umweltgefahren meistern, München 1981.

Dröscher, Vitus B.: Weiße Löwen müssen sterben. Spielregeln der Macht im Tierreich, Hamburg 1989.

David B. Dusenbery: Verborgene Welten. Verhalten und Ökologie von Mikroorganismen, Heidelberg, Berlin 1998.

Eibl-Eibesfeldt, Irenäus: Galápagos. Die Arche Noah im Pazifik, München 1991.

de Geus, Arie: The Living Company. Habits for survival in a turbulent business environment, Boston 1997.

Goodwin, Brian: Der Leopard, der seine Flecken verliert. Evolution und Komplexität, München 1997.

Gould, Stephen Jay: Der Daumen des Panda. Betrachtungen zur Naturgeschichte, Frankfurt 1989.

Gould, Stephen Jay: Zufall Mensch. Das Wunder des Lebens als Spiel der Natur, München 1994.

Hauser, Marc D.: Wilde Intelligenz. Was Tiere wirklich denken, München 2001.

Jantsch, Erich: Die Selbstorganisation des Universums. Vom Urknall zum menschlichen Geist, München/Wien 1992.

Kauffman, Stuart: Der Öltropfen im Wasser. Chaos, Komplexität, Selbstorganisation in Natur und Gesellschaft, München 1996.

Lunau, Klaus: Warnen, Tarnen, Täuschen. Mimikry und andere Überlebensstrategien in der Natur, Darmstadt 2002.

McGowan, Christopher: Töten, um zu leben. Jäger und Gejagte in der Natur, München 1998.

Modrow, Susanne: Viren. Grundlagen, Krankheiten, Therapien, München 2001.

Morgan, Gareth: Löwe, Qualle, Pinguin. Imaginieren als Kunst der Veränderung, Stuttgart 1998.

Pascale, Richard T. et al.: Chaos ist die Regel. Wie Unternehmen Naturgesetze erfolgreich anwenden, München 2003.

Seeley, Thomas D.: Honigbienen. Im Mikrokosmos des Bienenstocks, Basel 1997.

Sigmund, Karl: Spielpläne. Zufall, Chaos und die Strategien der Evolution, Hamburg 1995.

Townsend, Colin R. / Harper, John L./ Begon, Michael: Ökologie, Berlin/ Heidelberg 2003.

Uhl, Matthias /Voland, Eckart: Angeber haben mehr vom Leben, Heidelberg/ Berlin 2002.

de Waal, Frans: Der Affe und der Sushimeister. Das kulturelle Leben der Tiere, München/ Wien 2002.

de Waal, Frans: Der gute Affe. Der Ursprung von Recht und Unrecht bei Menschen und anderen Tieren, München 2000.

de Waal, Frans: Wilde Diplomaten. Versöhnung und Entspannungspolitik bei Affen und Menschen, München 1991.

Wickler, Wolfang/ Seibt, Uta: männlich weiblich. Ein Naturgesetz und seine Folgen, München 1990.

Williams, George C.: Das Schimmern des Ponyfischs. Plan und Zweck in der Natur, Heidelberg/ Berlin 1998.

Winnacker, Ernst-Ludwig: Viren. Die heimlichen Herrscher. Wie Grippe, Aids und Hepatitis unsere Welt bedrohen, Frankfurt am Main 1999.

Zimmer, Carl: Parasitus Rex. Die bizarre Welt der gefährlichsten Kreaturen der Natur, Frankfurt am Main 2001.

Verzeichnis der Themen

Stichwortverzeichnis

A

B

M

N

O

P

W

X

Z